高价值专利培育 指导丛书

# 专利检索

## 从入门到精通

国家知识产权局专利局专利审查协作四川中心◎组织编写

杨　帆◎主编

全国百佳图书出版单位

——北京——

图书在版编目（CIP）数据

专利检索：从入门到精通/国家知识产权局专利局专利审查协作四川中心组织编写；杨帆主编. —北京：知识产权出版社，2021.10（2023.9重印）
ISBN 978-7-5130-7736-1

Ⅰ.①专… Ⅱ.①国… ②杨… Ⅲ.①专利—信息检索 Ⅳ.①G254.97

中国版本图书馆CIP数据核字（2021）第190806号

### 内容提要

本书包括入门篇和精通篇两部分。入门篇定位于介绍专利检索基础知识，从专利检索常用文献及其特点出发，在简单进行新颖性和创造性的介绍后，重点从技术方案的解析、检索式的表达、基本检索策略、动态调整以及结果筛选这几个环节讲解通用检索过程；精通篇从机械、电学、化学这三大领域切入，针对各自领域技术方案的特点进一步细分，依托典型案例给出具体检索操作方式和技巧，使读者可以根据自己的方案特点"对号入座"从而提高检索技能；并补充介绍了语义检索、图片检索等特殊检索技巧。

本书适合专利申请人、专利代理师、专利律师以及企业知识产权管理人员阅读。

责任编辑：张利萍　　　　　　　　　　责任校对：王　岩
封面设计：杨杨工作室·张冀　　　　　责任印制：刘译文

## 专利检索
——从入门到精通

国家知识产权局专利局专利审查协作四川中心　组织编写
杨　帆　主编

| | |
|---|---|
| 出版发行：知识产权出版社有限责任公司 | 网　址：http://www.ipph.cn |
| 社　址：北京市海淀区气象路50号院 | 邮　编：100081 |
| 责编电话：010-82000860转8387 | 责编邮箱：65109211@qq.com |
| 发行电话：010-82000860转8101/8102 | 发行传真：010-82000893/82005070/82000270 |
| 印　刷：三河市国英印务有限公司 | 经　销：新华书店、各大网上书店及相关专业书店 |
| 开　本：787mm×1092mm　1/16 | 印　张：21.25 |
| 版　次：2021年10月第1版 | 印　次：2023年9月第3次印刷 |
| 字　数：470千字 | 定　价：98.00元 |
| ISBN 978-7-5130-7736-1 | |

出版权专有　侵权必究
如有印装质量问题，本社负责调换。

## 丛书编委会

主　　任：杨　帆
副主任：李秀琴　李志辉　赵向阳

## 本书编写组

主　　编：杨　帆
撰写人：叶红学　李　洁　胡小伟　罗　程
　　　　肖　琛　肖南秋　曾定洲　刘国宝
统稿人：叶红学

# 序

2021年9月，中共中央、国务院印发《知识产权强国建设纲要（2021—2035年）》，这是我国知识产权事业发展的重大里程碑，充分体现了以习近平总书记为核心的党中央对知识产权工作的高度重视。党的十八大以来，习总书记围绕知识产权作出了一系列重要指示和深刻论述，尤其是在中共中央政治局第二十五次集体学习时，习总书记再次强调"知识产权保护工作关系国家治理体系和治理能力现代化，关系高质量发展，关系人民生活幸福，关系国家对外开放大局，关系国家安全"，并作出"我国正在从知识产权引进大国向知识产权创造大国转变，知识产权工作正在从追求数量向提高质量转变"的重要判断。国家知识产权局局长申长雨在《求是》杂志发表署名文章时也强调，"要着力推动高质量发展，以知识产权高质量发展支撑经济社会高质量发展"。

进入新时代以来，围绕"贯彻新发展理念，构建新发展格局，推动高质量发展"这个主题，我国的知识产权工作也进入了新的发展阶段。就在将实施知识产权强国战略写进"十四五"规划的同时，首次提出将"每万人口高价值发明专利拥有量"作为"十四五"经济社会发展主要指标。因此，新发展阶段，我们需要更好地发挥知识产权制度激励创新的基本保障作用，为创新主体做好服务，为高质量发展提供源源不断的动力。

国家知识产权局专利局专利审查协作四川中心是国家知识产权局在西部设立的唯一一个专利审查协作中心。自成立8年以来，我们"立足四川、辐射西南、面向西部"依靠高端知识产权服务人才积极融入国家区域协调发展战略，主动参与承担政府部门和企业单位知识产权服务项目，获得良好社会反响。在《中共四川省委关于深入推进创新驱动引领高质量发展的决定》中部署了"建设国家引领型知识产权强省"的重点任务，要"发挥国家知识产权局专利局专利审查协作四川中心作用，培育一批具有核心竞争力的专利和专利组合""推动知识产权高质量创造运用"，作为知识产权服务"国家队"，我们责无旁贷。

"工欲善其事，必先利其器"。本系列丛书正是为了有力支撑高质量发展和更好满足社会需求而编写的，其紧密围绕"高价值专利培育"展开研究，分别聚焦专利检索、技术交底撰写实务、高质量专利"炼成"、新业态专利技术特点等系列主题成册。丛书通过大量真实案例的分析解构和实操指导，以案说法明理，让相关领域的审查专家为创新主体"划重点"，阐谈高价值专利培育的全过程。此外，丛书还针对相关领域的特定情形以及当前的热点和难点，例如功能模块检索、算法检索以及区块链的保护、互联网证据的使用等结合大量案例进行了详细阐述，具有良好的实践操作参考和实用价值。

衷心希望本丛书的出版能助力创新主体在高价值专利培育的过程中，防范化解不必要的投入和风险，将科研成果有效形成专利权进行保护。当前，新一轮科技革命和产业变革正在重构全球新格局，机遇与挑战并存，知识产权制度必须及时回应新技术、新经济、新形势对制度自身革新提出的挑战，这事关我国能否成为世界主要科学中心和创新高地，能否在国际竞争中抢占先机。因此，也希望读者能以此丛书为桥，勇于创新，一起为知识产权强国建设贡献力量。

2021 年 10 月

# 前　言

当前，我国正在从知识产权引进大国向知识产权创造大国转变，知识产权工作正在从追求数量向提高质量转变。知识产权事业已经进入高质量发展阶段，国家"十四五"规划中明确提出每万人口高价值发明专利拥有量要达到 12 件。而要提高专利质量，必须从源头下手，在专利申请文件正式提交之前就着力。如果在发明创造提交专利申请之前就进行了有效的检索，充分利用各种公开的专利、非专利数据库，准确了解了现有技术的发展水平，那么首先申请人可以自行判断自己的创意是不是已经有人提出了，既可以科学决策是否提交专利申请，也可以站在前人的肩膀上继续创新；其次，代理师在起草申请文件时，就可以在技术交底书的基础上更加明确创新点，进行更有针对性的撰写；再次，企业知识产权管理人员（IPR）也可以对代理师的撰写进行评价，不用等到收到不利于授权的审查意见通知书才后悔莫及。也就是说，如果学会了检索，那么各个环节就可以形成合力，共同致力于提出高质量的专利申请。

本书旨在从入门到精通，逐步教会相关业内人员在面对一份基本成型的技术方案时如何进行检索，从源头提高专利申请质量。

本书的第 1 章由叶红学撰写，绪论和第 2～3 章由李洁撰写，第 4 章由胡小伟撰写，第 5 章由曾定洲撰写，第 6 章第 6.1 节由肖南秋撰写，第 6.2～6.3 节由肖琛撰写，第 7 章由刘国宝撰写，第 8 章由罗程撰写。

由于作者学识有限，书中的缺点和错误在所难免，敬请读者批评指正。

# 目 录

绪 论 ·················································································································· 1
  0.1 写作背景 ···································································································· 1
  0.2 专利检索的作用 ·························································································· 2
  0.3 专利检索概述 ····························································································· 3

## 入 门 篇

### 第1章 文献与检索系统 ·················································································· 9
  1.1 文献基础 ···································································································· 9
    1.1.1 专利文献与非专利文献 ········································································ 9
    1.1.2 专利文献的分类体系 ········································································· 12
  1.2 检索系统基础 ··························································································· 24
    1.2.1 数据库基础知识 ················································································ 24
    1.2.2 检索基础知识 ···················································································· 26
  1.3 国内外主要文献检索平台 ············································································ 35
    1.3.1 主要专利文献检索平台 ······································································ 35
    1.3.2 主要非专利文献检索平台 ·································································· 44
    1.3.3 常见互联网检索平台 ········································································· 50

### 第2章 专利检索法律基础 ············································································· 53
  2.1 检索究竟检什么 ························································································ 53
    2.1.1 不必检索的主题 ················································································ 53
    2.1.2 授予专利权的两大条件 ······································································ 54
  2.2 影响新颖性的文献 ······················································································ 55
    2.2.1 基本概念 ··························································································· 55
    2.2.2 新颖性判断原则 ················································································ 55
    2.2.3 新颖性判断常见情形 ········································································· 56
  2.3 影响创造性的文献 ······················································································ 58
    2.3.1 基本概念 ··························································································· 58
    2.3.2 创造性判断原则 ················································································ 59
    2.3.3 突出的实质性特点判断方法 ······························································ 60

## 第3章 检索对象的确定 ... 63
### 3.1 发明构思的提炼 ... 63
#### 3.1.1 基本概念 ... 63
#### 3.1.2 为什么要提炼发明构思 ... 65
#### 3.1.3 提炼发明构思的原则 ... 71
#### 3.1.4 提炼发明构思的基本方法 ... 73
### 3.2 核心技术方案的构建 ... 77
#### 3.2.1 基本概念 ... 77
#### 3.2.2 构建核心技术方案的基本原则 ... 78
#### 3.2.3 构建核心技术方案的基本方法——发明构思牵引法 ... 79
#### 3.2.4 完整案例实践 ... 81

## 第4章 检索过程概论 ... 88
### 4.1 检索要素的表达 ... 88
#### 4.1.1 基本原则 ... 89
#### 4.1.2 关键词表达 ... 90
#### 4.1.3 分类号表达 ... 99
#### 4.1.4 关键词与分类号的联合表达 ... 111
### 4.2 检索策略的构建 ... 114
#### 4.2.1 检索要素表 ... 114
#### 4.2.2 构建检索式 ... 116
### 4.3 结果筛选与策略调整 ... 124
#### 4.3.1 结果筛选的误区 ... 124
#### 4.3.2 结果筛选的常见经验 ... 125
#### 4.3.3 检索策略调整 ... 126
#### 4.3.4 检索策略动态调整技巧总结 ... 130
### 4.4 检索中止条件 ... 131
#### 4.4.1 检索到评价全部技术方案的目标文献 ... 131
#### 4.4.2 未检索到有效目标文献 ... 131
#### 4.4.3 检索到评价部分技术方案的目标文献 ... 132

# 精通篇

## 第5章 机械领域技术方案的检索 ... 135
### 5.1 结构类技术方案的检索 ... 135
#### 5.1.1 单功能模块技术方案的检索 ... 136
#### 5.1.2 多功能模块组合类技术方案的检索 ... 148
### 5.2 方法类技术方案的检索 ... 154

5.2.1　一般工艺流程类技术方案的检索 …………………………… 154
　　5.2.2　园艺、养殖方法类技术方案的检索 …………………………… 157
5.3　结构与方法混合技术方案的检索 ………………………………………… 165
　　5.3.1　设备及其使用方法类技术方案的检索 ……………………… 165
　　5.3.2　产品及其制作方法类技术方案的检索 ……………………… 168

## 第6章　电学领域技术方案的检索 …………………………………………… 177
6.1　产品技术方案的检索 ……………………………………………………… 177
　　6.1.1　元器件组成的产品技术方案的检索 ………………………… 177
　　6.1.2　功能模块组成的产品技术方案的检索 ……………………… 197
6.2　方法技术方案的检索 ……………………………………………………… 206
　　6.2.1　程序流程组成的方法技术方案的检索 ……………………… 206
　　6.2.2　算法流程组成的方法技术方案的检索 ……………………… 221
6.3　3GPP 的检索 ……………………………………………………………… 228

## 第7章　化学领域技术方案的检索 …………………………………………… 234
7.1　产品技术方案的检索 ……………………………………………………… 234
　　7.1.1　组成限定的产品技术方案的检索 …………………………… 234
　　7.1.2　结构限定的产品技术方案的检索 …………………………… 244
　　7.1.3　性能参数限定的产品技术方案的检索 ……………………… 247
7.2　方法技术方案的检索 ……………………………………………………… 251
　　7.2.1　原料处理方法的技术方案的检索 …………………………… 251
　　7.2.2　目标产品制备方法的技术方案的检索 ……………………… 255
7.3　化学领域特殊技术方案的检索 …………………………………………… 260
　　7.3.1　化合物的检索 ………………………………………………… 260
　　7.3.2　聚合物的检索 ………………………………………………… 272
　　7.3.3　生物序列的检索 ……………………………………………… 278

## 第8章　其他检索策略及技巧 ………………………………………………… 285
8.1　追踪检索 …………………………………………………………………… 285
　　8.1.1　追踪申请人或发明人相关信息 ……………………………… 285
　　8.1.2　追踪文献相关信息 …………………………………………… 287
　　8.1.3　追踪产品相关信息 …………………………………………… 302
8.2　公式检索 …………………………………………………………………… 305
　　8.2.1　利用专业的术语名称 ………………………………………… 306
　　8.2.2　分析公式的推导过程 ………………………………………… 308
8.3　图形检索 …………………………………………………………………… 309
　　8.3.1　检索图形关键词 ……………………………………………… 310
　　8.3.2　以图搜图 ……………………………………………………… 315
　　8.3.3　外观设计检索系统的利用 …………………………………… 315

8.4 数值检索 …………………………………………………………………… 318
　8.4.1 检索数值本身 ………………………………………………………… 318
　8.4.2 检索参数名称 ………………………………………………………… 319
8.5 语义检索 …………………………………………………………………… 320
　8.5.1 检索发明构思 ………………………………………………………… 320
　8.5.2 检索技术细节 ………………………………………………………… 323
8.6 学术性论坛 ………………………………………………………………… 323
附　录　常见检索平台称谓及网址 …………………………………………… 326

# 绪 论

## 0.1 写作背景

我国的专利制度伴随着改革开放在同步发展。改革开放初期,邓小平同志就作出了"专利法以早通过为好"的果断决策[①]。1985年4月1日,中国专利法开始正式实施,专利事业随之蓬勃发展。2008年《国家知识产权战略纲要》颁布实施,知识产权战略上升为国家战略。2011年起,我国专利申请量跃居世界第一。2019年起,我国PCT国际专利申请的数量也超越美国成为世界第一。2020年国内(不含港澳台)每万人口发明专利拥有量已经达到15.8件。我国的专利事业用40余年的时间,走过了西方400余年的发展历程,实现了从无到有、从小到大的历史性跨越,成为一个名副其实的知识产权大国[②]。

随着我国专利数量的持续增长,专利的质量也越来越受到关注。

2020年11月30日下午,中共中央政治局围绕我国知识产权保护工作举行第二十五次集体学习。中共中央总书记习近平在主持学习时指出,"我国正在从知识产权引进大国向知识产权创造大国转变,知识产权工作正在从追求数量向提高质量转变"。作为知识产权的重要组成部分之一的专利,也正经历着从数量到质量的转变。国家知识产权局局长申长雨在《求是》杂志发表署名文章,指出"要突出高质量发展的时代主题""在更高起点上推动知识产权事业稳中求进、高质量发展",并"大力实施专利质量提升工程"。在我国"国民经济和经济社会发展第十四个五年规划"中,明确提出专利追求的目标是高价值专利。

可以说,提高专利质量,是党中央交给我们这一代专利人的"长征"。而要产生高质量专利,就需要申请人、代理师等从源头开始,通过检索充分了解现有技术。

---

[①] 王宇. 知识产权事业在改革开放中阔步前行[N/OL]. 中国知识产权报,2018-12-28. http://www.iprchn.com/cipnews/news_content.aspx? newsId = 113039.

[②] 申长雨. 走好中国特色知识产权发展之路[J]. 求是,2021(3):22-27.

## 0.2 专利检索的作用

那么，如何才能提高专利的质量呢？如何才能评价专利的质量呢？

情景1：你可能是个发明人。某天半夜，你像小撒一样突然灵机一动，想到一个绝妙的点子，抑制不住兴奋赶紧爬起来把它写了下来，准备天一亮就申请专利。第二天冷静下来后，你再看自己的创意，觉得好像一般般，有点拿不准了。就此放弃吧，有点不甘心，万一是个高质量的点子呢？去申请专利吧，可万一已经有人提出过了，那申请费可就白交了。应该怎么办才好呢？

情景2：你可能是个专利代理师。某天你收到一份技术交底书，申请人洋洋洒洒写了十几页，号称有七八个发明点，每一个都是自己独创的，有的内容还声称是自己的独家诀窍。这种情况下，应该怎么帮申请人撰写出高质量的申请文件呢？要写到什么程度才能让申请人的技术得到保护，且还是一个恰当的保护，同时又不至于公开自己的技术秘密呢？申请人说的那么多的发明点，每一个都值得申请吗？

情景3：你可能是企业的知识产权管理人员（IPR）。某天，你收到了合作的代理师写好的一件申请。这是公司很重视的一项技术，自认为在业内有很高的创新度，也和公司主营业务紧密挂钩，因此能否拿到专利权对公司来说很重要。代理师似乎也很努力，权利要求写得很"抽象"，还精心进行了外围的布局。可是你看着代理师交来的文件还是心里没底，审查结果差不多要两年之后才能拿到。要是两年后才知道代理师撰写质量不高，黄花菜都凉了。老板很着急，让你评价一下代理师的撰写质量，该怎么办呢？

情景4：你可能是专利律师。某天，你收到客户的一件委托，想要请求宣告竞争对手的某项专利无效，出价100万元。你从头到尾仔仔细细地读了那件专利的授权文本，无效条款中常见的授权客体、公开不充分、实用性、不支持、不清楚、缺少必要技术特征等，所有你能想到的法条都没有找到问题，那就只剩下新颖性和创造性了。可是专利文献浩如烟海，上哪里去找好用的对比文件呢？

上面这些问题的答案，其实就两个字：检索。

检索，是指从用户特定的信息需求出发，对特定的信息集合采用一定的方法、技术手段根据一定的线索与规则从中找出相关信息。通俗点说，就是从浩如烟海的文献中找到你想要的内容。

所以学会了检索，上面的问题都可以迎刃而解。发明人和申请人就可以自行判断自己的创意是不是已经有人提出过了，既可以科学决策是否提交专利申请，还可以选择站在前人的肩膀上继续创新；代理师在起草申请文件时，就可以在技术交底书的基础上更加明确创新点，进行更有针对性的撰写，知道哪些必须写，哪些不用写，还有哪些目前还不能写；企业IPR也可以对代理师的撰写进行评价，不用等到收到不利于授权的审查意见通知书才后悔莫及；专利律师也可以自己动手寻找打倒对手的弹药，而不用受制于人。

也就是说，如果学会了检索，那么各个环节就可以形成合力，共同致力于提供高质量的专利申请，从源头提高专利申请的质量。

需要说明的是，本书标题中的术语含义如下：

——"专利检索"中的"专利"，指的是本书中的检索所针对的对象是专利中的技术方案，而不是其他形式。具体来讲，这里的技术方案的载体可以是多样化的，它可以是一个主要的技术构思，可以是详细的技术交底书，也可以是现成的权利要求书。

——"专利检索"中的"检索"，指的是由申请人、代理师、企业IPR等社会各界专利行业从业人员利用开放资源进行的检索，并不是专利审查阶段由审查员所进行的更加职业化的检索。进行专利检索的目的，是对自己的方案进行新颖性、创造性的初步判断，这样的检索有时也叫作"查新检索"。

## 0.3　专利检索概述

检索对于提高专利质量来说很关键，作用重大，那紧接着的问题就是：怎么检索呢？

要回答这个问题，首先要明确：进行检索的目的是什么？有人可能会认为进行检索就是为了找到对比文件，也就是找到影响新颖性、创造性的文件；或者更常见的，先找到最接近的现有技术文件，然后再去找可以结合起来否定创造性的其他文件。笔者认为这个想法不是没有道理，因为在操作层面很多时候确实是这样一个步骤。但是，这种对检索的认知过于功利，也就容易引入主观偏差，对初学者而言操作时容易导致只见树木不见森林，走上"事后诸葛亮"的错误道路。

本书认为，**检索的目的在于针对某个主题，尽可能全面地了解现有技术的发展水平，然后基于获得的现有技术，对待评价技术方案的新颖性和创造性进行评估。**

围绕这个目的进行检索时，首先要明确针对的对象是什么，或者说我们需要找出一个什么样的文件。这就涉及对专利中技术方案的提炼。前文说过，技术方案的载体可以是多样化的，针对不同的载体会有不同的检索"前处理"。当技术方案是一个主要的技术构思时，此时需考虑这个构思是不是完整，有没有体现技术领域、要解决的技术问题、关键技术手段以及预期可以达到的技术效果，以及关键技术手段是不是完整。当技术方案的载体是一份详细的技术交底书时，这时就需要代理师从自身的技术储备出发，从详细的文件中提炼出发明构思——具体包括技术领域、要解决的技术问题、关键技术手段以及预期可以达到的技术效果——并据此形成待检索的技术方案。特别注意这里必须是"关键技术手段"，意思是需要根据与要解决的技术问题的关联程度，分清技术方案中各个技术手段的主次，只选取那些主要的技术手段，舍弃次要的。当技术方案的载体是一份成形的申请文件时，理论上来说，就需要根据撰写的质量进行区别对待。如果申请文件的撰写质量一般甚至是较差，那就需要把它当作是技术交底书的层面,如上一种情形一般进行处理;如果撰写质量较高,这时重点关注其权利要求书中记载的技术方案就可以了,这时就可以认为权利要求书中——特别是独立权利要求中——已经完整包括了发明构思中的技术领域和关键技术手段,就是待检索的技术方案。对于初学者做到以上的程度就可以了,对于进阶的读者,还可以进一步根据权利要求所用的术语的含义,厘清权利要求请求保护的技术方案的范围。需要强调的是,一般而言,权利要求都会进行一定程度的概括,最起码也会省略掉说明书中的一些细节,因此权利要求中技术方案的保护范围一般比说明书公开的范围大,刚入门的读者要注意区分这两者的不同。

当确定好了准备检索的对象——也就是待检索技术方案之后,接下来是表达检索对象,并构造合乎逻辑的检索式。一般需要考虑使用专利文献所特有的分类号——由阿拉伯数字和大写英文字母组成的串码——表达一定的技术内容,或使用一定的关键词表达其他的内容,再使用一定的逻辑运算符——如 AND、OR、NOT 等,将不同的元素连接起来,在特定的检索入口下进行检索。当然,在表达时要考虑不同的角度——如技术问题的角度、技术效果的角度、技术手段的角度,要考虑同义词、近义词甚至反义词的扩展,而且在不同的平台会有不同的检索入口、不同的运算符甚至不同的分类体系,需要灵活运用。

最后是浏览筛选,必要时根据结果动态调整。检索式运行后会检索出一批文献,这时就需要去人工浏览筛选。如何筛选,多大的数量可以开始浏览,这是一个因人而异的问题。不过一般而言,如果检索的对象是机械结构,筛选时可以只关注文件中的附图,这时浏览的量可以适度大一点,300~400 条也是可以接受的;如果涉及的技术方案需要浏览文字,例如是一个方法类型的权利要求,考虑到人的注意力很难长时间集中,这时一般都是把浏览量控制在 100 条左右。此外,一般人员阅读中文文献的能力比外文文献强,那中文文献的浏览量就适度大一点,外文的适度小一点,诸如此类。此外,检索往往还是一个不断试错、不断调整的过程,很难保证一蹴而就,这时就需要根据上一条检索式的结果进行动态调整。比如,检索出来的结果太少了,就需要考虑或者是舍弃某个要素,或者更换一种表达;如果结果太多了,就需要考虑是不是现在的某个表达引入了噪声,还需要进一步增加限制条件;等等。

这些内容都将在本书随后章节中通过具体案例进行展开。

● **本书定位**

本书主要面向社会各界专利行业从业人员,包括发明人、申请人、代理师、企业 IPR。

● **你可能关心的 6 个问题**

问题 1:如果还不清楚新颖性和创造性是什么,可以看本书吗?

可以。本书将在第 2、3 章对检索"前处理"进行简单介绍,包括必要的专利法知识的铺垫,如在检索前就需要判断的不授权主题,检索中重点判断的新颖性、创造性等。读者即使不了解专利法,通过阅读相关章节,也可以获得进行检索所必需的知识。

问题 2:如果没有专业的商用数据库账号,可以跟着本书学检索吗?

可以。本书定位于检索思路的介绍，所使用的检索平台基本上均是免费的平台，主要是各国专利局的官方检索网站，以及互联网上的免费平台，基本不会涉及收费的商业数据库或软件。在介绍个别检索技巧时不可避免必须使用商业检索软件时，本书也会优先选择具有免费试用选项的软件。而且，原则上本书例子中的检索思路在商业软件中同样可以应用，只需进行相关表达的转换即可。

问题3：本书只涉及如何检索专利文献吗？

不是。本书除了专利文献检索，也有非专利文献，如期刊、互联网资源的检索。但是，专利文献的检索将是本书的重点，这是因为一来专利文献检索本身有一定的特殊性，相比较而言，非专利文献、互联网资源的检索相对简单通用；二来实践层面对专利技术方案进行检索时，检索结果中专利文献也占到了绝大多数。

问题4：如果没有现成的权利要求书只有技术交底书，可以看本书进行检索吗？

可以。本书中检索针对的是技术方案。如果只有技术交底书，这时需要先处理一下，即阅读技术交底书提炼归纳出发明构思，得到一个可以检索的技术方案，然后就可以进行后续的检索了。这个过程具体在本书第3章进行展开。

但需要说明的是，本书针对的是对一个技术方案进行的以新颖性、创造性评价为目的的检索，而限于篇幅，本书不涉及给定一个主题进行的专利分析类的检索。

问题5：如果技术方案没有看懂，可以直接看本书检索过程吗？

不可以。专利检索的终极目的是判断技术方案相对现有技术是不是有新颖性和创造性，是技术和法律相结合的工作。这其中，技术是基础，基础没有搞清楚，后续的判断就没有了意义。因此，看本书中的例子时，一定要先看懂技术方案，后面才能理解检索时的逻辑，也就是"磨刀不误砍柴工"。在撰写本书时，在说明问题的前提下也将尽可能选择技术上简单易懂的案例，以降低读者的理解成本。

问题6：有没有懒人的检索技巧？

当然有。比如追踪检索，如果有竞争对手和你做类似的产品，那么直接检索竞争对手的专利将是检索中一个很简单也很重要的手段。再比如说语义检索，几乎不需要怎么动脑筋，把你想要检索的内容粘贴进去，系统就能根据语义分析对比的结果，自动按照相关度从高到低列出几百条文献。还可以尝试图形检索，即用图形检索图形。这些内容在本书第8章具体展开。

但是需要强调的是，这些懒人技巧只是补充。具体针对每一类案件特点，根据本书介绍采取"常规的"检索是每一件专利检索必不可少的。

# 入门篇

理 论

# 第 1 章　文献与检索系统

本章旨在介绍作为专利检索对象的文献（专利文献和非专利文献）以及执行检索过程的检索系统（文献数据库和检索平台），为后续章节提供基础知识储备。

## 1.1　文献基础

本书所指的文献基础为在专利检索中作为被检索对象的专利文献，包括科技期刊、学位论文、著作、标准等在内的其他可通过互联网检索得到的非专利文献，以及利于检索的专利文献分类体系。

### 1.1.1　专利文献与非专利文献

专利文献是专利制度的产物，是由国家或地区知识产权机构发布的法定文献。专利文献是一种集技术、经济、法律三种信息为一体的文件资料①。

首先，专利文献作为一种重要的技术信息源，既包含了丰富的技术信息，同时还是技术研发主体向世界提供最新技术信息的一条主要渠道。专利文献还可以用来进行行业分析和技术预测，通过研究专利文献，可以明确现有相关领域技术的现有发展水平和未来发展趋势，有助于找到新技术的突破点。

其次，相关专利文献是判定一项新的专利申请是否具备新颖性/创造性的主要依据，即得出专利检索结论的主要依据。还能根据现阶段专利申请活动的分布情况，觉察正在开拓的新技术市场。

此外，专利文献中含有大量的工业产权信息，包括发明人、专利权人、专利保护期、专利权保护范围等信息，是专利文献独有的信息，对于判定企业的生产经营是否会构成侵权行为极为重要。与此同时，一个机构的专利申请及有效专利的数量，还能够反映该机构的科技实力。通过检索竞争对手的这些信息，有利于企业在技术开发或引进时进行战略布局。

而非专利文献与专利文献相对应，同样是判定专利申请是否具备新颖性/创造性的依据之一，非专利文献同属技术文献，但一般不具备经济和法律属性。

---

① 刘湘萍. 科技文献信息检索与利用［M］. 北京：冶金工业出版社，2014.

1.1.1.1 专利文献

我们通常说的专利文献是包括请求书、说明书、权利要求书、摘要在内的专利申请文件和已经批准的专利文件资料。当然，广义上的专利文献还可以包括专利申请在审批过程中涉及的所有法律文件，这些也可能是对专利检索工作起到帮助的有用文件。

**1. 专利文献的形式**

从形式上看，专利文献最大的特点在于统一的编号和标准的呈现形式。目前，世界上各个国家的专利文献都按照国际统一的格式印刷出版（即单行本），各个不同的著录项目都采用了国际上统一的识别代码进行区分，并且每个专利申请都至少标注有国际上通用的国际专利分类号（IPC 分类号，可参见本章 1.1.2.1 小节的介绍）。

图 1-1-1 示例性地给出了同一申请人就同一技术方案通过《巴黎公约》在中、日、欧、美进行专利申请的单行本扉页。乍一看，扉页的排版格式似乎各有不同，但仔细对比即可发现，在四个扉页中，申请号前方的识别代码同为（21），申请日同为（22）、申请人同为（71）、发明人同为（72）、发明名称同为（54）、说明书摘要同为（57）、分类号同为（51）、公开日同为（43）。正是由于专利文献的各个不同著录项目均由国际统一的识别代码进行区分，为构造可供世界范围内进行计算机检索的、具有统一字段和索引（参见本章 1.2.2.1 小节对字段和索引的介绍）的专利文献数据库奠定了文献基础。

**2. 专利文献的结构**

从结构上看，专利文献的单行本除包括如扉页所示的著录项目信息和说明书摘要以外，还包括规范撰写的权利要求书和说明书，在此基础上，可以配合有说明书附图和摘要附图做示意性的说明。

专利文献对权利要求和说明书的撰写有明确的规范要求。例如，一份权利要求书中应当至少包括一项独立权利要求，还可以包括从属权利要求；权利要求书有几项权利要求的，应当用阿拉伯数字顺序编号；权利要求中通常不允许使用表格，以及权利要求中的技术特征引用的说明书附图标记应当用括号括起来，并放在相应的技术特征后面等。再例如，说明书第一页第一行应当写明发明名称，该名称应当与请求书中的名称完全一致并左右居中。除发明名称外，说明书还应当依次包括技术领域、背景技术、发明内容、附图说明（如有说明书附图）、具体实施方式五个部分内容，并在每部分前面写明标题。

从内容结构上讲，一篇专利文献的内容通常可以分为发明信息和附加信息两个部分。发明信息是专利文献全部公开文本（例如，说明书、附图、权利要求书）中代表对现有技术的贡献的技术信息。附加信息是专利文献中微不足道的技术信息，它本身不代表该篇专利文献对相关领域的技术贡献，但对从其他技术方案出发的检索者而言却有可能是有用的信息。一般地，附加信息可以是组合物或混合物的组分、方法或设备的要素或组成部分或者技术主题的用途或应用等。

图1-1-1　中、日、欧、美专利申请的单行本扉页对比

#### 1.1.1.2 非专利文献

非专利文献具有数量大、类型多样、来源广泛等特点,且特定类型的文献获取途径较少。数量大这一点不言而喻,就类型多样这一点,专利检索工作中涉及的非专利文献通常可以分为以下几类:期刊文献、学位论文、技术报告、会议(学术研讨会或讨论会、行业年会、论坛)论文和书籍(学术专著、标准、使用指南、词典等)。其中,科技期刊文献和学位论文是引用量最大的两大类非专利文献。

由于非专利文献本身类型多样,且撰写者写作思路各不相同,对自己科研成果中涉及的技术内容表述方式多样,使得文献承载的知识信息既丰富又繁杂,即使是相关联的信息甚至同样的内容,其文字表述也可能是千差万别。因此,对于检索工作而言,面对非专利文献时,最迫切的需要就是对非专利文献的关键词进行提取和扩展。

关键词主要是指出现在文献的标题、摘要和正文中,对表征文献主题内容具有实质意义的词语,亦即对揭示和描述主题内容来说是重要的、带有关键性的、可作为检索入口的词或短语。例如,文章的主题是产品和设备时,标引的关键词应体现其本身的要素,如机械设备中重要的零件(具体的结构上不能拆分的单元)、部件(若干零件的组合)、部件或零件的形状结构、各部件和零件之间的关系;化学领域中化合物本身的结构、组合物中的各个组分;以及该产品所执行的功能及用途。又如,文章的主题是技术方法时,标引的关键词应体现该方法的过程,即工艺步骤和工艺条件;该方法涉及的物质本身,如化合合成中的反应物、中间体等;以及该方法涉及的特殊设备。

在对非专利文献的关键词信息进行提取和扩展时,还应当注意进行同义词/近义词的扩展①。同义词/近义词主要指在信息检索中能够相互替换、表达相同或相近概念的词汇,包括等价和等义的词、词组,即意义完全相同的词,主要是指一些语义等价的词以及学名与俗名、全称与简称、新称与旧称、产品的代号与型号等;准同义词和准同义词组,即意义基本相同的词和词组。

不同类型的非专利文献,其相关内容的定位难度各有不同。期刊文献和会议论文的结构和篇幅类似,技术内容往往容易找到;标准由于其撰写结构的规范化,找起来则更简单些;而书籍和学位论文因章节多内容丰富,其技术内容的提取往往需要花费较多的时间阅读全文之后才能从文中找到所有技术信息。

### 1.1.2 专利文献的分类体系

专利文献依赖于非常详细的分类体系而得以被归类和存储,并更进一步地,能够被我们通过检索的方式快速找出。这也是专利文献和非专利文献的一个很大的区别。那么,什么是分类体系呢?

---

① 同义词/近义词的扩展目前只有极少数商业数据库可以做到,这反过来就要求我们在检索中表达相关技术内容的时候,注意这个方向上的扩展。

日常的生活经验告诉我们，分类是一种很好的方式，可以帮助我们快速找到想要的东西。例如家里书柜摆放的图书，通常我们都会设置一定的分门别类摆放的规则，比如学习提升类的书籍摆放在一起，生活常识类的书籍摆放在一起，文学社会相关的书籍单独收纳，孩子看的绘本单独收纳。这样的分类方式使得我们在寻找书籍时，不用每次都把整个书柜翻个遍，而是直接到对应类别的摆放或收纳位置去找即可。专利文献分类体系也是这样的思路，把涉及不同技术内容的不同专利文献分别放在不同的分类位置，每个分类位置再给定一个特定的编号。这样，你想要什么技术内容相关的专利文献，只需到相关的分类位置去找就可以，而不需要把所有专利文献都翻找一遍。可见，分类体系的存在对快速查找专利、提高专利文献的检索效率和构建高质量的专利文献数据库有着至关重要的作用①。

目前，世界主流的三大分类体系包括国际专利分类体系（International Patent Classification，IPC）、联合专利分类体系（Cooperative Patent Classification，CPC）和日本专利分类体系（File Index/File Forming Term，FI/F-Term）。

#### 1.1.2.1 国际专利分类体系（IPC）

国际专利分类体系（下称 IPC）诞生于《国际专利分类斯特拉斯堡协定》，其提供了一种由独立于语言的符号构成的等级体系，用于根据所涉不同技术领域对专利和实用新型进行分类。1968 年 9 月 1 日出版的《发明专利国际（欧洲）分类表》，从 1971 年 3 月 24 日起被认定为第 1 版分类表，而现如今已经发展更新到第 8 版。

目前，IPC 由世界知识产权组织（WIPO）的 IPC 专家委员会作为 IPC 联盟的唯一管理机构，负责每年对 IPC 分类表进行一次修订，修订一般包括增加、删除分类号或者调整分类号的覆盖范围。代表 IPC 官方出版物的网络版分类表可从 WIPO 的 IPC 网站（https：//www.wipo.int/classifications/ipc/en/）获得。

IPC 是目前唯一一个全世界范围内通用的专利文献分类体系，世界上有超过 100 个国家和地区都在使用 IPC 对专利文献进行分类。在本章 1.1.1.1 小节中已有提及，每个专利申请在其单行本扉页上都至少标注有 IPC 对申请文件给出的分类号。我国自 1985 年实施专利法以来，也一直采用 IPC 对发明专利和实用新型的技术主题进行分类，并按 IPC 建立和管理审查用的检索文档。

那么，如何读懂 IPC 分类表呢？我们在看待一个分类体系时，可以把它视作一个庞大的计算机文件分类存储系统，分类体系好比将计算机的内存分成一个个的小隔间，在每个隔间里存储一份份不同类别的专利文献。所以，为了让每一份可能涉及任何技术领域的专利申请文件均能够被存储到其中一个隔间中去，IPC 通过一串特殊的字符编排构造了足够多条存储路径，一个分类号即代表了一条存储路径，而所有分类号的集合则构成了 IPC 分类表。

#### 1. IPC 的标引形式

IPC 是一种等级分类体系，IPC 分类表使用等级，即部、大类、小类、大组和小

---

① 马天旗. 专利分析：检索、可视化与报告撰写（修订版）[M]. 北京：知识产权出版社，2021.

组,按等级降序划分技术知识体系。在 IPC 分类表中,一个完整的分类号由代表部、大类、小类、大组、小组(如有)的符号顺序连接而成,部为 1 位字母,大类为 2 位数字,小类为 1 位字母,大组为 1~3 位数字,小组为至少 2 位数字,大组和小组之间通过"/"隔开,最终形成如 A47G19/22、C09J7/02 以及 G02F1/13357 等标引形式。

部是分类表层级结构的最高级别。部的类号由 A~H 中的一个大写字母标明,而部的类名被认为是对该部所包含内容非常宽泛的指示。接下来,每一个部被细分成许多大类,大类是分类表的第二层级。每一个大类的类号由部的类号及其后的两位数字组成,每一个大类的类名表明该大类包括的内容,例如:

G09 教育;密码术;显示;广告;印鉴

每一个大类又进一步地包括一个或多个小类,小类是分类表的第三层级。每一个小类类号由大类类号加上一个大写字母组成,例如 G09B、G09C 等。小类的类名尽可能确切地表明该小类的内容。

进一步地,每一个小类被细分为"组","组"既可以是大组(即分类表的第四层级)也可以是小组(即依赖于分类表大组层级的第五或更低层级)。每一个组的类号由小类类号加上用斜杠分开的两个数组成。其中,大组的类号由小类类号、1~3 位数字、斜杠及 00 组成,大组类名在其小类范围以内确切限定了某一技术主题领域。小组是大组的细分类,每一个小组的类号由其小类类号、大组类号的 1~3 位数字、斜杠及除 00 以外的至少两位数字组成,小组类名在其大组范围之内确切限定了某一技术主题领域。值得注意的是,任何斜杠后面的第 3 位或随后数字应当理解为其前面数字的十进位细分数字,例如 1/13357 必然应当在 1/1335 下位以及 1/1336 上位找到,而 5/377 可在 5/37 下位以及 5/38 上位找到。

而在低至小组这一层级后,又通过点组的设计进一步地往下划分为一点组、两点组……九点组。在小组类名前加一个或几个圆点指明该小组的层级位置,即指明每一个小组是它上面离它最近的又比它少一个圆点的小组的细分类。各小组的等级仅仅由其类名前的圆点数,即其缩排的等级来决定,而不是由小组的编号来决定。每一层级均给定了与其所覆盖的技术领域范围所对应的含义解释,例如:

G 物理;

G02 光学;

G02F 用于控制光的强度、颜色、相位、偏振或方向的器件或装置,例如转换、选通、调制或解调,上述器件或装置的光学操作是通过改变器件或装置的介质的光学性质来修改的;用于上述操作的技术或工艺;变频;非线性光学;光学逻辑元件;光学模拟/数字转换器〔2,4〕;

G02F1/00 控制来自独立光源的光的强度、颜色、相位、偏振或方向的器件或装置,例如,转换、选通或调制;非线性光学〔1,2,4,2006.01〕;

G02F1/01 · 对强度、相位、偏振或颜色的控制(G02F1/29、G02F1/35 优先)〔2,7〕;

G02F1/13 · · 基于液晶的,例如单位液晶显示单元〔2〕;

G02F1/133···构造上的设备;液晶单元的工作;电路装置(用于控制矩阵中液晶元件并且在结构上不与这些元件相连的装置或电路入G09G3/36)〔3,7〕;

G02F1/1333····构造上的设备(G02F1/135,G02F1/136优先)〔5〕;

G02F1/1335·····与液晶单元结构相连的光学装置,例如偏振器或反射器〔5,2006.01〕;

G02F1/13357······照明装置〔7〕;

在所有情况下,小组类名必须解读为依赖并且受限于其所缩排的上位组的类名。所以,G02F1/13357应该解读为"基于液晶对光的强度、相位、偏振或颜色进行控制的设备中的光学照明装置",例如液晶显示器的背光组件等。

### 2. IPC的分类逻辑

IPC仅针对专利文献的技术主题进行分类。根据WIPO在2021年1月的统计数据,IPC目前分为A(人类生活必需)、B(作业、运输)、C(化学、冶金)、D(纺织、造纸)、E(固定建筑物)、F(机械工程;照明;加热;武器;爆破)、G(物理)、H(电学)8个部,再依次通过大类、小类、大组、小组的层层细分,构成131个大类、646个小类、7523个大组、68899个小组,共计近8万个分类位置,见表1-1-1。

表1-1-1 IPC各层级分类位置数量统计　　　　　　　　　　单位:个

| 部 | 大类 | 小类 | 大组 | 小组 | 合计 |
|---|---|---|---|---|---|
| A部 | 16 | 84 | 1139 | 8450 | 9689 |
| B部 | 38 | 169 | 2000 | 15509 | 17716 |
| C部 | 21 | 87 | 1322 | 13535 | 14965 |
| D部 | 9 | 39 | 354 | 2895 | 3297 |
| E部 | 8 | 31 | 323 | 3122 | 3484 |
| F部 | 18 | 99 | 1100 | 8256 | 9473 |
| G部 | 15 | 86 | 737 | 8181 | 9019 |
| H部 | 6 | 51 | 548 | 8951 | 9556 |
| 合计 | 131 | 646 | 7523 | 68899 | 77199 |

IPC分类表使用附注定义或者解释特定词汇、短语或分类位置的范围,指出分类规则或者指明怎样将技术主题进行分类。大类、小类或组的类名或附注可以包括一个涉及分类表另一位置的在括号中的短语。这样的短语称为参见,说明由参见指明的技术主题包括在所涉及的一个或几个位置。参见一般包括用于限制范围、指示优先以及指引关联信息三类。

用于限制范围的参见将原本满足该分类位置和其定义所有要求的,即原本应当包括在该分类位置的特定技术主题,排除在该分类位置的范围之外,并指出该技术主题的分类位置,通常记载为"本小类/大组不包括……"的形式。例如:

A62D3/00通过在物质中产生化学变化使有害化学物质无害或降低危害的方法(使有害化学制剂无害的装置入A62B29/00;通过燃烧消灭有毒气体入F23G7/06)〔1,

2007.01〕

附注

1. 本大组不包括：

·化学或物理化学类型的方法，其中消除或减少有害化学物质的危害产生了有用的产品，例如水泥。这些类型的方法包含于制造该特定产品的适当小类中。但是，若产品制造方法中包括了一个以消除或减少有害化学物质危害为基本目标的方法步骤子集，而且这一子集本身是新的和非显而易见的，则该子集包括在组 A62D3/00 中。〔2007.01〕

当技术主题可分类在两个分类位置时，或当这个待分类技术主题的不同方面包括在不同分类位置时，使用用于指示优先的参见来说明另一个分类位置"优先"，从而要求这样的技术主题应该只被分类在这些分类位置中的一个位置。此类用于指示优先的参见通常出现在小组这一层级，通常记载为"……优先"的形式。例如：

A47J31/18 · 把磨碎的咖啡或茶叶浸泡在饮料容器的热水中用的装置

A47J31/20 · · 有可浸泡的，例如可旋转的过滤器

A47J31/22 · 生产过滤咖啡的离心机（A47J31/20 优先）

A47J31/24 · 制备咖啡的装置，在压力下使热水流过过滤器（A47J31/043 优先）

指引关联信息的参见指向专门适用或应用于特定目的或并入一个更大系统的技术主题的分类位置，其所指明的技术主题位置，是那些对检索有用但又未包括在参见所出现的分类位置范围内的技术主题。例如：

G09F7/00 标记，铭牌或号牌，字母，数字或符号；面板或牌（说明卡片入 G09F1/00；可变信息的指示设备入 G09F9/00，G09F11/00；照明的标记入 G09F13/00；通知或广告牌入 G09F15/00）

### 3. IPC 的查询和检索入口

WIPO 的中文版官方网站上给出了浏览和检索 IPC 分类表的入口（https：//www.wipo.int/classifications/ipc/zh/，如图 1-1-2 所示），该入口下提供英文和法文界面，支持直接通过浏览列表式的分类表查阅 IPC 各部分类表，支持通过以首字母排序的分类号含义为入口查询对应分类号，还支持通过分类号截断检索或含义检索查找相关分类位置。

国家知识产权局专利检索与分析平台 PSS（参见本章 1.3.1.1 小节的介绍）同样给出了 IPC 分类号检索功能，包括常规检索中的自动识别模式、高级检索界面中的"IPC 分类号"检索项以及命令行检索中的索引"IPC"。例如，通过在命令行检索界面的命令编辑区输入 IPC＝"G02F1/13357"，就能够找出该平台数据库内涉及"基于液晶对光的强度、相位、偏振或颜色进行控制的设备中的光学照明装置"这一技术主题的专利文献共 189647 条。除提供 IPC 分类号检索功能外，国家知识产权局专利检索与分析平台还在其导航检索界面中给出了 IPC 分类表查询和浏览功能，支持分类表内逐级查询相关分类号。此外，还可通过中英文关键词检索的方式，快速定位相关分类号的位置。例如，我们想查询液晶显示器件可能涉及的分类位置，可直接在"中文含义"的

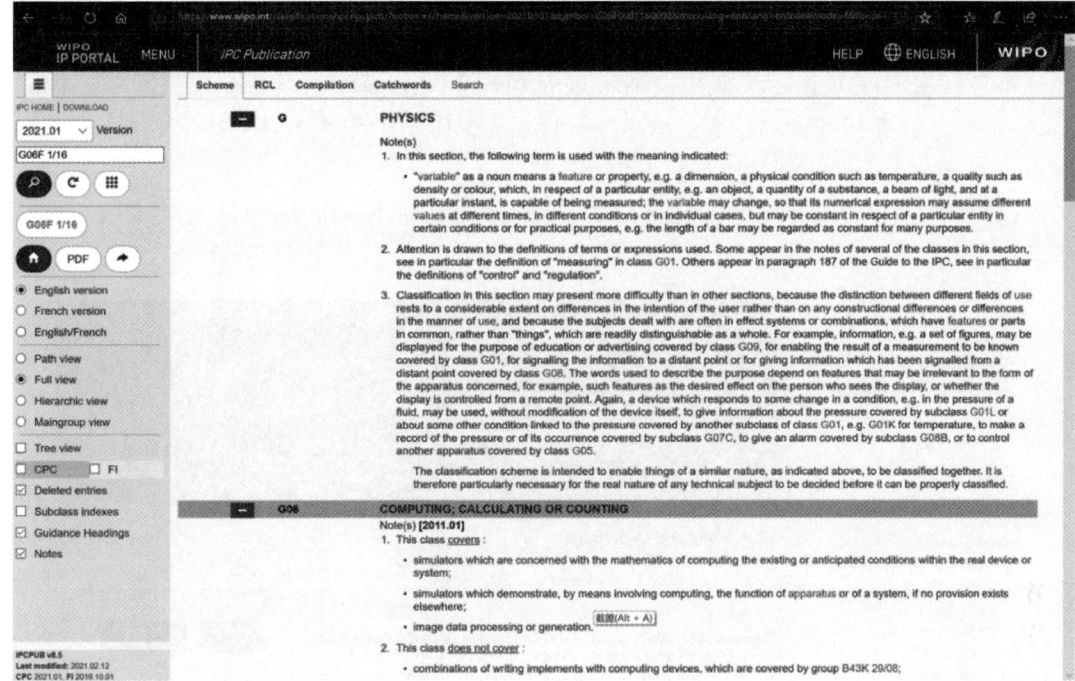

图1-1-2 WIPO官方给出的IPC分类表浏览和检索入口

检索框内输入"液晶显示",单击查询,即可找到包括G02F1/13在内的相关分类位置,从而能够迅速地展开其下位组进行分类号的查阅。

### 1.1.2.2 合作专利分类体系（CPC）

合作专利分类体系,或者联合专利分类体系（Cooperative Patent Classification,CPC）,则是融合WIPO的IPC、欧洲专利局的ECLA（欧洲专利局分类体系）、美国专利商标局的UC（美国专利分类体系）三者精华后,再进一步优化的成果。2010年10月25日,欧美两局声明共同开发新的专利分类体系,按照WIPO分类标准和IPC结构,以ECLA为基础,融入UC的部分内容,从而比原有的ECLA和UC更加详细和准确。CPC作为最接近IPC的专利分类体系,又兼具欧美两大局的分类实践经验。

CPC于2013年1月正式上线投入使用,正式上线时,CPC分类覆盖的文献范围已经包括:以英、法、德、荷四种语言出版的PCT最低文献;欧洲专利局自1978年12月20日以后的文献,以及WIPO自1978年10月19日以后的文献;所有的美国专利文献,其中包括1836年以后的A/B类文献。此外,通过同族的方式,欧美还对其他国家的文献进行了CPC分类,包括:中国、日本、韩国、巴西、俄罗斯以及印度等。从2013年开始,很多欧洲国家,包括芬兰、西班牙、瑞典、丹麦等,开始主动进行CPC的标引;韩国、巴西等国也陆续开始对CPC进行主动标引。CPC的更新频率相对于IPC也是更为频繁的,近年来基本保持在每年4~5次。

根据国家知识产权局CPC分类实施的整体进度安排,自2016年1月起,国家知识产权局已经开始对全领域新受理的发明专利申请进行 CPC 分类。截至 2021 年 4 月，可查询到的国家知识产权局已主动标引 CPC 分类号的国内申请公开已有 7056190 件，相关分类号数据不仅可通过国家知识产权局专利检索与分析平台（http：//pss – system. cnipa. gov. cn）进行查询和检索，还可通过欧洲专利局检索平台 Espacenet（https：//worldwide. espacenet. com）进行查询和检索。

CPC 拥有自己专属的官方网站（www. cooperativepatentclassification. org），如图 1 – 1 – 3 所示。

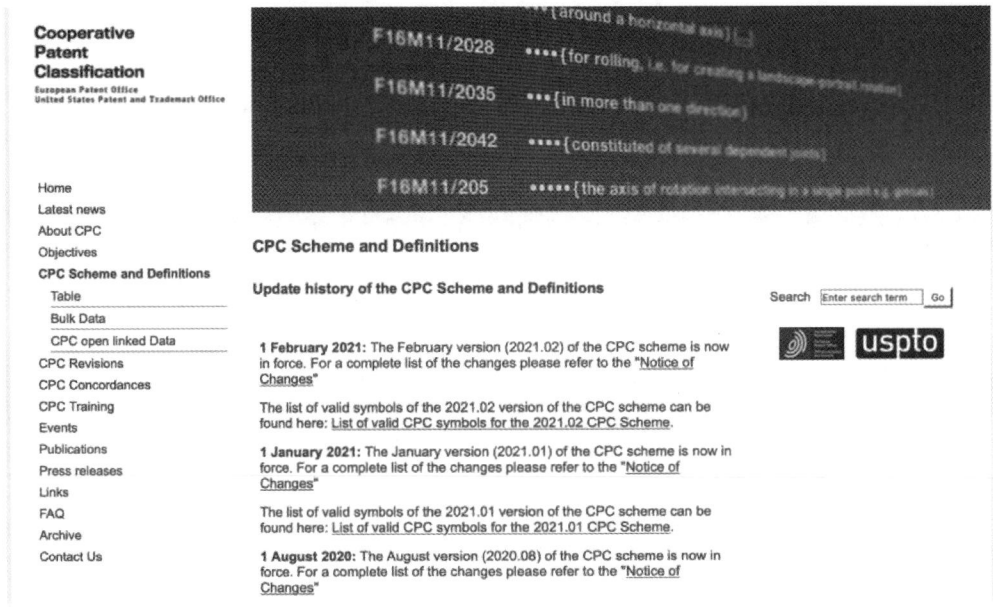

图 1 – 1 – 3　官方给出的 CPC 分类表浏览和检索入口

CPC 与 IPC 分级方式相同，都是按部、大类、小类、大组、小组的依次排序，例如 G02F1/133606，……，它是一个 8 点组的小组；G02F2001/133607，是 G02F1/133606 下位的 9 点组的小组。CPC 通过对 IPC 的一系列改造，将分类位置增加到了 25 万个。

相较于 IPC，CPC 的优势主要体现在以下四大方面。

**1. 对 IPC 的分类条目的纵向细分、横向扩展、同级调整**

在 CPC 分类表中，对 IPC 分类条目进行保留的部分以黑色示出，CPC 新增的部分以绿色"｛……｝"的形式示出。纵向上看，CPC 虽然整体延续了 IPC 的风格，但相对于 IPC，CPC 在纵向层级上有更进一步的细分，最低分到了 12 点组（H 部），细分小组下的文献量少；在横向上，对于 IPC 分类不全面的情况进行了扩展和补充，并且对于同一层级中 IPC 分类不够准确的情况进行了调整和修改。例如 G09F3/00，是标签等指示性用具的大组，在 IPC 下，目前有 10 个分类位置，但在 CPC 下，目前有 104 个分类位置，是 IPC 的 10 倍。这样的细分和扩展能够使得 CPC 细分小组下的文献量保持在较少的区间，也就是能够使得在仅通过分类号进行检索时，阅读量控制在合理的范围内。

除了在分类条目上对 IPC 进行了充分的纵向细分、横向扩展、同级调整，CPC 还对分类表中的附注和参见进行了调整，并在分类表中新增了注意（Warnings）。

CPC 中附注和参见的出现位置、适用范围及作用与 IPC 基本一致，但是应该注意其删除、修改或增加了 IPC 许多附注的内容。有些 CPC 类号虽然与 IPC 相同，但对某些分类位置的界定可能与 IPC 存在差异，因此对 IPC 中已有附注或参见中的内容进行一定程度上的改变（删除或增加），将导致该类号所覆盖技术主题的范围有所不同。注意（Warnings）是 CPC 分类表的标记，IPC 在分类表中没有注意（Warnings）。注意（Warnings）出现在小类、大组或小组的类名、参见或附注的后面。注意（Warnings）适用于其所涵盖的全部分类位置，用来引起对有矛盾或不完全之处的注意，并提醒文献分布位置的变化等。附注的作用具体包括：（1）提示分类号变化，如由 CPC 覆盖或替代而不再使用的 IPC 组，这些组在 CPC 分类表中将被删去；（2）文献覆盖范围有变化的组/再分类还在进行中，如当一个新的组被引入 CPC 时，而相应的再分类工作还没有完成即当再分类还在进行中，需要使用注意（Warnings）来提示分组的"不完整性"，当再分类工作完成后，该注意（Warnings）将会被删除。

### 2. CPC 的多重分类原则

对 CPC 而言，分类主要是为了检索。为了利于检索，CPC 要求对文献中所包含的全部技术主题都应当尽可能给出发明信息和附加信息，分类时可以不受现有其他原则（例如优先规则或参见）限制，即只要是有利于计算机检索的技术特征，都有可能给出 CPC 分类位置。例如：技术主题涉及产品及产品的制造方法，如果分类表中产品和方法的分类位置都存在，则对产品和方法分别进行分类。当技术主题涉及功能分类和应用分类二者时，则既按功能分类又按应用分类。

所以我们一般能看到一篇文献给出了大量的 CPC 的分类号，就是考虑到一篇文献中提到的背景技术或者是一些可能对该文献无关紧要的信息，都有可能是另一篇文献中解决技术问题的关键技术手段。这样用户在检索时，无论从哪个角度入手，只要使用了正确的分类号，都能检索到应该检索到的文献。

### 3. 全面的分类定义

CPC 具有非常全面的分类定义（Definition），对分类表进行解释、补充说明和信息指引。分类定义是 IPC 分类表 2006 年第 8 版才引入的概念，用于详细地解释分类位置范围，明晰分类条目。通过分类定义，来弥补 IPC 分类表中类名抽象、技术界限不清晰等不足。实际上目前 WIPO 已对 IPC 分类表中的 300 多个小类给出了分类定义，但仅存在于网络版 IPC 电子层中。而且 IPC 的分类定义内容较为简略，很多小类在 IPC 中的分类定义只有一页甚至几行，在 CPC 中的分类定义被详细阐述了十几页甚至几十页，如 A01B 的 IPC 分类定义页数仅有 1 页，而 CPC 则有 75 页，差异巨大。

因为分类定义对 IPC 作用十分有限，但是 CPC 的分类定义，则对 CPC 分类与检索均具有极为重要的作用和影响，可将其作为各具体领域分类指导手册来使用。CPC 分类定义与 IPC 分类定义总体情况对比参见表 1-1-2。目前，不具备分类定义的 CPC 小类已寥寥无几。

表 1-1-2 CPC 分类定义与 IPC 分类定义总体对比

| 对比内容 | IPC | CPC |
| --- | --- | --- |
| 作用 | 不作为分类依据<br>不影响分类结果<br>用于帮助分类位置的理解<br>弥补类名抽象的缺陷 | 作为分类依据<br>影响分类结果<br>可提高分类一致性并为计算机检索提供帮助 |
| 覆盖范围 | 覆盖 300 多个小类、某些大组或小组 | 已覆盖 600 多个小类、全部大组和部分小组 |

CPC 的分类定义，包括对分类表的解释（定义陈述，definition statement）、对特殊分类规则进行阐述和举例说明（分类的特殊规则，special rules of classification）、对关联性的分类位置进行信息指引（比如与本分类号相关的一些技术内容应当去哪些地方找分类号，信息性参见，informative references）、对特定分类位置所涵盖的范围进行明确限定（例如某分类号明确包括哪些内容，明确不包括哪些内容，即分类相关参见，references relevant to classification in this sub-class/group），以及术语表、同义词和关键词等，是相对于分类表一个非常有用的信息的补充，特别是在帮助我们检索前精准确定技术方案的关联分类号时，有很大的帮助。①

**4. 新增 Y 部和 2000 系列**

相对 IPC 分类表，CPC 分类表新增了 Y 部，并相对于主干分类号新增了 2000 系列。

CPC 分类表有 9 个部，为 A~H 和 Y 部，共含约 25 万条细分条目，其中 CPC 新增的 Y 部，约占 0.7 万条。Y 部是 CPC 分类表新增的内容，也是分类表结构变化中重点关注的内容。Y 部源自美国专利商标局的 USPC 分类体系，对专利文献中任意位置涉及的、无法用 A~H 部进行分类的新兴发展技术或者跨领域技术、复杂技术融合的交叉技术进行标注。Y 部重点标识新技术的发展，如防止和应对全球气候变暖、温室气体减排等新兴技术等，如 Y02B/C/E/T-缓解气候变化技术，如图 1-1-4 所示；Y04S-信息和通信技术对其他技术领域的影响。

2000 系列类号是相对于 A~H 部中的主干类号而言的。CPC 中主干类号约 16 万条，类号形式如 H01L27/3208 或 C07D521/00，标引对象为发明信息和附加信息；2000 系列约 8.2 万条，类号形式如 A01C2001/00 以及 C12N2999/007，标引对象为附加信息。2000 系列类号来源于欧洲专利局原有的分类体系 ECLA 配套的 IPC 引得码、IPC 索引代码和受控关键词（controlled keyword）。其中 <2200 的 2000 系列类号为细分类号，是对上位点组的进一步细分，在 CPC 表中穿插在一般 CPC 小组中；而 >2200 的 2000 系列是垂直类号，是从多个角度表达技术主题，只出现在小类分类表的末尾，实质上是从新的角度对该大类下的大组进行维度上的进一步扩充。

---

① 关于分类定义，可以进一步参考 CPC 官网中对于 CPC 分类定义的详细介绍，链接为 https://www.cooperativepatentclassification.org/Training。

## Y02B CLIMATE CHANGE MITIGATION TECHNOLOGIES RELATED TO BUILDINGS, e.g. HOUSING, HOUSE APPLIANCES OR RELATED END-USER APPLICATIONS

```
10/00    Integration of renewable energy sources in
         buildings
10/10    . Photovoltaic (PV)
10/20    . Solar thermal
10/30    . Wind power
10/40    . Geothermal heat-pumps
10/50    . Hydropower in dwellings
10/70    . Hybrid systems, e.g. uninterruptible or back-up
           power supplies integrating renewable energies
20/00    Energy efficient lighting technologies, e.g. halogen
         lamps or gas discharge lamps
20/30    . Semiconductor lamps, e.g. solid state lamps [SSL]
           light emitting diodes [LED] or organic LED
           [OLED]
20/40    . Control techniques providing energy savings, e.g.
           smart controller or presence detection
20/72    . in street lighting
30/00    Energy efficient heating, ventilation or air

50/00    Energy efficient technologies in elevators,
         escalators and moving walkways, e.g. energy
         saving or recuperation technologies
70/00    Technologies for an efficient end-user side electric
         power management and consumption
70/10    . Technologies improving the efficiency by using
           switched-mode power supplies [SMPS], i.e.
           efficient power electronics conversion e.g. power
           factor correction or reduction of losses in power
           supplies or efficient standby modes
70/30    . Systems integrating technologies related to
           power network operation and communication
           or information technologies for improving the
           carbon footprint of the management of residential
           or tertiary loads, i.e. smart grids as climate
           change mitigation technology in the buildings
           sector, including also the last stages of power
           distribution and the control, monitoring or operating
           management systems at local level
```

图 1-1-4　CPC 小类 Y02B 的分类表（部分）

### 1.1.2.3　日本专利分类体系（FI/F-Term）

从上文的介绍可以看出，国际专利分类表（IPC）是各国专利局普遍应用的一种专利分类系统，但日本特许厅根据本国技术发展的特殊性，在采用国际专利分类系统的基础上，又进一步开发了日本专利分类体系，包括文档索引（File Index，FI）、文档构成术语（File Forming-Term，F-Term）和方面分类（Facet Classification，FC）。从 1984 年起，日本特许厅坚持使用其特有的日本专利分类体系为日本专利申请文件进行分类号的主动标引。

那么问题来了，为什么已经有一个权威的 IPC 过后，日本还要自己开发创立自己的专利分类体系呢？这和 20 世纪 80 年代中后期日本在科学技术上经历的战后复兴、高速成长是密不可分的。首先需要解决的问题就是，由于日本的技术发展又快、文献量又大，再结合 IPC 分类条目过宽，长此以往会导致在每个 IPC 分类号下面积累大量的文献。而为了快速检索，最直接的需求，就是需要分散每个 IPC 分类号下的大量专利文献。FI 分类就诞生在这样的需求下。而 F-Term 分类，是一种完全区别于 IPC 的、有自己独特标引逻辑的、以利于计算机检索为核心宗旨的多重分类体系。F-Term 分类体系的建立，多是出于对越来越复杂的技术以及各种复杂技术相互融合而出现的发明创造，如何利用计算机进行快速检索的考虑。IPC 侧重于对单一的技术主题进行分类，并且技术分类比较粗糙；相反地，F-Term 借助技术术语的表达，根据申请文件中各个地方涉及的不同技术主题、观点和角度，例如目的、用途、结构、材料、制造方法、使用、运行方法、控制逻辑等，对日本专利进行重新分类。FC 分类和 CPC 分类体系下的 Y 部类似，仅从代表未来的前沿技术和新兴产业的视角进行几个维度的细分，实际中应用不多，后文不再展开。

### 1. 文档索引（FI）

FI 分类实质上就是对 IPC 分类号的细分，也就是在我们现在用到的最下位的 IPC 分类号下，FI 又进行了新的分组。FI 遵循 IPC 的标引规则，采用类似 IPC 分类号的层次递降的结构，将现行的 9 万多个 IPC 分类号细分为近 20 万个条目。FI 既有主副分类号，主分类号对发明信息进行标引，副分类号对附加信息进行标引，对技术主题按照整体原则进行分类，也同样适用于 IPC 分类表中的通用、有限、特殊等分类规则。

FI 对于 IPC 的细分在标引形式上体现为 FI 在 IPC 的小组下新增 IPC 细分号和文档识别号，最终呈现为四种主要的标引形式。例如，

① = IPC 分类号　　如 G07D9/00 硬币计数
② = IPC 分类号 + IPC 细分号　　如 G07D9/00 306··硬币接收装置
③ = IPC 分类号 + 文档识别号　　如 G07D9/00 A 硬币包装机
④ = IPC 分类号 + IPC 细分号 + 文档识别号　　如 G07D9/00 336 A··费用清算装置，如找零机

IPC 细分号由从 101 开始的三位数字组成（注意，不是一位，也不是两位，这是由于 IPC 细分号在标引时是紧接在 IPC 分类号之后的，考虑到避免造成分类和检索时的歧义，于是将细分号设置为三位数字）。与 IPC 相同，以分类号后面的圆点数表示该细分类号的层级。

文档识别号由不为 I 或 O 的一位字母组成，表示对 IPC 或 IPC 细分号的进一步细分。在出现文档识别号的分类位置，总是会伴随出现文档识别号"Z The others"，那些不属于已出现的文档识别号表示的小组中的主题，或者涉及一个以上文档识别号表示的小组中的主题都会被分入由文档识别号"Z The others"表示的小组。

### 2. 文档构成术语（F–Term）

F–Term 是文档构成术语的意思，换言之，F–Term 是由构成专利信息的技术术语和表示该技术术语的符号所组成的分类系统。

举个例子，假如某技术方案，技术主题是一种纸币处理装置，而这个技术方案实质上是对可用于纸币处理装置中的光学传感器在出光和导光结构的改进，其要解决的技术问题、达到的技术效果，都体现在传感器的检测性能上。

这时候 IPC 会怎么进行分类呢？IPC 侧重于对单一技术主题进行分类，当然是将分类号分给权利要求的技术主题纸币处理装置 G07D7/00。而 F–Term 在分类的时候会关注什么？F–Term 关注整个技术方案中所有涉及构成整个专利的技术术语，这里我们可以理解成是不同的观点和角度。在刚才的例子中，F–Term 就会把分类位置给到检测部件下的光学传感器，光学传感器下的出光结构、导光结构、传感器的用途和功能，当然，从用途的角度，F–Term 会给到纸币处理装置的分类位置。就这样，通过多个分类号从多个观点和角度对技术方案的实质改进点和技术细节进行表达，这就是 F–Term 分类体系的构造逻辑。

F–Term 以有利于计算机检索为核心宗旨，每篇日本专利文献可以有十几二十个、

四五十个甚至一百多个 F-Term 分类号。目前，F-Term 大概有 2700 个分类主题，一般来说，每个分类主题都和一定数量的 FI 分类号有映射关系，比如 F-Term 技术主题 3E040 就对应于 G07D1/00 和 9/00 下的部分分类号。在 2000 多个 F-Term 主题中，有差不多 1900 个主题分别以两位字母观点符和两位数字位符为列和行扩展为一张二维的分类表，最终构成大约 34 万个分类位置。

由于分类思想的不同，F-Term 在编排结构上体现出了与 IPC、CPC 以及 FI 截然不同的特点。例如 IPC 是以层级式展开的，FI 则是以窗口式展开的，而 F-Term 则呈现为一张张二维表。简单来说，F-Term 包括如下两种分类号形式：

① = 五位字符主题码  如 3E040 取出纸币

② = 五位字符主题码 + 两位字母观点符 + 两位数字位符  如 3E040 da01·防止不正当使用

主题码是由一位数字 + 一位字母 + 三位数字组成的五位字符，用以表示技术领域；字母观点符由两位字母组成，用以表征发明的材料、方法、结构、目的、应用等不同的观点角度；数字位符由两位数字组成，对该观点角度下技术特征进行进一步的细化。由以上分类号标引形式构成的 F-Term 分类表如图 1-1-5 所示。

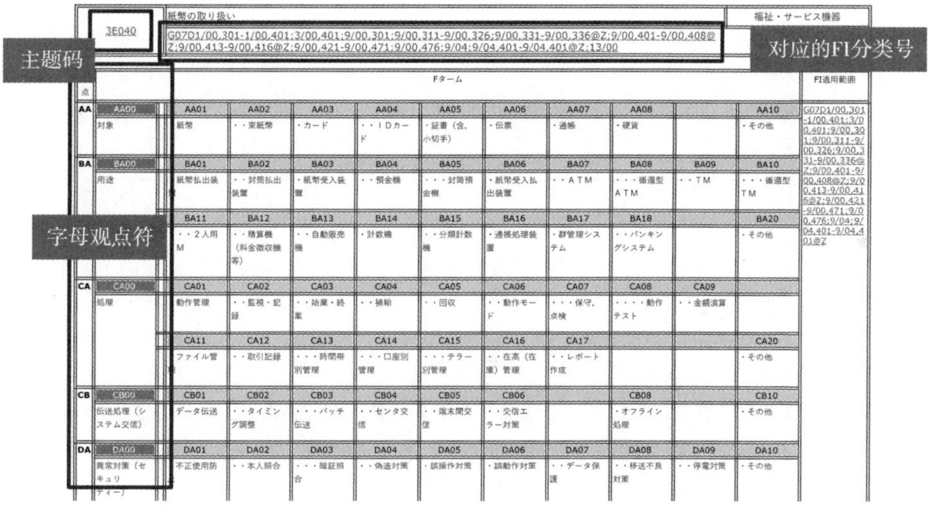

图 1-1-5  F-Term 分类表的二维呈现形式（部分）

在 F-Term 的帮助下，我们在进行检索时能够用分类号代替关键词，避免因为我们自身关键词的扩展不充分不准确而导致的漏检问题。并且，灵活使用 F-Term 分类体系不仅能够提高检索效率，还能满足如今各种复杂技术融合的发明检索需求。

### 1.1.2.4 三大分类体系特点对比（见表1-1-3）

**表1-1-3 IPC、CPC、FI/F-Term三大分类体系特点对比**

| 对比内容 | IPC | CPC | FI | F-Term |
|---|---|---|---|---|
| 与IPC的关系 | | 对IPC进行的显著细分、修改和扩展；拥有强大的分类定义 | 涵盖IPC分类；并基于IPC的进一步细分 | 对IPC技术领域的重新划分；在FI的基础上进行再分类 |
| 划分角度 | 仅对技术主题进行分类 | 延续IPC分类的思路；从不同角度进行多重分类 | 延续IPC分类的思路；相同的技术主题分到同一位置 | 从多种观点和角度设置分类位置 |
| 标引形式 | 部为一位字母、大类为两位数字、小类为一位字母、大组为一位或两位数字、小组为至少两位数字、大组与小组以"/"隔开 | 沿用IPC标引形式新增Y部和2000系列 | IPC+细分号（三位数字）、IPC+文档识别号（一位字母）、IPC+细分号+文档识别号 | 主题码（一个数字+一个字母+三个数字）+观点符（两位字母）+位符（两位数字） |
| 分类号数量 | 约8万个分类位置 | 25万余个分类位置 | 约20万个分类位置 | 2600余个主题码；近35万个分类位置 |
| 覆盖范围 | 全部技术领域 | 全部技术领域 | 全部技术领域 | 70%技术领域 |
| 更新频次 | 一年一次 | 一年4~5次 | 一年两次 | 一年一次 |

## 1.2 检索系统基础

检索系统主要分为数据库和检索平台两个部分，数据库是支撑文献检索的数据基础，而检索平台是提供给我们进行检索操作的交互界面。本节将从数据库的基础知识入手，讲解检索必须具备的检索基础知识。

### 1.2.1 数据库基础知识

专利数据库和非专利数据库的构造逻辑是相通的。以专利数据库为例，在1.1.1.1小节中已有提及，专利文献由于其标准的编排格式，即用国际统一的识别代码对各个不同的著录项目进行区分，为构造可供世界范围内进行计算机检索的、具有统一字段和索引的专利数据库奠定了文献基础。而专利数据库可以视作将专利文献的不同著录项目按不同的条目进行分门别类的规范化存储，以便于从不同入口进入进行关键信息的检索时，能够直接对数据库中文献的对应条目信息进行检索。

主流的专利数据库包括中国专利数据库、欧洲专利数据库、美国专利数据库、日本专利数据库等。中国专利数据库由国家知识产权局和中国专利信息中心开发提供，该系统收录了中国自 1985 年 4 月 1 日实施专利制度以来的全部中国专利文献，包括发明、实用新型和外观设计，具有较高的权威性，网上数据每周更新一次，是国内最好的专利数据库之一。中国专利信息中心制定的用于规范专利数据的知识产权行业标准《专利文献数据规范》，一方面，对全部公开数据资源所包含的所有数据项的内容、属性、格式、值域等予以明确、科学的定义和规范，实现数据元素的标准化和规范化，从而确保不同加工方、不同加工项目中数据的一致性；另一方面，把数据资源划分为具有独立、特定含义的最小逻辑单元，形成数据元素列表，实现数据的模块化，从而便于专利数据库的构建。

按照不同的划分依据，我们可以对专利数据库进行一定的分类。前面说到的中国专利数据库、欧洲专利数据库、美国专利数据库、日本专利数据库等，这是按专利申请的国别进行划分。按专利数据元素的组合不同又可以分为专利文摘库和专利全文库，或者专利文献库和过程文档库。

我们在理解专利数据库的基本结构时，可以把它想象成由一张张二维的 Excel 表堆叠而成，每篇专利文献或者每一个专利族自成其中一张表，在数据库中被称为一条记录。这张表从行方向来看，每一行自成一个条目，在数据库中被称为字段；从列方向来看，特定行的第 2 列至第 $N$ 列分别放置该特定条目下的具体内容。举个例子，如果以一个专利族为一条记录，则在"申请号"这个字段下，该专利族具有的全部申请号将被一一列至该字段下。而以一篇专利文献为一条记录时，专利文摘数据库的基本结构通常如下所示：

申请号：CN201610134768 20160310
申请日：2016.3.10
FN：US2016268352
FAMN：CN201610134768
国省代码：KR
国省名称：韩国
公开号：CN105977276 A 20160928
公开日：2016.9.28
优先权日：2015.03.10
申请人：三星显示有限公司
申请人地址：韩国京畿道
代理人：宋颖婷；康泉
代理机构：北京德琦知识产权代理有限公司 11018
发明人：洪钟昊；崔源一；朱惠珍；朴源祥；金武谦；明万植；尹孝烈；
IPC：H01L27/32，G09F9/33，G09G3/3208，G09G3/3225
IPC 主分类号：H01L27/32

CPC 发明：H01L27/32，H01L27/3246，G09F9/33，G09G3/3208，G09G3/3225

优先权号：KR10-2015-0033419 20150310

发明名称：有机发光二极管显示器

ICST：H01L27/32，G09F9/33，G09G3/3208，G09G3/3225

摘要：本发明涉及一种有机发光二极管显示器，……

权利要求：1. 一种有机发光二极管显示器，包括：……

当然，实际的文摘数据库包含的字段更多，数据模块也更为丰富，甚至还会包括一些人工加工而成的字段。例如，中国专利数据库中包含的中国专利深加工文摘数据库（CPDI），是针对中国发明专利申请公布、实用新型专利授权公告的专利数据，进行 IPC 分类、文摘及题名的重新改写、关键词标引、范畴分类、专利申请人机构代码标引等六个方面的数据加工处理后得到一些更能体现发明构思的字段。数据深加工的目的在于通过对专利文献的深加工，尤其是在人工阅读了说明书内容后，形成比原摘要更准确地传达技术信息的文字，例如改写后的摘要包括要解决的技术问题、技术方案、特殊类目、用途或技术领域、附加信息和摘要附图，其中技术方案又包括发明点、核心方案和其他独立权利要求的信息。由于深加工数据中的关键词为人工提取，并且结合说明书中公开的细节内容，能够体现与技术改进相关的技术特征，且在标引时是依据叙词表（其中收录的都是常用的科技词汇）来进行，标引的关键词更加专业化、标准化，利于提高查准率和查全率。

## 1.2.2 检索基础知识

这里所说的检索基础知识不涉及对具体技术方案的理解（该部分内容详见本书第 3 章和第 4 章），而是我们利用计算机在专利数据库中进行检索时，必须要利用到的基本工具——字段、索引、命令和算符。

### 1.2.2.1 字段和索引

字段和索引是相对应的两个概念。如果说字段代表数据库中一条条记录的存储类型和结构，那么索引就是一个指针，指向数据库中以特定类型和结构存储的字段或字段群。

**1. 字段**

数据库由"记录"组成，记录包含了各种数据项，例如专利公开号、分类号、表示发明名称的标题和介绍发明技术内容的文摘等，如图 1-2-1 所示。数据库中各个记录的性质相同的数据项存放在同一"字段"中，例如 PN 字段中存放的都是与专利公开号相关的数据，不同性质的数据项存放在不同的字段中，例如 PN、IC 字段等。数据库中的记录是按字段中存放的内容进行显示的。字段中存放的内容可分成段落，有些字段仅有一个段落，也有些字段根据其内容可以分成几个段落。段落由句子组成，每个段落中又可以有几个句子，也有些段落只有一个句子，句子以句号来判断句子的结束。而一个句子中可以有几个位置。例如，摘要 AB 字段可以有几个段落，每个段落中可以有几个句子。

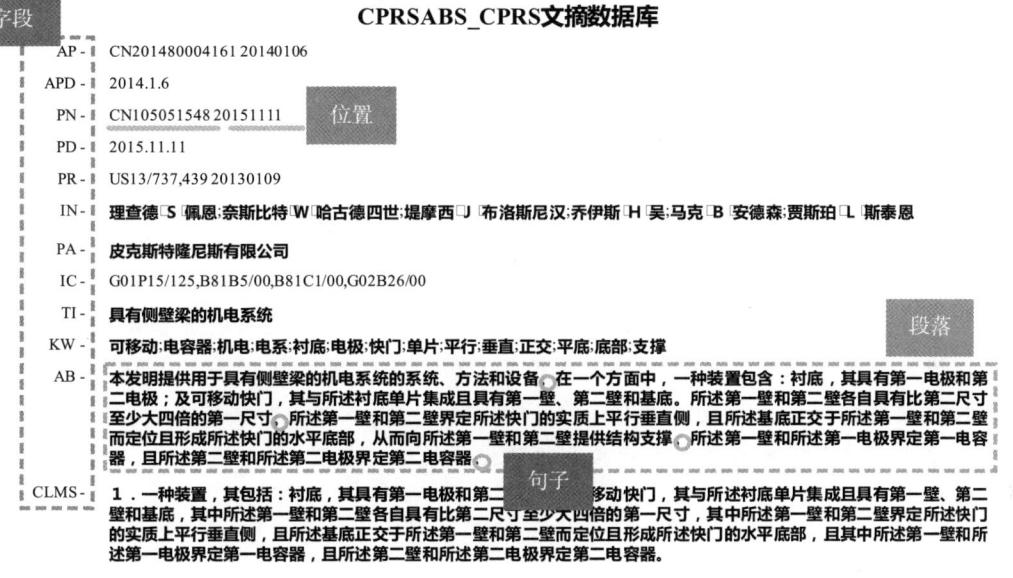

图 1-2-1　专利数据库中的字段、段落、句子和位置

（1）专利数据库的常见字段。

根据字段类型结合检索使用习惯，专利数据库中常见的字段通常可以分为以下几类：

a. 关键字：发明名称、摘要、权利要求、说明书、关键词、外观设计简要说明；

b. 分类号：IPC 分类号、CPC 分类号、ECLA 分类号、UC 分类号、FI 分类号、FT 分类号；

c. 号码：申请号、公开（公告）号、优先权号；

d. 日期：申请日、公开（公告）日、优先权日；

e. 名称：申请（专利权）人、发明人、代理人、代理机构、申请人地址、申请人所在国（省）；

f. PCT 信息：PCT 国际申请号、PCT 国际申请日期、PCT 国际申请公开号、PCT 国际申请公开日期、PCT 进入国家阶段日期；

g. 引证文献。

（2）非专利数据库的常见字段。

根据编排形式的不同，非专利文献数据库中常见的字段不会像专利文献那样有明确的分类，一般包括主题、题名、关键词、摘要、全文、作者、第一责任人、通讯作者、机构、文献来源、参考文献、年、基金、分类号、ISSN、统一刊号、ISBN、被引频次等。例如，在中国知网（CNKI）中的字段排列格式如下：

Title – 题名：基于增强并行级联卷积神经网络的人脸检测方法
Author – 作者：朱富丽；杨磊；姬波；
Source – 刊名：计算机应用与软件
Year – 年：2020
PubTime – 出版时间：2020 – 11 – 12
Keyword – 关键词：人脸检测；卷积神经网络；增强特征图；附加增强网络；多尺度
Summary – 摘要：针对复杂场景下，小尺度、模糊和遮挡人脸检测精度低的问题，提出一种基于增强并行级联卷积神经网络的人脸检测方法。在主网络 SSD 的多层特征图上，通过融合前后层特征图增强原始特征图的辨识度。将多个增强特征图组合成附加增强网络，与主网络并行设置，加快对小尺度，模糊和遮挡人脸的检测速度。在训练阶段为主网络和附加增强网络设置两种基于锚框尺寸的损失函数，并通过加权求和的方式对这两种损失函数进行融合。在 FDDB 和 WIDER FACE 数据集上的实验结果表明，该方法实现了比当前主流人脸检测方法更高的检测精度。
Period – 期：11
Roll – 卷：37
PageCount – 页数：6
Page – 页码：101 – 105 + 111
SrcDatabase – 来源库：期刊
Organ – 机构：河南牧业经济学院；河南信息统计职业学院；郑州大学信息工程学院；
Link – 链接：https：//kns.cnki.net/kcms/detail……

除上述常见的字段外，在本章的 1.3 节中还将进一步为大家介绍各大检索平台另行提供了哪些特色字段供使用者进行检索。

## 2. 索引

总的来说，字段用来存储和显示，索引用来检索，索引通俗来讲就是检索入口。我们做检索，其实就是以索引为入口，将我们要检索的关键信息指向特定的字段，再在该字段中把符合我们要求的记录筛选出来。

对字段中内容的标引是按照一定的算法进行从而形成索引的，因此在索引中进行检索可以查得较全、进行得较快；而显示检索结果时，显示的是字段中的内容。也就是说，索引用于检索相关记录，而字段主要用于显示记录的内容。索引名与字段名有时相同有时不同。通过检索入口进行检索则能找到相关文献，例如通过文献的申请号、公开号和发明名称等在相应的检索入口中进行检索即能获得具有相应的申请号、公开号和发明名称等的相应文献。

为了简化和明了索引与字段间的对应关系，目前，各大主流的检索系统都尽量将索引的字符设计得一目了然，例如本章 1.3.1.1 小节中即将介绍的国家知识产权局专利检索与分析平台（PSS），其将索引设计为对应字段的拼音首字母缩写，让使用者能够快速熟练上手进行检索,具体的字段和索引对照见表1-2-1。

表1-2-1 国家知识产权局专利检索与分析平台的字段与索引对照

| 字 段 | 索 引 | 检索示例 |
|---|---|---|
| 申请号 | SQH | SQH = CN123456789 |
| 申请日 | SQR | SQR = 2016 - 03 - 7 |
| 公开(公告)号 | GKGGH | GKGGH = CN123456789 |
| 公开(公告)日 | GKGGR | GKGGR = 2016 - 02 - 03 |
| 发明名称 | FMMC | FMMC = 手机 |
| IPC 分类号 | IPC | IPC = F24F13/08 |
| 申请(专利权)人 | SQZLQR | SQZLQR = 张三 |
| 发明人 | FMR | FMR = 张三 |
| 优先权号 | YXQH | YXQH = CN123456789 |
| 优先权日 | YXQR | YXQR = 2016 - 03 - 7 |
| 摘要 | ZY | ZY = 手机 |
| 权利要求 | QLYQ | QLYQ = 手机 |
| 说明书 | SMS | SMS = 手机 |
| 关键词 | GJC | GJC = 手机 |
| 外观设计简要说明 | WGJYSM | WGJYSM = 手机 |
| 代理人 | DLR | DLR = 张三 |
| 代理机构 | DLJG | DLJG = 研究所 |
| 申请人邮编 | SQRYB | SQRYB = 322100 |
| 申请人地址 | SQRDZ | SQRDZ = 北京 |
| 申请人所在国(省) | SQRSZGS | SQRSZGS = 中国 |
| ECLA 分类号 | ECLA | ECLA = F24F13/08 |
| UC 分类号 | UC | UC = F24F13/08 |
| FT 分类号 | FT | FT = F24F13/08 |
| FI 分类号 | FI | FI = F24F13/08 |
| 发明名称(英) | FMMC_EN | FMMC_EN = phone |
| 发明名称(法) | FMMC_FR | FMMC_FR = mobile |
| 发明名称(德) | FMMC_DE | FMMC_DE = mobile |
| 发明名称(其他) | FMMC_QT | FMMC_QT = phone |
| PCT 进入国家阶段日期 | PCT_JRGJJDRQ | PCT_JRGJJDRQ = 2016 - 03 - 07 |
| 摘要(英) | ZY_EN | ZY_EN = phone |
| 摘要(法) | ZY_FR | ZY_FR = mobile |
| PCT 国际申请号 | PCT_GJSQH | PCT_GJSQH = CN20050000 |
| 摘要(德) | ZY_DE | ZY_DE = mobile |

续表

| 字　段 | 索　引 | 检索示例 |
|---|---|---|
| 摘要（其他） | ZY_QT | ZY_QT = phone |
| PCT 国际申请日期 | PCT_GJSQR | PCT_GJSQR = 2016 – 03 – 07 |
| PCT 国际申请公开号 | PCT_GJSQGKH | PCT_GJSQGKH = CN20050000 |
| PCT 国际申请公开日期 | PCT_GJSQGKR | PCT_GJSQGKR = 2016 – 03 – 07 |
| CPC 分类号 | CPC | CPC = F24 |
| C – SETS | C – SETS | C – SETS = F24 |

而对于非专利文献的检索系统，例如本章 1.3.2.1 小节即将介绍的中国知网（CNKI），也提供了如 SU = 主题、TI = 题名、KY = 关键词、AB = 摘要、FT = 全文、AU = 作者、FI = 第一责任人、RP = 通讯作者、AF = 机构、JN = 文献来源、RF = 参考文献、YE = 年、FU = 基金、CLC = 分类号、SN = ISSN、CN = 统一刊号、IB = ISBN、CF = 被引频次等多个可供检索的入口。

#### 1.2.2.2　命令和算符

在检索过程当中，选择适当的命令和算符可以起到事半功倍的效果，极大地提升检索效率。本节还将会对检索系统中一些比较常见的命令以及算符作简单介绍，帮助大家了解这些命令和算符的功能以及一些使用上的技巧。

**1. 命令**

在检索系统中，命令是用于提供给使用者以执行检索或检索相关任务的直接工具。在专利文献的检索系统中，一般包含检索命令、检索辅助命令以及一些个性化命令。例如，本章 1.3.1.1 小节中即将介绍的国家知识产权局专利检索与分析平台（PSS），提供了如表 1 – 2 – 2 所示的命令。

表 1 – 2 – 2　国家知识产权局专利检索与分析平台的检索相关命令

| 命令类型 | 命令 | 命令含义 | 使用说明 |
|---|---|---|---|
| 检索类 | SS | 检索 | 格式：SS 检索式<br>当命令行没有命令词时，使用检索命令 |
| | ES | 在指定检索式的检索结果中进行二次检索 | 格式：ES 检索历史序号<br>添加的检索条件 |
| 检索辅助类 | XD | 限定检索范围 | 格式：XD 检索历史序号　检索式或 XD 检索式　检索式<br>不加后面的检索式时仅表示限定操作 |
| | PCL | 显示/执行批处理命令 | 格式：PCL 或 PCL 批处理名<br>前者显示批处理列表，后者执行具体的批处理记录 |
| | TZ | 同族查询 | 格式：TZ 申请号/公开号 AN/PN<br>默认按照申请号查询，若要查看公开号须在后面添加 PN，如 TZ 公开号 PN |

续表

| 命令类型 | 命令 | 命令含义 | 使用说明 |
| --- | --- | --- | --- |
| 检索辅助类 | QXXD（ALL） | 取消限定 | 不添加 ALL 表示取消最近一条限定，添加 ALL 取消全部限定 |
| | LS ALL/x－y/x | 显示检索历史 | x，y 表示两个数字并且 x＜y 格式：LS ALL 显示全部记录、LS 1－20 显示检索历史编号 1～20 的记录、LS 20 显示第 20 条记录 |
| | SLS ALL/x－y/x | 删除检索历史 | 表示两个数字并且 x＜y 格式：SLS ALL 删除全部记录、SLS 1－20 删除检索历史编号为 1～20 的记录、SLS 20 删除第 20 条记录 |
| 个人设置类 | BZ | 显示命令帮助信息 | 格式：显示检索命令，BZ SS 显示检索命令使用说明，BZ 显示全部命令说明 |
| | PZ | 设置显示数据条数 | 设置一次显示多少条记录，在显示检索历史和批处理记录中有效 |

在非专利文献的检索系统中，通常未提供如专利文献检索系统如此丰富的检索命令，但至少也会包括直接检索、在结果中检索（限定检索范围）、精确匹配（关键字检索）和模糊匹配（关键字语义扩展检索）等。

**2. 算符**

算符顾名思义即运算符号，在专利文献或非专利文献的检索中，我们通常需要在检索式中灵活使用算符，以使我们的检索目标更为精准。检索中最常见的三个算符肯定是与（AND）、或（OR）、非（NOT），用于将不同的检索要素的表达形式进行恰当的组合，例如用于表达申请人为 A 且发明名称包括 B 时，或表达申请人不为 A 同时分类号为 B 时。

（1）专利数据库中的算符。

在专利文献的检索系统中，还提供了包括截词符、邻近、同在、关系、频率算符以及运算关系、标引等多种运算符号。下面将专利文献检索系统中常见的算符分为六类一一为大家进行介绍。

1）截词符。截词符有时也称为通配符。截词符用于单个词的不同拼写或词根表达，一般包括 0～1 个字符、1 个字符、任意数量个字符三种类型。当然，不同的检索系统用来表示该三种类型的符号可能会有所不同，如本章 1.3.1.1 小节中即将介绍的国家知识产权局专利检索与分析平台（PSS）的命令行检索中，非日期类的检索项均支持使用截词符，"?" 代表没有或有 1 个字符，"#" 代表有且仅有 1 个字符，"+" 代表任何长度的字符串皆可，所有的截词符均为半角格式。例如，"flexib+" 就至少同时表达了 "flexible" 和 "flexibility"。

2）邻近算符。邻近算符用于字符与字符间的邻近关系的表达，一般包括词序不能变化和词序可以变化两大类，二者又进一步分别分为字符与字符间紧挨着、字符与字符间有 0～$n$ 个词以及字符与字符间有且仅有 $n$ 个词，共六种类型。如 PSS 的命令行检索中提供了下述六种类型的邻近算符：

"D" 代表 A 和 B 紧挨着，但 A 与 B 的词序可以变化

"$n$D" 代表 A 和 B 之间有 0～$n$ 个词，词序可以变化

"=$n$D" 代表 A 和 B 之间只能有 $n$ 个词，词序可以变化

"W" 代表 A 和 B 紧挨着，且词序不能变化

"$n$W" 代表 A 和 B 之间有 0～$n$ 个词，且词序不能变化

"=$n$W" 代表 A 和 B 之间只能有 $n$ 个词，且词序不能变化

关于间隔词数 $n$，这里需要说明的是，对于英文的检索词，$n$ 表示的是单词个数；而对于中文的检索，$n$ 则表示汉字的字数。一般而言，对于英文的检索，$n$ 最大建议取到 3，而对于中文的检索，$n$ 最大可取到 5 或 6。对于间隔词数不太确定的表达，一般更适合采用下面即将讲到的 S 算符。

3）同在算符和不同在算符。同在算符用于表达字符与字符同时位于一个特定范围内，一般包括同时位于一个字段中、同时位于一个段落中和同时位于一个句子中三种类型。在 PSS 的命令行检索中同时支持以上三种类型的同在算符，以"F"代表 A 和 B 在同一字段中，以"P"或"L"代表 A 和 B 在同一段落中，以"S"代表 A 和 B 在同一句子中。例如，"tea s bag"表达的意思为 tea 和 bag 两个单词要出现在被检索字段对应内容里的同一句子中。

当然，有同在算符就必然有不同在算符，用于表达与同在算符恰恰相反的含义，即不位于一个字段中、不位于一个段落中和不位于一个句子中三种类型。在 PSS 的命令行检索中同样也同时支持以上三种类型的同在算符，以"NOTF"代表 A 和 B 不在同一字段中，以"NOTP"或"NOTL"代表 A 和 B 不在同一段落中，以"NOTS"代表 A 和 B 不在同一句子中。

4）关系算符。关系算符一般用于配合表示日期关系、数值大小关系、范围区间关系或频率大小关系，通常包括等于（=）、不等于（！=）、小于（<）、大于（>）、小于等于（<=）、大于等于（>=）、在一定范围内（m：n）等情形。基本上支持命令检索的专利文献检索系统都支持以上关系算符的使用。

5）频率算符。频率算符表示检索词出现的频率，按照检索词的出现次数进行检索，与关系算符一起使用，频率算符必须在字段前。在 PSS 的命令行检索中以"frec"代表频率算符，其使用规则为"检索词/frec［关系］数字/索引"，例如"计算机/frec＞1/AB"，其表达的含义是检索 AB 字段中"计算机"出现超过 1 次的文献。

6）Low 和 High 算符。Low 和 High 算符主要用于小组分类号之间的上下层级查询，检索字段必须放在 High/Low 算符之后。Low 算符用于扩展小组分类号的子级点组分类号和分类号本身；High 算符用于扩展小组分类号的父级点组分类号和分类号本身。在 PSS 的命令行检索中支持 Low 和 High 算符进行检索，其使用规则为"分类号/High 或

Low/索引",例如"A47J31/44/Low/Ic",其表达的含义是检索 A47J31/44 及其下位小组所覆盖的专利文献。

另外使用 High 和 Low 算符还需要注意如下问题：①检索字段必须放在 High/Low 算符之后；②High/Low 算符只用于小组分类号之间；③High/Low 算符可以和复杂检索式一起使用；④High/Low 算符可以和多个检索字段一起使用；⑤High 算符可以和 Low 算符一起使用。

并且，对 PSS 的命令行检索，High/Low 算符只在 IC、EC 分类体系中起作用。

（2）非专利数据库中的算符。

在非专利文献的检索系统中，同样支持将算符灵活运用至我们的检索式中。当然，不同的非专利文献检索系统用来表示同一类型算符的符号可能会有所不同，但并不影响我们先去熟悉不同类型算符的含义和作用。例如，本章 1.3.2.1 小节即将介绍的中国知网（CNKI），就提供了如下五类算符功能。

1）逻辑算符。逻辑算符包括逻辑与、逻辑或和逻辑非，分别用"AND""OR"和"NOT"来表示。例如，检索"肖南秋"发表的关键词包含知识产权的文章，检索式写为"KY = '知识产权' AND AU = '肖南秋'"；检索主题与柔性显示相关或摘要中包含柔性显示的文献，检索式写为"SU % = ('柔性显示' OR '折叠显示')"；检索刘某在清华大学或上海大学时发表的文章，检索式写为"AU = 刘某 AND（AF = 清华大学 OR AF = 上海大学）"。

2）匹配算符。匹配算符用于执行表 1-2-3 所示的功能。

表 1-2-3 中国知网（CNKI）提供的匹配算符

| 符号 | 功　能 | 适用字段 |
| --- | --- | --- |
| = | = 'str' 表示检索与 str 相等的记录 | KY、AU、FI、RP、JN、AF、FU、CLC、SN、CN、IB、CF |
| | = 'str' 表示包含完整 str 的记录 | TI、AB、FT、RF |
| % | % 'str' 表示包含完整 str 的记录 | KY、AU、FI、RP、JN、FU |
| | % 'str' 表示包含 str 及 str 分词的记录 | TI、AB、FT、RF |
| | % 'str' 表示一致匹配或与前面部分串匹配的记录 | CLC |
| % = | % = 'str' 表示相关匹配 str 的记录 | SU |
| | % = 'str' 表示包含完整 str 的记录 | CLC、ISSN、CN、IB |

在使用匹配算符时，注意精确检索关键词包含"柔性显示"的文献时，检索式写为"KY = 柔性显示"；模糊检索摘要包含"计算机教学"的文献时，检索式写为"AB % 计算机教学"，模糊匹配结果为摘要包含"计算机"和"教学"的文献，"计算机"和"教学"两词不分顺序和间隔；检索主题与"大数据"相关的文献时，检索式写为"SU % = 大数据"，主题检索推荐使用相关匹配运算符"% ="。

3）比较算符。比较算符用于执行表 1-2-4 所示的功能。

表1-2-4 中国知网（CNKI）提供的比较算符

| 符　号 | 功　　能 | 适用字段 |
|---|---|---|
| BETWEEN | BETWEEN（'str1','str2'）<br>表示匹配 str1 与 str2 之间的值 | YE |
| ＞ | 大于 | YE、CF |
| ＜ | 小于 | |
| ＞= | 大于等于 | |
| ＜= | 小于等于 | |

在使用比较算符时，注意"YE BETWEEN（'2010','2018'）"的含义为检索出版年份在2010—2018年的文献；CF＞0或CF＞=1的含义为检索被引频次高于0的文献。

4）复合算符。复合算符主要用于检索关键字的复合表示，可以表达复杂、高效的检索语句。复合算符用于执行表1-2-5所示的功能。

表1-2-5 中国知网（CNKI）提供的复合算符

| 符　号 | 功　　能 |
|---|---|
| * | 'str1 * str2'：同时包含 str1 和 str2 |
| + | 'str1 + str2'：包含 str1 或包含 str2 |
| − | 'str1 − str2'：包含 str1 但不包含 str2 |

例如，检索全文同时包含"显示面板"和"液晶"的文献，检索式写为"FT=显示面板 * 液晶"。

5）位置描述算符。位置描述算符适用于字段间的逻辑关系运算。位置描述算符用于执行表1-2-6所示的功能。

表1-2-6 中国知网（CNKI）提供的位置描述算符

| 符号 | 功　　能 | 适用字段 |
|---|---|---|
| # | 'STR1 # STR2'：表示包含 STR1 和 STR2，且 STR1、STR2 在同一句中 | TI、AB、FT |
| % | 'STR1 % STR2'：表示包含 STR1 和 STR2，且 STR1 与 STR2 在同一句中，且 STR1 在 STR2 前面 | |
| /NEAR N | 'STR1 /NEAR N STR2'：表示包含 STR1 和 STR2，且 STR1 与 STR2 在同一句中，且相隔不超过 N 个字词 | |
| /PREV N | 'STR1 /PREV N STR2'：表示包含 STR1 和 STR2，且 STR1 与 STR2 在同一句中，STR1 在 STR2 前面不超过 N 个字词 | |
| /AFT N | 'STR1 /AFT N STR2'：表示包含 STR1 和 STR2，且 STR1 与 STR2 在同一句中，STR1 在 STR2 后面且超过 N 个字词 | |
| $ N | 'STR $ N'：表示所查关键词 STR 最少出现 N 次 | |

续表

| 符号 | 功 能 | 适用字段 |
|---|---|---|
| /SEN N | 'STR1 /SEN N STR2'：表示包含 STR1 和 STR2，且 STR1 与 STR2 在同一段中，且这两个词所在句子的序号差不大于 N | TI、AB、FT |
| /PRG N | 'STR1 /PRG N STR2'：表示包含 STR1 和 STR2，且 STR1 与 STR2 相隔不超过 N 段 | |
| $ N | 'STR $ N'：表示所查关键词 STR 最少出现 N 次 | |

例如，检索式"FT = '柔性显示 # 折叠'"，表示检索全文某个句子中同时出现"柔性显示"和"折叠"的文献；检索式"FT = '柔性显示 % 折叠'"，表示检索全文某个句子中同时出现"柔性显示"和"折叠"，且"柔性显示"出现在"折叠"前面；检索式"FT = '柔性显示 /NEAR 10 折叠'"，表示检索全文某个句子中同时出现"柔性显示"和"折叠"，且两个词间隔不超过10个字词；检索式"FT = '柔性显示 /PREV 10 折叠'"，表示检索全文某个句子中同时出现"柔性显示"和"折叠"的文献，"柔性显示"出现在"折叠"前，且间隔不超过10个字词。

在 CNKI 提供的专业检索界面中，还支持运算符 \*、+、-、""、( ) 进行同一检索项内多个检索词的组合运算。输入运算符 \*（与）、+（或）、-（非）时，前后要空一个字节，优先级需用英文半角括号确定。若检索词本身含空格或 \*、+、-、( )、/、%、= 等特殊符号，进行多词组合运算时，为避免歧义，须将检索词用英文半角单引号或英文半角双引号引起来。例如检索式"（SU = ('经济发展' + '可持续发展') \* '转变' - '泡沫'AND TI = '生态' AND KY = '生态文明'）NOT（AU % '陈' + '王'）"。

## 1.3 国内外主要文献检索平台

在做好数据库基础知识、字段和索引以及命令和算符的检索基础知识铺垫后，本节将为大家介绍国内外主要的专利文献检索平台（国家知识产权局专利检索与分析平台 PSS、欧洲专利局检索平台 Espacenet、世界知识产权组织 PATENTSCOPE 以及日本特许厅检索平台 J–PlatPat）、非专利文献检索平台（中国知网 CNKI、万方数据知识服务平台、IEEE Xplore、Web of Science）和其他互联网检索平台，以及在各大平台上进行检索所需具备的基本检索技巧。

### 1.3.1 主要专利文献检索平台

#### 1.3.1.1 国家知识产权局专利检索与分析平台（PSS）

国家知识产权局专利检索与分析平台（Patent Search and Analysis System，以下简称

PSS，网址 http：//pss-system.cnipa.gov.cn），是由国家知识产权局为方便公众了解专利信息，更好地向公众提供专利信息服务而建设的并且免费对公众开放的集专利检索与专利分析于一身的综合性专利服务系统，于 2011 年正式上线使用。每位使用者可免费注册账户并使用该平台所提供的全部功能，包括常规检索、高级检索、导航检索、药物结构式检索、命令行检索、专利高级分析等。目前，该平台已经收录了包括 103 个国家、地区和组织的专利数据，除收录了专利文献的文摘数据和全文数据，还同时收录了其引文信息、同族及法律状态数据等，文献数量达 1.3 亿份以上。

我们现在能看到的专利检索与分析平台检索界面，是于 2017 年下半年上线运行的新版界面，相比旧版，增加了分类导航的检索模式。在使用时，我们可直接通过点选分类号，查看该分类号下的所有专利文献。例如，常规检索中，可在输入框输入 CPC 分类号，选择"自动识别"模式后单击检索。高级检索中，其提供的表格检索项除了常规的 IPC 分类号检索外，通过单击图 1-3-1 所示界面右上角的"配置"选项，还可以个性化地选择多种分类号检索项，包括 CPC 分类号、FI/F-Term 分类号等。

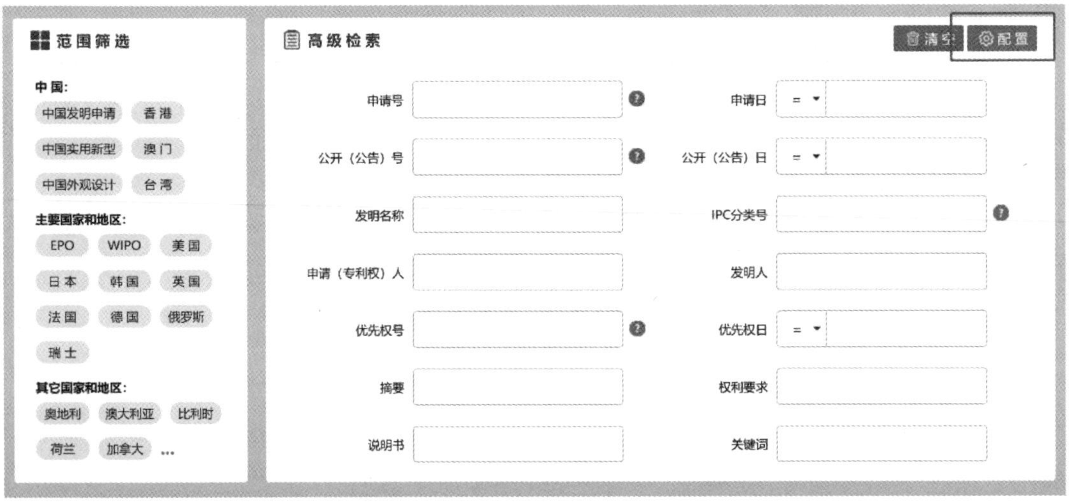

图 1-3-1 国家知识产权局专利检索与分析平台高级检索界面

完整的高级检索界面如图 1-3-2 所示。界面分为上、中、下三部分，上部分为检索历史的展示，用户可以在此处方便地查看本账号的所有历史检索式和检索结果。在检索历史部分还提供了通过检索式编号的与或非组合即可进行的检索式运算，例如，在检索式运算框中输入"5 and 6"，单击执行，系统会自动检索同时满足检索式 5 和检索式 6 的文献结果。

高级检索界面的中部分为核心的表格检索项区域，该区域进一步分为左侧的数据库选择区域（范围筛选）和右侧的检索项输入区域（高级检索）。左侧的数据库支持多选，右侧的检索项也可以同时填写多选，检索项两两之间是"与"的关系。通过将鼠标移动到检索项输入区域的特定栏可查看检索字段的应用说明信息和检索注意事项，表格检索项区域中，申请号、公开（公告号）、优先权号三项还具备一操作助手按钮

图1-3-2 国家知识产权局专利检索与分析平台高级检索界面

"?",单击"?"按钮,可以打开国别代码页面,页面中还支持查询其他国家的国别代码;IPC分类号、CPC分类号等也存在操作助手按钮"?",单击"?"按钮,可以打开对应分类表,并支持采用小类或大组截断或关键词进行分类号查询。

那么,当我们想检索美国专利文献中CPC分类号为C09J7/0203、申请日为2020年9月3日以前且技术主题为显示面板的技术方案时,应当如何在高级检索界面中进行操作呢?

首先,单击检索项输入区域(高级检索)的右上角"配置"选项,勾选"摘要(英)"和"CPC分类号"并保存,回到刚才的界面。接着,在数据库选择区域(范围筛选)中勾选"美国",在检索项输入区域(高级检索)中的"申请日"一栏选择"<="并输入"20200903","CPC分类号"一栏填写"C09J7/0203","摘要(英)"一栏填写"display",单击下方的"检索"选项即可。

高级检索界面最下方的部分为检索式编辑区,支持用户对表格项检索自动生成的检索式进行调整和编辑,并可直接进行检索。检索式编辑区还提供了"扩展"和"跨语言"两个选项,"跨语言"功能用于实现构建使用一种语言(中、英、日)的检索式但同时在中、英、日三种语言专利文献中进行检索,而"扩展"功能能够自动根据用户输入的检索要素按照业务规则扩展含义相近的关键词等信息,并进行检索。

如图1-3-3所示,首先在检索项输入区域(高级检索)中的"申请日"一栏选择"<"并输入"20200903","IPC分类号"一栏填写"C09J7/02","说明书"一栏填写"显示面板",打开扩展功能,再单击下方的"生成检索式"选项,就会看到检索式编辑区中出现了系统自动生成的检索式为"申请日<20200903 AND *IPC分类号=(C09J7/02) AND *说明书=(显示面板)",两个"*"分别表示系统会自动对IPC分类号和说明书进行扩展。如果我们认为C09J7/02为准确的IPC分类号,无须进行扩展,此时可以在检索式编辑区中手动将IPC分类号前面的"*"删除后再单击"检索"选项,即可实现上述检索式只对说明书中存在显示面板或其扩展表达的专利文献进行检索。

图1-3-3 国家知识产权局专利检索与分析平台高级检索界面扩展功能检索示例

国家知识产权局专利检索与分析平台还提供命令行检索界面,这个模块支持用户通过输入检索式命令的方式进行检索。相比常规检索界面和高级检索界面,命令行检索界面对使用者的基本检索技巧要求较高。完整的命令行检索界面如图1-3-4所示。命令行检索界面主要分为左上、左下和右三个区域。左上区域提供命令行检索界面所支持的全部算符和操作命令,右区域提供可供用户检索的全部字段,此处所提供的字

图1-3-4 国家知识产权局专利检索与分析平台命令行检索界面

段与高级检索界面所提供的全部检索项基本一致。注意，命令行检索界面不支持用户对数据库进行选择，其默认的检索数据库为中文专利库。除 1.2.2.2 小节已介绍的命令和算符外，命令行检索界面还支持命令 "ZD"，用于显示当前文献库所支持的全部检索字段。

接下来，如何在命令行检索界面中进行检索呢？

例如，当我们需要检索 CPC 分类号为 G09F9/301（含义是柔性屏）、申请人为三星且关键词为折叠的中文专利文献时，命令行检索界面的操作方式为：先在右区域中单击字段命令 "CPC"，左下区域的命令编辑区中就会自动出现 "CPC=()"，在括号中填写 "G09F9/301" 后，单击左上区域中的算符 "AND"；之后，再依次单击申请（专利权）人的字段命令 "SQZLQR"，填入 "三星"，单击算符 "AND"，单击字段关键词命令 "GJC"，填入 "折叠"，回车以启动检索运算。从图 1-3-4 中可以看到该检索式的结果为 170，也即该条检索式命中了 170 条文献供我们进行浏览。

无论是常规检索、高级检索还是命令行检索，在执行完检索式或检索命令后都可以通过向下滚动页面的方式进行检索结果浏览，三种检索界面下的浏览界面完全一致，为概要浏览界面，如图 1-3-5 所示。

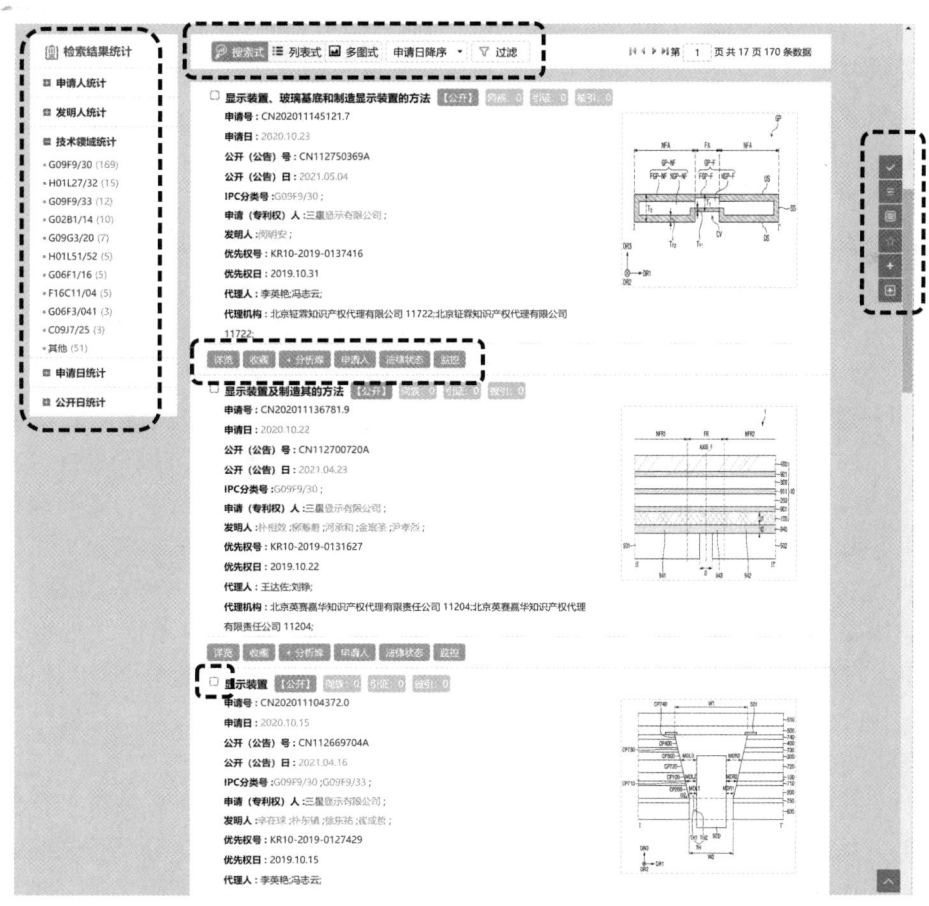

图 1-3-5　国家知识产权局专利检索与分析平台概要浏览界面

概要浏览界面提供了许多可用于快速了解专利文献基本信息的选项。在概要浏览界面的左方区域提供了"检索结果统计"选项，分别包括申请人统计、发明人统计、技术领域统计（分类号统计）、申请日统计和公开日统计五类。在概要界面的上方区域提供了搜索式、列表式和多图式三种文献浏览模式。搜索式提供丰富的著录项目显示，列表式尽可能多地列出备选文件，而多图式能够方便用户快速浏览多篇专利文献的摘要附图信息；概要浏览界面还对法律状态、同族和引文数据进行了整合处理，从而在浏览检索结果时通过同一页面即可快速了解专利文献的专利权人变更情况、同族文献等信息，进一步聚焦于用户实际关注的专利关联信息。

除概要浏览界面外，国家知识产权局专利检索与分析平台还对检索结果提供详细浏览界面。详细浏览界面是一种全面浏览专利文献信息的浏览模式，通过该种浏览模式，我们可以全面掌握专利文献的技术实现原理。在详细浏览中可以方便地查看到该篇专利文献的著录项目、全文文本以及全文图像信息，为了便于快速定位文献的核心价值，平台还提供了多种详览辅助工具，如高亮、高密、格式设置等。

### 1.3.1.2 欧洲专利局检索平台（Espacenet）

欧洲专利局检索平台（https：//worldwide.espacenet.com，以下简称Espacenet）是欧洲专利局（EPO）为公众提供的免费专利检索系统，包含了1836年至今来自全世界的专利文献。Espacenet提供给公众免费使用的功能模块包括智能检索（Smart search）、高级检索（Advanced search）、分类号检索（Classification search），并且Espacenet拥有强大的机器翻译功能，支持多国语言翻译。

智能检索（Smart search）是一种智能化的搜索方式，与国家知识产权局专利检索与分析平台的常规检索类似。检索界面仅提供一个对话框，Espacenet会根据我们的输入内容猜测应该对哪个字段（默认在Worldwide数据库中的申请号、公开/公告号、优先权号、公开日、申请人、发明人、分类、标题或摘要等字段中）进行检索并反馈结果，非常适合检索已知文献号的专利，不适合进行过于简单的关键词的检索，如"mobile"，因为这样系统会产生疑问，不知道应该去检索申请人、文摘还是全文。

高级检索（Advanced search）与国家知识产权局专利检索与分析平台的高级检索类似，提供各种著录项目、分类号、文摘和全文信息的不限项组合检索，常见的可检索项包括发明人/申请人、IPC/CPC分类号、标题/摘要/权利要求/说明书等。如图1-3-6所示，与国家知识产权局专利检索与分析平台的高级检索界面的不同之处在于，在Espacenet的高级检索（Advanced search）界面下，我们可以配合使用邻近算符（prox/）、通配符（*、#、?）等，还提供检索历史记录、分类号提示、检索结果关键词高亮等友好功能。

分类号检索（Classification search）与国家知识产权局专利检索与分析平台的导航检索类似，是用来在线查询CPC分类号的检索工具，也可以按CPC分类号来检索相关专利文献。如图1-3-7所示，在Espacenet平台的【Settings】选项中激活分类号提示后，单击一篇文献所展示的任意一个分类号，都可以弹出分类号浏览页面，上面是分类号的含义及层级，下面选【D】图标则可以看到分类号对应的分类定义、图例等。

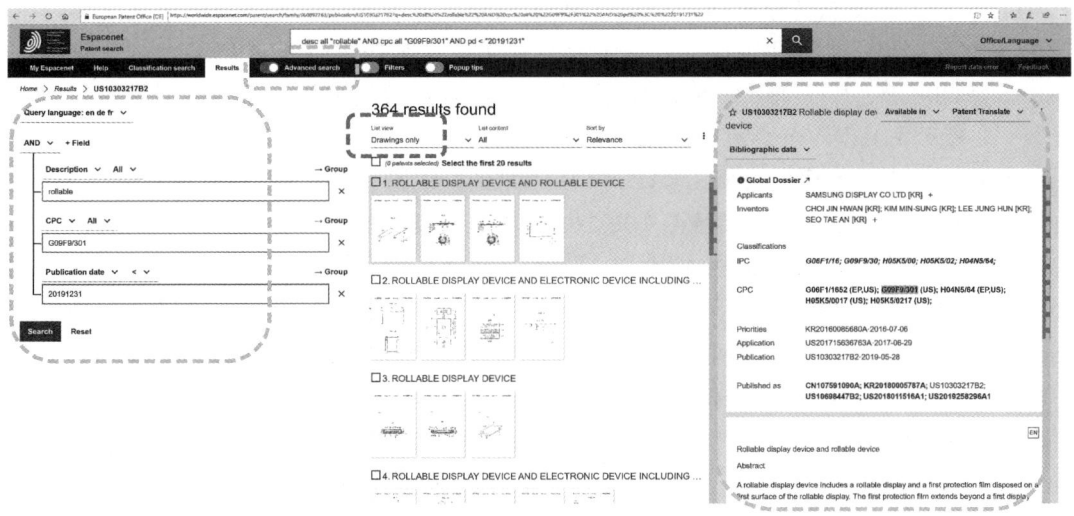

图 1-3-6 欧洲专利局 Espacenet 高级检索（Advanced search）界面

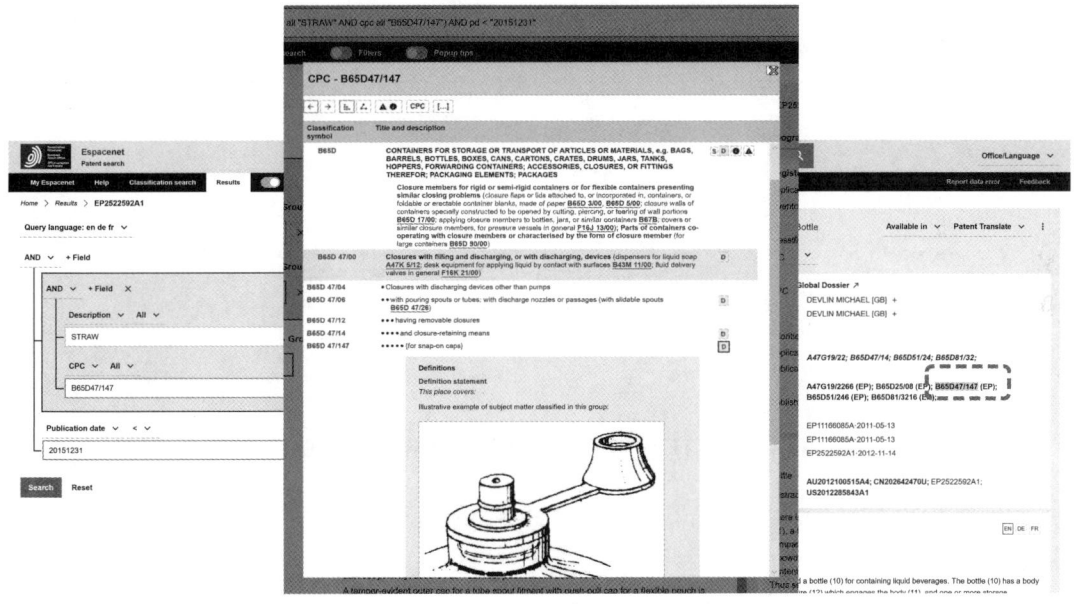

图 1-3-7 欧洲专利局 Espacenet 分类号检索（Classification search）界面

#### 1.3.1.3 世界知识产权组织检索平台（PATENTSCOPE）

由联合国处理知识产权事务的专门机构——世界知识产权组织（WIPO）进行管理的专利文献检索平台（https：//www.wipo.int/patentscope/en，以下简称 PATENT-SCOPE），同样免费对公众开放。相较于其他检索平台，PATENTSCOPE 的一大便捷之处在于其支持多语言检索，且具有中文使用界面；另一大便捷之处在于，PATENTSCOPE 涵盖了《专利合作条约》（PCT）有史以来全部的国际专利申请的全文文本，以及 PCT 参与国家、地区或组织的几乎全部专利文献，尤其适用于对 PCT 专利文献进行检索。除此之外，PATENTSCOPE 所提供的基本检索功能模块和检索结果浏览界面均与 1.3.1.1 和 1.3.1.2 两个小节所介绍的检索平台类似。

在特色检索功能模块方面，PATENTSCOPE 的跨语种扩展检索（Cross Lingual Information Retrieval，CLIR）功能值得一提，该功能可以支持的语种包括中文、英文、丹麦文、荷兰文、法文、德文、意大利文、日文、韩文、西班牙文、波兰文、葡萄牙文、俄文和瑞典文共 14 种。如图 1-3-8 所示，在输入内容进行检索时，跨语种扩展首先可找到所检索关键词的同义词，还能将输入的原文和生成的同义词翻译为其他 13 种语言。使用跨语种扩展有以下两种模式：自动（Automatic）——只需输入检索词即可；监督（Supervised）——输入检索词之后，需选择检索相关技术领域、检索相关同义词及翻译所选词语等。在监督（Supervised）模式下，还可以限定想要检索文献的哪一部分。

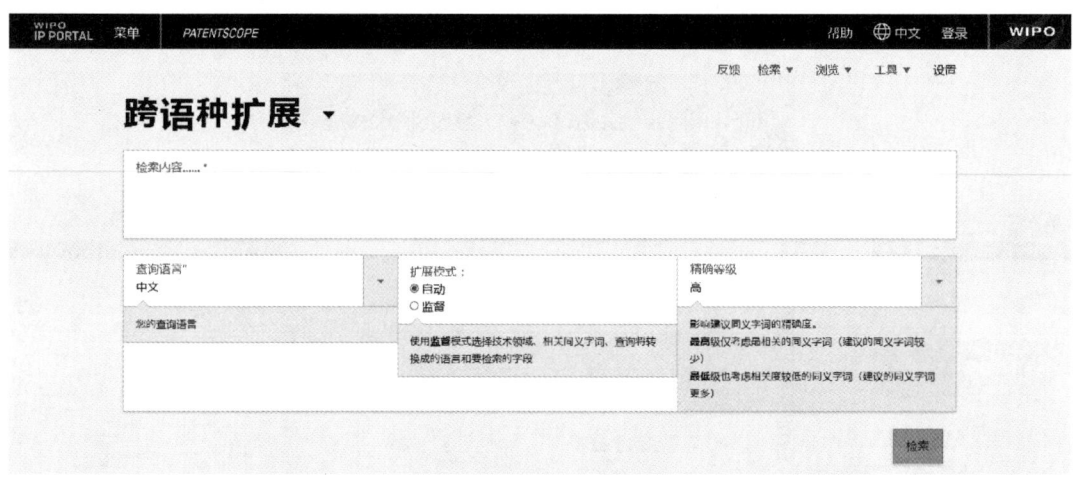

图 1-3-8　PATENTSCOPE 跨语种扩展检索（CLIR）界面

PATENTSCOPE 同样支持机器翻译，可以在 18 个不同语言对之间进行专利文献的翻译。

### 1.3.1.4　日本特许厅检索平台（J-PlatPat）

在 1.1.2.3 小节中已提到，20 世纪八九十年代的日本曾一度被称为专利战略实施最成功的国家。而日本专利文献数量多、领域覆盖广和技术性极强的特点更决定了我们在检索工作中，尤其是对涉及分类号在 A、B、G、H 部的技术方案进行检索时，非常有必要对日本专利文献进行检索。

从 1999 年开始，日本特许厅将 1885 年以来公布的所有专利文献整合上线并提供了可供公众使用的检索系统——工业产权数字图书馆（Industrial Property Digital Library，

IPDL)。2015 年开始，日本特许厅下线了该检索系统，取而代之的就是日本专利信息服务平台，即日本特许厅检索平台（https：//www.j-platpat.inpit.go.jp，以下简称 J-PlatPat）。

J-PlatPat 收录了日本自 1855 年起的全部发明（特许）、实用新型（实用新案）和外观设计（意匠）文献，除了提供给公众免费进行检索外，还能够查询和下载包括发明和使用信息、外观设计、商标等的审查过程和审查决定。J-PlatPat 提供日文和英文两个界面供用户选择，首页提供简单检索（Simple search）功能模块，可直接将关键词或专利文献号输入进行检索。与 PSS 的常规检索界面稍有不同的是，J-PlatPat 的简单检索界面还需要用户对检索的文献类型（发明和实用新型、外观设计、商标）进行选定后再输入需检索的内容。

在首页单击左上角的"特许·实用新案（Patent/Utility Model）"中的第二项可进入发明/实用新型的专业检索界面，该界面下提供了丰富的检索功能，如图 1-3-9 所示。首先，专业检索界面提供了选项输入和检索式输入两种检索方式，分别对应国家知识产权局专利检索与分析平台的高级检索和命令行检索界面。上述两种检索方式均可以选择待检索的文献类型、国别、语言、FT 分类号、时间范围等。

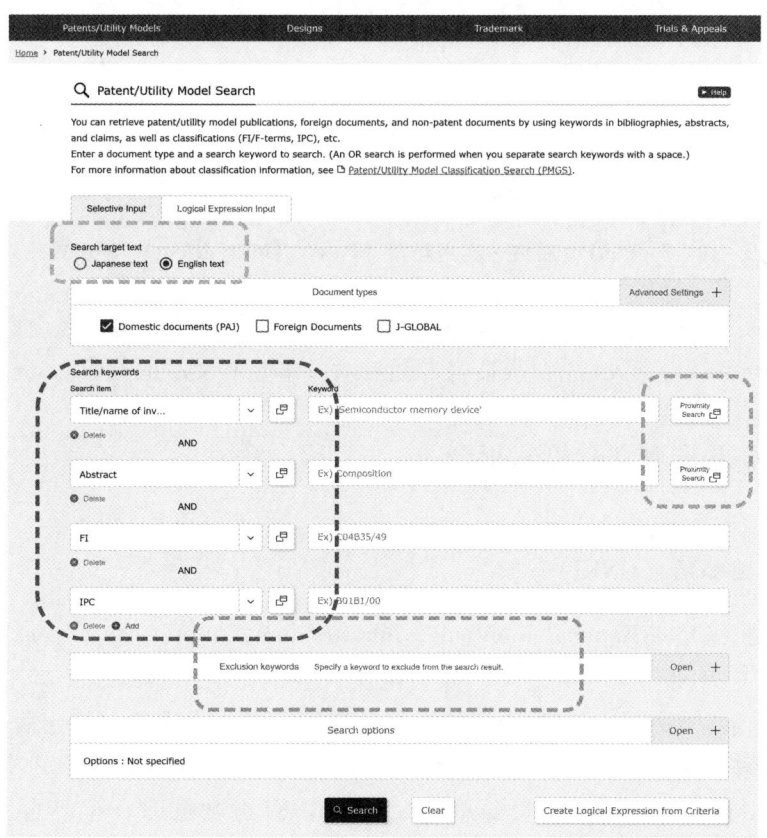

图 1-3-9　J-PlatPat 特许·实用新案（Patent/Utility Model）检索界面

选择选项输入时，只需根据我们的需要选择不同字段，并在其右边的输入栏中输入待检索的内容，在确定布尔运算的关系后进行检索即可。

选择检索式输入时，可以根据待检索的内容及其对应的字段，结合布尔算符即可，如图1-3-10所示。在J-PlatPat检索平台上，布尔算符包括"＊""＋""－"，分别对应"与""或""非"的含义。J-PlatPat还允许用户在选项输入中进行对应填写，最后单击"生成检索式"即可生成表达相同检索含义的检索式。

图1-3-10　J-PlatPat特许·实用新案（Patent/Utility Model）检索式输入界面

除此之外，值得一提的是，J-PlatPat中收录的日本文献范围非常全面，还提供有FI/F-Term分类号检索入口[①]，很适合专门针对日本专利文献的检索。

### 1.3.2　主要非专利文献检索平台

#### 1.3.2.1　中国知网（CNKI）

中国知网（China National Knowledge Infrastructure，https：//www.cnki.net/，以下简称CNKI）是集期刊、博士论文、硕士论文、会议论文、报纸、工具书、年鉴、专利、标准、国学、海外文献资源为一体的、具有国际领先水平的网络出版平台。同时，CNKI提供检索平台，供用户对上述各类专利或非专利文献进行检索。为实现检索服务的提供，CNKI构造了中国知识资源总库，提供CNKI源数据库、外文类、工业类、农

---

[①] 前文介绍的PSS、Espacenet以及PATENTSCOPE，虽然有一部分可以通过FI/F-Term分类号进行日本专利文献的检索，但文献覆盖量明显少于J-PlatPat，可通过同一检索式进行验证。

业类、医药卫生类、经济类和教育类多种数据库。其中综合性数据库为中国期刊全文数据库、中国博士学位论文数据库、中国优秀硕士学位论文全文数据库、中国重要报纸全文数据库和中国重要会议论文全文数据库。CNKI 提供一框式检索、高级检索和专业检索等多种界面，如图 1-3-11 所示。

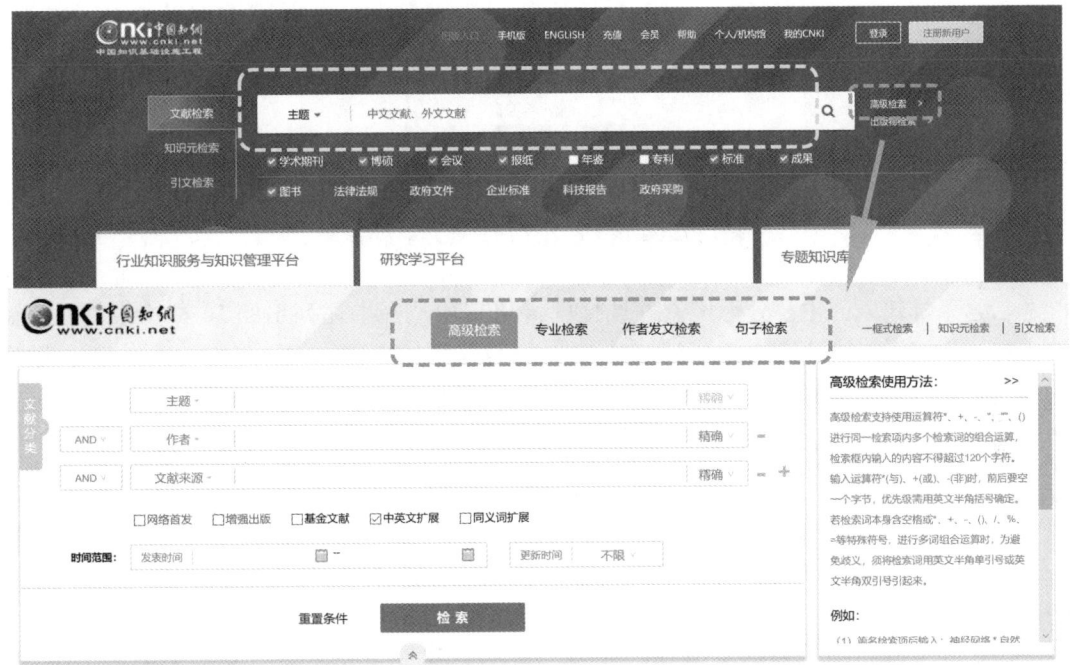

**图 1-3-11　CNKI 的一框式检索和高级检索界面**

在利用 CNKI 进行非专利文献的检索时，常用的检索界面为高级检索和专业检索。高级检索界面类似于专利检索平台中的检索项检索，但由于非专利文献的编排格式与专利文献相异，CNKI 提供的检索项与专利文献的检索平台也有很大不同。具体地，CNKI 的中国知识资源总库提供的检索项包括：主题、篇关摘、关键词、篇名、全文、作者、第一作者、通讯作者、作者单位、基金、摘要、小标题、参考文献、分类号、文献来源、DOI。[①]

高级检索支持多字段逻辑组合，并可通过选择精确或模糊的匹配方式、检索控制等方法完成较复杂的检索，得到符合需求的检索结果。高级检索界面在页面上主要分为两部分区域，上半部分为检索条件输入区，下半部分为检索控制区，如图 1-3-12 所示。

---

① 以上检索项的详细含义可参见 CNKI 官方网站，链接 http：//piccache.cnki.net/index/helper/manuals.html。

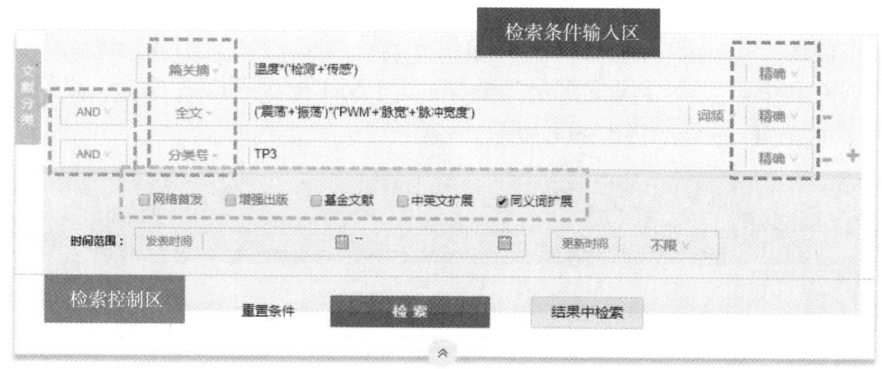

图1-3-12　CNKI的高级检索界面

检索条件输入区主要分为检索项选择框（可自由选择上述列出的16种检索项）、检索内容输入框、逻辑关系选择框（可自由选择检索项间的逻辑关系）、检索词匹配方式选择框（可选择精确或模糊），单击检索框后的"＋""－"按钮可添加或删除检索项。

如图1-3-12所示，高级检索界面在其检索内容输入框中支持同一检索项内输入"＊""＋""－"进行多个检索词的组合运算。其中，篇关摘（篇名和摘要部分）、篇名、摘要、全文、小标题、参考文献的精确匹配，是指检索词作为一个整体在该检索项进行匹配，完整包含检索词的结果。模糊匹配，则是检索词进行分词后在该检索项的匹配结果。篇关摘（关键词部分）、关键词、作者、机构、基金、分类号、文献来源、DOI的精确匹配，是指关键词、作者、机构、基金、分类号、文献来源或DOI与检索词完全一致。模糊匹配，是指关键词、作者、机构、基金、分类号、文献来源或DOI包含检索词。

检索控制区的主要作用是通过条件筛选、时间选择等，对检索结果进行范围控制，控制条件包括出版模式、基金文献、时间范围、检索扩展等。默认检索时自动打开中英文扩展。注意，中英文扩展和同义词扩展无法同时被选中。

除高级检索界面外，CNKI还提供了专业检索界面，如图1-3-13所示。类似于专利文献检索平台中提供的命令行检索，使用运算符和检索词构造检索式进行检索。对于专业检索的一般流程推荐先确定检索字段构造一般检索式，借助字段间关系运算符和检索值限定运算符可以构造复杂的检索式。

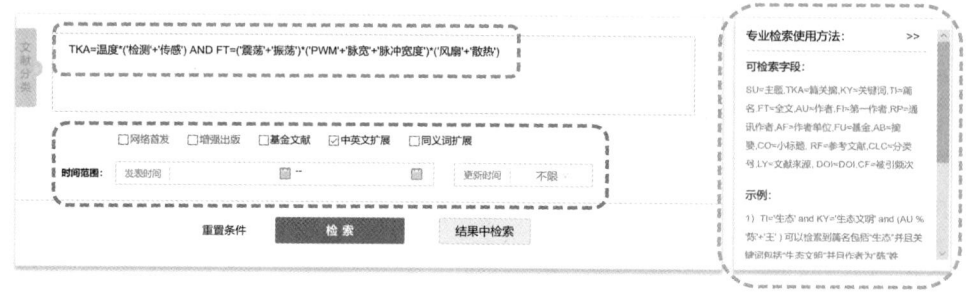

图1-3-13　CNKI的专业检索界面

专业检索表达式的一般式：<字段><匹配运算符><检索值>。具体的算符形式和使用方法参见 1.2.2.2 小节中对非专利数据库中的算符介绍。

#### 1.3.2.2 万方数据知识服务平台

和 CNKI 类似，万方数据知识服务平台（https：//www.wanfangdata.com.cn/index.html，以下简称万方）同样是涵盖期刊、会议纪要、论文、学术成果、学术会议论文的大型网络数据库，也提供了一框式检索、高级检索和专业检索等多种界面，如图 1-3-14 所示。这几种检索界面的检索功能和操作技巧均与 CNKI 类似，只是在命令和算符的形式上稍有不同。

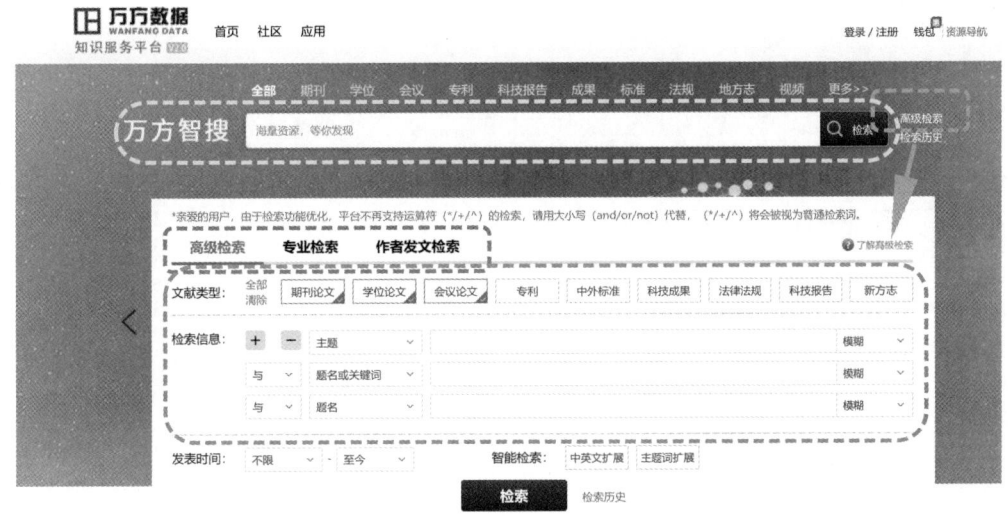

图 1-3-14 万方的一框式检索和高级检索界面

此外，万方还为不同的数据库提供了不同的检索字段。例如，万方为标准检索提供了标准类型、标准号、标题、关键词、发布单位、起草单位、中国标准分类号、国际标准分类号等检索项。

#### 1.3.2.3 IEEE Xplore

IEEE Xplore（https：//ieeexplore.ieee.org/Xplore/home.jsp）是一个学术文献数据库，主要提供计算机科学、电机工程学和电子学等相关领域文献的索引、摘要以及全文下载服务。它基本覆盖了电气电子工程师学会（IEEE）和工程技术学会（IET）的文献资料，收录了超过两百万份文献。

我们在利用 IEEE Xplore 进行检索时，除一般的布尔检索外，可以执行以下几类较具特色的检索功能：

1）作者检索。选择 IEEE Xplore 主页上基本搜索栏左方的"Authors"（作者搜索）选项，可以按名字/姓氏和姓氏/姓氏进行搜索。IEEE 通过为每个作者建立一个权限文件并标识该作者撰写的所有文章，来链接和规范 IEEE Xplore 中作者姓名的各个版本。

例如,搜索 Norman Smith 时,系统会自动扩展检索此人在 N. Smith、NW Smith 或任何其他变体形式下发表的任何文章。

2)部分/全文检索。在检索关键词时,IEEE Xplore 中的一框式检索默认为仅对其加工的搜索元数据进行检索,包括摘要、索引词和参考文献信息。要进行全文检索的话,必须转到检索框下方所示的高级检索界面,然后勾选"Full Text&Metadata"(全文和元数据)选项后进行相关内容的检索。

3)通配符检索。这一项在对英文非专利文献检索时特别有效,适用于名词复数、动词时态、英式和美式拼写不同的表达扩展。IEEE Xplore 的通配符使用"*"标记,如图 1-3-15 所示。例如,"flexib*"同时覆盖了"flexible""flexibility"等变体形式。值得注意的是,每一次检索或每个检索式仅支持最多五个通配符。

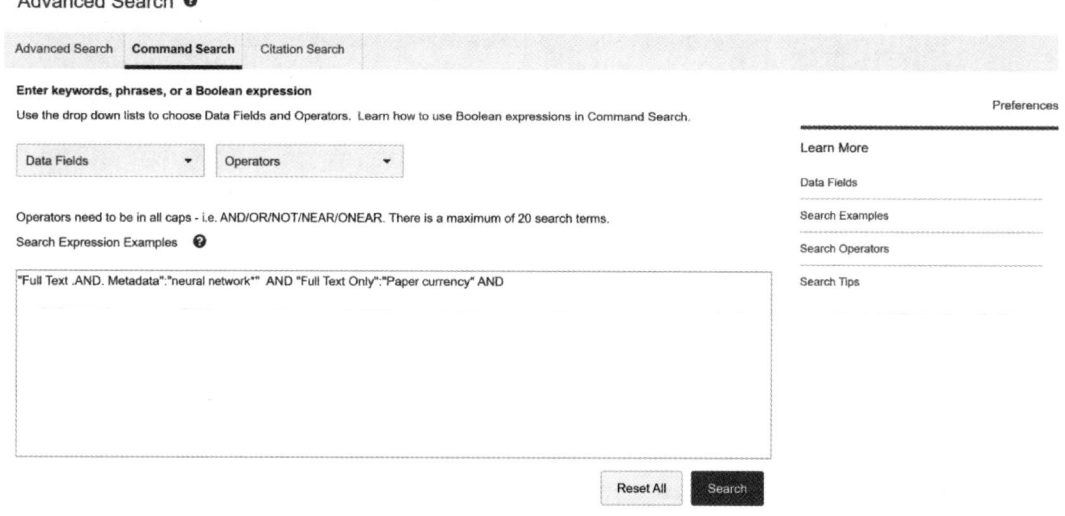

图 1-3-15　IEEE Xplore 的高级检索界面通配符检索示例

4)邻近检索。IEEE Xplore 有两个邻近算符"Near"和"Onear",前者表示 A 与 B 相邻且顺序可调,后者表示 A 与 B 相邻但顺序不可调。一框式检索或命令行检索均支持两个算符的使用。

5)引文搜索。这项功能仅能通过高级检索界面的"Citation Search"(引文搜索)检索项来实现,该检索项下允许通过作者、文章标题、出版年份等来进行检索。

6)专利引用检索。有的时候,专利文献的说明书背景技术或具体实施方式部分中会对非专利文献进行引用。在检索这类非专利文献时,IEEE Xplore 允许我们通过输入专利文献号进行检索,现在可通过此项功能检索得到非专利文献的包括美国和欧洲专利文献。此外,IEEE Xplore 的文章摘要记录中也会显示该篇文章被专利引用的情况。

### 1.3.2.4　ISI Web of Science

ISI Web of Science(又称为 Web of knowledge,网址 https://isiknowledge.com)是

全球最大、覆盖学科最多的综合性学术信息资源，收录了自然科学、工程技术、生物医学等各个研究领域最具影响力的超过8700多种核心学术期刊。Web of Science 同样提供了包括普通检索、被引文献检索、化学结构检索等丰富的检索功能，使我们可以方便快速地找到有价值的科研信息，既可以越查越旧，也可以越查越新，可以说在 Web of Science 中我们能够通过检索全面了解有关特定技术的发展脉络和历史沿革。

当然，Web of Science 需要付费使用，其首页打开即为登录界面，通常，高校学生能够在单击"CHINA CERNET Federation"选项后，输入自己所在学校，单击登录，在后续的认证页面输入自己的学号和密码后则能够进入网站的使用界面，如图 1-3-16 所示。

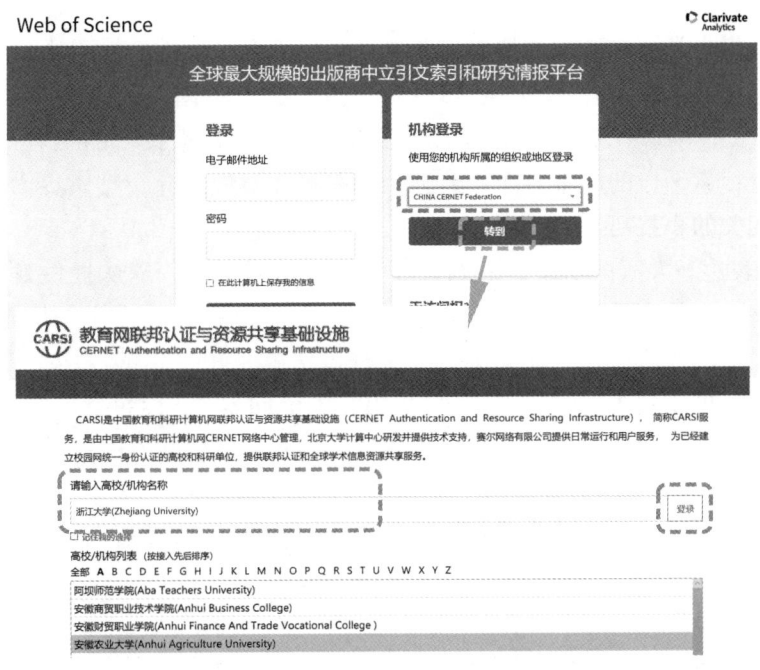

**图 1-3-16　ISI Web of Science 的登录技巧示例**

Web of Science 下的基本检索操作与 IEEE Xplore 类似，但也有一些特殊的规定。例如，在对"标题"或"主题"进行检索时，通配符前面必须至少有三位字符，即"flexib*"可但"fl*"不可。再者，Web of Science 允许使用截词符，同样是对不同的字段进行检索，但对字符位数有不同的要求，在对"标题"或"主题"进行检索时，要求至少保留三位字符，对"识别代码"进行检索时，要求至少保留 1 位字符。又，Web of Science 允许使用连字号，"polyester-fiber"的表达形式实际上同时检索了"polyester-fiber"和"polyester fiber"。

除了一些基本检索字段外，Web of Science 中提供的检索字段还包括主题。主题实际上为一复合字段，涵盖了标题、摘要、作者、关键字等。在进行检索时，Web of Science 还会自动启动两个特殊功能，即"词性还原"和"词干提取"。词性还原是将单词的词性退回到词根,可以减少我们在检索过程中使用通配符的烦恼。词干提取则是将我们所输入的检索词后缀(如 - ing、- ed 等)去掉。例如,输入"electron"进行检索时,系统会自动扩展到形容词"electronic"、名词复数"electrons";输入"linearization"进行检索时,系统会自动捕捉词干"linear",并进一步扩展到"linearize""linearizing"进行检索。

### 1.3.3 常见互联网检索平台

#### 1.3.3.1 百度搜索引擎

百度搜索平台是一个开放的搜索引擎信息共享平台,拥有全球最大的中文网页库,可以说是全球最大的中文搜索引擎。"百度"二字源于中国宋朝词人辛弃疾的《青玉案》诗句:"众里寻他千百度",象征着百度对中文信息检索技术的执着追求。读者应当已经对百度搜索平台的搜索界面很熟悉,本书将针对性地介绍搜索界面中可使用的、与检索工作相关的小技巧。

1)精准表达。大家都知道,诸如百度一类的搜索引擎,默认提供自动扩展功能,也可能把我们输入的完整关键词进行拆分,这就会导致在百度推送的检索结果中,往往存在很多无关的噪声内容。在此推荐的一种做法就是用半角的双引号把关键词的完整表达括起来,可以使用检索式""关键词1""关键词2""关键词3"",半角双引号括起来的内容将不会被百度进行自动扩展或拆分,从而实现精准表达。

2)当我们需要检索专业报告或者技术文件时,例如,我们需要了解技术行业的发展状况,肯定不是随随便便的几篇网页文章就足够的。找这类资源,除了构建合适的关键词之外,我们最需要了解的一点就是:重要文档在互联网上存在的方式,往往不是网页格式,而是 Office 文档或者 PDF 文档。很多公司的产品手册和操作规程等也以 PDF 格式放在网上。在百度搜索平台对这类专业文献进行检索时,可以使用检索式"<关键词>…<关键词> filetype:文档格式",文档格式可以是 pdf、doc、xls。如图 1-3-17 所示,我们检索"菲涅尔 透镜"相关的 PDF 文件,检索结果除广告推送的内容外,其余结果都是与关键词相关的 PDF 文档。

3)当我们需要检索专题论文或学术论文时,可以使用检索式"<关键词/摘要> intitle:<主题>",同时配合半角双引号的使用。例如,我们想检索采用了神经网络和采样的语音处理方法,可以构造检索式""神经网络""采样"intitle:语音",这样就实现了对主题为语音,相关内容为神经网络和采样的精准检索。

4)对特定网站内的内容进行检索,此类技巧适用于我们在制造商的官方网站上检索第一手产品资料,或者在一些著名的技术论坛上找寻技术信息。通过使用检索式"<关键词>…<关键词> site:网站地址",同时配合半角双引号的使用,来进行检索即可,如图 1-3-18 所示。

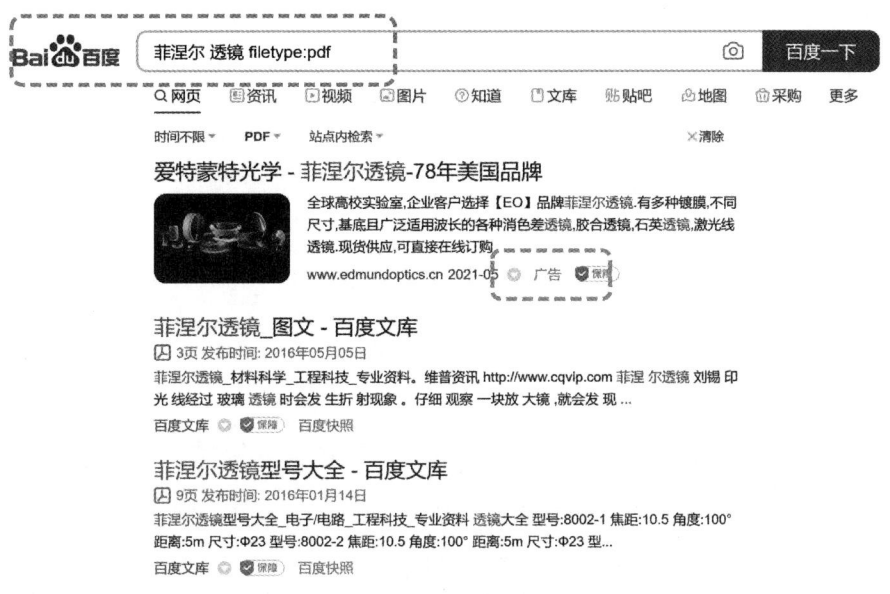

图1-3-17　在百度搜索引擎中检索特定类型文件

图1-3-18　在百度搜索引擎中检索特定网站中的内容

## 1.3.3.2　3GPP标准数据库

3GPP（3$^{rd}$ Generation Partnership Project，网址https：//www.3gpp.org）是开发移动电话协议的标准组织，主要开发和维护以下标准：GSM和相关的2G和2.5G标准，包

括 GPRS 和 EDGE；UMTS 和相关的 3G 标准，包括 HSPA；LTE 和相关的 4G 标准，包括 LTE Advanced 和 LTE Advanced pro；下一代标准，如 5G 的相关标准等。3GPP 的组织伙伴包括欧洲的 ETSI、日本的 ARIB 和 TTC、中国的 CCSA、韩国的 TTA、北美洲的 ATIS 以及印度的电信标准开发协会。

  通信领域公司在参与 3GPP 的通信标准化过程中，通常会预埋相关专利，其专利申请所涉及的技术问题通常在 3GPP 标准组织中也对应着很多提案。当专利申请的背景技术中提到相关协议时，就需要特别留意是否需要在 3GPP 标准数据库进行检索。在 3GPP 的官网中已经提供了供用户进行标准或协议检索的界面，如图 1 – 3 – 19 所示，该检索界面提供了多个检索项供用户进行输入或勾选，类似于非专利文献检索平台中的高级检索界面。

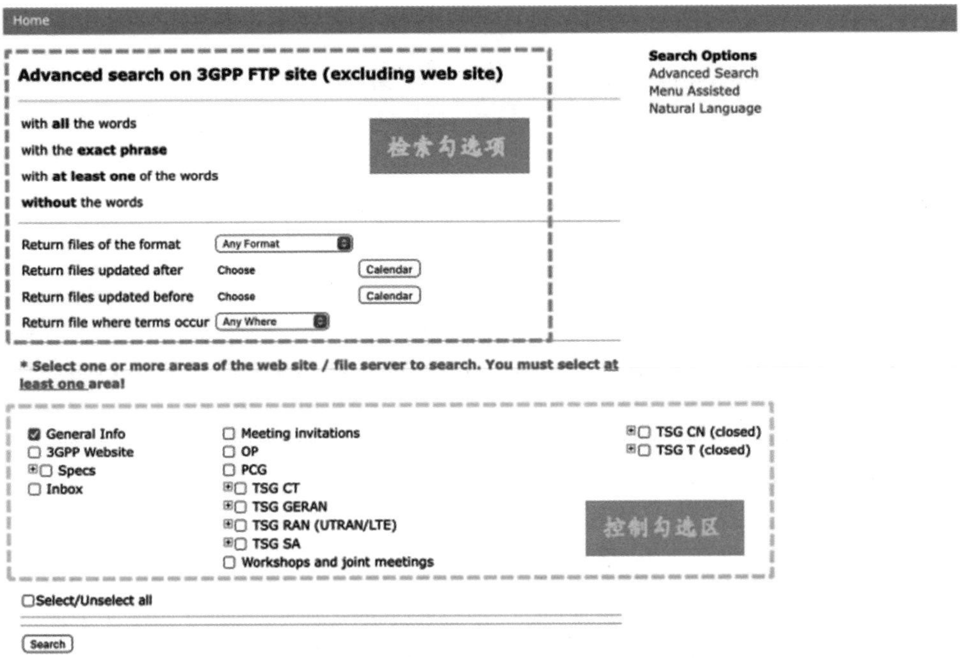

图 1 – 3 – 19　3GPP 标准数据库检索界面

# 第 2 章　专利检索法律基础

本章主要介绍专利检索所需的基础法律知识，包括不必检索的主题、新颖性和创造性的判断等。

## 2.1　检索究竟检什么

在回答检索检什么这个问题之前，为了避免做无用功，首先要考虑排除明显不需要检索的主题，针对需要检索的主题再去回答检索究竟检什么这个问题。

### 2.1.1　不必检索的主题

在专利法中规定了无法授予专利权的主题，其中几种类型无法通过修改克服其问题，在检索之前，需要予以排除。

《专利审查指南 2010》第二部分第七章第 10 节规定了不必检索的四种情况，具体包括了：

"（1）属于专利法第五条或者第二十五条规定的不授予专利权的情形；

（2）不符合专利法第二条第二款的规定；

（3）不具备实用性；

（4）说明书和权利要求书未对该申请的主题作出清楚、完整的说明，以至于普通技术人员不能实现。"

在专利审查过程中会涉及第四种情况，在本书所述的专利检索过程中前三种情形比较容易发生。例如，发明实质上只是一种科学发现或科学理论，作为自然界中客观存在的物质、现象或变化过程的认知和对其规律的总结，并不是利用规律去改进技术、改造世界，不应受到专利法的保护。又例如，发明的全部创新点仅在于智力活动的规则和方法，只涉及人为设定的规则，用于指导人们如何进行思维活动，没有采用技术手段或利用自然规律，不具有技术内容，也不属于专利法保护的对象。还比如，疾病的诊断和治疗方法，出于人道主义和社会伦理的原因，应给予医生在诊断和治疗过程中自由选择适当方法的权利，均不适合授予专利权。

除此以外，还有违反法律的、违反社会公德的、妨害公共利益的发明，以及动物和植物品种、原子核变换方法和用该方法获得的物质、无法在产业上制造或使用并产生积极效果的发明,均需要在检索前进行判断,是否可以修改发明内容使其符合上述要求。针对无法修改克服的发明,不需要进行检索。

以下举个具体例子。

【领域】停车场收费及管理

【问题】目前,酒店向酒店大厦的物业租用停车位,停车场由物业管理,酒店给客户出具免停车费的凭证,车辆凭借免停车费的凭证出停车场。这样管理不精准,特别是在停车数量超出租用车位的数量时,导致顾客无法停车,客户体验较差。

【解决方案】一种酒店停车位费用管理方法,在收费时首先判断所停车辆的数量是否超过租用车位的数量;如果没超过则不需额外缴费,直接放行;如果超过了,再按照车辆信息查询车主在酒店的消费值;如果车主的消费值大于或等于预设阈值,那就由酒店向停车场缴纳停车费用;而当车主的消费值小于预设阈值时,由车主自己缴纳停车费用。

对这个方案进行分析,它针对的是如何缴费这个问题,采用的手段是看车主的消费值高不高,属于人为制定的费用管理规则,即交易规则。而这个规则仅仅是一种纯粹的人为的规定,不受自然规律的约束,其改变的仅仅是商业上的运营管理方法,因而没有利用技术手段。同时,本方案解决的问题是如何利用人为的规定实现车辆停车费用的监管,不构成技术问题;该方法通过人为规则来决定由谁缴费提升客户体验,所获得的效果也不是符合自然规律的技术效果。因此,该方案不是法定的授权客体,也就没有必要进行检索。

## 2.1.2 授予专利权的两大条件

检索究竟检什么这个问题,需要根据专利制度的目的来解答。

国家之所以对一项发明创造授予专利权,为专利权人提供一定期限内的独占权,是因为他向公众提供了前所未有的发明,值得被授予这样的权利。对于已经公知的技术来说,公众有自由使用的权利,任何人无权将其纳入专利权独占的范围之内,否则就损害了公众的利益[①],专利法规定了发明必须具备新颖性,将已经公知的技术排除在外。但仅仅具备新颖性还不够,那些虽然前所未有,但对现有技术的常规组合或者普通技术人员容易想到的技术如果授予专利权,将会导致专利多而无用,反而对公众正常生产经营活动产生不适当的限制。基于这种考虑,专利法还规定了发明必须具备创造性。专利的创造性条件是衡量专利申请对技术创新贡献的大小,在现行审查过程中,属于是否值得授权保护的核心所在。

因此如前所述,检索主要就是针对新颖性和创造性,检索最终是为了判断在现有技术中是否存在否定发明新颖性和创造性的文献。

---

① 尹新天. 新专利法详解[M]. 北京:知识产权出版社,2011:129-130.

## 2.2 影响新颖性的文献

### 2.2.1 基本概念

《中华人民共和国专利法》(以下简称《专利法》)第 22 条第 2 款规定:"新颖性,是指该发明或者实用新型不属于现有技术;也没有任何单位或者个人就同样的发明或者实用新型在申请日以前向国务院专利行政部门提出过申请,并记载在申请日以后公布的专利申请文件或者公告的专利文件中。"

现有技术是指申请日①以前在国内外为公众所知的技术。现有技术公开的方式包括在申请日以前在国内外出版物上公开发表、在国内外公开使用或者以其他方式为公众所知的技术。因此,检索的范围不受地域限制②。

从新颖性的定义中就可以看出,涉及新颖性的文献可以分为两类:一类是满足现有技术要求的、申请日以前公开的现有技术;另一类是申请在前公开在后的技术,称为抵触申请,虽然其在后公布,不能为公众所知,不属于现有技术,本来不影响在后发明的新颖性,但是出于避免同样的发明重复授予专利权的原因,在这种情况下,在后申请的发明不能被授予专利权。因此抵触申请也是检索的目标之一。

### 2.2.2 新颖性判断原则

新颖性的定义中并没有明确什么是"属于",什么是"不属于",其实际就是发明的技术方案和现有技术相同还是不相同。《专利审查指南 2010》第二部分第三章第 3 节进一步明确,在进行新颖性判断时,如果发明与现有技术相比,发明的技术方案与现有技术实质上相同,可以确定两者能够适用于相同的技术领域,解决相同的技术问题,并具有相同的预期效果,则认为两者为同样的发明。这是新颖性判断的"四相同"原则。

除了"四相同"原则,在新颖性的判断中还需要遵循单独对比原则。所谓单独对比原则是指在判断新颖性时,应当将发明的一个技术方案与现有技术的一个技术方案进行对比,不能将其与几项现有技术或者一项现有技术中的多个技术方案进行对比。这就要求发明的技术方案的所有特征都出现在一份现有技术中的一个技术方案中才可能否定发明的新颖性,在进行检索的时候,针对新颖性文献的检索尤其需要考虑单独对比原则。

---

① 如果是正式提交专利申请之前进行检索,则此处不存在"申请日"这个法律概念,操作中可以把当前时间等价为"申请日"。

② 专利检索理论上也不受公开方式的限制,即除了出版物公开,也应该包括使用公开、口头公开等。但是限于非出版物形式的公开在现实中极少用到,本书主要围绕出版物公开进行介绍。

例如某案，涉及一种可卷曲的软体地形模型沙盘，如图2-2-1所示，具体结构为：由沙盘地表层1，和粘结在沙盘地表层下面的沙盘地表层支撑体2组成，所述沙盘地表层材料是硅橡胶，所述沙盘地表层支撑体材料是聚氨酯橡胶。

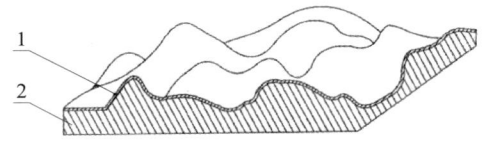

图2-2-1 软体地形模型沙盘

一份现有技术文献中有两个不同的实施例，实施例1公开了一种可形变的弹性沙盘，包括地形层和支撑结构，地形层由硅橡胶构成，支撑结构由海绵体构成；现有技术的实施例2公开了地形层由乳胶构成，支撑结构由聚氨酯橡胶构成。

发明的技术方案分别被同一篇现有技术的实施例1和实施例2公开。单独对比原则对比的是单个技术方案，而不是单篇现有技术，因此该现有技术不能作为证据否定发明技术方案的新颖性①。

### 2.2.3 新颖性判断常见情形

有了新颖性的定义和新颖性判断的基本原则，在实际进行新颖性判断的时候还需要注意以下几点。

1）在进行"实质上相同"的判断时，一种情形是简单的文字变换，如果现有技术在撰写时采用了不同的文字表达方式，不能机械地判断其为不同，而应从普通技术人员的角度分析判断不同文字表达方式是否具有相同的内涵。另一种情形是相同的内容包含从现有技术中直接地、毫无疑义地确定的内容，也就是常说的隐含公开，在现有技术中虽然没有直接明确的文字记载，但可以从现有技术记载的内容中必然且唯一确定的技术内容也是现有技术包含的内容，例如产品或部件的固有属性，或者技术术语的唯一解释等。

例如某案，发明的技术方案中限定的技术特征是"轴的表面硬度大于其芯部的硬度"，而现有技术涉及一种加工轴的方法，其仅涉及对轴进行渗碳淬火处理的步骤。如何判断两个技术特征是否实质上相同？此时需要进一步分析渗碳淬火处理能够带来什么样的结果。已知渗碳淬火是常见的一种金属热处理工艺，经处理的工件表面硬度提高，耐磨性更好，可见渗碳淬火的固有特征就是使轴的表面硬度大于芯部硬度，属于现有技术隐含公开的内容，因此也就可以认为现有技术和发明的技术方案实质上相同。

2）如果发明的技术方案与现有技术相比，其区别仅在于前者采用上位概念（如金属），后者采用下位概念（如金、银、铜或铁），则现有技术可以否定发明的新颖性；反之，包含上位概念的现有技术无法否定采用下位概念限定的技术方案的新颖性。

为什么上位概念不影响下位概念的新颖性？上位概念，它表达的是抽象的特点，反映一组具体事物的共同之处，体现了其涵盖的全部下位概念的共性。下位概念表达

---

① 当然，这两个实施例是可以结合否定创造性的。

的往往是具体事物的特点，除了反映同类事物的共性外，还反映具体事物本身的特殊之处，体现了所从属的上位概念未包含的个性。所以上位概念虽然包含了下位概念，但无法公开下位概念中的个性之处，无法否定下位概念的新颖性。从立法本意上讲，《专利法》第1条规定："为了保护专利权人的合法权益，鼓励发明创造，推动发明创造的应用，提高创新能力，促进科学技术进步和经济社会发展，制定本法。"也就是说，专利法的立法宗旨是不仅要保护专利权人的合法权益，同时还要鼓励发明，促进科技进步和创新，如果由于有这样一份范围很大的在先专利的存在，对其做了进一步改进的发明创造因为不具备新颖性而无法获得专利权，不但不能鼓励发明创造，还会阻碍科技的进步。

3）如果发明的技术方案与现有技术相比，其区别仅在于数值范围不同，如何判断新颖性呢？此时需要分为四种情况：一是现有技术的数值或数值范围落入发明的数值范围内；二是现有技术的数值范围与发明的数值范围部分重叠或有一个共同的端点；三是现有技术的数值范围的两个端点与发明的数值相同；四是发明的数值或数值范围落入现有技术的数值范围内。前三种情形，由于发明的数值范围更大，以这样更大的范围限定的技术方案，包含了现有技术，无法和现有技术进行区别，因此可以否定发明的新颖性。第四种情况，发明的数值或数值范围实质上是在现有技术的大范围中进行了选择，这种选择可能会带来预料不到的技术效果，因此无法否定发明的新颖性。

4）如果涉及一种产品的技术方案与现有技术相比，其区别仅在于性能、参数、用途或制备方法特征的不同，如何考虑这些特征对新颖性判断的影响？

针对性能、参数特征，首先应该考虑不同表达形式的性能、参数是否实质上相同，比如性能、参数没有记载在现有技术中，但是性能、参数是由现有技术中记载的产品组分和含量决定的，同样的产品组分和含量只能对应一个相同的性能、参数，则两者实质上相同。又比如，现有技术中的性能、参数是采用不同的测量方法或条件进行测量得出的，如果换算成相同的测量方法和条件，可以推定出相同的性能、参数，两者实质上也相同。在性能、参数实质上相同的情况下，性能、参数的表达形式不同不足以使发明具有新颖性。其次需要判断根据性能、参数是否可以将发明和现有技术的产品区分开，如果性能、参数的不同，对产品的结构/组成不造成影响，则在新颖性判断中无须考虑该性能、参数特征。只有当性能、参数特征隐含了产品具有某种特定的结构/组成，使发明的技术方案和现有技术存在区别，发明才具有新颖性。

针对用途限定特征，应当考虑用途限定是否隐含了产品具有某种特定结构/组成。一种情况是用途特征本身构成技术含意，隐含着构成完整技术方案的技术特征（即使该特征与发明所要解决的技术问题并无直接的关系，也可能并非发明关键所在），在新颖性判断中就应当予以考虑。这样的用途特征经常以主题名称的方式出现。例如"一种用于盛钢水的容器"，其中的用途表明该容器必须用耐高温材料制成。又如"一种农药组合物""一种药物组合物"和"一种食品组合物"等，由于主题名称中存在应用领域方面的限定，必然意味着它们具有对辅料、载体、毒性及安全等方面的不同要求。另一种情况是用途特征并没有导致产品本身的结构/组成产生任何改变，与现有技术中已知产品的区别仅仅是由该用途特征指向的应用目的或领域，这样的已知产品不能因为提出了某一新的应用而被认为是一种新的产品。例如"一种用于增塑剂的化合物X"，其中，化合物X是一种现有技术中已知的化合物，即使用作增塑剂的用途是未知的①，但该用途限定不会对化合物X的结构/组成带来改变，在新颖性判断时可以不予考虑。

针对制备方法特征，需要分析方法技术特征是否对产品造成了影响，该影响包括产品结构的变化或性能的改变。如果方法特征所产生的作用直接体现在产品的结构上，那么我们可以据此判断产品的新颖性。如果方法特征所产生的作用不能体现在产品的结构上，或者说所属领域技术人员借助常规手段无法判断由该方法所制备的产品与已知产品在结构上是否有差异时，则认定产品无新颖性。

例如某案，涉及一种高性能纳米涂料，其特征在于其制备步骤为：

1）制备纳米粉体先驱液：以金属醇盐作为纳米粉体的先驱物，以水或有机溶剂或其混合物作为稀释剂，在常温下搅拌均匀，得到纳米粉体先驱液；

2）制备纳米涂料：在涂料制备过程中的颜填料分散阶段后的任一阶段，于常温下在搅拌过程中缓慢加入纳米粉体先驱液，直接在颜填料表面原位合成纳米粉体，接着完成制备涂料的剩余工艺，得到高性能纳米涂料。

现有技术公开了一种含有纳米粉体的纳米涂料，然而该涂料中的纳米粉体是机械搅拌混入涂料中的。

判断新颖性的过程如下：首先我们需要明确发明技术方案的主题"高性能纳米涂料"是一种产品，而不是一种制备方法，因此需要与现有技术的产品进行比较。从产品组成上看，两种涂料最终均为包含纳米粉体的涂料，但是由本发明方法得到的涂料，其纳米粉体紧密结合在颜填料表面上。而现有技术的涂料中，纳米粉体会广泛分布于涂料的各个成分中。而且发明内容中也明确指出了这种微观结构上的变化带来了意想不到的效果：与用一般混合法制备的纳米涂料相比，其褪色时间提高2倍以上，漆膜表面的粉化现象明显减少，耐候性和耐化学性也显著提高。

通过以上分析对比可知，该方法给产品带来了不同于现有技术产品的性能，从而表明产品的结构与现有技术不同，因此现有技术无法否定发明的新颖性。

## 2.3 影响创造性的文献

### 2.3.1 基本概念

《专利法》第22条第3款规定：创造性，是指与现有技术相比，该发明具有突出

---

① 如果发明人是首次发现了化合物X可以用作增塑剂，应当撰写为用途发明，如"化合物X作为增塑剂的使用"，而不是如上撰写为产品权利要求。

的实质性特点和显著的进步。创造性判断中所使用的"现有技术"概念与新颖性判断中的相同。发明的技术方案与现有技术相比，不仅要不相同，还要具备"突出的实质性特点"和"显著的进步"。所谓"突出的实质性特点"，简单地说就是对所属技术领域的技术人员来说，发明应当是非显而易见的。所谓"显著的进步"，主要是指发明应当具有有益效果。

## 2.3.2 创造性判断原则

与新颖性单独对比原则不同，创造性的判断是相对于现有技术的整体而言的，允许将现有技术中的不同的技术内容结合在一起与一项发明的技术方案进行对比判断。此时，可以引用的现有技术未必是一个完整的技术方案，公开的内容可以是技术信息的片段，例如是一个完整技术方案中采用的某个技术手段，只要相关现有技术的内容的结合能够形成一个可以与发明的技术内容相比的技术方案即可。

但结合不等于没有限制地自由结合，创造性判断中还需要遵循整体原则。

首先，技术方案的各组成特征之间需要整体考虑。一个技术方案应当作为整体进行把握，其中的每个技术特征都是技术方案的有机组成部分，是彼此联系的，不应将技术特征割裂开来单独进行分析。虽然任一个技术方案都可以拆解成技术手段、技术特征，但是无论怎样拆解最终判断的是技术方案的创造性，因而不能因为每个技术特征被不同的现有技术公开了，就简单地认为该技术方案已被现有技术公开。换言之，不能简单地认为或者理所当然地认为，每一个特征都是已知的，而为解决某个技术问题，由这些已知技术特征构成的技术方案就没有创造性，应当关注特征之间的关系，例如协同关系、制约关系、支持关系、顺序关系等。

其次，技术领域、技术问题、技术方案和技术效果需要整体考虑。在评价发明是否具备创造性时，虽然技术方案是我们评价的对象，但在评价创造性时不仅要考虑发明的技术方案本身，而且还要考虑发明所属的技术领域、所解决的技术问题和所产生的技术效果，将发明作为一个整体看待。技术领域、技术问题、技术方案和技术效果这四方面有着密切的联系，其中，技术方案是核心，而技术问题是出发点。首先是出于解决某个技术领域中存在的技术问题的需要，才会促使技术人员去寻找技术解决手段。对解决手段的寻找会从熟悉的领域向相近的领域扩展，如果技术问题不会促使本领域技术人员向其他技术领域扩展，则该领域的技术解决手段也不应被考虑。因此技术领域具有隔阂性，是我们进行检索和选择现有技术时需要考虑的重要因素。技术问题是技术方案产生的基础和前提，技术效果与技术问题相互关联，其是技术方案实施后产生的结果。

最后，发明和现有技术均需要整体把握。在判断过程中，不仅要对发明做整体上的把握，同时，对于现有技术也应当整体把握，具体表现为对每一份现有技术中披露的技术方案、技术领域、技术问题以及技术效果的整体考虑，以及每份对比文件的技术方案的各个特征之间的整体考虑，同时还要考虑多份现有技术之间是否有技术上的障碍,是否存在相反的教导,以及是否存在原理上的冲突和不必要的重复等方面。即整体考虑原则不仅应贯穿于发明或每份现有技术,还应贯穿于现有技术全体,各现有技术应形成完整的证据链,不得相互矛盾。同时,不仅从整体上确定现有技术的水平和发展趋势,还应当从整体上考虑现有技术之间是否给出启示,而不是简单判断技术特征所起的作用是否相同,否则将得到不恰当的结论。

### 2.3.3 突出的实质性特点判断方法

从创造性的定义就可以看出,创造性的判断比新颖性要复杂得多,仅仅给出判断原则是不够的,还需要更具有操作性的判断方法。创造性判断的前提是发明与现有技术是不相同的,需要进一步判断的是这种不相同对现有技术的贡献有多大,创造性定义中给出的衡量标准是"突出的实质性特点"以及"显著的进步",只有达到这样的程度才有创造性。《专利审查指南2010》第二部分第四章第2.2节规定:发明有突出的实质性特点,是指对所属技术领域的技术人员来说,发明相对于现有技术是非显而易见的。如果发明是所属技术领域的技术人员在现有技术的基础上仅仅通过合乎逻辑的分析、推理或者有限的试验可以得到的,则该发明是显而易见的,也就不具备突出的实质性特点。从上述规定中,不难看出,要确定发明是不是可以基于现有技术分析推理得出,首先需要知道现有技术是什么样的,其次确定现有技术和发明的差异在哪里,最后判断是否可以通过分析推理得到,按照这个逻辑,创造性中显而易见性的判断通常采用三步法。

#### 2.3.3.1 三步法

《专利审查指南2010》第二部分第四章第3.2.1.1节中指出,三步法按照以下三个步骤进行:

第一步:确定最接近的现有技术。最接近的现有技术是指现有技术中与发明最密切相关的一个技术方案,它是判断发明是否具有突出的实质性特点的基础。最密切相关是指发明人以此最接近的技术为基础,对其进行改进以获得发明时需要克服的技术障碍最小。

第二步:确定发明与最接近现有技术相比实际解决的技术问题。首先应当分析发明的技术方案与最接近的现有技术相比有哪些区别特征,然后根据该区别特征在发明中所达到的技术效果确定发明实际解决的技术问题。

第三步:判断发明对本领域技术人员来说是否显而易见。前两步都是在为这一步做准备,第三步是判断是否非显而易见的关键。前两步是由检索的结果决定的,只需要作出符合客观事实的认定即可,而第三步实际上是在判断发明对现有技术贡献是大还是小,如果基于前两步的客观事实,本领域技术人员容易想到、无须跨越技术障碍就可以获得发明,那发明是显而易见的,无创造性。相反如果很难想到、存在技术难度,则发明是非显而易见的,有创造性。是否容易,核心在于现有技术整体上是否存在某种技术启示，有技术启示，说明无须付出创造性劳动，发明对现有技术的技术贡献程度低，不值得被授予专利权。这种技术启示可以理解为：当最接近现有技术存在实际需要解决的技术问题时，是否已经有其他现有技术提供了解决上述技术问题的技术手段，甚至明示所提供的技术手段可以解决上述技术问题。如果是，那么当面对最接近现有技术存在实际需要解决的技术问题时，有动机采用其他现有技术提供的技术手段来解决上述技术问题，从而获得发明的技术方案。

下面通过一个具体案例示意一下这个过程。

某案，涉及一种实施工况多功能报警器。发明人发现，现有技术中的报警器多利用声光报警器、电铃、警示灯等报警方式，虽然可以向工作人员发出危险警报，但不能显示危险的级别，即不能显示危险的严重程度，因而存在报警不到位的问题。为了克服这一问题，发明人试想通过改变声音的分贝大小或警示灯光的颜色或者闪烁频率来显示危险的程度。在这一构思的指引下，发明人在现有的多功能报警系统中分别引入了声报警级别控制器和光报警级别控制器，并将其与其他元件相连接，从而实现对声音和光的控制。

现有技术 1 公开了一种应急信号报警系统，当传感器检测到危险状况时，控制器能够控制声、光报警器发出多种不同的高分贝声音和不同光色和闪烁频率的光来警示不同的危险级别。

现有技术 2 公开了一种常规的声光报警系统，包括声报警器、光报警器、电铃、指示灯等常规的部件，同时公开了这些部件之间的连接方式。

先进行第一步，最接近的现有技术的选取。通过对现有技术 1 和现有技术 2 的分析可以发现，两者与发明属于相同的技术领域，但公开的内容有所不同。现有技术 1 也是对现有的报警系统进行改进，所获得的正是能够实现级别报警功能的声光报警系统。其发明构思与本发明相同，并且公开了实现本发明构思的关键技术手段，即控制声、光报警器发出不同分贝的声音和不同光色和闪烁频率的光来警示不同的危险级别。而现有技术 2 则公开了声光报警系统领域中一般的多功能报警系统的构成，包括组成部件、连接关系等，但不涉及能够实现级别报警的部件。为了获得本发明的技术方案，如果发明人以现有技术 1 作为改进的起点，发明人需要对报警系统中的常规部件进行设置和连接，完成这些工作的工作量可能较大，但并不会花费申请人过多的智慧劳动，因为现有技术 1 的发明构思与本发明相同，并且公开了实现该构思的关键技术手段，以现有技术 2 为代表的现有技术已经揭示了其他的部件均为本领域中的常规部件。即发明人以现有技术 1 作为改进的基础其克服的技术障碍较小，并且符合发明创造产生的过程。相反，如果申请人以现有技术 2 作为改进的基础，其虽然仅需要增加级别报警器，但级别报警器不是报警器中的常规部件，对其进行研究需要克服较大的技术障碍。因此，选择现有技术 1 作为最接近的现有技术更为恰当。

按照三步法第二步的要求，要确定发明的技术方案与最接近的现有技术 1 之间的区别技术特征——多功能报警系统中除了级别报警器外其他的各个部件以及连接方式。这些报警器中的部件所能达到的效果自然是实现多功能报警器的正常工作，即实现声光报警。因此，可以确定本发明实际解决的技术问题为提供多功能声、光报警器各部件的具体连接方式。

第三步中，现有技术2公开了声、光报警系统中的各个部件以及各个部件之间的连接关系，并且这些部件组合在一起形成的报警系统能够达到利用声、光进行报警的技术效果，这与其在发明中的作用相同。因此，面对如何连接声光报警器各部件的具体问题时，现有技术2给出了将现有技术2中公开的具体连接方式应用到现有技术1中的技术启示，该启示使得本领域技术人员很容易获得发明的技术方案。

#### 2.3.3.2 技术启示的来源

前序章节中对技术启示进行了阐释，存在技术启示的常见情形有哪些呢？《专利审查指南2010》给出了具体的记载，按照区别技术特征被公开的来源可以划分为三种情形。

第一种情形是所述区别技术特征为公知常识。首先需要明确公知常识的表现形式，例如本领域中解决技术问题的惯用手段，或者教科书、工具书、手册、国家标准中等披露的解决技术问题的技术手段、生活领域的公知公用的常识。当技术启示来自公知常识，尤其是一些在各领域中均普遍使用的技术手段，很容易造成必然存在结合启示这样先入为主的偏见，但是某一技术特征是公知常识，仍然需要考虑发明所属的技术领域是否存在特殊性，导致公知技术手段在这一具体技术领域中的使用存在技术障碍，没有那么自然而然地容易想到。

第二种情形是所述区别技术特征为与最接近现有技术相关的技术手段，该技术手段的作用与区别特征在发明中的作用相同。例如最接近现有技术中其他实施例中的技术手段。由于是同一现有技术的不同实施例，此时，需要着重考虑不同实施例之间的相互关系，如果是递进式的实施例撰写方式，还需要仔细判断，是否适用于新颖性。

第三种情形是所述区别技术特征为另一份现有技术中披露的相关技术手段，该技术手段的作用与区别特征在发明中的作用相同。这种情形在创造性判断中非常常见，也更容易出现判断失误。此时，要尤其注意判断区别技术特征在该现有技术中的作用究竟是什么，避免直接将区别技术特征在发明中的作用套用到现有技术中，出现区别技术特征被现有技术公开即存在技术启示的典型错误。这类案例将在第3章详细介绍。

# 第3章 检索对象的确定

在第1章解决了在哪里检索的问题,第2章补充了基础的法律知识之后,接下来需要解决检索什么的问题。这需要在阅读理解相关材料,如技术交底书[①]的基础上提炼出发明构思,基于发明构思分析出核心技术方案作为后续检索的对象。这就是本章所要解决的问题。

## 3.1 发明构思的提炼

### 3.1.1 基本概念

"发明构思"由两个词"发明"和"构思"组成。发明,指的是发明创造,可以包括发明专利申请,以及实用新型申请。构思,一般是指作者在孕育和创造作品过程中所进行的思维活动,是贯穿在作品内容和形式中的主题思想。将两者组合起来,发明构思可以被理解为发明创造提出过程中所进行的思维活动。

以包含更广泛的主题的发明专利申请为例,其可以是新的产品、方法或其改进。这类专利的提出通常都是针对现实生活、生产中层出不穷的技术问题。例如,在生产实践中,发现某印刷设备在使用一段时间后,进行印刷时纸张经常会跑偏。发明人经过分析、研究技术问题产生的原因,发现上述纸张跑偏的原因是印刷机的部件A在使用一段时间后发生了变形。基于此,发明人就构思出解决技术问题的技术思路,采用了一种不易发生变形的已知材料B来制造部件A,则产生发明。发明人还通过实践测试,发现确实纸张不再跑偏了。上述"构思出解决技术问题的技术思路"便是整个发明的核心环节,最终符合预期效果的技术思路便是"发明构思"。

发明产生后,一般会以技术交底书的形式表达出来。技术交底书所记载的内容一般包括技术领域、背景技术、发明所涉及的产品或者方法的相关技术内容、实验数据、技术效果等。对于阅读者而言,无法直接得知发明人创造发明的思维过程,只能通过发明的外在表现形式也就是技术交底书去确定其发明构思。将技术交底书中繁杂的非核心内容剥离,找出发明的主旨所在,就好比抽丝剥茧地用两三句主线剧情归纳出小

---

[①] 本章多处以最基础的技术交底书为例进行说明,但如果面对的对象是已经撰写完成的专利申请文件,也可以参照操作。

说里洋洋洒洒几千字甚至上万字的内容。从技术交底书中提炼发明构思的过程，就是通过文字归纳主题思想的过程，或者说透过现象挖掘本质的过程，最终确认发明人到底发明了什么，对现有技术贡献了什么。

常见的发明构思可以分为以下几类：问题发现式、全新开拓式、缺陷改进式，下面以几个发明为例，阐释什么是发明构思。

### 1. 问题发现式

某案，在现有技术中电动汽车的电源容量非常大的情况下，一般将大量的单电池组合形成电池模块。这种情况下，在使用时需要监控每个单电池的容量，需要在电池模块中设置监控用信号线，通过信号线检测单电池的容量大小。发明人发现当大电流流过电池模块中的电流输出线时，产生的噪声将对信号线的检测结果产生影响，导致检测结果出现偏差。为了解决这个问题，发明人通过将电池模块的信号线置于电流导通构件的平行部之间，相互平行设置，使信号线不与电流输出线交叉，因而可以防止信号串扰。

这类发明构思主要在于问题的提出，一般发现技术问题本身或者问题背后的原因是创新过程中的难点，解决的手段可能不一定很难。像上文提到的打印机纸张跑偏案例也属于这种情况。这种申请在提炼发明构思时，要特别注意对于技术问题发掘难度的准确认定。

### 2. 全新开拓式

某案，目前预测铁路设备中的电气设备内部的潜伏性故障的方案主要包括如下几种：第一种，是用电气法测量局部放电，主要是通过电气设备内部的电流、电压、磁场等电气量的方式进行检测，此方式使用相对方便，但是由于潜伏性故障引发的电流、电压、磁场变化量可能非常微小，因此，对潜伏性故障的检测结果并不准确；第二种，是用化学分析法分析由于放电所引起的气体分解成分，主要是用化学分析法分析放电产生的气体，该方式的检测比较灵敏，能够达到提前预警的效果，但是，需要将预置气体接收器放置在电气设备内部，而且分析方法通常比较复杂，也无法准确地判断出潜伏性故障的位置；第三种，是用埋入设备内部的光纤传感器检测电弧产生的光强度，可以直接判断出电弧发生的位置以及强度，但是该方式使用非常不方便，需要将检测设备安装到电气设备内部，并且价格昂贵。发明针对以上问题，提出了通过振动传感器组采集铁路设备中电气设备的振动信息，根据振动信号来分析检测电气设备的潜伏性故障，无须改变铁路设备中电气设备本身结构的情况下，更全面地检测出电气设备存在的故障（尤其是潜伏性故障），还通过多个不同检测频谱范围的振动传感器，提高检测准确度和精度。

该案发明构思在于提出了一个完全不同于现有技术的全新技术路线。这一类申请技术问题一般容易发现，而具体的解决手段是难点，因此在提炼发明构思时要特别关注相关技术手段。

**3. 缺陷改进式**

某案，现有技术中，公开号为 CN123456A[①] 的中国专利，公开了一种投影路牌，通过投影的方式把道路信息投影到路面，并把标牌上的文字图案信息放大投影到路面上，形成闪烁的指示标志。但这种方式受天气影响较大，在低能见度条件下其视认性明显降低。针对这个技术问题，发明在检测到能见度小于阈值时，将之前的闪烁投影改为3D投影，具体将标志牌上的指路标志以3D投影的方式投射到路面上。这样当能见度过低时，采用本发明的3D指路标志替代现有的交通指路标志牌，使得驾驶员在能见度较低的情况下对交通指路标志进行清晰辨认，视认性较强。

这类发明构思在于"站在巨人的肩膀上"，针对现有技术的缺陷——一般即为现有技术使用中的痛点——进行改进，提炼发明构思时技术问题和手段都要足够重视。

在理解什么是发明构思以后，开始提炼发明构思之前还需要明确为什么要提炼发明构思。只有明确了发明构思在检索中的重要性，才能保障我们"后天"提炼的发明构思更加准确、客观。

## 3.1.2 为什么要提炼发明构思

在整个检索过程中，原始资料通常是技术交底书本身[②]。阅读理解技术交底书是检索的首要任务。通过技术交底书可以充分了解背景技术的整体状况，了解发明所要解决的技术问题，理解解决技术问题的技术方案和技术方案所能带来的技术效果，并确定区别于背景技术的技术特征，进而明确发明相对于背景技术所作出的改进，改进所在即为发明构思所在。

为什么要以这样的方式阅读理解发明呢？这是由检索过程中必需的两个步骤决定的，一是新颖性、创造性判断，二是检索。一方面阅读理解是否准确充分影响创造性判断，创造性判断影响检索方向，检索方向决定检索结果；另一方面阅读理解是否准确充分还影响检索结果的筛选。因此只有准确充分阅读理解发明——不仅是本申请，还包括潜在的影响新颖性、创造性的现有技术文献——才能正确把握发明整体情况、缩短检索时间、节省不必要的精力和成本支出，使检索工作达到事半功倍的效果。

### 3.1.2.1 发明构思和创造性的关系

检索最终是为了查找能够评述技术方案新颖性和创造性的现有技术文件，实践中绝大多数情况都是创造性。那如何认定一篇现有技术文献是否属于能够评述技术方案创造性的现有技术文件呢？在我国审查实践中普遍采用三步法，在《专利审查指南2010》第二部分第四章第3.1.1.1节中给出了以下三个步骤：①确定最接近的现有技术；②确定发明的区别特征和发明实际解决的技术问题；③判断要求保护的发明对本

---

① 此文献号码仅为示意。
② 此处以技术交底书为例进行说明。如果面对的对象是已经撰写完成的专利申请文件，同样可据此操作。

领域的技术人员来说是否显而易见。发明构思不仅体现了三步法的实质,还和三步法每一步都密切相关。检索的最终结论正确与否,与检索过程和结果判断中是否能根据发明构思正确运用三步法息息相关。

**1. 发明构思是三步法的实质**

随着技术的飞速发展,原创发明凤毛麟角,发明更多的是对现有技术的改造,一个新的技术方案的提出总是基于现有技术,采用三步法对发明创造性进行评判的过程其实质上就是逐步还原改进型发明产生的过程,三步法的第一步确定最接近的现有技术相当于寻找发明产生的起点,即基于什么样的技术进行改进有可能获得本发明,第二步确定区别特征和发明实际解决的技术问题相当于比较本发明和最接近的现有技术确定出发明的改进点,从而指引在最接近的现有技术基础上应该朝哪个方向进行改进可以获得本发明,最后一步如果存在给出了改进启示的其他现有技术,就可以重塑整个发明。可见整个三步法体现的是发明产生的原因和过程,其分析出的区别技术特征和技术问题,是基于现有技术的发明改进点所在,其内核与发明构思完全一致。因此,发明构思是三步法的精神内涵,三步法是发明构思的一种具象手段和操作层面的体现①。

在检索中还需要理解把握什么样的文献组合否定创造性是正确的,什么样的文献组合否定创造性是错误的,两者之间的度如何把握。在三步法中将一个技术方案拆分后,每个技术特征总能够在现有技术中寻找到,如果不考虑这些技术特征的关联性,不考虑这些技术特征在发明构思中所起的作用,就会得出一个结论,发明不具备创造性,这样机械地套用三步法,拼凑现有技术得出发明不具备创造性的结论显然不对。基于这样的三步法认知,通过检索去寻找否定技术方案创造性的现有技术,显然是花了时间精力,结果还完全错误,典型的"赔了夫人又折兵"。而正确的理解三步法的实质,是基于发明构思认定技术特征、技术手段之间的关联性,重视发明构思在检索目标确立、检索过程和结果判断中的正确运用,才能得出正确的结论。

**2. 发明构思是选择最接近对比文件的重要因素**

最接近的现有技术,是指现有技术中与要求保护的发明最密切相关的一个技术方案,是本领域技术人员尝试重构发明的最佳起点②。但检索后得到的相关文献通常都有许多篇,究竟选择哪一篇作为最接近的现有技术,决定了以不同的思路重构发明。《专利审查指南2010》中具体列举出最接近的现有技术的几种类型:"与要求保护的发明技术领域相同,并且所要解决的技术问题、技术效果或者用途最接近和/或公开了发明的技术特征最多,或者虽然与要求保护的发明技术领域不同,但能够实现发明的功能,并且公开发明的技术特征最多。"上述内容实质上给出重构发明时最典型的两种途径:一种是按照发明构思的形成思路,从与发明存在相同或相似技术问题的现有技术出发,判断本领域技术人员是否能够找到或者想到发明的技术改进思路;另一种则是,本领

---

① 秦春芳,赵传海. 从复审决定看发明构思在创造性评判中的运用 [J]. 审查业务通讯, 2016 (10): 60-66.
② 朱仁秀,杨永红,孙红要. 体会发明构思,把握发明实质 [J]. 审查业务通讯, 2014 (8): 1-6.

域技术人员不从发明的技术改进思路出发,而是从现有技术客观存在的技术问题出发,也可能形成与发明同样的技术方案。无论是基于哪一种思路进行创造性的判断,都需要首先明确发明或现有技术的技术改进思路,也就是发明构思,才能基于发明构思确定创造性判断的逻辑思路,得出正确的结论。

最接近的现有技术是判断创造性时的参照物,是用来被改造的基础。判断发明是否显而易见,需要在本领域整体技术水平的基础上,确定本领域技术人员改进最接近现有技术并获得要求保护的发明所需要的合理动机。而这个合理动机的基石在于最接近的现有技术确实具有被改进的需求。最接近的现有技术选取中的常见错误之一就是只见树木不见森林,只看技术特征而不考虑发明构思,这样选择出的现有技术有可能公开了技术特征,在不考虑发明构思的情况下,单独分析这些技术特征,其可能主观上也能够起到相同的作用,但是客观上所选择的现有技术的发明构思可能与本发明完全相反,甚至就是为了克服本发明技术方案的缺陷而设计的,这样的现有技术由于构思相悖和不兼容会导致无法改进的问题。因此,在选择最接近的现有技术时考虑发明构思是必不可少的步骤。

**3. 发明构思是判断结合启示的关键**

结合启示的确定,需要对比同一技术特征在本发明和其他现有技术中所解决的技术问题是否相同,不难看出确定区别技术特征要解决的技术问题,是技术启示判断的基础。如果技术问题确定不准确,必然会导致最终的对比结论错误,其关键性不言而喻。那发明构思在技术问题的确定过程中到底起到什么作用呢,发明构思和技术问题有何关联?貌似从技术性上而言,区别技术特征和其要解决的技术问题自成一体,和发明构思没有关联性,实则发明构思扮演着举足轻重的作用。

与最接近的现有技术相比确定的区别技术特征通常不止一个,每个区别技术特征无法单独产生作用、解决技术问题,它需要和其他特征组合在一起形成一个较为完整的技术手段,在整个技术方案中实现某一特定的功能,解决某一技术问题。同样一个技术手段,在不同的技术方案中起到的作用可以不同,解决的技术问题可以不同,就好比一个人,出现在另两个人烛光晚餐的场景中,只会妨碍他俩的亲密无间,同一个人,出现在这两个人吵架的场景中,则可以调解矛盾。场景不同则作用不同,在发明创造中也是如此。在认定技术问题时如果直接套用其他技术背景下同一特征的作用,只会导致拿来主义的张冠李戴。文学作品中允许一千个读者心中有一千个哈姆雷特,但发明和文学作品是不同的,一个技术手段在一个发明中的作用是唯一的。如果仅仅依据个人主观认定技术问题,又会导致经验主义的主观臆断。只有考虑技术手段所处的整体环境,将区别技术特征组合形成的技术手段放到本发明的发明构思中整体上考虑其要解决的技术问题,才能保证技术问题的客观性、真实性。

某案,涉及一种喷嘴,由可燃气体喷嘴、吸入口、混合管、扩压管和旋流器组成;所述可燃气体喷嘴有一根与高压气源相通的中心管,用于从喷嘴的中心管引入压缩空气。根据需要从中心管引入压缩空气用于帮助燃烧,提高燃烧效率,控制炉内温度。

经过检索,最接近的现有技术确定为一种喷射式喷嘴,由可燃气体喷嘴、吸入口、混合管、扩压管和旋流管组成。其他的现有技术也公开了一种喷嘴，其可燃气体喷嘴中心有一根与高压气源相通的中心管；当需要改变火焰长度时，通过增加高压气流量，降低来自低压气管的流量，使得燃气和空气的重量比例保持不变。

对此可知，发明与最接近的现有技术相比，其区别技术特征为：可燃气体喷嘴有一根与高压气源相通的中心管。而其他现有技术恰好公开了一种可燃气体喷嘴中心有一根与高压气源相通的中心管的结构。如果孤立地看待该中心管，那么无疑中心管的结构和与高压气源相连通的作用都相同。但深入考虑发明和其他现有技术的发明构思，将技术特征放到发明构思中去理解会发现，发明中中心管的作用是引入高压空气，提高燃烧效率。而在其他现有技术中，其作用是增加高压气流量，降低来自低压气管的流量，在燃气和空气的重量比例保持不变的情况下调节火焰长度。两者并不相同，无法将其结合最接近的现有技术否定发明的创造性。

除了确定技术问题以外，其他现有技术的发明构思还会影响结合启示整体判断。在创造性判断实践中，另一常见错误就是忽略了其他现有技术的发明构思明确需要的技术环境，导致没有动机将其他现有技术中的结构结合到最接近的现有技术中。就好比虽然结构一模一样，用在常温环境中的样品台无法用于高温环境中。这类错误从反面说明：在结合启示的判断过程时，需要准确提炼其他现有技术的发明构思，在此基础上整体考量是否存在结合启示。

某案，涉及一种数据安全保护方法及系统，现有技术中的打印水印防泄密技术，采用打印时附带有企业标识的水印，由于水印通常比较明显，会影响打印效果及阅读，同时明显的水印会提醒泄密者先将水印处理后再次传播，从而很难达到通过附着打印水印而追溯原始传播者的目的。

发明采用以下方法：当检测用户正在访问敏感数据文件时，随机生成矢量图，所述矢量图为多个圆点；将所述矢量图添加于所述敏感数据文件的空白区域，并记录与所述矢量图相对应的审计信息；获取目标文件，当检测所述目标文件中存在所述矢量图时，解密矢量图生成算法，获取所述审计信息；所述审计信息包括当前用户名称、当前敏感数据文件及矢量图数据。

在敏感数据文件中添加矢量图，并保存与该矢量图对应的审计信息，所述矢量图为添加于敏感数据文件空白区域的圆点，采用圆点的优势在于，足够隐蔽，不容易被发现，可防止泄密者发现后通过技术手段去除水印后再次传播，导致后续无法追溯泄密源的问题。

最接近的现有技术为发明的背景技术，即具有明显水印的防伪技术，其他现有技术涉及一种基于云计算和加密二维码的发票验真系统，发明构思是将敏感数据加密后生成矢量图片，矢量图片为点阵图，打印在发票的空白处，以便用户验证发票真伪。

根据发明构思可知，其他现有技术中的二维点阵图是方便用户验证发票真伪的，形成在发票的规定空白位置，作为一个整体出现，越便于查看越好，本领域技术人员没有动机将其分散为设置在敏感数据周围空白区域的不起眼的圆点，以便隐藏起来不让人发现。因此，即使检索到了这样的现有技术，也无法否定发明的创造性。

### 3.1.2.2 发明构思和检索的关系

技术交底书的内容详细具体，显然针对整个交底书记载的全部技术内容进行检索是不现实的，检索的目的主要是确定发明中作出技术贡献的那部分内容是否已经被公开，而不需要对明显是现有技术的内容进行检索，因此检索主要针对技术交底书中的体现发明构思的核心技术方案进行。根据前面章节对发明构思的定义，确定核心技术方案离不开发明构思。同时，还应该意识到核心技术方案和发明构思的差异，核心技术方案是体现发明构思的必要技术特征的组合，两者相互关联地从不同角度表达发明的实质，这就好比书法或雕塑作品的外在形态和内在神韵。在检索中，既要兼顾核心技术方案的文字表达，也要兼顾技术方案的发明构思，形神兼备地构建检索思路。在理解发明构思的基础上，检索中可以对应于发明构思的层次合理制订检索策略，逐层设立检索目标，寻找证据①。

例如某案，涉及电梯坠落监测系统。传统的电梯安全监测在电机一侧增加保险装置的方式存在以下问题：A. 传动链断裂，保险装置无法获得异常信号；B. 只在电机速度达到设定速度时才制动，反应不及时。发明的技术方案是：设置包括用于测量所述驱动机构输出侧转速的第一测速传感器和用于测量所述垂直运动部件垂直运动速度的第二测速传感器，数据处理单元和控制单元，所述数据处理单元具有两个输入端和一个输出端，所述第一测速传感器的数据输出侧和第二测速传感器的数据输出侧分别与所述数据处理单元的两个输入端连接，所述数据处理单元的输出端电连接于所述控制单元。

基于技术手段确定检索词进行检索：针对两个速度传感器进行检索，只要存在公开两个上述的速度传感器的现有技术，就能使发明不具有创造性，可以分别检索到：

文献1：电梯系统，主要公开了用于电梯电动机旋转速度的传感器，相当于公开了本发明背景技术中所提到的一种技术方案，测量驱动机构转速。

文献2：电梯的紧急停止系统，其中公开了检测部，其检测轿厢的速度和位置，即垂直运动部件速度。

但是描述技术方案的文字并不足以表达发明的技术方案的发明构思，这导致使用的检索结果实际上割裂了相互关联中的技术手段，发明构思就在于两个测速传感器的联合控制，分开采用两个测速传感器进行控制的现有技术无法否定发明的创造性。

还需要基于技术特征相互联系性理解发明构思，进一步解读技术方案，"两个传感器的输出侧分别连接到数据处理单元的两个输入端"，实质上是为了实现两个速度的比较，上述这点是将前面的测速传感器有机地结合起来，构成了一个不可分割的特征组合，该特征组合更能够体现技术方案的发明构思。

在关键词中引入核心技术方案并未出现，但是更能精确表达技术方案的词语"比较"。可以检索获得：文献1′公开了一种电梯的绳索打滑检测装置，通过比较两个速度

---

① 彭锐. 浅谈从"层次性"角度把握发明构思及指导审查实践 [J]. 审查业务通讯，2015（8）：29-34.

判断绳索是否打滑，第一检测部测滑轮的速度，第二检测部测绳索速度，文献1′与本发明技术领域相同，公开了通过两个速度进行比较判断是否出现安全问题的发明构思。可以结合公知评述创造性。但在此检索策略下获得的文献，由于与本申请所要解决的技术问题不同，而在技术方案上与本申请依然存在差别。

进一步，如果我们既考虑技术方案的描述方式，又考虑发明构思，会获得什么样的检索结果呢？

技术交底书提出的技术问题是，当电机与传动装置之间的传动链断裂时无法检测到异常，检索时引入发明所要解决的技术问题，可以获得：

文献1″公开了一种电梯装置，包括检测曳引机旋转速度的第1速度检测器，检测调速器绳轮的旋转速度的第2速度检测器，将两个速度进行比较。文献1″公开了与本申请同样的发明构思，即比较驱动机构与被驱动机构的速度，判断是否出现安全问题，且技术领域相同。

根据上述不同层次的检索过程和结果可以发现，在同时考虑技术手段和发明构思的情况下进行检索，获得的现有技术文献明显更优。因此，在检索时，不能唯技术特征论，而应将技术特征置于整个发明构思中进行理解，这样的检索策略才更准确、更全面。

从检索的目的分析，检索就好比在购物网站上进行有目的的搜索，比如想找到一件黑色、V领、带木耳边的针织开衫，把所有关键词输进去后检索结果为零，通常都会去掉或替换一些模糊的、不太准确或需求度较低的关键词后再搜索。同样，要想检索到否定核心技术方案新颖性或创造性的现有技术，也需要类似的调整过程。在这一过程中尤其是新颖性检索结果为零的情况下，进行创造性现有技术检索时，需要厘清什么样的现有技术可以结合否定创造性，在检索目标清楚明确的基础上，有的放矢地检索，才能快速准确定位相关度高的现有技术，全面掌握现有技术整体情况。

某案，涉及一种汽车驾驶安全提醒装置及提醒方法，背景技术中仅仅描述了疲劳驾驶极易发生道路交通事故，对汽车驾驶安全提醒装置存在需求，发明目的在于提供一种在驾驶员疲劳时，结构简单、使用方便的汽车驾驶安全提醒装置及提醒方法。

主要采用的技术手段是该提醒方法包括如下步骤：

a. 驾驶员以驾车的姿势坐在驾驶位，如图3-1-1所示，固定于车上的脸部识别装置的摄像头2对准驾驶员的脸部，使得脸部识别装置的脸部识别控制器1能对所述摄像头2拍摄到的脸部信息进行识别；

b. 所述脸部识别控制器1以设定的频率对驾驶员的眼部进行识别；

c. 当所述脸部识别控制器1识别驾驶员的眼睛闭上或眯上一段时间，且该段时间超过设定的时间，所述脸部识别控制器1控制所述无线发射模块3向所述手环提醒装置7发出信号；

d. 所述手环提醒装置7接收到来自所述脸部识别装置的信号后对驾驶员发出提示，所述手环提醒装置7通过声音71、振动72、电击刺痛73的一种或多种方式来提醒驾驶员。

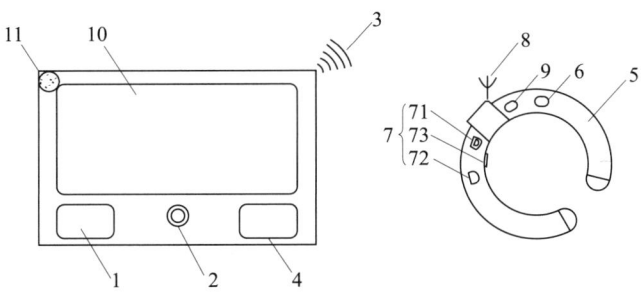

**图 3-1-1　汽车驾驶安全提醒装置示意图**

简言之，发明的主要手段是通过脸部识别装置识别结合手环提醒装置提醒，在未检索到完全一样否定新颖性的现有技术的前提下，我们应该朝哪个方向检索呢？可以思考下是否可以分别检索两篇现有技术，一篇涉及疲劳驾驶的脸部识别提醒装置，另一篇涉及疲劳驾驶的手环识别提醒装置，结合两者是否可以否定发明的创造性呢？以这样的结果为目标进行检索是否可行？

本发明中通过脸部识别装置检测驾驶员的疲劳状态，并将信号无线发射到手环提醒装置进行提醒，其疲劳检测装置和报警提醒装置是分离设置的，脸部识别装置和手环提醒装置各有各的功能，两者相互配合完成疲劳识别和提醒工作。如果分别采用一篇脸部识别提醒装置和一篇手环识别提醒装置，则都没有通过无线通信方式进行分离设置，也没有动机将脸部识别提醒装置中的识别部分拆出来以及将手环识别提醒装置中的提醒装置拆出来，重新组合在一起形成本发明，因此以这样的结果为目标显然不正确。正确的检索目标应该包括通过无线连接分离设置的疲劳检测装置和穿戴式报警提醒装置，在此基础上再去结合具体的识别装置和提醒装置。

## 3.1.3　提炼发明构思的原则

通过实践经验，结合发明构思提炼过程中反映出来的普遍性问题，本书提出提炼发明构思需要遵循两大原则。

### 3.1.3.1　客观原则

发明人发明创造的背景存在差异，发明高度也存在差异，如果仅仅从个人经验主义出发，主观上先入为主地认定发明构思所在，将会导致提炼的发明构思与发明人本意相悖。在提炼发明构思时需要认真仔细地阅读技术交底书，厘清发明的技术问题、核心技术手段、技术效果之间的前后逻辑关系，核心技术手段解决技术问题的内在工作原理，准确理解关键技术术语，根据实际记载的内容客观地确定发明构思，注意避免主观臆测、一知半解、断章取义等问题。

例如某案，涉及一种计算机网络课程实验教学云平台及使用方法，目前的教学云平台还是注重于向学生传输知识，而缺少与学生之间的互动，学生注意力不集中、学习效率不高，难以调动学生的学习积极性。因此，本发明提出的教学云平台，包括：终端模块，用于发送和接收指令信息；控制模块，用于根据指令信息执行相关指令；显示模块，用于显示教学相关的图像以及文字信息；识别模块，用于识别学生所发出的状态信息；终端模块可为移动终端。上述技术方案主要是通过设置识别模块对学生的状态信息进行识别，以供终端模块进行查看，从而终端模块可以执行相应的指令以满足教学需求，调动学生的积极性，提高教学效果。

从上述片段描述中如果主观认定发明构思是为了识别学生的动作，比如上课走神、睡觉，便利用识别模块进行识别，再进行提醒，会导致发明构思认定错误。如果深入阅读实施例，会发现识别模块识别的信息包括声音信息和动作信息，通过语音识别模块获取学生的发言内容，其目的是在网络课程中实现学生和教师的在线交流，提高互动。可见技术方案中的记载相对比较上位，其涵盖了两种具体的技术方案，在理解发明构思的时候需要尊重客观事实，避免根据发明部分内容凭经验或公知常识主观地认定发明构思。

### 3.1.3.2 全面原则

一件发明通常涉及多个技术手段，不同的技术手段之间的关系可能是并列的，也可能是递进的。由于发明创造基于某一具体技术问题的特殊性，一项发明的多个技术手段多数情况下都相互关联，不同技术手段、不同技术手段带来的技术效果关联着指向同一个发明构思，这就要求我们在全面理解、把握发明要解决的所有技术问题、技术手段和技术效果的基础上，考虑各技术问题、技术手段和技术效果的相互关系，进而确定主要的发明构思，既要避免眉毛胡子一把抓的主次不分，也要避免以偏概全的片面性。

某案，涉及一种适用于轻型空间相机的综合主支撑背板，发明中同时记载了多个技术手段及对应的技术效果：①将轻型空间相机主支撑背板直接与反射镜相连，综合了空间相机主承力背板和反射镜支撑背板的功能，减小了空间相机的支撑结构的体积，降低了空间相机整机的质量，简化了轻型空间相机的整体结构；②主支撑背板通过预埋件的螺纹孔与空间相机其他结构连接，解决了碳化硅加工难度大，无法加工出螺纹孔的问题；③主支撑背板基体采用碳化硅材料制作，预埋件采用线胀系数小的材料，以碳化硅材料优良的热稳定性从根本上改善了结构对温度的适应性；④主支撑背板基体采用碳化硅材料制作，以碳化硅材料高比刚度的特性从根本上改善了背板设计的轻量化程度；⑤碳化硅基体中面板和加强筋的厚度因为采用碳化硅材料，可以优选2～5mm，大大提高了所述空间相机主支撑背板的轻量化率；⑥主支撑背板具有轻量化孔和加强筋，对于不同重量和不同轻量化形式的反射镜，可以通过调节面板以及加强筋的厚度和高度来保证良好的面形精度。

在提炼发明构思的时候，由于碳化硅材料在上述手段中被提到的次数最多，自然是一个重点；但如果只考虑碳化硅材料显然过于片面，而一个不落地把一体化、预埋件、碳化硅材料、轻量化孔和加强筋全部都确定为发明构思，这样的发明构思又过于繁杂，不利于有效检索。此时结合发明中背景部分记载的"现有技术中主承力板结构基体为碳纤维复合材料，并且为封闭式的结构，难以满足质量需求"，记载的技术效果是"保证力热性能的前提下具有更高的轻量化率"，全面理解整个发明，可知上述技术手段虽然众多，但是都有一个目的，那就是轻量化，进一步分析各技术手段之间的关系发现：一体化是基础，预埋件是由碳化硅材料自身加工难度决定的，加强筋是贯通孔加工形成的。因此，主要的发明构思可以确定为通过在碳化硅材料面板上设置贯通孔达到更高的轻量化率，既全面准确，又重点明确。

### 3.1.4 提炼发明构思的基本方法

发明构思的提炼过程就是重新演绎申请人发明形成的过程，发明形成时通常会基于某个技术领域面临的需求确定出要解决的技术问题，针对技术问题研究问题产生的内在原因，针对原因运用自然规律予以解决，根据自然规律选用合适的技术手段来实现，最终达到一定的技术效果。其中技术问题是起点，运用自然规律的思维过程是核心，技术手段则是从理论到实践的实现形式。提炼发明构思就是要基于发明内容，从本领域技术人员的视角，客观、全面地了解发明创造的前因后果，从技术问题从何而来、技术改进因何为之、技术效果因何而就这几个方面进行全面综合的考虑①。最终通过具体的文字表达出发明构思，着重表达清楚技术问题、技术手段的因果逻辑关系，即采用什么样的技术手段通过什么技术原理解决什么技术问题，达到什么样的技术效果。

显然，首先根据技术交底书确定出技术问题无疑是最好最快速的切入点。

#### 3.1.4.1 问题提炼法

技术交底书②通常包括：①摘要和代表性附图；②技术领域，写明要求保护的技术方案所属的技术领域；③背景技术，背景技术是指本技术交底书的基础技术或者方法或结构与本技术交底书最近似的技术。写明对技术方案的理解、检索有用的背景技术，有可能的，并引证反映这些背景技术的文件；记载现有技术的出处，即参考文献、专利公开号，并且详细说明现有技术的实施情况；客观指出现有技术的不足之处与存在的问题；④发明内容：写明要解决的技术问题、技术方案相比较现有技术带来的有益效果、所有的实施方式以及可替代的技术方案；⑤附图；⑥着重保护的技术创新点。

根据技术交底书的内容特点，不难看出技术问题通常记载在技术交底书的背景技术部分和发明内容部分。如果交底书中明确记载了技术问题，可采用"问题提炼法"总结发明构思。

一般情况下，技术问题的记载并不是唯一的，还可能前后不一致，甚至并不真实

---

① 马文霞，刘丽伟. 创造性判断中发明构思的把握与应用（上）[J]. 审查业务通讯，2015（2）：32-38.
② 此处以技术交底书为例进行说明。如果面对的对象是已经撰写完成的专利申请文件，也可以参照操作。

存在，此时确定发明所要解决的技术问题需要通过分析来进行。在对背景技术部分进行分析时，可以通过分析背景技术存在的问题、技术需求、发展趋势等进行提取，再与发明内容部分的记载进行对比分析，通过去重、合并、排除不一致总结出发明所要解决的技术问题。由确定的技术问题为"龙头"，针对性地确定关键技术手段以及达到的效果，从而得到发明构思。

例如某案，背景技术提到类芬顿技术是芬顿技术的衍生，统属高级氧化技术领域范畴。相比于传统芬顿反应，类芬顿技术降低了传统芬顿反应的运行成本，并扩展了传统芬顿反应的应用领域。发明涉及一种类芬顿催化材料的制备方法，该方法利用铁尾矿及废铁渣制作类芬顿催化材料，并借助于制备的类芬顿催化材料对水体中致癌污染物 $Cr^{6+}$、2,4-二氯苯酚、三氯乙烯进行去除。进而降低致癌污染物、避免水环境受污染的问题。

该发明内容部分虽然记载了可以降低致癌污染物，但通过发明构思的分析可知，发明降低致癌污染物方面与背景技术相比并不存在更优的技术效果，即发明中声称的相对于背景技术降低致癌污染物这一技术问题并不存在，因此其不能构成发明实际解决的技术问题。根据发明技术方案客观上达到的技术效果确定了发明实际解决的技术问题，即发明相对于背景技术实际解决的技术问题只是提供了一种可替代的制备方法，用于制备与背景技术基本相同的产品。这种制备方法可以从制作成本、废铁渣利用方面发挥作用，但是作为催化剂的替代制备方法，在获得的催化剂和背景技术中催化剂在成分和功能上并无差异的情况下，将无法相较于背景技术达到更好的去除污染物的效果。

交底书或申请文件的发明内容部分通常会直接呈现最终的实现发明的诸多技术手段，但发明过程中从技术问题分析得到核心技术手段，围绕核心技术手段逐步形成完整技术方案的过程不会直接体现在交底书中。在确定出技术问题的基础上，还需要结合上下文的逻辑确定内在原理，也就是明确为什么技术手段能够解决技术问题，哪些技术手段在解决技术问题过程中发挥核心作用，通过原理逐层分析出核心技术手段以及技术手段带来的技术效果，将几部分内容进行符合逻辑的整合表达，归纳得到发明构思。

当技术问题未被明确记载时，则需要通过手段提炼法和效果提炼法确定技术问题后，再进行上述提炼过程，确定并表达发明构思。下面将进行详细介绍。

### 3.1.4.2 手段提炼法

在发明人未明确记载技术问题的情况下，本领域技术人员可以基于整体技术交底书记载的技术手段来加以分析确定。

这一方法首先要深入理解和分析背景技术。不同的背景技术存在不同的技术问题，背景技术是技术问题产生的摇篮，也是发明者技术改进的对象。背景技术方案和发明技术方案之间必然存在不同，这些不同里必然包括解决问题的核心技术手段，因此通过发明创造与背景技术的比较，将两者技术手段上的差异区分出来，再通过分析核心技术手段能够解决什么样的技术问题,达到什么样的技术效果,进而归纳出发明构思。

在背景技术部分记载不够详尽的情况下,可通过阅读引证文献、该技术领域内的相关现有技术文献,查找发明人其他相同或相似的发明、发表的期刊文章、撰写的学术论文等,加深对背景技术方案的理解,进而确定背景技术方案的具体内容。如果背景技术记载模糊、没有引证文献可以查阅,基于现有技术无法确认背景技术方案的具体内容,此时,本领域技术人员有必要结合技术交底书的其他部分的内容进行提取,例如摘要、着重保护的技术创新点、发明的具体实施方式中没有强调技术效果的部分内容、多个具体实施方式相比存在差异的部分内容、用作证明技术效果的比较例等。

为什么在上述方法中不直接把着重保护的技术创新点的技术特征部分拿来用呢?这是由现实情况决定的。发明人在撰写技术交底书时,一是出于利益最大化的考虑,不可避免地追求技术方案保护范围的最大化,二是出于该部分内容本身就是对发明内容的高度概括,可能导致该部分的记载过于上位、没有客观具体记载发明的改进点的情形。在这种情况下,应当结合说明书的其他部分的内容进行提取,例如摘要、发明内容的具体实施方式,进一步对发明的核心技术手段进行修正。

在确定了和背景技术的区别技术特征,得到核心技术手段,再根据核心技术手段确定技术问题时,需要注意避免问题手段化,即采用技术手段描述技术问题。《专利审查指南2010》第二部分第四章规定,发明实际解决的技术问题,是指为获得更好的技术效果而需对最接近的现有技术进行改进的技术任务。因此,发明实际解决的技术问题是通过区别特征的引入得以解决的问题,故其应对应于区别特征为发明带来的技术效果;发明实际解决的问题是在上述技术效果的事实基础上构建的技术任务,故不应用区别特征或技术手段描述技术问题。

某案,涉及一种用于触摸输入设备的图形用户接口。其与背景技术的区别是,通过从初始图标滑动到目的图标以激活目标应用程序。

如果将技术问题确定为"如何通过滑动方式使得触敏设备更便于操作",则由于所确定的技术问题中包含了本发明的解决手段(区别技术特征)的指引,从而使得在接下来创造性的判断步骤中,只要有现有技术公开了滑动方式进行触控,则很容易否定发明的创造性。这样的技术问题的认定方式明显带入发明的指引,导致创造性判断不准确。发明实际要解决的技术问题应该描述为:如何使得触敏设备以更便于操作的方式激活目标应用程序。在这样的技术问题下,现有技术仅公开滑动方式进行触控是不够的,因为滑动方式可以用于解决多种技术问题,例如验证人工操作、拖动亮度或音量大小等,并不必然用于激活目标应用程序,所以现有技术需要完整公开通过滑动方式激活目标应用程序。

### 3.1.4.3 效果提炼法

在发明人未明确记载技术问题的情况下,本领域技术人员还可以基于整体技术交底书记载的技术效果加以分析确定。一些情况下,技术效果和技术问题一体两面,互为正反。技术效果的相反面就是技术问题,例如技术效果是速度提高、尺寸缩小,反推出技术问题就是速度慢、尺寸大。另一些情况下，技术效果和技术问题存在明显的关联性，例如技术效果是降低成本，而技术问题是现有测量方式中使用的激光器造价高。还有一些情况，技术效果和技术问题存在密切的内在联系，例如技术效果是提高部件的硬度，要解决的技术问题是设备使用过程中部件容易损坏。从上述列举的情形中不难看出，技术效果好比黑夜中的明灯，总是可以在寻找技术问题的过程中指明方向、提供清晰的线索。

《专利审查指南2010》第二部分第四章第5.3节指出当发明产生预料不到的技术效果时，该发明具备创造性，写明发明的技术效果不仅是技术交底书的基础性的内容要求，也是发明是否能够获得授权的重要考量因素，因此发明中总是会记载其技术效果。大部分发明的技术效果出现在摘要、发明内容和创新点中，要么根据每一个基础技术方案和优选方案分别写明对应的技术效果，要么归纳出各技术方案的综合技术效果。

当多个技术效果同时出现时，还需要确定出技术效果的主次。在实际判断中，主要根据技术效果在技术方案或具体实施方式中所起作用的大小、对最终结果的影响程度确定各个技术效果的权重。例如某一技术效果作为详细记载的第一实施例的效果进行了明确阐释，其相对于其他优选实施例中记载的更优的技术效果具有最根本的地位；某一技术效果是和比较例相比较出来的效果，其重要性明显高于非比较例对比给出的技术效果；某一技术效果对本领域技术人员而言不是直接可以得出的，明显需要多个技术特征相互作用才能产生的，则该技术效果更有可能是主要的技术效果。

如果实现该技术效果的技术手段出现在着重保护的技术创新点中，则是主要的技术效果，与发明所要解决的技术问题存在关联。对于发明者所声称的技术效果，本领域技术人员要基于现有技术的整体状况进行客观判断，放弃不能预测的技术效果，修正明显夸大的技术效果。

例如某案，涉及一种$CO$、$CO_2$、$SO_2$三组分红外集成气体传感器，背景技术中仅记载了：在煤矿、石油、化工等行业的生产过程中存在大量的易燃、易腐蚀、有毒气体，其中$CO$、$CO_2$、$SO_2$的安全隐患尤为普遍。目前，基于红外技术的多组分气体传感器由于其应用广泛、使用寿命长、灵敏度高、稳定性好、适合气体多、性价比高、维护成本低、可在线分析等一系列优点而越来越受到重视并被广泛应用。发明内容部分则记载了多个技术效果：

"1. 红外光源为宽带脉冲红外光源，具有发射率高、体积小、光电转换效率高、耗电省、寿命长、温度低等优点，其封装窗口材料为氟化钙，可通过波长范围为$2\sim 9.5\mu m$的红外光，$CO$、$CO_2$、$SO_2$三种气体的特征吸收带都处于此波长范围内，封装内部配有抛物面反射镜，可使红外光源发出平行红外光，防止反射光、折射光等造成的光强度和光程改变的影响；

2. 气体进出的气口内具有微孔防尘结构并含有疏水型防尘防潮膜，具有较好的防潮防尘特性，能提高传感器的抗干扰性和延长产品使用寿命；

3. 红外探测器和相应的滤光片封装在一起，可避免其他气体光信号对红外探测器的干扰；

4. 测量红外探测器和参比红外探测器与相应的滤光片所构成的集成元件有利于传感器的小型化和稳定性的提高；

5. 参比红外探测器和相应滤光片的配置，能消除其他气体干扰，并且产生一个只与待测气体相关的信号，提高了抗干扰能力和测量精度；

6. 温度传感器的配置能扣除环境中温度对气体传感器的影响，使本产品在恶劣环境下仍能正常工作；

7. 声光报警系统的配置，能对检测气体浓度超出限值时作出及时准确的报警，以便工作人员采取相应的预防措施，防止发生严重事故。"

背景技术和发明内容部分均未明确记载所要解决的技术问题。经过全文阅读及发明内容中对技术手段的描述以及整个传感器的工作流程阐释，从整体上可以发现其均在描述如何实现三种气体的同时监测，主要利用三种气体分子对红外光的选择性吸收的特性，通过三种不同中心波长的带通滤光片对平行光进行检测可以获得对应波段的气体被吸收的情况，进而得出气体浓度。根据以上内容可以确定主要技术效果是同时监测三种气体，其要解决的技术问题是缺少同时监测三种气体的集成传感器，而其他的效果和问题仅仅是在达到这个基础效果后的"锦上添花"。

## 3.2 核心技术方案的构建[①]

根据《专利法》规定，发明及实用新型专利的保护范围以其权利要求的内容为准。因此，无论技术交底书中记载了多少内容，给出了多少具体实施例，最终都要通过权利要求来获得保护，判断是否授予专利权的基础也是权利要求。基于这样的规定，在进行检索之前，一般需要根据技术交底书的内容，在上一节确定出发明构思的基础上，参照权利要求的模式构建出核心技术方案，再针对核心技术方案所要保护的范围进行检索。在申请文件的撰写阶段，反过来还可以通过检索验证该保护范围撰写得是否合理。因此，核心技术方案是检索的对象和基础，构建核心技术方案，是确定检索思路和构建检索式的基础。

### 3.2.1 基本概念

在构建核心技术方案之前，需要明确技术方案的定义和组成。《专利法》第 2 条第 2 款规定："发明，是指对产品、方法或者其改进所提出的新的技术方案。"在《专利审查指南 2010》中对《专利法》第 2 条第 2 款的解释中指出：技术方案是对要解决的

---

① 如果检索面对的是一份撰写完成的申请文件，一般其中的独立权利要求就是待检索的核心技术方案。如果不涉及对撰写质量的评价，只是进行单纯的检索，可以跳过本节内容，直接以独立权利要求为基础进行后续的检索工作。但是如果对申请文件的撰写质量有怀疑，为了提高检索的有效性，建议可根据本节内容进行核查，以排除诸如权利要求中写入了非关键的技术手段，或者遗漏了关键技术手段这样的问题。

技术问题所采用的利用了自然规律的技术手段的集合。技术手段通常是由技术特征来体现的。三者是组成与被组成的关系,好比数学中的集合,技术特征是元素,技术手段是子集,技术方案是集合,多个元素构成子集,多个子集构成集合。

《专利法实施细则》明确规定,发明的独立权利要求应当包括前序部分和特征部分,前序部分需要写明与最接近的现有技术共有的必要技术特征,而特征部分使用"其特征在于……"或类似用语,写明区别于最接近的现有技术的技术特征。根据上述规定可知,作为核心技术方案的参照标准,独立权利要求一般包括两大部分,与最接近的现有技术所共有的必要技术特征以及区别于最接近的现有技术的技术特征。将上述要求套用到技术交底书的环境中理解,就是核心技术方案应当包括与背景技术所共有的必要技术特征和区别于背景技术的技术特征。区别于背景技术的技术特征的集合可以称之为关键技术手段,构建核心技术方案的首要任务就是找到关键技术手段。

## 3.2.2 构建核心技术方案的基本原则

在核心技术方案的构建过程中,必不可少的步骤是将发明内容中的技术方案进行拆分,找到体现发明构思的技术特征的集合,也就是关键技术手段,在拆分组合的过程中必须遵循最小化原则和整体原则。

1)最小化原则。意思是确定的关键技术手段要尽可能少,只要那些对实现构思来说必不可少的,多余的特征都舍弃掉。这也是和一般独立权利要求的撰写要求一致的,要给予尽可能大的保护范围。从检索的角度,这么做可以让重点更突出,更容易找到更优的对比文件。

2)整体原则。一方面,单个技术特征本身往往不能独立产生技术效果、解决技术问题,它需要与其他技术特征一起形成一个相对完整的技术手段,从而在整个方案中发挥特定的作用。这就要求我们在理解发明时,把技术特征融入发明构思中加以考虑,将紧密联系、共同形成独立技术手段的若干技术特征进行整体把握,由此对技术特征进行分类,得到构建技术方案的多个相对独立又存在联系的技术手段。另一方面,各个技术特征在整体技术方案中也并不是居于同等地位的,而是存在主次之分,区分主次的依据则是与发明构思的关系和对发明构思的影响[①]。因此,构建核心技术方案时应当把握整体原则,不应将技术特征割裂开进行单独分析,尤其是不应当将区别技术特征与技术方案的其他部分割裂开进行分析。

在技术特征的拆分组合中,要贯彻执行整体原则需要始终思考以下问题:①技术特征包括哪些,起到什么作用?②这个特征发挥作用是否与其他技术特征无关?③技术手段实现的功能是否与其所在的技术环境无关?通过以上问题,避免忽视技术特征之间的关联性,避免忽视技术手段与技术领域之间的关联性。一般而言,如果某特征

---

① 马文霞,刘丽伟. 创造性判断中发明构思的把握与应用(下)[J]. 审查业务通讯,2015(5):22-29.

离开其他的一个或者几个特征就不能实现其在发明整体技术方案中的功能和作用,则可认为该特征与其他特征之间是相互关联、相互作用的,各特征之间功能上的相互作用达到了组合技术效果,此时应将这些技术特征作为一个特征组合。

## 3.2.3 构建核心技术方案的基本方法——发明构思牵引法

第一步,提炼发明构思,确定关键技术手段。

关键技术手段,实质上就是发明对现有技术做出贡献的那些技术特征的组合,是发明构思的重要组成部分。在上一节发明构思的提炼过程中,已经分析过如何确定关键技术手段,三种提炼发明构思的方法都可以用于确定关键技术手段,既可以根据技术问题寻找解决技术问题的技术特征,也可以结合背景技术寻找区别技术特征,还可以通过寻找强调了技术效果的技术特征筛选出来。实际中最常见的做法是同时采用两种/三种方法、相互验证地确定出关键技术手段。

第二步,根据发明构思确定主题名称。

主题类型可分为产品和方法两种,产品类技术方案用于限定要求保护的产品的具体结构和组成,一般构建方式是总分式,首先限定产品包括的主要部件,再对部件的位置、结构和功能加以限定;而方法类技术方案用于限定要求保护的方法的具体实现步骤,一般构建方式是顺序式,按照步骤的操作先后顺序进行各步骤的限定。发明主题类型可以根据发明创新点所在确定,如果在于产品结构的改进应选择产品,如果在于方法步骤的改进应选择方法,在确定主题名称时需要考虑发明构思,将涉及发明构思的关键词限定进主题名称中使主题名称与技术方案更加契合。

某案,背景技术中记载目前对奶瓶中奶温的监测,主要分为一体式和分体式电子测温奶瓶,存在以下几方面问题:一是在奶瓶壁部电子测温器,电子测温器通过瓶体壁温度传导量测奶瓶内液体温度,易受环境温度影响,测温速度较慢,误差大,应用于实际生活中存在较大安全隐患;二是大部分电子测温器都是只能用在其特定的专用奶瓶上,不能适用于大部分标准奶瓶上,不能单独购买使用,造成资源浪费;三是不能使用温奶器加温或降温,使产品失去存在的实际价值。发明解决上述问题的关键技术手段是在吸管的下端连接温度实时监测仪,温度实时监测仪包括监测仪上壳和监测仪下壳,监测仪上壳上端设有与吸管连接的吸管接口,所述监测仪上壳和监测仪下壳的内侧设有蓝牙温度传感器。温度实时监测仪的外形和标准奶瓶的重力球类似。

归纳发明构思在于:通过在奶瓶吸管的下端连接温度实时监测仪,且能够与智能手机蓝牙连接以传输监测温度,既可以实时、精确地监测奶瓶中的奶温,又可以方便更换以及适用于不同奶瓶。在一种奶瓶的主题名称基础上,将涉及发明构思的关键词例如蓝牙温度传感器/实时监测温度/重力球加入,可以获得主题名称,例如可以是一种具有蓝牙温度传感器的奶瓶、一种具有实时监测温度功能的奶瓶、一种在重力球中设置温度传感器的奶瓶。相比较而言,前两种在文字描述上可能和现有技术中的奶瓶重合,在奶瓶壁上设置的温度传感器也可以是蓝牙的,也可以是实时监测的,最具有区别度的是第三种。

第三步，围绕关键技术手段，确定所有的必要技术特征。

在关键技术手段确定后，还需要围绕关键技术手段，确定组成核心技术方案所需的必要技术特征。可以采用代入法进行区分是否是必要技术特征，若将某一技术特征放入核心技术方案中，能够解决其所要解决的技术问题，若将该技术特征不放入核心技术方案中，不能解决其所要解决的技术问题，则该技术特征是必要技术特征。此时，仍然需要以发明构思为前提，避免孤立地看待技术特征的作用，要切实地将其和核心技术方案中的其他特征有机融合，将技术特征与发明构思的关联性、协同性思考到位。非关键的细节技术特征干扰将会导致检索缺乏针对性，在构建核心技术方案时要突出发明技术实质，尽量排除与解决技术问题没有直接关系的技术特征。例如，当一项发明涉及照相机，而要求保护的发明的创造性仅仅在于照相机快门时，核心技术方案的第一部分写成"一种照相机，该照相机包括具有……的焦平面快门"就足够了，而不需要涉及其他已知特征，如透镜和取景窗。还要注意不应包括的其他技术特征，例如对主题没有限定作用的特征，对于不能获得任何技术功能或技术效果的不具有技术属性的特征也需排除，例如涉及采用智力活动规则和方法的特征或仅具有纯粹的审美或情感性质而与技术无关的特征。

判断哪些技术特征属于核心技术方案，既要注意避免过于上位地概括技术方案，导致核心技术方案缺少必要技术特征，又要注意避免简单地将用于进一步改善技术效果的特征或者实施例中为细化方案所列举的具体技术手段直接归纳入关键技术手段，过繁过简都会导致最终确定的核心技术方案不准确，进而导致检索结果不可靠。只有从发明构思出发，从技术原理上判断哪些技术特征对于解决该技术问题而言是否必不可少，才能确定出准确的、符合实际的核心技术方案。

某案，涉及一种伸缩机械手，用于核电站蒸汽发生器内部传热管的检测。目前的检测手段主要采用视频检测装置检测是否破裂和有无灰尘。如发明专利CN101936679A中的蒸汽发生器视频检测装置，是利用轨道滑移式来实现检测装置的运动，由于轨道长度较大，而工作空间狭小，轨道位置难以伸展调整，导致部分发热管难以检测到位，而带来安全隐患。发明专利WO2011151591A2中的蒸汽发生器视频检测装置，是机器人挂载伸缩机械臂，机械臂前端装有摄像头，当机器人在狭小的空间内贴着器壁行走时，机械手可以伸到中心地带的传热管，对其进行破裂和灰尘的视频检查，靠分度轮驱动实现伸缩杆进退，当碰到不可控的情况时伸缩杆难以回收。

为解决现有技术中移动装置智能性较差的技术问题，本发明提出的结构部件包括：卷收装置、柔性杆装置、摩擦轮装置、动力输出装置、控制装置。卷收装置包括卷筒、发条弹簧、固定件、滑环及卷收轴承。固定件包括筒状主体部及环设于筒状主体部上的固定板。滑环包括基座及设于基座一端的端面上的引线头。柔性杆装置包括柔性杆、伸出定位件及安装件。柔性杆包括两条卷尺，两条卷尺配合形成中空且两端开口的柱状结构。安装件固定有工业内窥头。摩擦轮装置包括主动摩擦轮、从动摩擦轮、主动轮轴承、从动轮轴承、主动轮橡胶套及从动轮橡胶套。动力输出装置包括驱动电机、电机座、带轮、同步带、端盖及紧定螺钉。

由于发明的整个机械手实现伸缩移动的方式和背景技术均不相同，几乎所有的技术特征都属于区别于背景技术的技术特征，此时，难道要全部作为核心技术手段吗？

进一步分析发明的伸缩机械手能够解决的技术问题的内在原理，深入理解发明构思可以发现，动力输出装置控制主动摩擦轮及从动摩擦轮转动，进而使得夹于主动摩擦轮及从动摩擦轮转动之间的柔性杆在摩擦力的驱动下向外伸出，进而使得卷收于卷筒上的柔性杆放卷，同时使得收容于卷筒内的发条弹簧反卷，发条弹簧反卷集聚回收动力。当柔性杆伸长到一定长度后，动力输出装置控制主动摩擦轮及从动摩擦轮反向转动，可以使得伸出的部分柔性杆收卷，并释放发条弹簧集聚的回收动力。当上述伸缩机械手遇到不可控情况时，例如，断电时，动力输出装置停止工作，伸出的部分柔性杆可以在发条弹簧集聚的回收力的作用下收卷，恢复至初始状态。因此，上述伸缩机械手具有智能性较好的特性。而且上述伸缩机械手采用柔性杆作为执行部分，相对传统的刚性机械手，具有结构简单、响应速度较快、效率较高、更适合在有限的空间内工作的特点。

由此可见，本申请中所说的"智能性较好"是指：断电后，伸出的柔性杆在发条弹簧集聚的回收力的作用下还能恢复至初始状态，即伸出的柔性杆还能卷绕回去。可见卷收装置中的发条弹簧，柔性杆装置中如何与发条弹簧连接，摩擦轮如何与动力装置配合实现卷收和反卷是能够解决上述技术问题的关键，关键技术手段可以围绕上述关键技术特征确定为：卷收装置，包括卷筒、发条弹簧及卷收轴承，及动力输出装置，用于控制所述主动摩擦轮及所述从动摩擦轮转动，以使卷收于所述卷筒上的所述柔性杆放卷，收容于所述卷筒内的所述发条弹簧反卷。该案例涉及发明明确写出的技术问题大而全，需要结合三种发明构思提炼方法综合确定所要解决的技术问题。

第四步，验证核心技术方案。

在形成核心技术方案后，还需要整体上反复审视，是否能够解决所要解决的技术问题，是否缺少解决技术问题的必要技术特征。

### 3.2.4 完整案例实践

下面通过几个具有代表性的、完整的案例进行核心技术方案的提取练习。

#### 3.2.4.1 案例1：污染物浓度测量案

**【基本案情】**

涉及一种污染物浓度测量方法，目前，对于机动车尾气中的主要污染物浓度的测量采用了回归反射的原理，传统的回归反射有两种方式：第一种是光学角反射器，具有很好的回归反射性能，但是加工精度要求高，成本昂贵，而且反射角基本为0°，入射角也在0°附近，限制了其在众多领域的应用；第二种是玻璃微珠回归反射材料，大多用于路面标线带，寿命一般只有3个月左右，而且波长只局限在可见光的范围之内。

本发明的目的是针对现有技术中的不足,提供一种用于测量机动车尾气的中红外光回归反射板,以解决传统的回归反射测量方式中对仪器的加工精度要求高、成本昂贵、检测波长范围较为局限的问题。

如图3-2-1所示,本发明实施例提供了一种用于测量机动车尾气的回归反射板,平铺在道路上方,其主要使用中红外3~6μm波段来测量机动车尾气中的主要污染物浓度,其中,所述反射板主要由基底1及位于基底1上方的保护筋3组成,所述保护筋3将所述基底1表面隔离形成多段反射区2,所述反射区2上覆有中红外光的回归反射材料。中红外波段的波长是3~5μm,属于是热红外遥感。

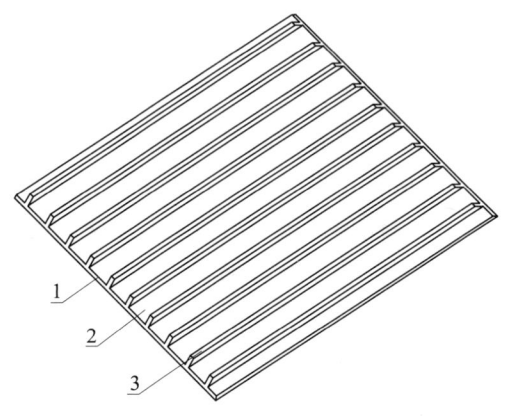

图3-2-1 一种用于测量机动车尾气的回归反射板

具体来说,所述保护筋3呈长条形并高于所述基底1表面,使得保护筋3与反射区2所在平面具有一定的高度差,这样,车轮在通过所述反射板的时候,反射材料不会遭到碾压,以延长反射材料的使用寿命;所述基底1和保护筋3一体成型采用金属材料制成且优选不锈钢材质制成,当然不限于所述不锈钢材质,对所述回归反射板材质的要求是回归反射板须有足够的强度,能够经得住车轮的长期碾压。其中,相邻的两保护筋3之间间隔相等,使得形成的反射区2面积基本相同。

本发明的原理是,当光源从龙门架上方照射到路面的反光带时,由于回归反射的作用,反射光线能基本回到光源的周围,以实现对整个路面宽度的测量。

通过本发明的所述反射板结构,反射光基本上能沿入射光的方向原路返回,回归反射角小于2°,能反射波长为3~6μm的中红外光,且逆反射系数不低于40%。

作为本发明一个优选的实施方式,所述保护筋3的两个长端及该长端所在的基底1两边呈倒角设置,或者呈平滑的圆角过渡,这样,当车辆压上该反射板时能够平稳地上去,出该反射板时也能够平稳地下去,使得车辆通过时无明显颠簸感。

进一步地,在本实施例中,所述反射板的基底1厚度为2~3mm,保护筋3高度6~8mm为好,这样的厚度一方面能够保证反射板本身的强度,另一方面也保证了反射板不至于高度过高使得车辆通过产生颠簸感。

在对回归反射材料的选择上,本发明有两种方式。方式一,采用由特殊反射材料制成的回归反射膜,所述回归反射膜通过双面胶粘贴在所述反射区2上,其中该特殊反射材料为多个微小的玻璃珠,此材料为乳白色,对可见光不透明。其优点为操作、更换反射膜简单、快速,但需要先将反射材料制成回归反射膜,适合批量生产。方式二,在反射区2涂覆一层胶水,胶水厚度为玻璃珠直径的40%~45%,太薄玻璃珠容易脱落;太厚胶水会将玻璃珠裹住,导致回归反射率降低。再将具有反射层的玻璃珠直接转移到反射区2上。此方式较方式一操作复杂,适合实验室实验用。

其中，在上述方式一和方式二中，所述玻璃钢珠由氟化钡和氟化钛制成，所述玻璃微珠直径大小为 50~200μm。

本发明所述的回归反射板制造简单，成本低，且回归反射角小，反射效率高，能够用于 3~6μm 中红外波段的回归反射，其解决了在地面安装平面反射镜来测量汽车尾气的难题，具有很好的应用前景。

【分析】

第一步，按照前述发明构思的提取方式分别提取技术问题、关键技术手段、技术效果。

技术问题的提取：发明内容部分记载的技术问题是传统的回归反射测量方式中对仪器的加工精度要求高、成本昂贵、检测波长范围较为局限。但是分析背景技术可知，传统的回归反射的第二种玻璃微珠已经解决了光学角反射器的精度要求高和成本昂贵的问题，而本申请的两种方式都是基于玻璃微珠的，因此，背景技术和发明的区别不在于玻璃微珠，而在于使用保护筋，使反射材料不会被碾压，使用寿命得以延长。根据区别技术特征和技术效果，也可以得出本发明要解决的技术问题为使用寿命短。

关键技术手段的提取：基于以上技术问题，不难看出能够解决寿命短的关键技术手段是在基底上设置保护筋。

技术效果的提取：延长反射材料的使用寿命。

第二步，确定主要改进在于产品结构，主题名称可以为一种用于测量机动车尾气的回归反射板，或者一种具有保护功能的回归反射板。

第三步，围绕关键技术手段，确定必要技术特征。

发明内容中的技术特征主要包括回归反射板的位置、回归反射板的组成（基底、胶水/双面胶、玻璃珠），以及对上述特征进一步限定的具体特征包括基底的厚度、保护筋的高度、保护筋的倒角、胶水的厚度、玻璃珠的直径和成分。哪些是必要的呢？根据发明构思可以知道使用保护筋的原理是保护筋将基底分隔成反射区，在反射区设置反射材料，可以避免反射材料被碾压，因此从能够解决技术问题的角度考虑，必要技术特征只需要包括基底以及中红外光反射材料即可，具体的结构尺寸以及反射材料的成分并不影响从发明构思的角度出发解决其技术问题。

第四步，验证核心技术方案，可以得出核心技术方案应该为：一种用于测量机动车尾气的回归反射板，平铺在路面上，所述反射板主要由基底及位于基底上方的保护筋组成，所述保护筋将所述基底表面隔离形成多段反射区，所述反射区上覆有中红外光回归反射材料。通过保护筋将中红外回归反射材料与地面隔离开，可以避免中红外回归反射材料被碾压，技术问题得以解决，核心技术方案准确。

#### 3.2.4.2 案例2：饮水机案

【基本案情】

涉及一种饮水机，背景技术部分记载，现有市面上带有冷凝器的饮水机，冷凝器都是安装在机身外面，导致机器不能完全密封，一旦冷凝器受力变形后，人手能轻易伸入机身内部，存在安装隐患；同时冷凝器上的散热钢针露在外面容易伤人。

发明内容部分记载，如图3-2-2所示，饮水机1包括机壳100和制冷系统。机壳100内设有中托400，中托400呈水平板状并固设在机壳100内，压缩机200和冷凝器300均安装在中托400上。由此可以利用中托400对冷凝器300和压缩机200进行固定，以便于压缩机200和冷凝器300的安装，而且可以使机壳100内的结构更加紧凑，从而提高机壳100内空间的利用率。

具体而言，在安装时，可以先将冷凝器300和压缩机200安装在中托400上，再将中托400、冷凝器300与压缩机200一同安装在机壳100内。

当然，冷凝器300和压缩机200也可以根据实际情况通过其他结构固定在机壳100内。冷凝器300和压缩机200也可以分别通过两个不同结构固定在机壳100内。

可选地，中托400设在机壳100内的上部，且所述蒸发器邻近压缩机200和冷凝器300布置。由此可以使所述制冷系统的结构集中在机壳100的上部，不仅可以使所述制冷系统的结构更加紧凑，以便于压缩机200、冷凝器300和所述蒸发器相互连接，便于减小管路的长度，便于对所述制冷系统进行维修和更换，而且可以为机壳100的下部留出足够的空间。

所述制冷系统的结构也可以根据需要集中在机壳100的下部或中部，均可以达到提高结构紧凑性的效果。

具体地，如图3-2-2所示，压缩机200安装在中托400的上面。由此可以利用中托400支撑压缩机200，不仅可以提高压缩机200的安装强度，而且可以提高压缩机200安装后的稳定性。

冷凝器300的至少一部分安装在中托400的下面。由此不仅可以便于压缩机200和冷凝器300的安装，提高机壳100内空间的利用率，而且可以减小压缩机200的震动对冷凝器300的影响，从而可以进一步提高饮水机1的可靠性。

具体地，如图3-2-3所示，冷凝器300包括中间段310和侧边段320，中间段310安装在中托400的下面，且侧边段320与中间段310相连并朝远离中间段310所在平面的方向延伸。由此不仅可以便于将冷凝器300安装在中托400上，而且可以在有限的空间内扩大冷凝器300的换热面积，从而可以在保证冷凝器300的换热效果的情况下减小冷凝器300占用的空间，进一步提高机壳100内空间的利用率。

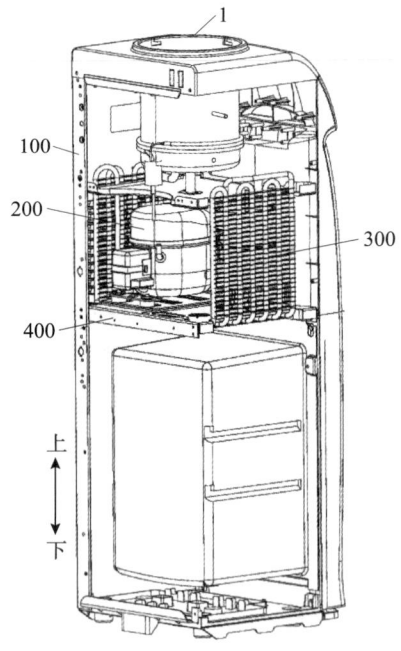

图3-2-2 带有冷凝器的饮水机

更为具体地，如图3-2-3所示，冷凝器300呈U形，且U形的冷凝器300的两侧侧边段320向上延伸。由此不仅可以进一步提高冷凝器300的散热面积，而且可以进一步节约机壳100下部的空间。并且,将压缩机200和侧边段320均设置在中托400上方可以进一步使所述制冷系统的结构更加紧凑,从而进一步提高机壳100内空间的利用率。

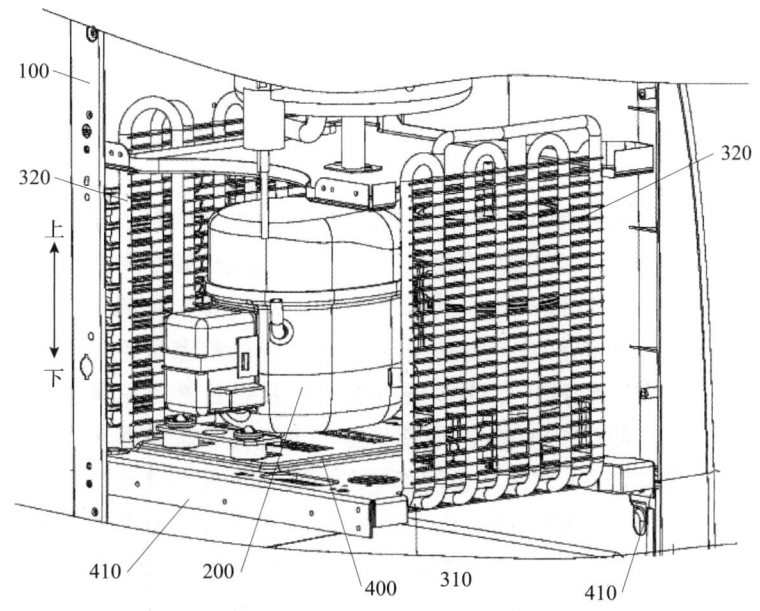

**图3-2-3 冷凝器的具体安装示意**

可选地,如图3-2-3所示,冷凝器300的中间段310安装在中托400的下表面上并与中托400的下表面齐平。具体而言,中托400的下表面可以具有装配槽,冷凝器300的中间段310可以配合在所述装配槽内。由此可以防止冷凝器300凸出中托400的下表面。不仅可以节省空间,而且可以进一步提高所述制冷系统结构的紧凑性。

其中,如图3-2-3所示,中托400上相对的两个侧沿形成有向下延伸的翻边410,且冷凝器300的中间段位于中托400的下表面上并位于两个翻边410之间。由此可以利用翻边410对中托400进行定位,不仅可以便于中托400的安装,提高中托400安装后的稳定性,而且可以便于控制中托400的厚度,以便于降低材料成本。

具体而言,翻边410上可以设有安装孔,机壳100上可以设有装配孔,中托400可以通过配合在所述安装孔和所述装配孔内的螺纹紧固件安装在机壳100上。由此可以保证中托400的安装强度,提高中托400安装后的稳定性。

有利地,机壳100上形成有散热孔,且所述散热孔中的至少一部分邻近冷凝器300布置。由此可以提高冷凝器300的换热效果,从而保证所述制冷系统的制冷效果。

具体而言,所述散热孔处可以具有格栅。由此可以防止灰尘等杂物进入机壳100内,从而影响冷凝器300的换热效果。

通过将冷凝器300设置在机壳100内,不仅可以防止冷凝器300的结构外露,以使饮水机1的外形更加整齐美观,而且可以避免用户接触冷凝器300,一方面可以防止冷凝器300因碰撞而变形损坏,另一方面可以防止用户被冷凝器300划伤,从而提高饮水机1的可靠性。

此外，由于冷凝器300设置在机壳100内，可以将相互串联的压缩机200、冷凝器300和蒸发器均设在机壳100内。这样可以省去用于使冷凝器300穿过机壳100的开口，从而提高机壳100的密封性，不仅可以防止异物进入机壳100，以便于饮水机1的清洁，防止异物影响饮水机1内部件正常工作，提高饮水机1的可靠性，而且可以防止小孩将手伸入机壳100中，以提高饮水机1的安全性。

本发明实施例的饮水机，具有外形美观、可靠性强、密封性好等优点。

**【分析】**

第一步，按照前述发明构思的提取方式分别提取技术问题、关键技术手段、技术效果。

技术问题的提取：首先分别从记载的技术问题、与背景技术的区别、技术效果的描述同时入手，发明内容部分记载的技术问题是外置冷凝器存在安全隐患；发明和背景技术的区别在于将冷凝器安装在饮水机内部，以及设置在内部所需的一系列结构设计；达到的技术效果包括结构紧凑、外形美观、可靠性强、密封性好。记载的技术问题和区别技术特征相互可以印证，但是技术效果部分并没有直接得出安全性好这一技术效果，而是从紧凑型、可靠性以及密封性进行了描述，此时是否可以直接将要解决的技术问题认定为安全性低呢？还需要进一步分析发明的冷凝器是如何安装的，为何可以解决安全隐患？经分析，发现背景技术中外置冷凝器存在安全隐患的原因并不单纯在于外置容易被接触到，而主要是由于冷凝器需要与压缩机连接，外置冷凝器时，必然需要在饮水机外壳上开设供连接管线通过的开口，该开口一旦变形会导致人手容易伸入。而要避免设置开口，就需要将冷凝器设置在饮水机内，进而需要解决内置冷凝器空间不足的问题，如何在有限的空间内同时容纳压缩机和冷凝器，经过上述分析可知，本发明虽然记载的要解决技术问题是安全性低。但是安全性低这一技术问题和发明本身的创新点关联性不强，对检索指引性不够，而根据其实际的创新点主要在于空间不足的问题，将技术问题认定为空间不足更有利于检索。

关键技术手段的提取：基于空间不足的技术问题，可以获得关键技术手段是在U形冷凝器上设置中托，在中托上安装压缩机。此时如果假设前一步骤中认定的技术问题是安全性低，则关键技术手段是冷凝器安装在饮水机内，不难看出这样的认定将无法准确表达出创新点，并指引我们进行检索。

技术效果的提取：结构紧凑、密封性好。

第二步，确定主要改进在于产品结构，主题名称可以为一种冷凝器内置的饮水机。

第三步，围绕关键技术手段，确定必要技术特征。

发明内容中的技术特征主要包括机壳、冷水容器、冷凝器、压缩机、蒸发器、格栅、散热孔、冷凝器的具体结构、中托的具体结构、相互之间的安装结构及具体的位置关系。哪些是必要的呢？根据发明构思可以知道解决空间不足的主要方式在于中托、U形冷凝器的结构设计，因此从能够解决技术问题的角度考虑，必要技术特征需要包括中托、U形冷凝器、压缩机及相互关系，其他结构并不影响从发明构思的角度出发解决其技术问题。

第四步，验证核心技术方案。可以得出核心技术方案为：一种冷凝器内置的饮水机，包括机壳，所述机壳内设有制冷系统；制冷系统，所述制冷系统包括相互串联的压缩机、冷凝器，所述机壳内设有中托，所述中托呈水平板状并固设在所述机壳内的上部，所述中托上相对的两个侧沿形成有向下延伸的翻边，所述压缩机安装在所述中托上，所述冷凝器呈 U 形，包括中间段和侧边段，所述中间段安装在所述中托的下表面的两个所述翻边之间，并与所述中托的下表面齐平，所述侧边段与所述中间段相连并向上延伸。将 U 形冷凝器以包覆中托和中托上的压缩机的形式，有效利用了机壳侧壁与压缩机中间的空间，使饮水机内部制冷系统结构紧凑、有密封性，技术问题得以解决，核心技术方案准确。

# 第 4 章 检索过程概论

专利检索的目的是针对确定的技术方案,从海量文献中找到相关可以否定技术方案新颖性或创造性的目标文献,或者根据准确、充分的检索过程来判定技术方案具备新颖性和创造性。通常情况下,对于检索实施者(以下简称用户)而言,往往是期望既准确又高效地达到检索目的,这需要依靠准确、高效的检索过程才能实现。

本章将从检索要素的表达、检索策略的构建、结果筛选与策略调整以及检索中止条件共四方面的内容介绍来描述一个高效的检索过程如何实施。

## 4.1 检索要素的表达

在信息化技术快速发展更新的当下,几乎所有的检索系统后台都离不开计算机的运算和控制。用户的专利检索需求与目标文献之间的匹配都是由计算机来实施的,而计算机所要做的工作通常又是根据用户在计算机人机交互界面输入的指令来完成的。对于专利检索这样专指度比较高的计算机检索,如果用户仅仅使用自然语言在计算机人机交互界面来表达信息需求,往往会导致检索结果中满足需求的信息有限。

我们在平时生活中可能看过或亲自玩过类似"语言传递"的游戏,对同一事物的描述在有限的时间内经多人传递后,结果往往会发生意料不到的偏离。另外,我们还可以做一个有趣的试验,请读者在有限的时间(建议3分钟左右)内仅用口头语言向若干个陌生人描述一下如图4-1-1所示的金属智力扣,然后请他们制作出一个在形状上(不考虑材质)完全一样的复制品,验证一下成功的概率有多少。

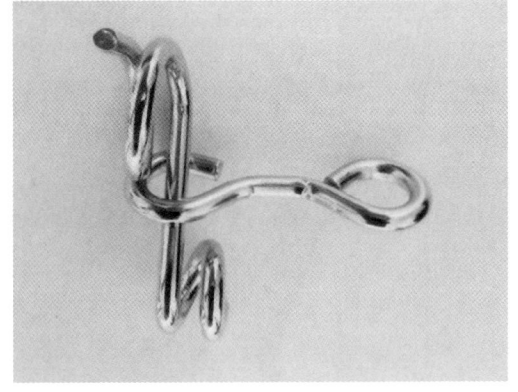

图 4-1-1 静态金属智力扣

正是由于人类自然语言对于客观事物描述本身的限制,即使是在人工智能(AI)检索技术不断发展完善的今天,计算机也还是不能很深入地理解人类自然语言词汇背后的复杂内容[①]。因此,要想实现有用且高

---

① 杨铁军. 专利信息利用技能 [M]. 北京:知识产权出版社,2011:1-2.

效的专利检索,需要将用户的信息需求转换为检索要素,并运用检索技术正确表达检索要素以及运算逻辑关系,这样计算机才能够很好地理解用户的意图,相应逻辑关系如图 4-1-2 所示。

**图 4-1-2 使用检索要素表达技术方案逻辑示意**

在第 3 章中,本书讲解了如何确定技术方案。检索要素,是从技术方案分解出的、反映发明构思的、可检索的要素,检索要素的集合应当能够反映技术方案的主要构成。而检索要素的作用则是在技术方案和检索系统之间建立一个桥梁以便在检索系统的数据库中通过检索手段找出体现了相同或接近发明构思的目标文献。

从上述定义可以看出,检索要素仅仅是从便于检索的角度对技术方案进行分解[①],只要方法适当,那么确定检索要素本身并不存在太大的难度。而确定检索要素过后,表达相应的检索要素检索便是随后的重要步骤,这是决定检索能否准确、高效的关键环节,也是检索难点所在。

## 4.1.1 基本原则

总体而言,表达检索要素应遵循以下基本原则。

**1. 层次区分原则**

无论是利用专利数据库还是非专利数据库,表达检索要素采用的方式都可包括关键词体系、分类体系以及相应的组合。在具体表达中使用的这些关键词或分类对于该特定的检索要素而言应是有权重或优先级顺序区分的,那么用户在用这些关键词或分类来表达检索要素时也应根据权重或优先级顺序分层次表达,重要的表达优先用、次要的表达补充用,以兼顾检索结果的准确以及检索过程的效率。

---

① 如果用户面对的是一份撰写完成的发明或实用新型专利申请文件,则可将此处的技术方案理解为权利要求,特别是独立权利要求。

### 2. 趋于等同原则

趋于等同原则比较抽象，理解起来有些困难。简言之，用户在使用关键词、分类或者相应的组合来表达检索要素时不必拘泥于表现形式（比如限定算符、索引等）。只要关键词、分类或者相应的组合表达的检索文献范围与检索要素本身的划定文献范围是趋于等同的就可以接受。当然这里提出的趋于等同千万不能理解为绝对等价，允许"检索文献范围"与"划定文献范围"存在差异，只要差异在一定的范围内就行。

以上仅对两条基本原则做概述性的介绍，对于初入门用户而言，一开始掌握这两个原则是比较困难的，尤其是趋于等同原则，本章在后续的部分会做进一步的阐述。专利检索是一门实践性很强的应用技术，用户在对两个原则有了初步的理解后，还需要大量的实践操作去加深理解直至熟练运用。

## 4.1.2 关键词表达

关键词是表达检索要素最常见的方式，选择关键词来表达检索要素时，所选择的关键词应当能够反映检索要素的核心要义，切勿选择那些对检索来说没有任何实质意义、高度概括的词，例如"装置""方法""系统""产品"等。

虽然用关键词表达检索要素是检索中最常用也是最容易入门的一种方式，但由于语言表达的多样性、局限性，要掌握全面、准确的关键词表达较为困难。特别是对于一个初入门用户而言，在使用关键词表达检索要素时，应当关注关键词形式上的准确完整、意义上的准确完整以及角度上的准确完整[①]。

### 4.1.2.1 关键词形式上的准确完整

关键词表达形式上的准确和完整，是指同一关键词在通常表达中的各种形式。其中对于英文关键词，所谓的各种形式包括不同的词性、单复数词形、英式美式不同拼写以及常见的错误拼写形式等。

英文关键词不同的词性是检索时经常会遇到的情况，包括名词与形容词的转换、动词与名词的转换、形容词与副词的转换、动词不同时态的转换等。以其中动词不同时态的转换为例，比如规则动词的变化：look 可以变形为 looks、looked、looking 等不同时态的形式。特别是动词过去式时态的变化，还包括不发音的字母 e 结尾的动词直接加 d，例如，live 变化为 lived；末尾只有一个辅音字母的重读闭音节词，先双写这个辅音字母后再加 ed，例如，stop 变化为 stopped；以"辅音字母 + y"结尾的动词，变 y 为 i 后再加 ed，例如，worry 变化为 worried。

对于以上提及的英文关键词的不同词性，尤其是其中动词各种时态的变化，用户可以使用截词符（部分检索系统中也称通配符）来笼统表达以提高效率。以 IEEE Xplore 的高级检索界面为例，其检索功能中可以使用截词符 * 接在字符串的任意位置

---

① 孟俊娥. 专利检索策略及应用 [M]. 北京：知识产权出版社，2010：113 – 117.

代表任意长度的字符，比如在其命令输入栏中输入 drill*，则可以命中 drill、drills、drilled、drilling 等单词相关的检索结果，这样提高了检索的便捷性。当然，可以预见，使用截词符也会给检索结果带来一定的噪声，需要用户在实际应用时有所取舍。另外，对于不规则动词的变化，则需要用户尽量准确地输入以免出现不必要的错误，例如，输入 lose* 检索不到单词 lost 的相关结果，而需修改为 los*。

单复数词形是指英文可数名词的单复数形式，情况较为简单，一般情况包括直接在词尾加 s，例如，river 变化为 rivers；以 ch、sh、s、x 结尾的名词在词尾加 es，例如，box 变为 boxes；以及个别字母变形（如 y 变 i；f 变 v 等）再加 es。

英式美式不同拼写方式常常是因为英式英语多会保留来源语言的拼写方式，例如法语。而美式英语为了正确反映单词的实际发音直接对拼写作出调整。为比较一下英式和美式英语在拼写上的不同点，在此列举几种主要的拼写差异：①以 -re 结尾的单词：英式以 -re 结尾；美式以 -er 结尾。②以 -our 结尾的单词：英式以 -our 结尾；美式通常以 -or 结尾。③以 -ize 或 -ise 结尾的单词：英式英语中，以 -ize 或 -ise 拼写的动词都是可以的；而在美式英语中，总是拼为 -ize。④以 -yse 结尾的单词：英式英语中，这类动词写作 -yse；美式英语中总是写作 -yze。⑤以元音+字母 l 结尾的单词：英式拼写中，动词以元音+字母 l 结尾时，如果需要再添加元音，会双写 l；美式拼写中，无须双写。⑥双元音的拼写：英式英语中，双元音 ae 或 oe 都是两个字母；美式英语中，都只会写作一个字母 e。⑦英式英语中不发音的词尾 -me、-ue 在美式英语中常常会被删除。

至于英文单词常见的错误拼写形式，比如在数据库中可能会出现诸如 breads 这样错误拼写的情况。初入门用户对此可能会感到疑惑，在此需要提醒的是，各种数据库中的代码化数据难免会出现各种小错误，包括拼写、语法等，这些小错误有些直接来自源数据本身，有些则来自数据加工（比如代码化）的过程中。虽然各大数据库在数据整理加工过程中也有质量控制，但是数据库的复杂性决定了其本身不可能是一个十全十美的存在，因此其出现各种错误也是能够理解的，当然这不是用户需要关注的重点。

对于中文关键词而言，情况较为简单，需要考虑不同地区对于中文简体字和繁体字的使用区别、中文译文的不同表述、常见的错别字以及一些不规范的用语表达，例如自行车——自行车、激光——镭射光、凸起——突起、法珀腔——法帕腔——法泊腔等。

最后关于关键词的形式，需要再说明一下关于数据库中对于中文和英文"词"相关定义的差别。由于隶属不同的语系，英文中的词都是由字母组成的，英文中的词与词之间多采用空格来分开，比如 ultrasonic sensor，这个名词组由两个英文单词组成，两个单词之间用空格区分开。对于中文而言，比如超声波，在中文的语言习惯中被认定为一个词语。但是在中文数据库的绝大部分字段中，比如摘要字段中，字就是"词"，一个字就等于一个词，因此"超声波"在摘要字段中就是由三个"词"组成的。理解了"词"的定义才能知晓数据库中对于与词相关的算符是如何运算的。另外，由于单个的中文字是无法拆开的,因此,中文数据库也不存在截词符或通配符的概念。因此,用户需要了解的是,本书中提及的"关键词",在中文数据库检索过程中,实际是多个"词"组成的词组的概念。

#### 4.1.2.2 关键词意义上的准确完整

考虑关键词意义上的准确完整对于初入门用户而言是一个难点所在。要实现关键词意义上的准确完整应当充分地考虑每个关键词相关的同义词、近义词、反义词、上位概念、下位概念、等同特征等。

由于科技术语本身的多样化,特别是一些非特定的术语在表达形式上多种多样,比如某技术方案的技术主题涉及一种通用的存储器,在其他文献中还可以被称为储存器、寄存器、贮存器等类似的表达,还存在诸如存储装置、储存单元、寄存设备等上位表达,以及一些简写和英文缩写的表达,例如内存、外存、闪存、缓存、RAM、ROM 等。但是,根据扩展难度排序,在关键词表达中使用同义词和近义词应作为最基本的扩展方式。

**【案例 4-1】**

本技术方案的技术主题是一种二极管的酸洗工艺,由四次清洗构成,前三次清洗是在相同超声波功率下不同电阻率、温度、流量条件的去离子水中用超声波清洗。本工艺通过加温超声波清洗,有效去除二极管表面的杂质;通过多级清洗缩短了清洗时间,提高了生产效率。

**案例分析:**

本技术方案记载的二极管酸洗工艺中,最主要的发明构思是采用多级超声波清洗以缩短清洗时间,因此超声波清洗要作为本技术方案的一个检索要素。在中文表达中,超声波是一个专有名词。但是在英文表达中,超声波的同义词便有很多,比较常见的包括 ultrasound,supersound,ultrasonic,supersonic,superaudio,hyperacoustic,hypersonic 等。因此,如果用户需要在英文数据库中检索"超声波",那么上面的英文关键词的同义词扩展都是需要考虑的。

**【案例 4-2】**

本技术方案的技术主题是一种球类测速方法,其基本步骤是:S1 获取由第一检测面拍摄图像,灰度变化满足预设阈值范围时,生成的第一脉冲信号;S2 获取由第二检测面拍摄图像,灰度变化满足预设阈值范围时,生成的第二脉冲信号;S3 计算获取所述第二脉冲信号与获取所述第一脉冲信号的时间差;S4 获取所述第一检测面与所述第二检测面之间的间距;S5 依据所述间距和时间差计算出球的速度。

**案例分析:**

本技术方案记载的一种测速方法,一般而言,方法类技术方案的检索要素的确定比较难,需要用户用精练的语言来概括表达。在本技术方案中,除技术主题以外,另外两个检索要素可以概括为"双检测面"和"脉冲信号时间差"。对于检索要素"双检测面"的关键词表达,需要根据实现图像拍摄的组件考虑近义词扩展为相机、像机、

CCD，从而保证检索的全面性。实际上，本技术方案采用的创造性目标文献的技术方案如图4-1-3所示，其图像检测装置采用的是线阵CCD（附图标记1、2所示），因此，一开始我们如果就将本技术方案"双检测面"的近义关键词扩展为线阵相机、线阵CCD，那么检索的质量和效率将大大提高。

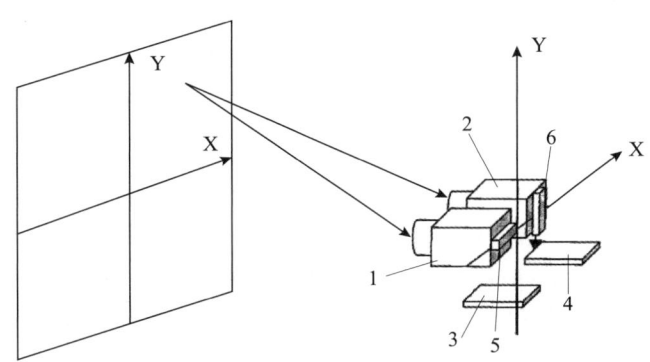

**图4-1-3 双线阵CCD检测示意**

如果使用同义词、近义词的扩展没有检索到目标文献，那么在关键词的表达中还必须使用扩展难度较高的反义词、上位概念、下位概念、等同特征等以进一步实现关键词意义上的准确完整。

**【案例4-3】**

本技术方案涉及一种危重监护及输液控制诊疗一体化系统，包括输液设备、监护输液基站、中央监控服务器及医护PDA；监护输液基站形成输液方案，通过无线或有线方式对输液设备开环控制，中央监控服务器通过无线或有线方式连接监护输液基站并监控其运行状态；医护PDA通过无线方式与监护输液基站或中央监控服务器连接，用于显示输液状况和管理输液过程。该系统将治疗手段（静脉输液）及其效果（生理参数监测）有机地结合在一个系统内，从而实现一个或多个输液设备的控制，提高医疗质量、医护人员的工作效率。

**案例分析：**

本技术方案的一个检索要素便是"输液设备开环控制"，与开环控制相关的关键词都应作为检索要素的表达。但是，如果使用与开环控制相关的关键词都没有检索到目标文献，那么与开环控制相关的反义词也应作为关键词，比如利用与闭环控制相关的关键词来检索。用户在期望的目标文献中，料想监护输液基站的生理监护模块检测患者的生理信号，作为闭环控制的输入，相应的控制模块根据相应的闭环控制算法分别对所需的生理参数进行分析，作出判断，分析结果传送给输液管理模块，对相应的输液设备进行调整，从而实现输液过程的闭环反馈控制，这样的技术方案也能实现本技术方案的技术效果，即使用监护输液基站同时控制输液设备，用于评述本技术方案的创造性也是可行的。

**【案例4-4】**

本技术方案属于医药领域，涉及一种外用洗剂及其制备方法，以硫酸盐、盐酸盐、乳酸盐或醋酸盐等作为活性成分，配制成浓度为 0.2~0.8%g/mL，pH 5.0~8.0 的水溶液，还可以进一步在洗剂中添加地塞米松、冰片、牛黄等增效剂和吐温 -80、泊洛沙姆 188、乙醇等助溶剂。

**案例分析：**

本技术方案中的外用洗剂中的活性成分是本技术方案的一个检索要素，其利用本技术方案中直接记载的关键词"硫酸盐、盐酸盐、乳酸盐或醋酸盐"以及相关的等同特征没有检索到对比文件时，需要进行关键词上位扩展，考虑针对妥布霉素的盐进行检索。

**【案例 4-5】**

本技术方案的技术主题是一种导热性黏合片，具有黏合剂层 A，黏合剂层 A 中，相对于黏合剂层 A 的总体积（100 体积%）以超过 40 体积%且 60 体积%以下的比例含有莫氏硬度小于 3.1 的无机粒子 A，并且相对于黏合剂层 A 的总体积（100 体积%）以 5 体积%以上且小于 20 体积%的比例含有莫氏硬度为 3.1 以上的无机粒子 B。

**案例分析：**

本技术方案记载的导热性黏合片，最主要的发明构思是采用多组分的无机粒子来组合形成的黏合剂层 A。在表达检索要素"黏合剂层 A"时，对于中文关键词"莫氏硬度"应进行相应的关键词拓展，硬度是材料对压印、刮痕等外力的抵抗能力，除了上述的莫氏（Mohs）硬度外，根据试验方法不同还有邵氏（Shore）硬度、布氏（Brinell）硬度、洛氏（Rockwell）硬度、巴氏（Barcol）硬度、维氏（Vichers）硬度等，因此这些关键词都应作为"莫氏硬度"的近义词拓展。另外，在技术方案中，两个关键词"无机粒子 A"和"无机粒子 B"都属于上位概念。在使用关键词"无机粒子"本身检索不到目标文献时，便需要对无机粒子 A 和无机粒子 B 进行下位概念的扩展。进行下位关键词扩展时，最先需要考虑的便是本技术方案具体细节中记载的技术特征，比如本技术方案的具体实施方式中便详细记载了无机粒子 A 和无机粒子 B 分别可选自氢氧化铝、氧化铝、氧化镁、氮化铝、氮化硅、碳化硅、氧化锌等，因此，上述术语均应作为"无机粒子"最基本的下位概念扩展。如果使用上述下位概念关键词检索不到目标文献，还需要根据本领域基础技术知识进一步对无机粒子进行下位概念扩展。

接下来，再介绍一下等同特征的关键词表达。如果不通过技术方案相关联，单看等同特征的技术术语，那么这些技术术语之间可能存在关联度不大甚至不相关的情况，但是通过对技术方案本身的分析，可以把两者视为等同来作为检索要素的表达。表达过程中，需要仔细分析，避免把看似等同实则不相关或不可能实现的特征作为检索要素表达。

**【案例 4-6】**

本技术方案记载的技术主题是一种加速度计，结构如图 4-1-4 所示，其包括位于壳体（11）内的悬臂梁（13）、质量块（14）、第一基座（12）、第一支撑柱（15）、第二支撑柱（18）和光纤光栅（16）；所述壳体（11）用作该加速度计的支撑结构，用于固定第一基座（12）和悬臂梁（13），所述光纤光栅（16）用于测量加速度，其两端平行于所述悬臂梁（13）表面延伸至所述壳体（11）的外部。

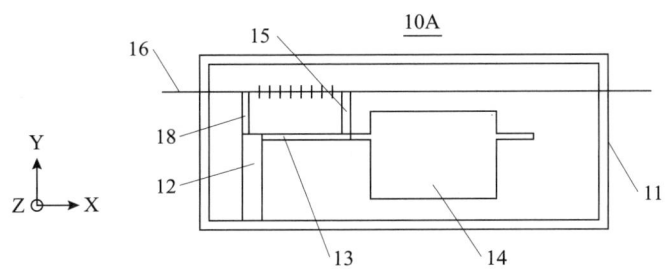

图4-1-4 光纤光栅加速度计结构示意

**案例分析：**

本技术方案记载的技术主题为加速度计，其中采用光纤光栅测量加速度。本技术方案的检索要素之一就是技术主题"加速度计"，那么表达该检索要素的关键词应包括加速度、加速度计、加速度传感器等同义词。但考虑关键词意义上的准确完整，除了上述关键词之外，用户还应扩展速度、振动、惯性等表示"等同特征"的相关词汇。当然"等同特征"相关关键词的扩展并不是无根据地随意而定，需要根据本技术方案作出考量。本技术方案中，质量块（14）可以感受惯性的变化，从而改变光纤光栅的输出，那么与惯性相关的物理量都可以由该装置测量，因此上述与惯性相关的关键词"速度、振动、惯性"作为等同特征扩展就是合理且有依据的。本领域技术人员也可以知晓，光纤光栅对于温度也非常敏感，但是由于图4-1-4所示的结构主要是对惯性敏感，而温度对于光纤光栅的影响只能作为噪声来处理，因此，如果用户将温度作为"等同特征"来扩展关键词便不恰当。

此前提到了考虑关键词意义上的准确完整对于初入门用户而言是一个难点所在，但是用户也可以通过以下几种常见方式查询关键词以便在表达检索要素时作为参考。

（1）利用待检索文件本身。

记载技术方案本身的相关载体文件、背景技术文献、中间文件（如检索过程中发现的与技术方案相似的文献）等，通过相关文件的阅读有时可能会直接找到某检索要素的扩展关键词，例如案例4-5所示的情形。

（2）利用与待检索技术主题相关的教科书、工具书、字词典。

与技术主题相关的教科书、工具书、字词典记载的信息往往更加全面、准确，针对性更强，即使从教科书、工具书和字词典里面没有找到直接的关键词，也能找到一些有用信息以便采用其他方式找到相关关键词表达。

（3）利用分类表反查关键词表达。

分类表的相关的类名、分类定义、参见、注意、附注等信息使用的技术术语通常比较规范，利用与技术主题相关的准确分类号的上述信息反查关键词可以作为检索要素表达的实用方式。

（4）利用学术期刊论文。

学术期刊论文里面所记载的用语往往是本领域较为常见或较为专业的词汇，因此通过检索技术主题相同或相似的学术期刊论文，尤其是硕博士学位论文，对于关键词的拓展是一种常见的可利用的方式,特别是技术研发的主要人员来自高校或科研院所时,这种关键词扩展来源尤其需要考虑。

(5) 利用互联网资源。

可通过互联网上的搜索引擎查找与技术方案相关的信息,这些相关信息中往往包含了有关该技术主题更全面的技术信息,从这些技术信息中可以选择相关词语及其英文表达作为进一步检索时使用的关键词。

#### 4.1.2.3 关键词角度上的准确完整

与技术方案或技术方案中关键技术手段相关联的还包括该技术方案或关键技术手段所解决的技术问题、所能取得的技术效果以及相关的技术用途等内容。因此,在实际检索中,如果用技术手段本身相关的关键词在充分考虑了形式上以及意义上的准确完整后仍然没有检索到目标文献,就需要再从技术问题、技术效果和技术应用等不同角度选取、扩展关键词。

尤其是在某些情况下,使用技术手段本身的关键词很难表达相关检索要素时,使用从技术问题、技术效果或技术应用等不同角度的关键词往往会取得不错的检索效果。

**【案例 4-7】**

本技术方案记载了一种手套,包括搭配为一副手套的左手手套和右手手套,每只手套都具有手掌部、设于手掌部一端的开口部以及设于手掌部另一端的拇指部和四个手指部,其中在两只手套手腕部位处分别设有彼此相互配合的固定连接装置,用于将所述成对的手套固定连接和分离。

**案例分析:**

在技术方案相关的背景技术中提到,手套体积较小而且一副手套都为独立的两只,某些情况下本该是一对的手套有可能被分离开处于不同的地方,寻找起来耗费时间,甚至出现一只找不到的情况。本技术方案的发明构思在于在两只手套手腕部位处分别设有彼此相互配合的固定连接装置,因此其构成检索要素"手套手腕部位的固定连接装置"。在使用技术手段"固定连接装置"本身相关的关键词在充分考虑了形式上以及意义上的准确完整后仍然没有检索到目标文献时,可以从技术问题的角度扩展关键词,如防丢失、防分离等。

**【案例 4-8】**

本技术方案记载了一种具有双反射镜和凹槽形结构的原子气体腔器件,结构如图 4-1-5 所示,其具有双反射镜和凹槽形结构的原子气体腔器件包括硅片和玻璃片,所述硅片的一侧面设有凹槽,凹槽内底部设有下反射镜;所述玻璃片的一侧面设有上反射镜,硅片和玻璃片通过键合形成原子气体腔器件,玻璃片上的上反射镜对应位于硅片的凹槽内,且与下反射镜对应,凹槽的横截面为倒梯形,凹槽为湿法腐蚀形成,硅片的类型为(100)型硅片,且腐蚀形成的凹槽的侧壁和玻璃片的夹角为 54.7°,凹槽的宽度 $W$ 为倒梯形的横截面的底面宽度,且为硅片厚度 $H$ 的两倍以上。

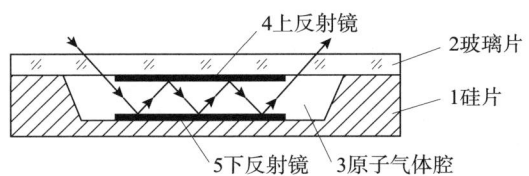

图 4-1-5　原子气体腔室的剖面结构示意

**案例分析：**

在与技术方案相关的背景技术中提到，传统的原子气体腔结构通常是中间为硅片、两边为玻璃的三明治结构，制造工艺是一般先在单晶硅片上制作通孔，然后与 Pyrex 玻璃片键合形成半腔结构，待碱金属与缓冲气体充入后，再与另外一片 Pyrex 玻璃片键合形成密封结构，这种结构的碱金属原子气体腔结构的腔内光与原子作用光路长度受到硅片厚度及硅加工工艺的限制，通常为 1～2mm，进一步增加厚度困难且昂贵，因此限制了光与原子相互作用的光程，CPT 信号的信噪比较低，影响了 CPT 原子钟的频率稳定度。根据对背景技术及技术方案的理解，本技术方案的核心发明构思是在凹槽形硅片槽型底面及玻璃盖片顶面设置相互对应的上、下反射镜，其构成了本技术方案的检索要素之一，但是该发明构思涉及结构和位置关系的限定较多，需要使用结构关键词的尽量扩展以及算符的组合，表达较为困难。但是通过分析本技术方案可知，通过设置相互对应的上、下反射镜，从而提高了光与原子相互作用的光程，增大了 CPT 信号信噪比、增加了频率稳定度。因此，该检索要素可以从技术效果的角度扩展关键词，如光程、信噪比、频率稳定度等。当然，这三个技术效果相关的关键词，光程是最优选的，其是本技术方案核心发明构思最直接的技术效果。

**【案例 4-9】**

本技术方案技术主题为一种二维扫描激光雷达系统，包括激光发生器、扩束镜、分束镜、激光扫描装置、激光接收装置和雷达控制装置。本方案所述的激光扫描装置采用数字扫描组件 DMD 芯片和透镜组组成，利用 DMD 芯片发射，透镜组放大，构成一个二维激光扫描阵列。因此，该方案没有机械结构和机械传动，也就没有对机械结构的控制，使整个系统的控制全部实现电信号的控制。

**案例分析：**

本技术方案中的技术主题"激光雷达系统"构成了首要的检索要素，对于该检索要素的表达除了使用激光雷达相关的结构术语之外，还可以考虑与技术用途相关的关键词。本技术方案具体实施方式中提及了实现激光雷达系统体积小和成本低的目的在于可以大批量地制造并且用于汽车或直升机用防碰撞系统，因此使用汽车防撞、飞机防撞、船舶防撞之类的技术用途关键词也可以描述技术主题。

#### 4.1.2.4　关键词表达的优缺点

对于初入门读者而言，使用关键词表达检索要素最大的优点是入门相对简单，毕竟技术方案本身就是由大量的关键词组合直接描述的，因此从技术方案的载体文件本身就可以获得对于检索而言非常有用的信息，因此关键词检索是用户最容易上手的一种方式。另外，相对于分类号而言，各数据库无一例外地包括关于"词"的字段也很丰富，有利于检索策略的构建和调整。总体而言，关键词表达一般是初入门用户首选的检索要素表达方式。

但是，随着检索的质量和效率要求越高，关键词表达的一个难点就越容易凸显，即关键词拓展的准确和全面。尤其是技术方案中的一些术语本身采用的是含义较为模糊的用语，或者术语本身就存在多种表达方式时，要充分考虑形式、意义、角度等各方面的完整性就更是一件难上加难的事情。比如，机械领域常见的装置"气缸"，其本身的表达方式有多种，如用伸缩杆、气动调节、液压缸等进行表达。每种表达方式看起来都很有可能存在，难以充分扩展。即使充分扩展也会给检索结果带来大量噪声，使检索过程呈现进退两难的情况。

另外，关键词表达检索要素自身也存在一些天然的局限，包括：

（1）难以准确表达图形。

当技术方案中的发明点只是构成技术方案的各种部件的空间布局时，如电子电路的连接关系，就很难用关键词来表达多种部件之间的位置或连接关系。

（2）有时难以区分技术领域。

有些关键词术语在各个技术领域均通用，无法通过该关键词传达技术领域这一信息。例如，"脱水"可以是物理手段，也可以是化学手段。如果检索要素为"（化学）脱水"，则采用关键词"脱水"并不能区分是化学手段还是物理手段脱水。

（3）语言限制。

即使对于我们比较熟悉的英文，也不是每个用户都很精通相关技术领域的英文专业技术术语，对英文技术术语的不熟悉也使某些领域技术主题相关的英文关键词扩展更是难上加难，就更别提诸如日语、韩语、德语、法语之类的普通用户不太熟悉的小语种了。总而言之，语言的限制会给实际检索带来不同程度的困扰。

要做到关键词扩展的准确完整，需要用户在实践中不断积累经验，但是对于初入门用户而言，有几个误区需要从入门一开始就注意避免。

（1）只使用本技术方案直接记载的关键词，完全不扩展或扩展很局限。

这是初入门用户最容易陷入的误区，仅仅使用本技术方案的关键词，不扩展或仅作简单扩展就对检索结论进行定性，即使偶尔碰巧检索到合适的目标文献，但是对于用户检索技能的提高甚至检索态度的养成都是需要尽力避免的误区。

（2）过度依赖关键词而完全忽略分类号的使用。

由于学习和钻研分类表需要一定的时间，因此，初入门用户仅仅只依赖关键词来进行检索，而完全忽略分类号的使用。久而久之，容易养成检索思路僵化的缺陷，特别是需要调整检索策略时，缺乏灵活的变通。

（3）容易忽略不同索引的区分。

正是由于各大数据库与"词"相关的字段很多，对应地与"词"相关的索引也会非常丰富。同一个关键词使用不同的索引进行检索，结果可能会有很大的区分。初入门用户应注意区分不同的索引，了解不同索引的特点，尽量避免只使用联合索引，如 Espacenet 中的 BI 索引、CNKI 中的主题索引等。

### 4.1.3 分类号表达

目前国际上最主要的专利分类体系包括国际专利分类体系 IPC、联合专利分类体系 CPC 以及日本专利分类体系 FI/F – Term 等（相关基础知识可参见本书第 1 章第 1.1.2 节），存在于各大专利数据库中的专利文献基本都进行了相关分类号标引。分类的目的是便于检索，分类号的使用能够弥补初入门用户对于关键词表达在经验上的欠缺。相对于关键词，分类号表达检索要素存在以下优势。

（1）无语言限制。

分类号不受语言差异的限制，尤其是当用户需要检索根本就不熟悉的小语种文献数据库时。

（2）充分体现技术相关性。

分类号便于表达技术手段、体现技术领域，从而有利于体现各检索要素之间的技术关联性，如 IPC 分类表、CPC 分类表里面的参见、附注等信息会直接给出这种技术关联性。

（3）分类号的确定与检索过程互逆对应。

分类的首要目的就是服务于检索，分类过程就是对专利文献中发明的技术主题和所有看似新的技术手段或新的技术特征进行分类，给出分类号（这一过程也可称为是对分类对象采用分类号进行标引）。而检索，或者更具体地说是表达检索要素时，这些检索要素恰恰就是现有技术中那些已经被给出过分类号的技术主题、技术手段或技术特征。因此，通过分类号（或标引）将包含于现有技术中的那些已经分类（或标引）过的内容检索出来的过程就是分类的逆过程。形象地说，分类就是将专利文献放入事先做好分类号标记的盒子中，而检索就是通过这些分类号标记确定盒子，再从中找回目标文献的过程。

（4）一致性更佳。

由于世界上各国或地区都是通过专门的分类员或审查员对专利文献进行分类，理论上讲，与未经过专业人员加工的用于关键词检索的摘要相比，其一致性要好得多。

分类号表达虽然从入门到精通有一定的难度，需要一定的经验和时间的积累，但是鉴于分类号表达检索要素的上述优势，对于用户而言，分类是必须要掌握的技巧。

#### 4.1.3.1 IPC 分类号的表达

由于 IPC 分类号的普及程度，在各大专利数据库中，几乎所有的专利文献数据库都建立有相关字段，并且相关字段都提供了 IPC 分类号的标引。因此，能匹配到表达检索要素的精确分类号，对于准确高效的检索是十分有用的。

在实际表达检索要素的 IPC 分类号时，主要有以下几种方式。

（1）根据检索要素的含义对应逐级查询分类表。

直接查找 IPC 分类表确定技术主题的 IPC 分类号是最直接、基础的方法，本书介绍过几种 IPC 分类表的在线查询方式，包括 PSS 平台、WIPO 的官方网站等。查找分类号可以按照 IPC 分类表的等级结构逐级查找，也可以利用网站提供的检索功能，根据中英文关键词直接检索相关分类号。

【案例 4-10】

本技术方案记载了一种电致变色器件，包括依次层叠的第一基底、第一透明导电层、第一电致变色层、电解质层、第二电致变色层、第二透明导电层和第二基底；其中，所述第一电致变色层和所述第二电致变色层的材料均为阴极电致变色材料或均为阳极电致变色材料。

案例分析：

本技术方案通过两层电致变色层均采用阴极电致变色材料或阳极电致变色材料，结合特定的变色方法，可以在不同颜色间切换，从而使得两层电致变色层的材料无须局限于阴极电致变色材料与阳极电致变色材料的组合，扩展了电致变色材料的选择范围。此电致变色器件易于更多颜色的相互切换，可以满足多色显示以及个性化定制的需求。

通过上述分析可以看出，本技术方案涉及的关键点在于电致变色器件中的两层电致变色层的特定材料选取。现有技术常见的材料选择是其中一层电致变色层选材为阳极电致变色材料，而另一层选材为阴极电致变色材料。也就是说，我们最希望找到的分类号是能够表达"电致变色层的材料选取"这一含义的分类号。这种情况下，可以通过 PSS 平台所提供的导航检索界面，以输入中英文关键词直接检索的方式来进行分类号的查找。如图 4-1-6 所示，在命令输入栏中输入"电致变色"单击查询，界面中会显示所有与"电致变色"含义相关的分类号，包括 F21S41/64、G02F1/1514、G09G3/19 和 G09G3/38，通过逐一阅读即可确定出与本技术方案的关键点"电致变色器件中的两层电致变色层的特定材料选取"密切相关的分类号 G02F1/1514 及其下位组。

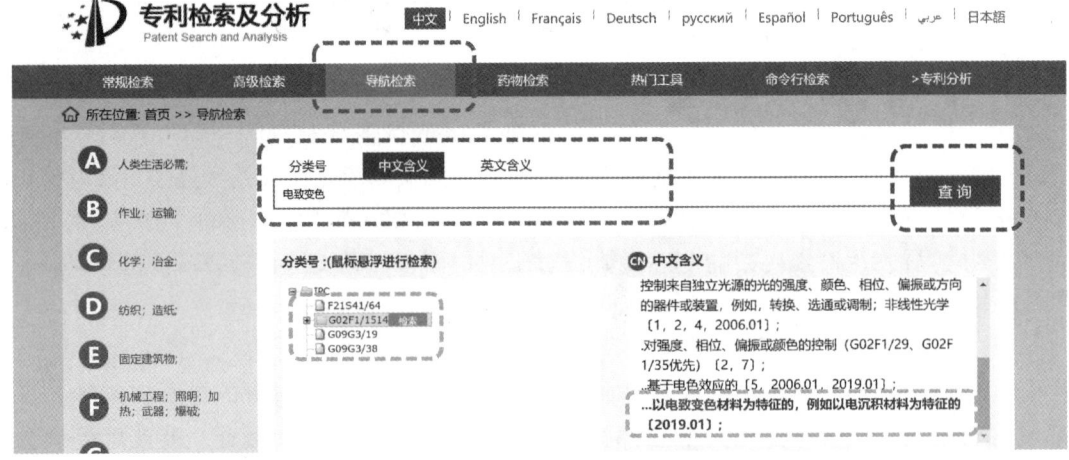

图 4-1-6　在 PSS 导航检索界面中通过关键词检索分类号

（2）根据检索要素的含义用关键词或关键词组合来统计分析。

对用户而言不太熟悉的技术领域或技术主题，一种推荐的确定分类号的方式为：在理解技术方案并提炼出核心技术方案的检索要素后，根据检索要素的含义用关键词或关键词组合进行检索，再通过 PSS 平台所提供的统计分析功能获取 IPC 分类号。

**【案例 4 – 11】**

本技术方案属于工件加工领域，具体涉及一种框胶结构，其结构如图 4 – 1 – 7 所示，所述框胶结构的基板（10）上包括多个胶条（11，12，13，14），所述多个胶条首尾搭接构成一个闭合回路；其中，任意两个相邻的胶条中的至少一个胶条的端部设置有搭接区，所述搭接区的宽度小于或等于设置有所述搭接区的胶条的宽度的三分之一。

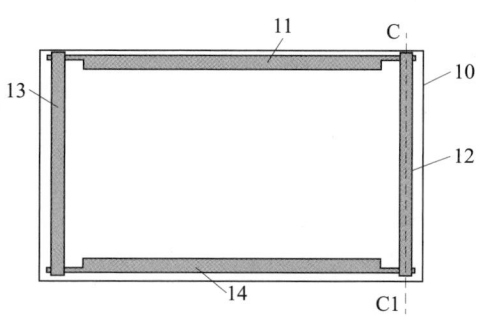

图 4 – 1 – 7　框胶结构示意

**案例分析：**

本技术方案对框胶结构中的胶条的形状进行了优化，在胶条的搭接处设置了搭接区，搭接区的宽度小于或等于胶条宽度的三分之一。这样设置使得相邻的两个胶条由于搭接而产生的重叠面积减小为现有技术的三分之一，从而有效地减小了胶条的重合面积，避免了胶条由于受热不均无法融化的情况。同时，搭接区的长度远大于胶条的宽度，容差范围大，对粘贴胶条的对准精度要求低，便于粘贴。

从上述分析可以看出，本技术方案的检索要素之一是在胶的搭接处设置一宽度小于或等于胶条宽度三分之一的搭接区，使得相邻的两个胶条由于搭接而产生的重叠面积减小，避免了胶条由于受热不均无法融化的情况。

首先，在 PSS 平台所提供的命令行检索界面根据检索要素的含义通过关键词组合构造的检索式"SMS =（（胶条 OR 胶带）S（宽 OR 窄））"与"SMS =（（胶条 OR 胶带）S 显示）"相与后得到 2480 条检索结果。这个检索结果的数量明显不适合用户逐一进行浏览和阅读，但是用户可以通过 PSS 平台所提供的统计分析功能对检索结果进行特定字段标引信息的提取。如图 4 – 1 – 8 所示，在命令行检索界面中，当检索结果包含若干条文献时，页面下方会自动弹出检索结果的概览界面。在概览界面的左部，提供了包括"技术领域统计"在内的一系列统计分析功能。单击"技术领域统计"，可以看到平台统计出了 2480 条检索结果的所有 IPC 分类号，并默认以频次降序排列。本例通过关键词组合检索后统计到的分类号包括 G02F1/13357、C09J7/02、G09F9/00 等，逐个单击分类号即可浏览每个分类号下的文献，并且，通过查阅各个分类号的含义能够快速定位到与本技术方案的关键点"相邻的两个胶条由于搭接而产生的重叠面积减小，避免了胶条由于受热不均无法融化"密切相关的 IPC 分类号 C09J7/02。

图 4-1-8　在概览界面中通过统计分析功能圈定分类位置

（3）基于追踪相关专利文献来确定 IPC 分类号。

在理解技术方案并确定发明构思的基础上，用户可以先通过准确的关键词组合进行检索，在检索结果中阅读并熟悉相关现有技术，并以此为入口再追踪获取相关文献标引的分类号等有效信息。这是一种非常有效的、准确确定 IPC 分类号的方式。

【案例 4-12】

本技术方案涉及对多容器组的结构改进。一种多单剂量容器，如图 4-1-9 所示，包括：至少两个单剂量小药瓶（1205，1210），所述至少两个单剂量小药瓶包括第一小瓶（1205），所述第一小瓶（1205）具有彼此之间限定第一边缘的至少两个平坦外表面（1230，1235）；第二小瓶（1210），所述第二小瓶（1210）具有彼此之间限定第二边缘的至少两个平坦外表面（1230，1235）；铰接接头（1225），所述铰接接头连接所述第一边缘和所述第二边缘；其中，所述铰接接头具有足够的柔性，以将所述第一小瓶的至少两个平坦外表面中的一个平坦外表面与所述第二小瓶的至少两个平坦外表面中的一个平坦外表面可逆地配合；其中，所述第一小瓶（1205）的所述第一边缘包括第一双斜面边缘（1220），并且所述第二小瓶（1210）的所述第二边缘包括第二双斜面边缘（1220），所述铰接接头（1225）连接所述第一双斜面边缘（1220）和所述第二双斜面边缘（1220），其中所述铰接接头（1225）具有足够的柔性，以将所述第一双斜面边缘（1220）的斜面表面与所述第二双斜面边缘（1220）的斜面表面可逆地配合。

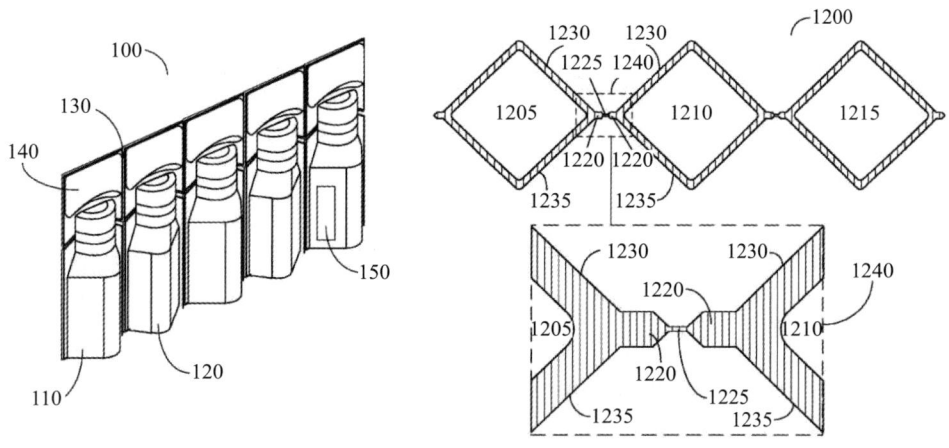

图 4-1-9 多单剂量容器和铰接接头的主要结构

**案例分析:**

本技术方案中,多单剂量容器包括一排互连的小瓶,每个小瓶的容量是确定的,小瓶通过铰接接头相互连接成一串多容器组。本技术方案所要解决的技术问题是如何使得小瓶被构造成在储存和运输过程中能够被折叠压缩成占用空间小以提高空间利用率,并且在使用过程中能够被展开成较大的占用空间,以便于获取储存在其中的药剂。为解决上述技术问题,本技术方案所采用的关键技术手段为:通过在相邻的小瓶上分别设置双斜面边缘,继而通过具有足够柔性的铰接接头实现所述两个双斜面边缘之间的连接,从而实现小瓶之间的可逆的折叠功能。因此,核心发明构思在于铰接接头的结构,从而使得相邻瓶子之间能够被折叠。

通过检索现有技术可以发现,多单剂量容器中,在相邻小瓶之间设置铰接接头是一种常规的设置。因此,要判断本技术方案是否对现有技术作出创造性贡献,核心点在于,是否能够检索到有关本案所限定的铰接接头的结构,从而使得相邻瓶子之间能够被折叠,即本技术方案文字记载中所限定的"平坦外表面可逆地配合"。

本案例以 Espacenet 作为检索平台举例说明,首先在确定发明构思是通过设定特定结构的铰接接头实现相邻容器之间折叠的基础上,通过同在算符"P"联合关键词的组合检索(fold+p compact+),能够获取到多篇结构与本技术方案类似的中间文件。由于本技术方案和相关中间文件涉及的是具体结构,因此,通过关注相关文献给出的分类号后,顺藤摸瓜查到了 IPC 分类号大组 B65D75/00 能够表征本技术方案的技术主题及整体结构。

另外在本案例中,相关中间文件的分类号还涉及 CPC 分类表的 Y 部。本书在对合作专利分类体系 CPC 进行介绍时已经提到,Y 部实质上是对 A~H 部分类号的横向扩展,可以考虑利用 Y 部分类号对 IPC 分类号 B65D75/00 做进一步的表达。通过阅读相关的中间文件,本案能够挖掘到的分类号不仅包括 IPC 分类号 B65D75/00(包括有物件或物料的包装件,前二者部分或全部被封入由挠性薄片材料做成的条带、薄片、坯件、管子或带条里，如封入折叠的包裹材料中），还包括 CPC 分类号 Y10S206/00（特殊的容器或包装）以及 Y10S206/822（特殊的容器或包装的特殊形状）。而通过上述分类号的组合检索，即可获得目标文献。

#### 4.1.3.2 CPC 分类号的表达

CPC 是欧洲专利局和美国专利商标局合作开发形成的一套专利分类体系，是以"标准统一、更加细化且兼容性更强"的目标提出的，有助于提升检索质量和效率。相对于其他分类体系而言，CPC 具有分类条目细、更新频率高、兼容扩展性更好、更易于学习等优势。

在实际表达检索要素的 CPC 分类号时，主要有以下几种方式。

（1）查找 CPC 分类表来确定表达检索要素的分类号。

相对于 IPC 分类体系，CPC 的分类条目更细。对于很多细分的技术领域往往存在更准确的 CPC 分类号，并且分类号下的专利文献数量适当，更容易筛选目标文献。在充分理解技术方案的基础上，利用 CPC 分类表查找恰当的分类号来表达检索要素是最基本的方式。

【案例 4-13】

本技术方案涉及显示技术领域，对于由多个小尺寸显示装置拼接而成的大尺寸显示装置而言，边框的存在会使拼接而成的大尺寸显示装置存在拼缝，使得大尺寸显示装置在显示画面时存在分割感，影响显示画面的整体效果。并且现有技术中虽然已存在通过在显示面板的出光侧增设双层透镜实现无边框显示效果的技术方案，但这种设置使得显示装置整体厚度增加，并且，经过两个透镜的折射后显示的图像明显被放大，使得显示装置显示的画面失真，影响显示品质。基于现有技术中存在的上述技术问题，本技术方案提出一种显示装置，以解决在无边框显示技术中存在的厚度问题和画面失真问题，技术方案结构如图 4-1-10 所示，

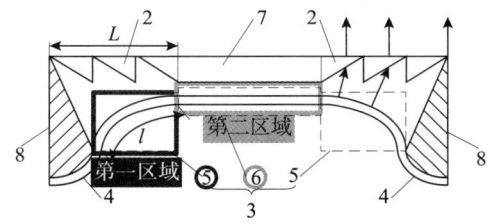

图 4-1-10 显示装置结构示意

分别在厚度和显示画面失真两个方面进行改进，首先显示面板在弯折区域（第一区域）和平面区域（第二区域）的不同像素分布密度提出采用单层透镜实现无边框效果，并通过调整显示面板在弯折区域（第一区域）和平面区域（第二区域）的不同像素分布密度，使在弯折区域被单层透镜结构放大的图像失真比例能够通过改变该区域像素分布的密度大小得以抵消，解决显示画面失真问题。

**案例分析：**

本技术方案的领域较为专业，组成结构也较为复杂，用关键词描述检索要素无疑是特别困难的。这种情况下，分类号的选取便显得格外重要，尤其是 CPC 分类号，正是由于其分类条目更细，在表达一些含义比较复杂的检索要素时更具优势，选取精准的 CPC 分类号可以大大提高检索效率。

在使用 CPC 分类号表达检索要素时，在理解本技术方案过后，查询 CPC 分类表：

G02F 用于控制光的强度、颜色、相位、偏振或方向的器件或装置，例如转换、选通、调制或解调，上述器件或装置的光学操作是通过改变器件或装置的介质的光学性质来修改的；

G02F1/13···基于液晶的，例如单位液晶显示单元；

G02F1/1333···构造上的设备（G02F1/135，G02F1/136 优先）；

G02F1/1335····与液晶单元结构相连的光学装置，例如偏振器、反射器。

在 CPC 分类号中进一步寻找更准确的分类号下位组，找到 1/1335 下的六点组 G02F1/133526，该分类号表示采用透镜构造用于显示面板的光学装置，正好能够用于检索要素"单层透镜"的表达。

G02F1/133526·····｛Lenses, e. g. micro – lenses, Fresnel lenses (lenses in general G02B3/00)｝透镜，例如微透镜、菲涅耳透镜。

（2）通过 CPC 分类定义的灵活阅读来快速扩展 CPC 分类号表达。

通过分类定义的灵活阅读来快速扩展 CPC 分类号，是 CPC 区别于 IPC 或 F – Term 的最能帮助使用者表达检索要素的可靠途径。CPC 的分类定义用来对分类表进行含义的解释、对特殊分类规则进行阐述和举例说明、对关联性的分类位置进行信息指引以及对特定分类位置所涵盖的范围进行明确限定等，是对分类表一个非常有用的信息补充，特别是在检索前精准确定技术方案的关联分类号时，有很大的帮助。

**【案例 4 – 14】**

本技术方案涉及计算机领域。记载了涉及一种语音处理技术，特别是用于自适应学习的语音识别技术，包括：经由信息处理装置的音频接收器接收用户声音输入；基于所述用户声音输入辨识第一词语；访问词语关联数据存储库；基于所述词语关联存储库内与所述第一词语的关联来选择等同词；基于所述等同词作出动作；接收来自所述用户的关于所述等同词的反馈输入；以及基于所述反馈输入更新所述选择；其中，所述动作包括执行与所述等同词相关联的命令，在执行所述命令之前提供与所述用户的交流，所述交流询问所述用户以进行确认。

**案例分析：**

本技术方案相对于现有技术的贡献在于，多个用户可能尝试使用不同的短语执行相同的动作时，系统对等同词汇进行学习，以使得用户能够利用不同的词汇（例如，俗语、俚语或同义词）执行相同的命令，达到相同的目的。在此基础上，核心技术方案可归纳为：根据用户语音输入的识别词语，对等同词进行关联学习、判断并询问，并在得到用户的确认反馈后执行命令。

首先，通过简单查找 CPC 分类表即可知道，涉及用于自适应学习的语音识别技术，通常分入 G10L15/00 及其下位组中；其次，本技术方案的技术主题实际上是根据用户语音输入的识别词语来对等同词进行关联学习以执行命令的方法，其中的学习过程实际上是语音识别系统的训练过程，其目的在于让机器通过用户的一次次反馈得到训练和积累，据此，可确定 CPC 小组分类号为 G10L15/063。另一方面，本技术方案还涉及命令的执行，即语音识别后端使用的应用程序，结合这个检索要素，可确定 CPC 大组分类号为 G10L15/22。根据分类表，G10L2015/221～G10L2015/228 均为 15/22 大组下新增的细分位置，明确了语音识别过程中使用的程序，例如识别结果公告、语音打断、口头命令的执行程序、输入语音的反馈、考虑非语音特征的程序等技术分支，本技术方案的命令执行可准确分入 G10L2015/22（一条口头命令的执行程序）。

到目前为止，已找到的分类号分别对语音识别过程的机器训练以及人机对话中的命令执行进行了标引，但核心技术方案中还涉及一个关键点，那就是本技术方案的机器学习是学习如何找到最接近用户意图的"等同词"。对于"等同词"，根据本技术方案的说明，其可以是与正式语言等同词关联的俗语、与书面语或者专业术语关联的俚语术语、行话术语以及方言用语等，通俗地讲，可以将该"等同词"理解为"同义词"或"近义词"。然而在 G10L 小类下的 CPC 分类表中并未专门针对涉及"同义词"的语义分析给出任何分类位置，正是在这类情况下，CPC 强大的分类定义就开始发挥其最有利于检索的原则和作用。根据 G10L 小类的 CPC 分类定义中的信息性参见中列出的检索可能涉及的扩展领域，包括 G06F17/20（对自然语言的处理），如图 4-1-11 所示。上述信息性参见给用户明确指示了向自然语言处理（G06F17/20）技术领域扩展检索的启示，获取能够对同义词准确表达的 CPC 分类位置。

**G10L**

**SPEECH ANALYSIS OR SYNTHESIS; SPEECH RECOGNITION; SPEECH OR VOICE PROCESSING; SPEECH OR AUDIO CODING OR DECODING**

**Definition statement**

*This place covers:*

- processing of speech or voice signals in general (G10L 25/00);
- production of synthetic speech signals (G10L 13/00);
- recognition of speech (G10L 15/00);
- lyrics recognition from a singing voice (G10L 15/00);
- speaker identification, authentication or verification (G10L 17/00);
- singer recognition from a singing voice (G10L 17/00);
- analysis of speech signals for bandwidth compression or extension, bit-rate or redundancy reduction (G10L 19/00);
- coding/decoding of audio signals for compression and expansion using analysis-synthesis, source filter models or psycho-acoustic analysis (G10L 19/00);
- modification of speech signals, speech enhancement, source separation (G10L 21/00);
- noise filtering or echo cancellation in an audio signal (G10L 21/00);
- speech or voice analysis techniques specially adapted to analyse or modify audio signals not necessarily including speech or voice are also covered in subgroups (G10L 21/00, G10L 25/00);

**References**

*Limiting references*

*This place does not cover:*

| | |
|---|---|
| Speech or voice prosthesis | A61F 2/20 |
| Sound input or sound output arrangements for computers | G06F 3/16 |
| Handling natural language data | G06F 17/20 |
| General pattern recognition | G06K 9/00 |

图 4-1-11　G10L 小类的 CPC 分类定义（部分）

此时，用户就应当根据 G10L 小类在 CPC 分类定义中给出的信息性参见，找到并打开 G06F 的 CPC 分类表，并找到 G06F17/20。顺着 G06F17/20 往下位组去寻找，能够发现三点组 G06F17/2795，其含义明确涉及同义词的语义分析。因此，将核心技术方案中的等同词学习训练用该分类号表达。

如前所述，检索是分类的逆过程，本案例的所有检索要素通过 CPC 分类号准确表述后，检索过程自然就变得简单，检索结果也会得到相应的保障，由此也可见分类的重要性。

（3）利用 CPC 的 Y 部和 2000 系列分类号来表达检索要素。

利用 Y 部分类号表达技术方案检索要素已在案例 4-12 中有所涉及。此外，2000 系列的 CPC 分类号同样可以用于对检索要素进行表达。2000 系列类号来源于欧洲专利局原有的分类体系 ECLA 配套的 IPC 引得码、IPC 索引代码和受控关键词（controlled keyword）。其中小于 2200 的 2000 系列为细分类号，是对上位点组的进一步细分，在 CPC 分类表中穿插在主干分类号小组中；而大于 2200 的 2000 系列为垂直类号，是从多个角度表达技术主题，只出现在 CPC 分类表小类的末尾。大于 2200 的垂直类号实质上是从新的角度对该小类下的大组进行维度上的进一步扩充，所以只要用户认为 2000 系列的分类号才是最精准的分类号时，就应当认为相关的文献必然也采用了该分类号对该文献进行标引。那么依据先准后全的原则，检索时还是应当优先采用 2000 系列的分类号进行检索。

**【案例 4-15】**

本技术方案涉及生活领域。一种手动穴位机械按摩仪，结构如图 4-1-12 所示，其包括上工作臂（1）和下工作臂（2），上工作臂（1）和下工作臂（2）之间可发生相对转动，其特征在于：仅在其中一个工作臂的内表面设置有一个突出的齿（5），且上述突出的齿（5）位于对应工作臂的非端部，用于穴位按压。

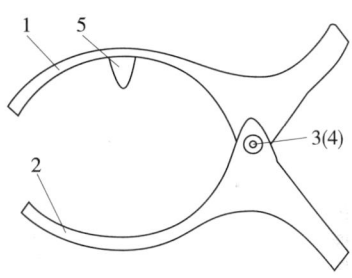

图 4-1-12 穴位按摩仪结构示意

**案例分析：**

本技术方案的发明构思在于：能够置入腿、手臂、脚、手指等部位，通过仅在其中一个工作臂的内表面设置一个突出的齿，可以非常准确地对准需要按摩的穴位，并根据按摩者的承受能力对相关穴位进行按摩，达到预定的按摩效果；并且由于按摩齿的位置设置于非端部，极大增强了按摩仪的稳固性以及操控性。

本技术方案可以通过查询分类表快速地定位 CPC 主干分类号为 A61H39/04（一点组，压迫反射点的仪器，例如指压穴位按摩），该分类号下并不存在细分下位组。在 CPC 分类表中，这并不意味着相关分类号的查找已经结束，用户还可以在 CPC 分类表最末尾的大于 2200 的 2000 系列下，进行进一步的查找。本案例即可继续找到分类号 A61H2201/1253，该分类号的含义为手动驱动装置，适合用于对"手动穴位机械按摩仪"这一主题进行表达。

#### 4.1.3.3 FI/F-Term 分类号的表达

F-Term 之所以利于检索，其最大的优势在于其分类表设计理念中赋予的冗余特性。对于一篇日本专利文献，F-Term 会尽可能从更多的视角给出分类号，所以能够大大提高检索到文献的可能性和准确性。F-Term 不仅从技术方案整体给出分类号，同时也会根据技术方案中的细节给出分类号。

（1）通过单个 FI/F-Term 分类号进行表达。

由于 FI 分类表与原 ECLA 分类表类似，跟 IPC 或 CPC 分类表的结构也差别不大，因此对于 FI 分类不做过多阐述，本节主要介绍 F-Term 分类号的表达。

由于设计理念的不同，F-Term 分类表与 IPC 或 CPC 分类表的结构有着本质的不同。对于不熟悉 F-Term 或者之前根本没有用过 F-Term 的用户想要使用 F-Term 表达检索要素，在此推荐两种入门的查询方式：一是，利用关键词检索相似技术主题的日本文献，通过相关日本文献定位 F-Term 分类号；二是，可以通过在日本特许厅网站上输入 IPC、FI 分类号查询对应的 F-Term 主题码。

**【案例 4-16】**

本技术方案的技术主题是一种汽车倒车障碍物测量装置，其包括超声波探头，所述超声波探头安装在汽车后保险杠上，探头设置一个或一个以上，探头设置为在后保险杠上可移动的结构；探头与倒车雷达模块连接，倒车雷达模块与距离显示单元连接。

**案例分析：**

本技术方案的发明构思在于倒车雷达在后保险杠上可以左右往复移动，通过本技术方案的技术主题可以尝试使用关键词"倒车雷达"进行简单检索，能够定位到与本技术方案相关的 IPC 分类号为 G01S15/00，然后利用日本特许厅 J-PlatPat 平台提供的分类号查询界面可对 IPC 分类号 G01S15/00 对应的 F-Term 主题码进行查询，如图 4-1-13 所示。

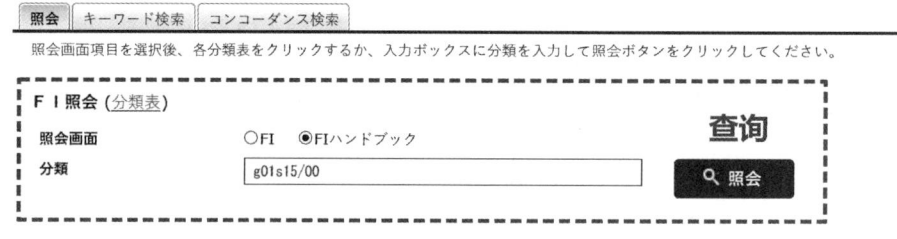

图 4-1-13　日本特许厅 J-PlatPat 平台的分类号查询界面

通过查询能够确定本案对应的 F-Term 主题码为 5J083。接着，可以在该界面中通过单击 5J083 打开该主题码所对应的分类表。通过逐行查找，先确定字母观点符，再确定数字位符，可找到 AF09。其中 AF 表示传感器的安装特点，09 表示传感器安装在移动车辆的前后保险杠。另外，还可找到 CA39，CA 表示传感器自身特点，39 表示可移动的传感器。因此，AF09 和 CA39 均可以作为本技术方案检索要素的表达。

(2) 通过多个 FI/F – Term 分类号组合表达。

通过多个分类号从多个观点和角度对技术方案的实质进行表达，这是 F – Term 的基本标引原则。F – Term 分类以有利于计算机检索为核心宗旨，每篇日本专利文献可以有四五十个甚至一百多个 F – Term 分类号。F – Term 分类体系的冗余特性使得用户在进行检索时，能够用分类号基本代替关键词，通过分类号组合的方式构造检索式，避免因为用户自身认知的局限性导致关键词的扩展不充分不准确、关键词组合不到位而导致的检索质量问题。

【案例 4 – 17】

本技术方案涉及生活用品，具体是一种改进的多功能梳妆镜，其结构如图 4 – 1 – 14 所示，包括均为矩形结构的主镜架（1）、副镜架一（11）和副镜架二（12），还包括板状底座（2），所述的底座（2）与主镜架（1）底部固定，所述的副镜架一（11）和副镜架二（12）分别通过转轴（22）可旋转连接在底座（2）上，且转轴（22）与底座（2）垂直，所述的转轴（22）分别靠近主镜架（1）相互平行的两边上，且副镜架一（11）和副镜架二（12）能分别呈折页状围绕转轴（22）翻转至贴合主镜架（1）后侧，且此时主镜架（1）的镜面朝前设置，副镜架一（11）和副镜架二（12）的镜面朝后设置，底座（2）两侧设有若干磁条一（21），所述的磁条一（21）以转轴（22）为轴呈扇骨状分布，所述的副镜架一（11）底部和副镜架二（12）底部分别设有磁条二，且能围绕转轴（22）旋转使副镜架一（11）底部和副镜架二（12）底部分别与底座（2）通过磁条一（21）和磁条二配合吸附；所述的梳妆镜包括两个相同的所述的底座（2），两个底座（2）上均设有所述的磁条一（21），且另一个底座（2）设在墙顶上，并与主镜架（1）顶部和转轴（22）顶端连接，所述的副镜架一（11）和副镜架二（12）顶部也设有所述的磁条二；主镜架（1）与磁条一（21）平行或相互之间夹角为钝角，且位于底座（2）一侧的磁条一（21）之间夹角为锐角；所述的底座（2）由不锈钢制成。

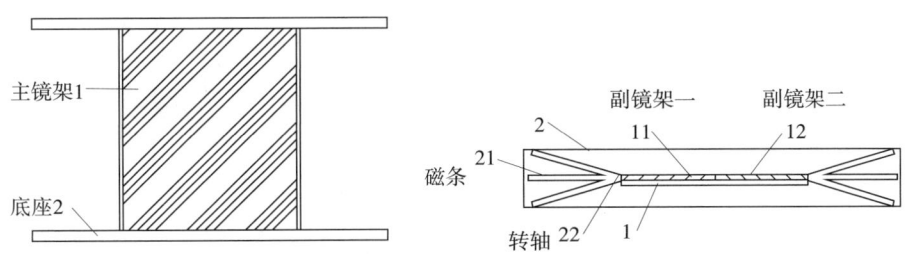

图 4 – 1 – 14　多功能梳妆镜的正视图（左）和俯视图（右）

**案例分析：**

本技术方案虽然记载的技术特征较多，但是技术领域只涉及生活用品，总体技术方案并不复杂。对于技术特征限定较多的技术方案，要把握技术方案的核心构思并精炼地提取检索要素。经分析，本技术方案所要解决的技术问题是梳妆镜即为梳妆或美容时利用的镜子，一般为落地设置，但现有的梳妆镜一般只能为一位顾客使用，若需要多个顾客同时使用，需要添置更多的梳妆镜，但这样占用了比较大的地面空间。而本技术方案为解决上述技术问题所采用的关键技术手段为：通过将副镜架一和副镜架二设置为可分别呈折页状围绕转轴翻转至贴合主镜架后侧，将主镜架、副镜架一和副镜架二包围顾客设置，再或使副镜架一和副镜架二分别向后侧翻转并固定于特定角度，使得梳妆镜能够具备用于一位顾客且方便该顾客查看自己各个方向或提供给三个方向的不同顾客梳妆的多种功能，使用方便。因此，本技术方案的检索要素可以表示为"梳妆镜""可相对转动的三镜架结构"以及"磁条吸附固定"。

接下来是进一步查找与本技术方案的发明构思密切相关的 F - Term 分类号。

1）根据已经总结出的检索要素，可以确定在技术方案上的三个重要观点：三面镜子；其中两面镜子可来回运动实现折叠；通过磁吸附实现镜子的定位。

2）找到与生活用镜子这一主题相关的 IPC 大组 A45D42/00（手持的、袖珍式的或修面用镜子）和 A47G1/00（一般的镜子）。

3）确定准确的 IPC 分类号。在阅读 A45D42/00 及其下位分类号的类名时也可以发现，该小组的分类号均用以表达小型的、手持式的、便携的梳妆镜，并且 A45D42/00 下相关的信息性参见指出作为房内设施使用的一般性镜子，应当分在 A47G1/02，因此，更准确的 IPC 大组应为 A47G1/00。

4）考虑到 F - Term 分类在 A 部进行了充分的扩展和补充，通过日本特许厅 J - PlatPat 检索平台查询与 A47G1/00 对应的 F - Term 主题码 3B111，相关的 F - Term 分类表如图 4 - 1 - 15 所示。

图 4 - 1 - 15　3B111 的 F - Term 分类表（部分）

5）尽可能全地确定所有 FT 分类号。打开主题码 3B111 的分类表后，逐行查找；先找到第一个相关行为字母观点符 AB，表示镜子的附属功能，再沿该行找到 AB07，表示可折叠；再逐行依次找到 AD03（表示镜子的面数为三面）、CA03（表示被支撑物为镜子）和 CE04（表示支撑或固定材料为磁铁）。

这 4 个 F - Term 分类号中，CA03 可表示检索要素"梳妆镜"，AD03 以及 AB07 可联合表达检索要素"可相对转动的三镜架结构"，CE04 则可表示检索要素"磁条吸附固定"。事实证明，本技术方案的检索是完全可以只用分类号组合而彻底避开关键词就能完成的,也从侧面反映了掌握分类表的重要性。

### 4.1.4 关键词与分类号的联合表达

本书之前介绍的关键词表达以及分类号表达各自具有各自的优势,但是各自又都存在短板。对于初入门用户来说,关键词的合理拓展以及分类号的快速确定都需要在实践基础之上慢慢积累经验才能熟练运用。因此,在入门阶段,利用关键词和分类号联合表达的方式,利用双方的优势尽量弥补彼此的短板,这对于初入门用户来说,是一个值得推荐的方式。利用关键词和分类号联合表达一般来说可以分为以下两种方式。

(1) 利用分类号大类、小类或大组联合精确的关键词表达检索要素。

如果检索要素涉及的关键词比较精确或扩展空间不大,比如一些专有名词、专业术语之类的,并且用户对于该技术领域的分类体系也不是特别熟悉的情况下,则可以使用分类号大类、小类或大组联合精确关键词来表达检索要素。首先,相对于精确的分类号下位组,分类号大类、小类或大组的快速确定通常来说是用户更容易掌握和运用的,其能在一定程度上节约仔细比对技术方案所涉及的技术主题与具体分类位置的时间精力。往往使用上位分类号联合精确关键词的表达效果起到甚至好于精准的下位分类号的表达效果,其逻辑关系可通过图4-1-16展示。

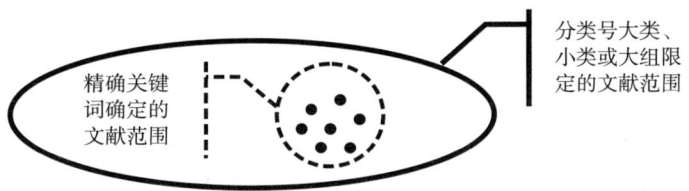

**图4-1-16 上位分类号结合精确关键词的表达范围逻辑示意**

用户要进一步理解图4-1-16的逻辑关系,则需进一步掌握分类号的分类范围和文献范围两个基本概念,也是分类基础知识中的两个重要概念。当一个分类号的上位组被细分时,其下缩排的每个从属下位组只包括该上位组所包含的技术领域中一个特定部分,所有这些特定部分的集合构成了该上位组的分类范围。每一个下位组的基本设计思想是要提取一个明确定义的技术主题部分,这个部分通常可以用作一个独立的检索领域。因此,任何上位组都用来将落入其分类范围内但不包括在其下缩排的任何下位组中的技术主题进行分类。该剩余技术主题称为该上位组的文档范围。对于没有细分类的组而言,其分类范围和文档范围是相同的。当对该组再进行细分类时,其分类范围不变而其文档范围有所修改。

随着信息技术的发展,分类号的功能逐渐纯粹化,越来越像一个标签。用分类号进行检索,就是把相同标签的文献检索出来。而分类号本身虽然有从属关系,但分类号之下的那些文献并无从属关系。

理解了分类号的分类范围和文档范围以后,对于图4-1-16的逻辑就可以理解为使用精确关键词提取相关分类号大类、小类或大组的分类范围内与精确关键词直接关联的特定技术主题部分,从而快速定位该特定技术主题部分下的相关文献。

【案例 4-18】

本技术方案涉及一种电触点材料的制造方法,包括步骤:一边向熔融 Ag 喷射含有除了 Ag 以外的金属的氧化物粒子在内的气体,一边进行微粒化并迅速冷却凝固,得到该氧化物粒子分散得微细的合金粉末的工序,且该工序中该氧化物粒子的平均粒径为大于或等于 500nm 而小于或等于 5μm,以及该气体中的氧化物粒子相对于该气体中的该氧化物粒子和该熔融 Ag 的合计质量的质量比例为大于或等于 10 质量%而小于或等于 30 质量%;以及对该合金粉末进行热挤出加工的工序。

案例分析:

本技术方案涉及的技术主题"电触点材料"属于一类比较常见的材料,该技术主题涉及的关键词也是比较专业的名词术语。通过阅读该技术方案可知,该电触点材料的制造方法还是比较复杂的,涉及的工序较多,要准确找到与技术方案密切相关的小组分类号还是比较困难的。因此,用户可以使用上位分类号结合精确关键词的方式来表达本技术方案的技术主题。对于初入门用户而言,针对电触点材料,分类号定位到小类"H01H"是没有难度的,因此使用分类号小类"H01H",再结合关键词"触点、触头、电接触"来表达本技术方案的技术主题是一种快速且有效的方式,适于初入门用户尝试。

需要注意的是,一般采用该上位分类号联合精确的关键词表达检索要素时,该分类号仅建议使用 IPC 分类号,而不建议使用 CPC 分类号。一,用户使用 CPC 分类号时要尽量使用 CPC 的下位组以便利用 CPC 的"准";二,因为 CPC 字段在各个数据库中文献标引率参差不齐的问题,使用 CPC 上位分类号在某些数据库中反而会造成不必要的漏检。

(2) 利用精确分类号联合扩展关键词表达。

在某些技术领域,往往会遇到这样两个情形:第一,检索要素表达的含义比较细节,划定的范围比较窄,即使用最下位组的分类号来表达这些检索要素也会存在表达范围过宽的情况,不太符合趋于等同原则;第二,检索要素表达的含义与对应的精确分类号的范围比较匹配,但是该分类号下面的文献量特别多,不适于进行结果浏览。上述两种情况,仅使用精确分类号来表达检索要素都是不太合适的,因此,我们需要在精确分类号的基础之上联合扩展关键词进行检索要素的表达,以提高检索的效率,其中关键词的扩展需要尽可能全面,以防止不必要的漏检。

【案例 4-19】

本技术方案涉及一种径轴向复合圆柱滚子轴承,其结构如图 4-1-17 所示,该径轴向复合圆柱滚子轴承针对现有技术中 NUP 型圆柱滚子轴承的轴向载荷差、安装时容易损伤滚子以及轴承运转升温时外圈容易出现打滑的问题,提出一种径向轴承和轴向轴承同时作用的复合轴承,将轴承设计为分体式以方便安装,并在外圈外壁上套设 O 形密封圈以防止外圈打滑。

**案例分析：**

通过查询 CPC 分类表可知，该技术主题"径轴向复合圆柱滚子轴承"最相关的 CPC 分类号应为 F16C19/545（包括一个受径向载荷的滚动轴承与至少一个受轴向载荷的滚动轴承相关联的复合滚动摩擦轴承），但是通过研究该分类号的类名可以发现其并不能有效体现技术方案中的"轴圈与所述内圈异于内圈挡壁的一端相抵，所述内圈异于内圈挡壁的一端端面与所述外圈挡壁的内表面平齐"（参见图 4-1-17 虚线框所示）这一技术特征，而该技术特征是本技术方案实现"径轴向复合"的关键技术手段。据此，采用上述 CPC 分类号结合关键词"against+、support+、adjacent、抵靠、相邻、相接"以进一步限缩该 CPC 分类号下的文档范围，快速找到目标文献。

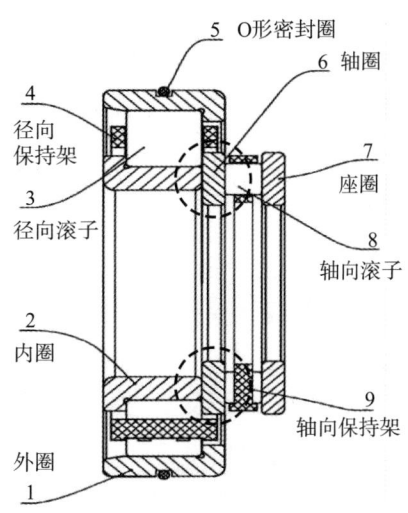

图 4-1-17 轴承结构示意

【案例 4-20】

本技术方案涉及一种散热装置，其结构如图 4-1-18 所示，其包括第一散热器以及与该第一散热器相连接的第二散热器，所示第一散热器包括第一基板（12）及设置于第一基板上的第一散热鳍片

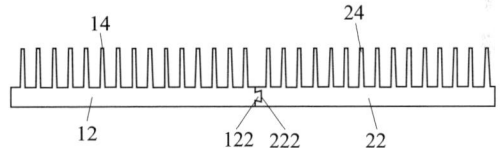

图 4-1-18 散热装置结构示意

（14），所述第二散热器包括第二基板（22）及设置于第二基板上的第二散热鳍片（24），所属第一基板的侧边处向外凸伸形成有凸肋（122），所述第二基板的侧边向内凹陷形成有凹槽（222），所属凸肋卡置于该卡槽内。

**案例分析：**

本技术方案的技术主题"散热装置"以及核心发明构思"两个散热器通过凸肋和凹槽连接"作为两个检索要素，对于检索要素散热装置的表达，其中通过查询 CPC 分类表：

H01L 23/00 半导体或其他固态器件的零部件

H01L 23/367 ··· 为便于冷却的器件造形

H01L 2023/4056 ···· 热沉附加到热沉上

其中的 H01L23/367 表示为了便于冷却的器件的造形，该 CPC 分类位置下再无进一步的细分，因此使用 H01L23/367 来表达检索要素时，可以进行进一步的匹配，技术方案中关于散热器虽不属于本发明对现有技术做出贡献的内容，但是散热器的形状"鳍片"及相关的关键词扩展可以和 CPC 分类号一起联合表达检索要素"散热装置"，更好地体现趋于等同原则，检索效率也会更高。

另外需要说明的是，趋于等同原则是可以随着目标文献类型的不同而进行调整的。如本技术方案中的另外一个检索要素"两个散热器通过凸肋和凹槽连接"，对于检索创造性的目标文献，CPC 2000 系列的分类号 H01L2023/4056 表示热沉附加到热沉便可以单独表达该检索要素；而对于检索新颖性的目标文献，则该分类号还可以进一步联合"凸肋、凹槽"及相关扩展关键词进行联合表达。当然，从本案例可以看出，使用 CPC 分类号比仅用关键词来表达检索要素（尤其是本技术方案的第二个检索要素）要便捷许多。

## 4.2 检索策略的构建

制定检索策略所要解决的问题就是让计算机理解用户的需求，并按照用户的指示去数据库寻找目标文献。所以根据检索系统预先设定的规则（包括数据库、字段、标引、算符、索引等）而制定恰当的检索策略，这样专利检索的质量和效率就有了一定的保证。

本节主要讲述以检索要素表为基础，并以检索评价新颖性以及创造性的目标文献分别构建检索策略。

### 4.2.1 检索要素表

一般而言，虽然检索的技术主题涉及的技术领域千差万别，技术方案的难度也各不相同，但是最基本的通用检索流程都趋于一致，如图 4-2-1 所示。

为了清晰、完整地表达与技术方案相关的检索要素从而制定恰当的检索策略，建议初入门用户创建一个检索要素表以记录所有的检索要素相关信息，以便构建检索策略或调整检索策略时作为参考。当然，虽说只是参考，但是检索要素表的构建对于初入门用户来说是非常重要的，其能在一开始就帮助用户建立一个好的检索习惯，并能在实践中快速帮助用户提高检索能力。

在专利审查领域，业界常用的是表 4-2-1 所示的检索要素表。利用该检索要素表对检索

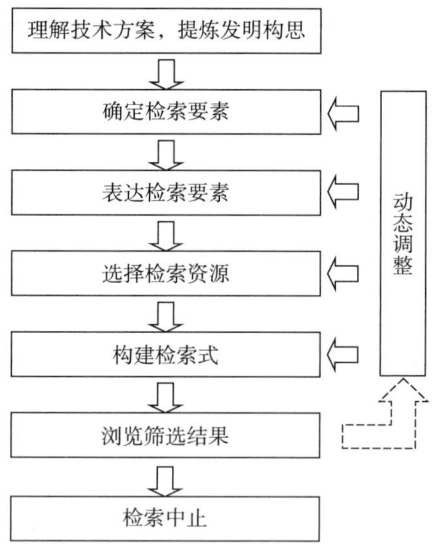

图 4-2-1 通用基本检索流程

要素及其对应的分类号、关键词等表达形式进行罗列，并将该表中同一检索要素的不同表达形式用逻辑"或"构造成该检索要素的检索式，再对不同检索要素的检索式采用逻辑"与"进行组合从而进行目标文献的检索。

表 4-2-1 专利审查检索要素表

| | | 检索要素1 | 检索要素2 | 检索要素3 |
|---|---|---|---|---|
| 分类号 | IPC | | | |
| | CPC | | | |
| | 其他分类 | | | |
| 关键词 | 中文 | | | |
| | 英文 | | | |

表 4-2-1 表达的内容在形式上只与图 4-2-1 所示的检索流程中的"表达检索要素"直接相关。而为了引导初入门用户正确确定检索要素,厘清检索思路和逻辑,并充分体现检索要素表达的基本原则,以帮助初入门用户进一步提高检索效率和质量,本书设计了一种新的检索要素表,见表 4-2-2。

表 4-2-2 新检索要素表

| | | 检索要素1<br>(技术主题) | 检索要素2<br>(发明点) | ……检索要素 N<br>(发明点) |
|---|---|---|---|---|
| 数据库1 | 要素元 | 分类号11/对应索引,分类号12/对应索引,关键词11/对应索引,关键词12/对应索引,关键词13/对应索引,…… | 分类号21/对应索引,分类号22/对应索引,关键词21/对应索引,关键词22/对应索引,…… | |
| | 要素表达 | 分类号11/对应索引 | 分类号21/对应索引 or 分类号22/对应索引 | |
| | | 分类号12/对应索引 and 关键词11/对应索引 | 关键词21/对应索引 and 关键词22/对应索引 | |
| | | 关键词13/对应索引 | …… | |
| | | …… | | |
| 数据库2 | 要素元 | | | |
| | 要素表达 | | | |
| ……<br>数据库 N | 要素元 | | | |
| | 要素表达 | | | |

本书设计的检索要素表 4-2-2 集要素的表达和调整于一体,将图 4-2-1 中所示

的基本检索流程中的"确定检索要素""表达检索要素""选择数据库""构建检索式"以及"动态调整"五个步骤相关信息融合进一张表格来记载并充分考虑表达优先级先后顺序,具体说明如下:

(1)检索要素表的首行自第二列开始都是用于填写与技术方案相关的检索要素,一个检索要素占用一列。另外,不论技术方案的技术主题表述有多长,技术主题都只占用一列(优先占用第一列)。在每列的检索要素中,使用"技术领域""发明点"等提示用于对用户确定检索要素的正确思路进行引导。

(2)自第二行开始,区分了不同的检索资源,包括数据库1、数据库2、…、数据库N,其中N表示可能用到的数据库总数,1~N表示数据库优先级顺序,该优先级顺序与技术方案本身的特性、技术方案关联因素(如申请人、发明人类型等)以及用户自身的经验相关,数据库优先顺序的选择往往也在一定程度上决定了检索的效率。

(3)每行的数据库中,分为两个分行,第一个分行用于填写表达检索要素的可能存在的要素元,所述的要素元由单个的关键词或分类号以及相应的索引组成,其是表达检索要素的最小单元,一个检索要素可由一个或多个要素元表达。这些要素元建议也按照优先级的先后顺序填写,要素元也可以在检索的过程当中不断增删或调整。另外,需要特别说明的是,同一个关键词,其后标注不同的索引,也可以构成不同的要素元,比如在CNKI中,表达技术主题"行星齿轮"时,用"题名=行星齿轮"与"主题=行星齿轮"构成了两个不同的要素元,由于"题名=行星齿轮"更贴合对于技术主题的表达,因此,要素元"题名=行星齿轮"比要素元"主题=行星齿轮"的优先级高。

(4)数据库第二个分行是要素表达,其是整个要素表的核心,检索要素表达的两个基本原则是层次区分原则和趋于等同原则。其中对应于层次区分原则,要素表达分行区分不同的子行,子行数量不限且子行由高至低优先级递减。对应于趋于等同原则,每个检索要素对应的要素表达子行,要素元的表达形式(包括算符的使用)不限,只要满足趋于等同原则即可。

总体来说,该检索要素表4-2-2的上述设计原则能够帮助用户为构造出的检索式寻求最合适的数据库进行检索,从而实现准确、快速、全面的检索。当然,表4-2-2与表4-2-1并无本质上的区别,只是在信息记录的形式上有所调整或侧重,用户完全可以根据自身实际情况选择相应的表格来作为信息记录的载体。

总之,检索要素表仅仅是一个形式而已,是帮助初学者更好更快入门的一个"拐杖"。如果用户对于检索已经有了一定程度的了解和掌握,可不必拘泥于特定的形式。

### 4.2.2 构建检索式

在确定了检索要素并使用检索要素表表达检索要素后,用户需要依据一定的逻辑关系构建检索式进行检索,以期能检索到新颖性或创造性的目标文献。本小节所述的检索策略是指基于检索要素构建的块检索策略,所谓的块检索就是针对不同的检索要素（即检索要素表中自第二列开始的每一列）构成不同的检索概念组，针对每个检索概念组构建不同的检索块，不同的检索块之间进行"逻辑与"运算[①]。单个检索要素的表达则不限制逻辑关系，只要遵循趋于等同原则即可。

在开始构建检索式之前，建议用户始终记住以下两条谏言。

（1）考虑自己构造的检索式会带来哪些不想要的噪声文献。

该条谏言是提醒用户，在进行关键词或分类号的扩展时，一些不必要或错误的关键词或分类号的引入会给检索结果引入大量的噪声，大大降低用户筛选目标文献的效率。

（2）考虑自己所构造的检索式会漏掉哪些想要的目标文献。

该条谏言是提醒用户，在进行关键词或分类号的扩展时，如果一些重要的关键词或分类号有遗漏的话，检索结果中往往没有目标文献的存在。

#### 4.2.2.1 全要素组合的检索策略

构建全要素组合检索策略的主要目标是获取新颖性或单篇评述创造性的单篇目标文献，这就需要将所有的检索块进行逻辑与运算，构成所谓的全要素检索。当然全要素检索并不是通过一个检索式一蹴而就的，也是需要根据检索过程或结果而进行调整的。

要兼顾检索的效率和准确性，构建全要素检索的检索式时需要在查全和查准上进行适当的平衡，一味求全则效率低下造成时间成本浪费，一味求准则漏检可能性较大造成检索质量低下。因此，构建全要素检索时需要考虑不同检索式之间的优先级顺序，使用最精确的检索要素表达来构造检索式构成第一优先级。在第一优先级未获得理想目标文献的情况下，再使用扩展的检索要素表达来构造检索式，依此类推。

**【案例4-21】**

本技术方案涉及一种能够简化构造以及制造工序的热电转换装置，如图4-2-2所示，其具备：第一绝缘基材（10），其在一面侧形成有布线图案（11）；第二绝缘基材，其配置于所述第一绝缘基材的另一面侧；以及多个热电转换元件，配置在第一绝缘基材与第二绝缘基材之间，并经由所述布线图案串联连接；所述布线图案具有形成于第一绝缘基材第一区域的多个第一连接部（11a）、形成于第二区域的多个第二连接部（11b）以及将所述第一连接部与所述第二连接部连结起来的多个连结部（11c），所述多个热电转换元件沿所述第一绝缘基材的平面方向延伸配置，并且分别与一个所述第一连接部以及一个所述第二连接部连接，在邻接的所述热电转换元件中，所述连结部将连接于一方的所述热电转换元件的第一连接部和连接于另一方的所述热电转换元件的第二连接部连结起来。

**案例分析：**

本技术方案实质上属于热电器件中的平面型（plate）热电器件领域，对于平面型

---

[①] 魏保志. 专利检索之道［M］. 北京：知识产权出版社，2019：144-156.

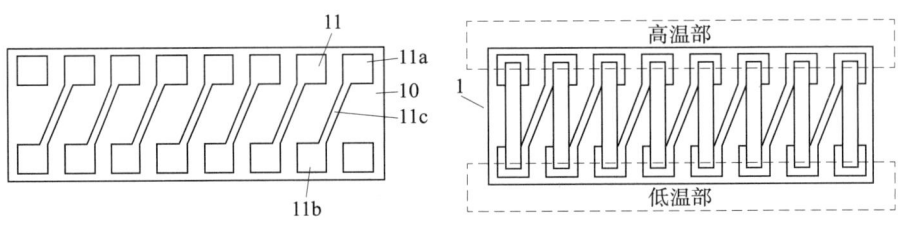

图 4-2-2 热电转换装置结构示意

的热电转换装置，其电极直接形成于绝缘层（基板）上，分为连结部和两个连接部，而电极连结部在邻接的热电转换元件中，将连接于一方的热电转换元件的第一连接部和连接于另一方的热电转换元件的第二连接部连结起来。因此，即使由一种导电型的热电转换元件构成，也能够获得很大的电动势，由此能够实现构造的简化。该技术方案的发明构思是采用了形如布线图案的薄膜/箔/桥接电极，以便于电极的批量制造以及热电节点的准确定位。基于这一事实，构造基本检索要素表见表 4-2-3。

表 4-2-3 案例 4-21 的检索要素表

| | | 热电转换装置 | 电极布线 |
|---|---|---|---|
| PSS | 要素元 | 平面，平板，热电，赛贝克，珀尔贴，温差，IPC = H01L35/32 | 电极，金属，电连接，布线，膜，箔，桥 |
| | 要素表达 | IPC = (H01L35/32) | SMS = ((电极 or 金属 or 电连接 or 布线) S (膜 or 箔 or 桥)) |
| | | IPC = (H01L35) AND SMS = ((平面 or 平板) S (热电 or 赛贝克 or 珀尔贴 or 温差)) | |

首先，在 PSS 平台中构造检索式 SMS = (((电极 or 金属 or 电连接 or 布线) S (膜 or 箔 or 桥))) AND IPC = (H01L35/32)，但是检索结果较多并不适于逐一浏览，而且 H01L35/32 的分类号类名解读为按构成器件的电池或热电偶的结构或排列区分的只利用 Peltier 或 Seebeck 效应进行工作，对于本技术方案的技术主题也不是十分贴合。因此对于检索要素"热电转换装置"的表达进行调整，采用本章第 4.1.4 节推荐的上位分类号联合扩展关键词进行表达的方式，构造调整后的检索式 IPC = (H01L35) AND SMS = ((平面 or 平板) S (热电 or 赛贝克 or 珀尔贴 or 温差)) AND SMS = ((电极 or 金属 or 电连接 or 布线) S (膜 or 箔 or 桥))，其检索结果适于逐一浏览，并检索到能评述本技术方案新颖性的目标文献，其公开的技术方案如图 4-2-3 所示。

其中虚线部分（26，34，36，72）即相当于本技术方案中的布线图案。该目标文献公开了本技术方案的基本发明构思，同样能够获得"即使由一种导电型的热电转换元件构成，也能够获得很大的电动势，由此能够实现构造的简化"的技术效果。

【案例 4-22】

背景技术提及的数据分块技术主要包括定长分块算法，定长分块算法是设定一个预先定义的块大小，对所有数据流均按照这个预先定义的块大小进行划分，定长分块算法会受到边界偏移问题的影响。边界偏移即数据的插入或删除等操作导致的数据块的边界发生偏移，进而使得本来重复的数据块被检测为不重复。可见，定长分块算法的分块效果较差，从而影响去重效果。于是，本技术方案提出一种分块方法，其主要步骤包括：从待分块数据流的头部开始，确定出第一长度的第一数据段，所述第一数据段包括多个字符，所述多个字符的字符长度为所述第一长度；根据所述第一数据段中的字符的字符值，确定所述第一数据段的数据分布特征；根据所述第一数据段的数据分布特征，确定所述待分块数据流的分块位置；将所述第一数据段中的第一个字符的起始位置与所述分块位置之间的字符作为数据块。

**案例分析：**

本技术方案的记载特征表述较为抽象，因此还需通过仔细阅读、理解背景技术以及技术方案

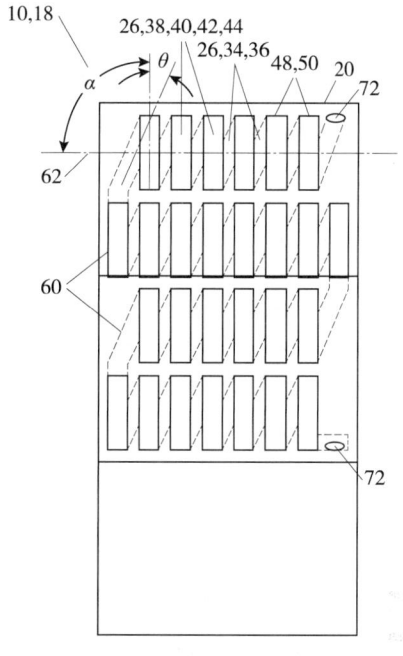

图 4-2-3　新颖性目标文献附图

涉及的具体实施方式等文字内容来确定本技术方案的发明构思，即本技术方案利用不对称极值（Asymmetric Extremum，AE）分块算法基于数据段的数据是均匀分布建立的特点进行改进，解决 AE 算法在数据段的数据分布特征为非均匀分布（比如，数据段中的每个字符的字符值均相同）时分块效果不够理想的技术问题。

关于检索要素的确定，首先从技术领域角度，本技术方案涉及数据处理技术领域，具体地说涉及一种对数据进行分块的方法。其次从发明对现有技术作出改进的角度，基于上述发明构思，提取出关键词：不对称极值，Asymmetric，分块。

由于本技术方案的核心发明构思是对 AE 算法进行改进，根据检索经验可知，针对算法改进的现有技术来自非专利文献的可能性更大，因此，检索可以首先选择在 CNKI 数据库中进一步检索。

在 CNKI 中先进行初步检索，将 Asymmetric、分块等关键词限制在同一句进行检索，获得 A 类文献"并行迁移压缩算法的研究与实现"，追踪该文献，获得其引证文件追踪该文献，获得其引证"Metric Extremum Content Defined Chunking Algorithm for Fast and Bandwidth-Efficient Data Deduplication"，基于该引证文件获取精确的英文关键词：Asymmetric、Extremum、Deduplication。

在 CNKI 中没有进一步检索到目标文献后，转库至 IEEE 中，采用上述英文关键词进行检索，获取有效目标文献"A Fast Asymmetric Extremum Content Defined Chunking Algorithm for Data Deduplication in Backup Storage Systems"，该文件与技术方案的发明构思相同，均是对 AE 算法的改进，公开了如何对仅包含一个唯一字符的字符串，如0000000000000000……，以及包含重复子字符串的字符串，如 Abcabcabcabcabcabc……，

进行分块的方法。

通过本案例的检索过程可知，准确提炼发明构思是进行有效检索的前提。对于提炼发明构思的依据，应根据技术方案所有相关文字部分记载的内容，进而根据发明构思确定基本检索要素。并且，根据技术方案的特性选择合适的数据库进行检索是高效获取对比文件的必要手段。

#### 4.2.2.2　部分要素组合的检索策略

当全要素组合没有找到目标文献时，需要构建部分要素组合的检索策略。构建部分要素组合检索策略的主要目标是获取多篇结合评价创造性的目标文献。所谓的部分要素组合是在全要素组合的基础之上，通过去掉某些检索要素后，分顺序进行剩余检索要素的组合，以期达到部分要素组合的主要目标。举个最简单的例子，如某技术方案经分析后提取了三个检索要素，第一个检索要素是技术方案请求保护的主题，第二个检索要素是本技术方案的第一个发明点，第三个检索要素是本技术方案的第二个发明点。在进行全要素组合并且没有检索到目标文献后，便需要进行部分要素组合的检索策略。一般情况下，使用第一个检索要素与第二个检索要素组合检索最接近的现有技术文献（通常简称为对比文件1），如确实检索到了最接近的现有技术，则使用第一个检索要素与第三个检索要素组合检索或单独使用第三个检索要素看能否检索到能够结合最接近的现有技术文献评述创造性的目标文献（通常简称为对比文件2）。此处需要说明的是，一般情况下检索对比文件2，优先采用第一个检索要素与第三个检索要素组合检索，该组合检索没有检索到合适的对比文件2时，退而求其次，再单独采用第三个检索要素来检索对比文件2。这样操作的意义在于，使用对比文件2的前提是除了对比文件2公开本技术方案第二个发明点的技术特征以外，对比文件2还应公开把对比文件2结合到对比文件1中去的结合启示，即对比文件2公开了该技术特征并解决与本技术方案的相同技术特征解决的技术问题相同。而使用第一个检索要素与第三个检索要素组合检索比单独使用第三个检索要素检索到的目标文献公开了结合启示的概率要大。这是创造性检索的难点所在，需要引起初入门用户的注意。当然以上只是举例，实际检索中，使用第一个检索要素与第三个检索要素组合也有可能检索到对比文件1，而使用第一个检索要素与第二个检索要素组合或单独使用第二个检索要素也可能检索到对比文件2。更重要的是，在实际案例中考虑要素组合时不能如上这般机械，还要结合技术逻辑进行恰当的选择。

【案例4-23】

本技术方案涉及一种用于电动工具的测速装置，所述测速装置包括：缓冲部件，其设置有磁力部件和磁性传感器，所述磁性传感器设置在所述磁力部件周围并且能够根据所接受到的变化的磁场而产生相应的信号，其中，所述缓冲部件以可拆卸的方式安装于所述电动工具上，且能随着电动工具的电机的转动而转动。该方案的效果在于，不会形成由压配操作给磁力部件带来的应力，同时能够缓冲在转子高速旋转产生离心力和/或在电动工具的剧烈振动时的冲击力，有利于防止磁力部件被损坏，确保测速装置乃至整个电动工具的正常工作；在进行磁力部件维护时也消除了对其压配的压力问题。

**案例分析：**

在分析本技术方案所要解决的技术问题、采用的技术手段以及达到的技术效果的基础之上，可知本技术方案的检索要素应包括三个：一是本技术方案的技术主题——电动工具的测速装置；二是本技术方案的核心发明点——缓冲部件；三是与核心发明点密切相关的技术特征——磁性传感器。基于此，初步构造本案例的检索要素表见表4-2-4。

表4-2-4 案例4-23的检索要素表（部分）

| PSS | | 电动工具的测速装置 | 磁性传感器 | 缓冲部件 |
|---|---|---|---|---|
| | 要素元 | 电动工具，电锤，电钻，drill，hammer，grinder，IPC = G01P3/44/LOW，IPC = G01P3 | 磁，magnet +，霍尔，hall + | 缓冲 |
| | 要素表达 | SMS =（电锤 or 电钻 or drill or hammer or grinder）AND IPC =（G01P3/44/LOW） | SMS =（磁 or 霍尔 or magnet + or hall +） | SMS =（缓冲） |
| | | IPC =（G01P3）or SMS =（电动工具） | | SMS =（（（磁 or 霍尔）5D（保护 or 损坏 or 破坏））） |

首先在全要素没有检索到相关新颖性或单篇评价创造性的目标文献后（检索要素的调整省略），进行多篇结合评述创造性的目标文献的检索。对于本技术方案，利用第一和第二个检索要素组合构造检索式 IPC =（G01P3/44/LOW）AND SMS =（电锤 or 电钻 or drill or hammer or grinder）AND SMS =（磁 or 霍尔 or magnet + or hall +）可以快速地找到本技术方案背景技术中提及的对比文件1（US4385276A）。但是第三个检索要素"缓冲部件"的检索是一个难点，对于结构特征"缓冲部件"的用词在本技术方案中是比较模糊的，不太好直接从结构描述的角度对于该检索要素进行扩展。因此使用 IPC =（G01P3）AND SMS =（（（磁 or 霍尔）5D（保护 or 损坏 or 破坏）））的检索式从效果或解决的问题出发快速找到相应的对比文件2（CN101517210A），在对比文件2中公开本技术方案"缓冲部件"的技术特征为"衬套"，从术语名称来看，两者差别甚远，但是使用技术效果或技术问题的角度来表达结构要素"缓冲部件"往往也是用户必须要考虑的关键词的扩展方式。

案例4-23中，技术方案仅包括三个检索要素，而技术方案包括两个、四个或更多个检索要素的情况也是采用相同的思路，只不过组合方式更多了而已。

案例4-21和案例4-23分别介绍了通过检索要素表在专利数据库的检索过程中辅助检索信息的记录，检索要素表在非专利数据库的检索过程中也同样适用。

**【案例4-24】**

本技术方案涉及一种基于LK光流约束的ORB图像特征配准方法，所要解决的技术问题是在保持高精度匹配前提下，使算法满足实时性处理的要求。所述方法分为三个阶段：

第一阶段，ORB 特征匹配阶段：a. 利用 ORB 特征算子，分别提取两幅图像中的 FAST 特征点，并用 rBRIEF 描述子对特征点生成二进制字符串描述符；b. ORB 特征点描述子是特殊的二进制字符串，用 Hamming 距离比较特征点间相似性，找到两幅图像上对应匹配特征点，同时设置阈值，找出相似度比较大的特征点对，提高匹配精度；c. 初步匹配的特征点对利用 Ransac 算法鲁棒估计初始单应性矩阵，并将误匹配的特征点对剔除；

第二阶段，LK 光流法精确匹配阶段：运用 LK 稀疏光流法，将初始单应性矩阵作为初始位置参数，被剔除的特征点重新计算迭代，在待匹配图像上找到最佳匹配点，增加匹配点对数；

第三阶段，图像插值配准阶段：获得的所有正确匹配点对再次用 Ransac 算法鲁棒估计出两幅图像最佳的单应性矩阵，并用双线性插值法实现两幅图像匹配。

**案例分析：**

由于本技术方案涉及算法并且记载大量公式，一般情况下，使用非专利数据库作为优先检索资源。除了技术主题之外，两种算法 LK、ORB 的结合是本技术方案的核心发明构思作为另外两个检索要素。构造检索要素表见表 4-2-5。

表 4-2-5 案例 4-24 的检索要素表（部分）

| | | 图像特征配准 | ORB 特征匹配 | LK 光流法精确匹配 |
|---|---|---|---|---|
| CNKI | 要素元 | 图像，特征，特征点，配准，匹配 | ORB, oriented FAST and rotated BRIEF，粗配，FAST，hamming，Ransac | LK, Lucas – Kandae, 光流，精确匹配 |
| | 要素表达 | 主题＝（图像*（特征＋特征点）*（匹配＋配准）） | 主题＝ORB OR 主题＝'oriented # FAST # rotated # BRIEF ' | (主题＝LK OR 主题＝'Lucas # Kandae') and 主题＝光流 |
| | | 主题＝（图像＋特征＋特征点）*（匹配＋配准） | 全文＝ORB OR 全文＝'oriented # FAST # rotated # BRIEF ' | (全文＝LK OR 全文＝'Lucas # Kandae') and 全文＝光流 |
| | | | 主题＝'粗 /NEAR 3 配' | |
| | | | (全文＝ORB OR 全文＝'oriented # FAST # rotated # BRIEF') AND 全文＝FAST AND 全文＝Hamming and 全文＝Ransac | |

首先，由于本技术方案涉及的算法结合了两个本领域常见算法，针对两个算法的结合进行检索。利用 CNKI 专业检索构造检索式：

主题＝（图像*（特征＋特征点）*（匹配＋配准））AND（主题＝ORB OR 主题＝

'oriented # FAST # rotated # BRIEF') AND ((主题 = LK OR 主题 = 'Lucas # Kandae') and 主题 = 光流)

在没有检索到新颖性目标文献的情况下，将第二和第三检索要素的索引修改为全文，构造检索式如下：

主题 = (图像 * (特征 + 特征点) * (匹配 + 配准)) AND (全文 = ORB OR 全文 = 'oriented # FAST # rotated # BRIEF ') AND ((全文 = LK OR 全文 = 'Lucas # Kandae') and 全文 = 光流)

依然没有检索到新颖性目标文献的情况下，对于第二和第三检索要素的关键词进行同义词的扩展（要素表中省略记载）依然无果，而且鉴于本技术方案细节特征较多，新颖性目标文献的检索就可以中止了。

接下来，针对两个算法分开检索，查找创造性目标文献。由于本技术方案的两个算法中，对于图像特征匹配起主要作用的还是 LK 光流法，因此表 4-2-5 中第三检索要素的表达可以不用变化。本技术方案使用的粗配和精配相结合的方式，在检索最接近的现有技术时，对于第二个检索要素也不能完全舍去，而采用 ORB 实现功能角度的关键词表达，即粗配。因此，对于最接近现有技术的检索构造检索式如下：

主题 = ((图像 + 特征 + 特征点) * (匹配 + 配准)) AND 主题 = '粗 /NEAR 3 配' AND ((主题 = LK OR 主题 = 'Lucas # Kandae') and 主题 = 光流)

检索到对比文件 1："一种基于 Harris – Sift 引导 LK 光流约束的特征点匹配算法"，刘彬等，《测绘科学技术学报》，第 31 卷第 2 期，第 162 – 166 页。对比文件 1 公开了一种基于 Harris – Sift 特征点引导 LK 光流约束的图像匹配算法，算法首先检测图像的 Harris – Sift 特征点，利用双向互匹配的最邻近搜索算法进行粗匹配；然后利用 Ransac 算法鲁棒估计两视图单应性矩阵，利用单应性矩阵引导 LK 光流法寻找局部最优匹配点，以获取更多更精确的匹配点；最后利用极线约束剔除外点。由此可见，对比文件 1 已经公开了本技术方案中采用粗匹配和 LK 算法精细匹配的核心发明构思，只是粗匹配未采用 OBD 算法，于是针对目标文献，构造检索式如下：

主题 = (图像 + 特征 + 特征点) * (匹配 + 配准) AND (全文 = ORB OR 全文 = 'oriented # FAST # rotated # BRIEF ') AND 全文 = FAST AND 全文 = Hamming and 全文 = Ransac

检索到对比文件 2："基于视觉信息的移动机器人目标识别算法研究"，赵强，《中国优秀硕士学位论文全文数据库 – 信息科技辑》，第 2 期，第 1138 – 1471 页。对比文件 2 公开了与本技术方案相同的 ORB 特征匹配算法，将其结合到对比文件 1 中作为对比文件 1 中粗匹配的具体算法对于本领域技术人员来讲是显而易见的。

本案例是一个比较典型的算法技术方案，对于这一类型的技术方案，非专利数据库作为首要检索资源，并且算法涉及的关键词都比较专业，用户也不必进行过多的关键词扩展，反而是把握核心发明构思、合理利用索引显得比较关键。另外，如果技术方案涉及的公式较多的情况下，读秀可以作为检索常见算法公式的常用检索资源。

## 4.3 结果筛选与策略调整

使用全要素组合或部分要素组合检索得到的检索结果通常都是若干文献的集合，里面包括一定数量的噪声文献，然后用户需要通过人工筛选来判定该集合中有无目标文献。如何在检索结果集合中筛选目标文献是检索过程中的重要步骤，其会影响检索的质量，尤其是效率。

一般情况下，结果筛选的基本步骤包括粗筛和细筛两个子步骤。粗筛是指通过阅读检索结果的摘要、附图，必要时阅读一下全文快速筛选出与技术方案相关度较高的疑似目标文献；细筛是指在粗筛挑选出的疑似目标文献的集合中，通过详细阅读摘要、摘要附图，大部分情况下需要阅读文献全文来挑选目标文献或确认无准确目标文献。

在首次构建的全要素组合或部分要素组合检索实施完成后，应对检索质量、检索结果进行初步评价。所述的检索质量包括执行的检索式中的要素元及要素元组合，包括关键词、分类号、算符、索引等有没有出现错误。如果出现明显的错误，则该检索过程本身是无效或无意义的。在检索质量没有问题的前提下，需要对检索结果进行评价分析。检索结果中若确认没有目标文献，此时，检索并不是就此中止，而是要进行检索策略的调整，然后按照新的检索策略再重复相同的过程直至达到检索中止的条件为止。

### 4.3.1 结果筛选的误区

结果筛选，就是利用检索式在数据库中完成某一阶段的检索并获得一定数量的检索结果之后，从中挑选出目标文献的过程。一般来说，除了用户的人为因素影响之外，下述三个常见误区也会影响筛选的质量和效率。

（1）数量过多文献的集合逐一浏览。

如前所述，影响检索效率的一大因素就是结果筛选的过程。对于初入门用户而言，结果筛选最大的一个误区就是检索结果文献过多的情况下，盲目地进行逐一筛选。当然，本书也无法对于所谓"过多"准确地定量，但是可以给用户做一个简单的计算，比如，一个用户在检索结果集合为 300 条文献的情况下，便开始逐一筛选，即使该用户对于该技术领域特别熟悉，那么假定他 30 秒钟可以快速浏览一篇文献，那么 300 条文献逐一浏览需要花费 150 分钟。如果该 300 条文献集合里面根本就没有目标文献，那么这 150 分钟基本就浪费了。虽然不能完全断言这 150 分钟是完全白做功，但是从效率的角度考虑，对于何种数量的检索结果集合需要逐一浏览对于初入门用户而言是一个非常重要的问题。

总体来说，检索结果的文献数量越多，目标文献在所有检索结果文献中所占的比例越低，筛选的效率也越低；反之，检索结果的文献数量越少，筛选的效率越高。因此，具体多大数量的检索结果适宜逐一浏览，需要用户根据自身目标以及实际情况综合判断。

（2）浏览不分层次。

浏览不分层次包括两方面：其一，几乎每条文献上花费的浏览时间都一致，不会预判文献与本技术方案的关联程度而采用粗筛和细筛的筛选策略；其二，对于每条文献都是从头看到尾，不会根据文献的特点或重点进行针对性的阅读筛选。

（3）重复浏览。

由于检索过程不是一蹴而就的，实际情况中需要多次构建检索式而产生多个检索结果集合，而这多个检索结果集合里面或多或少都会有重复文献。所以结果筛选的第三个误区就是重复阅读重复文献。一般情况下，避免重复浏览可以通过构造检索式或使用浏览界面的对应功能便可以克服。

## 4.3.2 结果筛选的常见经验

检索中的对比文件筛选是否得当，对于提高检索效率和检索准确性都会产生非常重要的影响。从概率上讲，再充分完备的检索策略结果都会含有噪声文献，因此用户通过阅读排除噪声，挑选出目标文献几乎是一个不可避免的过程。

目标文献筛选的效率不仅依赖于采用的筛选工具、筛选方法，与用户的人为因素，例如英文阅读能力、对所属领域基本知识的掌握程度等也均有一定程度的联系，这也就从一定程度上导致了目标文献筛选能力的提升难以短时间提高。但是，也有一些常用的结果筛选经验在此提供给用户参考，简述如下。

（1）准确理解技术方案是基础。

筛选目标文献，归根结底是要在检索结果中快速、准确地挑选出与本技术方案最接近的目标文献。因此，对比文件筛选的正确性，高度依赖于对技术方案的准确理解，其中不仅包括对于整个技术方案关键技术手段的合理把握，还包括对于技术方案范围的准确限定。在把握整体构思之后，应该列出除发明构思之外的其他较为重要的技术特征，这些技术特征往往并不反映在检索策略中，但浏览过程中却不可忽略。

（2）根据技术主题的特点选择合适的筛选策略。

在检索实践中，由于技术主题与技术领域的不同，筛选的着力点也有较大的差别。例如结构类的产品技术方案，在筛选相关文献时往往以附图作为切入点；再如含数值或数字范围的组合物类的产品技术方案在筛选相关文件时往往关注数值和计量单位等要素；对于方法类技术方案而言，流程图是表示方法步骤的一种较为直观的方法，其能够清楚、明确地体现出整个技术方案中所包含的操作、操作顺序、触发或判断机制等内容。大部分以方法为核心撰写的专利文献中，往往会附有流程图作为附图，而即使本技术方案附图中不包含流程图，或者流程图与本技术方案并不能完全对应，用户也可以通过自行构造的方式构造出与技术方案保护范围一致的流程图，进而通过在文献筛选中将流程图进行比对，获得有效的对比文件。

（3）合理利用浏览工具并善用粗筛细筛。

在各个检索系统中，往往都是通过浏览界面呈现检索结果，而浏览界面往往都随附一些有助于快速浏览文献的浏览小工具，比如高亮显示、导航定位、快速搜索等，掌握并合理利用这些功能有助于提高筛选的效率。结果筛选的时候合理进行粗筛和细筛，首先利用粗筛快速地将明显不是目标文献的结果快速排除，然后再利用细筛逐一浏览，直至筛出目标文献或确定检索结果中没有目标文献。

（4）适当使用随机浏览法。

当用户构建的检索式的检索结果过多，但是用户一时半会又不知该如何调整检索策略时，也可以尝试浏览该数量过多的检索结果，但此时的浏览方式应避免逐一浏览而采用随机浏览。所谓的随机浏览实际上就是一种随机抽样，按照随机的原则，即保证检索结果总体中每一个对象都有已知的、非零的概率被选入作为研究的对象，以保证样本的代表性。随机抽样法就是按照机会均等的原则进行的抽样调查，被称为一种等概率，随机抽样法有四种基本的形式，即简单随机抽样、等距抽样、类型抽样和整群抽样。对于各检索资源系统浏览界面的随机浏览法，普遍适用的是简单随机抽样，比如某检索式的检索结果有 500 条文献，用户在不知如何调整检索策略的前提下，可以采用简单随机抽样，如随机阅读第 1 条、第 4 条、第 10 条、第 12 条、第 25 条等，随机抽样出来的样本总量一般没有特别的限制，但是能够表达总体的特性且用户觉得适宜浏览即可，不宜过少也不宜过多。

需要提醒用户注意，使用随机浏览法的目的不是要碰运气挑选出目标文献，而是通过随机浏览发现调整检索策略的蛛丝马迹，比如构建出该检索结果的检索式中的某个或某些关键词、分类号不适用，带来的主要都是噪声等，从而根据这些蛛丝马迹来调整检索式，以便获得适于逐一浏览的检索结果集合。

### 4.3.3 检索策略调整

调整检索策略的方式主要从以下几个方面去考虑。

（1）调整检索要素。

一般情况下，如果用户对于技术方案理解不到位，很有可能确定的检索要素本身就有问题，这样大概率会造成检索结果或检索效率的问题。此时需要用户根据首次检索策略的检索结果加深对于技术方案的理解来调整检索要素。所述的调整包括增加、减少或修改检索要素。当然，对于检索要素本身的调整是我们在检索过程中应尽量避免的情况。

（2）检索要素表达的调整。

检索要素应分层次按照优先级的顺序来表达。比如使用分类号，通常首先使用最准确的下位组，然后再根据检索结果调整扩展到上位组、大组甚至小类，也可能根据检索结果发现更适合的新的分类号或扩展分类号；用关键词表达时，通常使用最基本、最准确的关键词，然后逐步在形式和意义上扩展，考虑到检索效率的问题，对于同一分类号或关键词，使用不同的算符、索引（仅针对关键词）也存在优先级层次的问题。

（3）调整检索系统。

由于检索系统收录的数据资源、字段、索引等各有差异，因此，即使是完全相同的检索策略，有可能在不同的检索资源系统中会有不同的检索结果。因此，检索策略的调整还包括检索资源系统的调整。

（4）调整检索式组合方式。

调整检索式的组合方式包括：根据检索结果调整要素的组合方式，例如在全要素检索没有得到合适的检索结果时，及时调整为部分要素检索；或者用户根据已经检索到的现有技术文件，以及对新颖性或创造性的预期有针对性地调整部分要素的组合方式。通常检索式的检索结果太多或者太少，以致难以找到目标文献时，则需要进行缩小检索结果或扩大检索结果的调整。

以下借助一个综合性的案例来展示一下如何在检索过程中进行检索策略的调整。

**【案例4-25】**

现有技术中的保藏柜搁架在存放母乳时，人们不能很好地判别母乳放入的先后顺序，而由于母乳的保质期很短，从而导致因为其存放时间过久而发生变质的现象。基于现有技术中存在的该技术问题，本技术方案提出一种可克服保藏柜母乳存放过久问题的保藏柜搁架安装结构，如图4-3-1所示。该保藏柜搁架安装结构具体包括固定条、卡接件和搁板；所述固定条上均匀分布有多个卡合孔；所述搁板表面

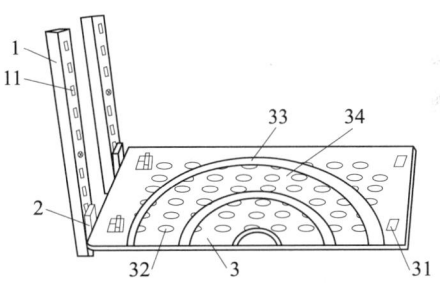

图4-3-1 保藏柜搁架安装结构示意

均匀分布多个透孔，搁板的表面设有多片弧形薄片，相邻两片弧形薄片之间形成弧形通道，搁板设有卡接孔，搁板通过卡接件固定在固定条上。

**案例分析：**

本技术方案中的保藏柜搁架安装结构为：在搁板表面设置弧形薄片结构，形成弧形通道，通过顺时针或者逆时针把装有母乳的容器放入弧形通道内，可以方便记忆放入顺序。因此搁板表面设置的弧形薄片作为本技术方案的发明点应作为检索要素。在利用关键词表达基本检索要素时，本技术方案的发明点主要是体现在结构上的改进，关键词除了从结构本身来确定以外，还可以从该结构解决的技术问题以及实现的技术效果等方面进行扩展。对于结构本身而言，可将弧形扩展为半圆、圆弧、弓形，也可从该结构限定的取物方式进行扩展，如先进先出、先入先出、先存先取、顺时针、逆时针等，还可以从利用该结构储物实现的技术效果——防止母乳制品变质过期来扩展关键词，如母乳、奶、变质、过期、积压、保质、保鲜。

考虑到PSS平台的特点，故在其中进行全要素检索时主要从结构本身出发进行关键词扩展，诸如"弧形、半圆、圆弧、弓形"，但由于生活领域类中各部件没有非常惯用的表述方式，因而关键词不便于构造，选取的关键词很难做到十分准确，因而检索

结果少且阅读后发现使用全要素检索未能检索到目标文献。

在母乳制品冷藏/保藏领域未能检索到相关文件的情况下，调整检索要素的表达，对于技术主题"保藏柜搁架"的检索要素表达不仅限定到具体的母乳制品领域，IPC分类号还可扩展到F25D25大组。对于发明构思的检索要素利用本技术方案中的取物方式对分类号进行进一步限定，具体检索式如下：

IPC=（A47B96/00 OR A47B96/02 OR F25D25/00 OR F25D25/02 OR A47F3/06）AND SMS=（（（（顺时针 or 逆时针 or 顺序）S（存 or 取 or 拿 or 放））or 先进先出 or 先入先出））

经阅读发现，在该检索式结果中，中间文件（CN2739545Y）中公开了一种罐装物存放架，如图4-3-2所示，其包括第一层架和第二层架，饮料罐从第一层架的里端沿背部的钢管滚到第二层架上，并顺着第二层架上的钢管滚到存放架的取物口附近，从而实现罐装物的自动推陈循环、先进先出。该文件已经给出了设计一种圆弧轨道，物品从圆弧轨道的一端存入、另一端取出，从而判别食物放入的先后顺序的启示，但其是利用重力使存放物品顺着存放架从入口滚动到出口，这种结构与本技术方案在水平方向从一端存入、另一端取出的结构有所不同。

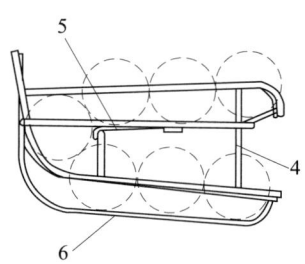

图4-3-2 中间文件说明书附图

然而，经过反复研读该文件，从其摘要中记载的内容"本实用新型解决了电冰箱/饮料罐先进先出的问题，具有罐装物的存取自动推陈循环、使用方便的特点，可以广泛应用于电冰箱、冷柜、酒柜等需要存放罐装物的场合上"及说明书中记载的内容"拿饮料时常常是后放先出，这样会造成因冷藏时间不够，达不到温度要求而影响饮料的口感"中获得启发，联想到在生活中，啤酒、饮料的冷藏时间会影响其口感，故储存啤酒、饮料的搁架可能会设计为先进先出的结构以满足人们对于冷藏时间的要求。

另外，在PSS平台里面经过进一步的检索再无更有效的目标文献后，将数据库检索资源调整到Espacenet中去检索，具体检索式如下：

ipc="F25D25/02" AND（ctxt="beer" OR ctxt="drink" OR ctxt="drinks" OR ctxt="beverage"）

在该检索式结果中，获得了与本技术方案结构极为相似的中间文件，该文件将啤酒搁架设置为水平方向一端存入、另一端取出的结构，如图4-3-3所示，从而确保了啤酒的冷藏时间。

进一步地，阅读学习该文件，并从中提取出对该先进先出结构进行描述的关键词U-shaped，再次调整检索策略，利用该关键词在Espacenet中进行检索，具体检索式如下：

ipc="F25D25/02" AND（ctxt="U - shaped"）

根据该检索式结果，可以获得与本技术方案无论从结构还是从用途上都完全一致的目标文献US5819937A，如图4-3-4所示，其同样是为了防止婴儿食用的奶（baby formula）过期从而设置了先进先出的搁架结构。

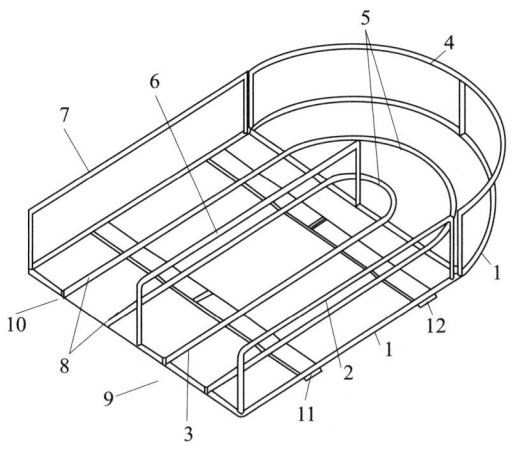

图 4-3-3 中间文件说明书附图

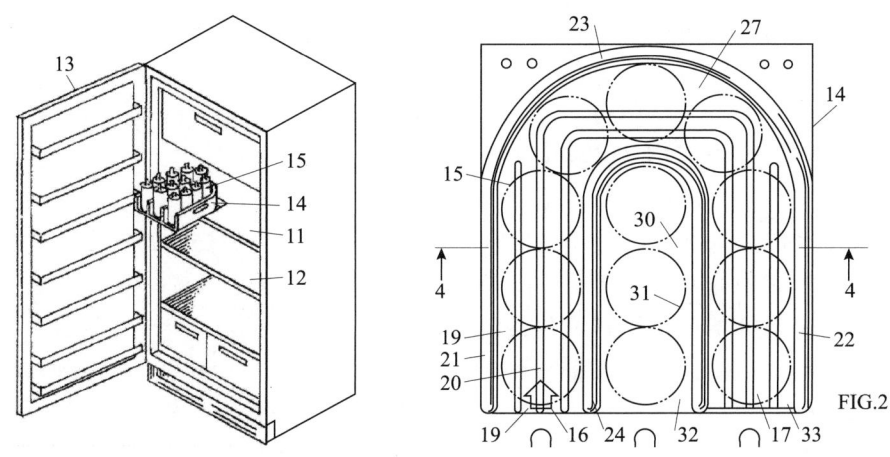

图 4-3-4 US5819937A 说明书附图

从本案检索过程中可总结出的检索技巧主要有以下几个方面。

(1) 阅读学习，合理联想。

检索是一个不断学习、不断调整的过程，检索过程中的阅读学习能力是影响检索过程调整的一个重要因素。对于不能直接用于评述本技术方案新颖性或创造性的中间文件，用户也需要保持一定的敏锐性，准确地从中提取有用信息，并据此调整检索思路。同时，在通过阅读中间文件获得一定启发时，用户也应该结合生活常识或者学科理论展开合理联想，并进行相应的检索尝试。本技术方案的检索过程中，在获得与本技术方案同样是先进先出，但实现先进先出的结构有差异的文件时，进一步阅读文件综合判断，从该文件的摘要和背景技术中提取出有用信息，同时结合生活常识，展开合理联想，最终获得与技术主题相关的拓展关键词——"啤酒"。

（2）按图索骥，追踪文献。

在检索中应培养追踪意识，不放过任何一条线索。常见的追踪包括通过申请主体追踪、中间文件（如引文、参考文献）追踪以及对相关文件的分类号、关键词进行追踪。就本技术方案的检索过程而言，在通过关键词"啤酒"检索到结构相同、发明构思相同，仅搁架的用途略有区别的文件时，从该文件中提取出描述先进先出结构的关键词"U-shaped"，根据该关键词进一步追踪该结构下的文献，最终获得无论结构上还是用途上都与本技术方案构思一致的目标文献。

（3）注意积累，事半功倍。

关键词检索是最常见的一种检索方式，可以通过准确的关键词快速锁定目标文献。在日常检索过程中，应注意特定领域关键词的积累。尤其对于英文关键词，由于其并非母语，故在选择英文关键词时可能不够准确、地道。比如在检索中用户可能会将"母乳"翻译为"breast"或"milk"，而该目标文献则表达为"baby formula"，翻译成中文是"婴儿配方食品"的意思。可见，如果平时不注意积累，该关键词仅仅通过诸如谷歌、有道等词典是很难获取的。因此，用户应注意积累相关关键词，从而快速提高检索效率。

### 4.3.4 检索策略动态调整技巧总结

检索是一个闭环动态控制过程，检索中所获取的线索需要反馈到检索式的构建中，从而及时纠正检索中的偏差。常见的检索策略调整包括以下方面。

（1）根据本技术方案的载体文件进行调整。

本技术方案的载体文件通常记载的细节较多，其是用户理解技术方案的基础。用户在进行检索时，若根据核心技术方案记载的术语不便于提取关键词，则可以从载体文件中的背景技术、有益效果、具体实施方式等部分提取关键词，从而更为准确地进行关键词的表达。

（2）根据检索中获取的相关文件进行调整。

阅读学习是检索中的一项重要能力，也是寻求动态调整思路的途径。检索过程中，对于不能直接用于评述本技术方案的文件，用户也需要具有敏锐的洞察力，准确地从中提取有用信息，并作为动态调整的依据，结合生活常识或者学科理论展开合理联想，并进行相应的检索尝试。

（3）根据检索结果进行调整。

有些情况下，用户充分理解了技术方案，准确提炼了发明构思，检索要素的表达也是准确完整的，但是在数据库中就是没有检索到目标文献。此时用户在充分检索过程的基础之上，加之对于检索结果的核定，应该快速调整检索资源。

## 4.4 检索中止条件

从理论上来说，任何完善的检索既要查全又要查准。但是从时间、精力、成本的合理性角度来考虑，检索要有一定的限度，在满足一定的条件时，检索就应及时中止。何时中止检索较为合适，既要从时间、精力和成本等方面来考虑，也要从检索结果的数量和质量来判断。

### 4.4.1 检索到评价全部技术方案的目标文献

对于实际的检索，如果已经检索到评价全部技术方案新颖性或创造性的目标文献，并且进一步核实目标文献有效，则检索可以中止。例如，本技术方案客观上存在10条能够评述全部技术方案新颖性的目标文献，则实际上只要检索到其中一条即可中止检索；如果检索到能评述部分技术方案新颖性的目标文献，若客观上还存在评述全部技术方案创造性的目标文献，则只检索到该评述部分技术方案新颖性的目标文献，检索不能中止，必须检索到评述全部技术方案创造性的目标文献，检索才能中止。

### 4.4.2 未检索到有效目标文献

没有找到目标文献的情况下，何时中止检索对于初入门用户而言是一个特别纠结的问题，担心自己会漏掉目标文献，但是检索也不可能无终止地进行下去。当然，能消除掉这种"担忧"，那么用户自然而然会中止检索。那么如何能消除掉这种担忧呢？答案自然需要从检索过程中去验证。

用户需要确认是否满足以下要素。

（1）确定或调整后的检索要素是否准确。

判定检索要素是否准确的标准就是本技术方案提炼的发明构思是否准确。这需要检索用户充分了解现有技术，站位本领域技术人员来理解本技术方案，通过了解技术方案相关的技术问题、技术手段和技术效果来综合判定检索要素。

（2）是否遍历本技术领域的必检数据库。

客观上来讲，当前检索资源过多（包括收费和免费的数据库资源）是用户进行专利检索一个难以回避的问题，但是要得到准确的专利检索结果，尤其是要判定本技术方案具有新颖性和创造性时，那至少要求用户必须遍历本技术领域的必检数据库，才能防止因遗漏数据库而造成检索结论明显偏差的问题。用户手上可用的数据库资源是否覆盖所谓的"本技术领域的必检数据库"对于用户来讲是一个比较难处理的问题，其涉及检索成本的实际问题。

针对不同的用户群体，建议可以有不同的数据库选择策略。如果检索是用户的一项常规工作，那么建议用户可适当购买一些综合性的商业检索资源，如 Patentics、PatSnap、incoPat 等，这些商业检索资源的平台几乎都集成了各大专利数据资源，可以一站式解决专利数据库资源的问题，而且检索命令较为丰富，人工智能检索的功能较为强大，是用户不错的选择；如果检索只是用户偶尔才会接触的工作，那用户选择本书第 1 章介绍的那些免费的检索资源也是可行的，只是用户在跳转检索资源时稍微有些麻烦，但是会节约很大的成本。

（3）检索要素的表达是否准确和充分。

准确、充分地表达检索要素是检索准确高效的一大决定性因素。同样地，在未检索到有效目标文献时，检索要素的表达是否准确充分是判定当前的检索结论是否有效的必备条件，其中关键词的表达要注意到形式上、意义上、角度上的准确完整，分类号的确定或扩展要准确充分。

（4）检索策略的构建和调整是否恰当。

检索要素表达是检索策略构建和调整的基础，那么在检索要素表达准确充分的基础上，用户还需要考量检索策略的构建和调整是否恰当，其中包括索引、通配符、算符等的使用和调整是否恰当，关键词和关键词、关键词和分类号、分类号和分类号的组合表达等是否满足层次区分原则以及趋于等同原则。

（5）结果筛选是否准确充分。

在实践中，经常会出现目标文献已出现在检索结果集合中，但是因为种种原因用户未将目标文献筛选出来的情况。正是考虑用户作为一个自然人，精力必然有限，而浏览检索结果又是一项很消耗精力的工作。因此，首先需要构建检索式的检索结果在合理的数量范围内，其次需要用户在浏览时注意细心并合理使用浏览技巧以保证对检索结果的浏览是充分、准确的。千万要避免因为用户浏览时的粗心大意，遗漏客观上存在于检索结果集合中的目标文献。

当检索过程满足以上五要素时，即使没有找到目标文献，检索也可以中止。通常这种情况下，认为技术方案满足新颖性和创造性的要求。

### 4.4.3 检索到评价部分技术方案的目标文献

在已经检索到评述部分技术方案新颖性或创造性的目标文献后，再经过一系列的检索尝试，在满足 4.4.2 节提及的五要素的前提下也没有检索到评价剩余技术方案新颖性或创造性的对比文件时，建议用户再次分析所述技术方案解决的技术问题、采用的技术手段以及带来的技术效果，以佐证检索结果，保证检索质量。

本书后面章节，将结合具体技术领域的不同案例，向读者展示如何在实践中具体应用前面所讲的通用方法和技巧。

# 精通篇

## 实 践

# 第 5 章　机械领域技术方案的检索

机械专业被称为"万金油"专业，机械领域的技术方案也具有涉及面广、技术领域分散、各领域间交叉重叠较多的特点，既有较为通用的技术领域，也有专业性较强的技术领域，对机械领域技术方案的检索常常需要跨不同的细分领域进行检索。

就技术方案类型而言，机械领域技术方案既有结构类的技术方案，又有方法类的技术方案。结构类技术方案多以产品、设备的结构特征进行限定，大部分技术方案是由现有的标准件、通用件构成的，使用的术语是相关技术领域通用的术语。这种情况下，采用关键词检索噪声比较大；还有一部分技术方案中的结构是为实现特定功能而特殊设计的，这一类结构所使用的术语可能是自造词，采用这类自造词作为关键词进行检索容易出现漏检。因此，针对结构类技术方案的检索，不仅应关注结构本身，还需要关注技术方案所解决的技术问题和达到的技术效果。方法类技术方案包括一般的工艺、方法、步骤，也包括依赖于特定设备而实施的方法或者是特定设备的使用方法，还包括特定产品的制造方法。对于后面两种情形的方法类技术方案，检索时一般与特定设备、产品结构的检索相结合。

整体而言，机械领域技术方案对检索基本功有一定要求，检索过程中需要根据检索结果对检索策略进行适时灵活的调整。

本章将以案例的形式向大家展示机械领域一些典型技术方案的检索过程。

## 5.1　结构类技术方案的检索

机械领域以结构类技术方案居多，结构类技术方案多以产品、设备、材料的结构进行限定，组成结构类技术方案的技术特征包括结构特征（产品、设备、材料的组成部分）和表示结构特征间的相互关系的关系特征（如位置关系、装配关系）。结构类技术方案通常由多个结构特征和关系特征构成一个有机整体以实现一定的功能。就一个结构类技术方案实现的功能而言，有的技术方案的所有技术特征作为一个整体实现一定的功能，我们称这类技术方案为单功能模块结构类技术方案；有的技术方案可以实现多个相对独立的功能，相应地，组成技术方案的技术特征可以根据实现的功能划分为相对独立的模块，我们称这类技术方案为多功能模块组合结构类技术方案。

本节以此为基础，分别介绍单功能模块结构类技术方案和多功能模块组合结构类技术方案的检索。

## 5.1.1 单功能模块技术方案的检索

单功能模块结构类技术方案的各技术特征构成一个有机整体，相互配合实现单一功能。一般而言，这类技术方案中每一个技术特征在实现该功能的过程中与其他技术特征相互配合从而发挥其特定的作用。因此，检索这类技术方案时，应当将整个技术方案作为一个整体加以考虑。这就导致一个问题，如果存在较多的部件，而且机械部件一般名称比较通用，正确地确定和表达检索要素，合理地选择和调整检索策略就非常重要。

一般来说，在确定和表达基本检索要素时，要注意分析各个特征之间的逻辑联动关系，如果有很多个部件的话，需要寻找核心功能部件。在这个过程中不仅要考虑技术特征本身，还要考虑技术特征与其他技术特征之间的配合关系，以及技术特征在整个结构中发挥的作用，必要时可以从技术问题或技术效果的角度进行检索。此外，由于产品结构和工作过程的内在统一性，虽然是产品权利要求，也可以考虑从工作原理或者工作过程的角度进行检索。

通过以下三个案例进行说明。

### 5.1.1.1 从核心部件出发进行检索

一般来说，如果技术方案中包含多个部件，检索时如果"胡子眉毛一把抓"是不现实的。要注意分析这些部件在解决技术问题过程中的作用，找出起到关键作用的核心部件，围绕这个核心部件进行检索和浏览。具体见下例。

【发明名称及技术领域】

一种手套，特别是一种用于进行研磨和抛光的工具手套。

【背景技术及存在的问题】

砂纸是工业生产中常用的一种打磨工具，使用时人们常用手拿住砂纸对需要打磨的金属或木质材料表面进行打磨，直接用手拿砂纸打磨，只能使用手指压住砂纸进行打磨，其打磨面积小，工作效率低，有时还会伤到手。手套是人们常用的护手工具，戴手套拿砂纸进行打磨，手不会受伤，但是操作不方便，工作效率不高，工人劳动强度大。

【详细解决方案】

图 5-1-1 示出根据本发明实施方案的一种工具手套。该工具手套具有手套体1和可拆卸地粘接在手套体1上的砂纸3。手套体具有手指部2和手掌部。手指部可以具有分体式手指腔或是整体式手指腔。手套体1的手掌部由内衬层和海绵层组成。手套体的手背面为3D网眼布层。内衬层可以由二层无纺布或牛皮制成。手套体1的手掌部和手指部的外表面固定有覆盖手掌心和手指部的带小钩的尼龙粘扣片。尼龙粘扣片可以是由覆盖着手掌部和手指部的一整块尼龙粘扣片，也可以包括相互分开的分别覆盖手指部或手掌部的多块尼龙粘扣片。

在砂纸 3 的背面上设有带毛绒织物的尼龙粘扣片。在使用时,将砂纸的背面压在手套体的尼龙粘扣片上,从而砂纸与手套体形成粘接连接。

**1. 提炼发明构思与确定核心技术方案**

对于这样的技术方案,检索前,参照本书入门篇的知识,我们首先进行发明构思的提炼。根据方案要解决的问题:直接用手拿砂纸或戴手套拿砂纸进行打磨存在工作效率低、劳动强度大、操作不便等问题,以及前文记载的详细解决方案,我们可以提炼出其关键技术手段是将砂纸可拆卸地粘接在手套上形成工具手套,达到的技术效果是操作方便、效率提高、降低工人劳动强度,砂纸与手套体可拆卸连接,因此在砂纸用过之后,可以很容易更换新的砂纸,设在掌心面

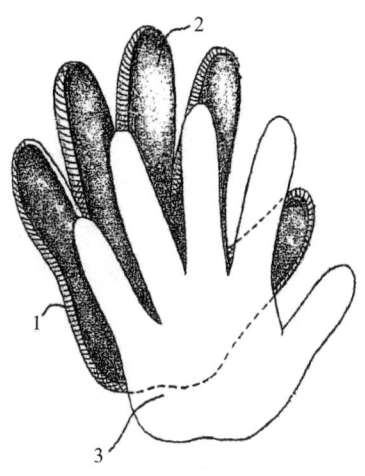

图 5-1-1　工具手套结构示意

上的砂纸可以有利于对大面积的区域进行打磨,而在手指部上的砂纸可以有利于对细微部分例如弯曲部等进行打磨。因此,提炼出的发明构思就是将砂纸可拆卸粘接在手套上形成工具手套,以解决直接用手拿砂纸或戴手套拿砂纸进行打磨存在的工作效率低、劳动强度大、操作不便等问题。

在此基础上,我们确定待检索的核心技术方案是:

一种工具手套,包括手套体和可拆卸地粘接在手套体上的砂纸,所述手套体包括手掌部和手指部,手套体的手掌部和手指部的外表面固定设有带小钩子的尼龙粘扣片,砂纸的背面设有带毛绒织物的尼龙粘扣片。

**2. 确定与表达检索要素**

在确定了待检索的核心技术方案的基础上,我们进一步根据核心技术方案确定检索要素。

技术方案的主题名称"工具手套"表达了技术方案所涉及的技术领域,即工具手套领域,可以将"工具手套"作为一个检索要素(以下简称检索要素 1)。对于反映技术领域的检索要素,我们一般还要用分类号来表达这一检索要素。对于检索要素 1,我们采用在本书第 4 章介绍的检索后统计的方式来获取准确的分类号。

进入第 1 章第 1.3.1.1 小节所介绍的 PSS 平台进行如下操作:①选择命令行检索功能;②在命令编辑区输入"FMMC = 工具手套"并单击 Enter 键,系统返回检索结果显示命中 19 条文献,并在检索结果区域展示检索结果;③鼠标单击检索结果统计栏下的"技术领域统计",其中按命中文献分类号频次排序,在第 1 位、第 2 位的分类号分别为 A41D19/015、A41D19/00;④选择导航检索功能;⑤在分类号编辑区输入 A41D19/015 并单击查询,得到查询结果,A41D19/015 类名为"防护手套",能准确地表达检索要素 1,是准确的分类号。因此,确定与检索要素 1 相对应的分类号为 A41D19/015。同时,我们发现工具手套还可以扩展关键词防护手套。

通过以上对发明构思的分析可以看出,本方案的主要改进就是将砂纸可拆卸地粘

接在手套上形成工具手套，那么，其关键技术手段就在于"可拆卸地粘接在手套体上的砂纸"。因此，可以将"工具手套包括手套体和可拆卸地粘接在手套体上的砂纸"作为另一个检索要素（以下简称检索要素2）。需要说明的是，这里"手套体"，以及进一步的"手指部""手掌部"不应该也不能属于检索要素，出现在这里只是为了更精确地表达"可拆卸地粘接"而已。

检索要素为一句话或一个短语的时候，我们需要将其用适当的方式表达出来，而不能将"工具手套包括手套体和可拆卸地粘接在手套体上的砂纸"整个输入检索系统。经过分析，我们发现检索要素2可进一步地分解为"砂纸"和"可拆卸地粘接"两个子要素，这两个子要素一个表示的是材料，一个是连接关系，在技术逻辑上属于不同的维度，从而可以分解开。为避免漏检，可以对两个子要素进行关键词扩展。根据机械领域普通技术知识，砂纸又称为研磨纸、打磨纸，因此，砂纸可扩展关键词研磨纸、打磨纸。粘接还可以表述为粘结、黏结、粘附、可拆卸等。根据详细方案的描述，再结合生活常识可知，砂纸和手套实际上采用的是魔术贴进行可拆卸粘接，因此，粘接这一子要素关键词还可以扩展到魔术贴。

最终我们可以得到表5-1-1所示的检索要素表。

表5-1-1　工具手套检索要素表

| | | 检索要素1 | 检索要素2 | |
|---|---|---|---|---|
| | | 工具手套 | 工具手套包括手套体和可拆卸地粘接在手套体上的砂纸 | |
| | | | 砂纸 | 可拆卸粘接 |
| 分类号 | | A41D19/015 | | |
| 关键词 | 中文 | 工具手套，防护手套 | 砂纸，打磨纸，研磨纸 | 粘接，粘结，黏结，粘附，可拆卸，魔术贴 |
| | 英文 | tool glove?, protect + glove? | abrasive paper, sand paper, emery paper | past +, adhere +, stick +, magic stick + |

### 3. 检索过程及分析

接着，我们进行文献检索，仍然选择PSS，选择命令行检索功能，在命令行编辑区输入"IPC=（A41D19/015）AND QLYQ=砂纸 AND QLYQ=粘接"（虽然我们在前一节对关键词进行了扩展，但检索时，从检准的角度考虑，并不推荐一开始就用所有的关键词进行检索，而是用最准的关键词，如果最准的关键词没有检索到破坏待检索技术方案新颖性和创造性的文献，再利用扩展的关键词进行检索，扩大检索范围，以检全，简称"先准后全"）。

检索结果显示命中4条文献，通过浏览可以发现，公开号为CN210353363U的专利文献公开了一种具有打磨功能的手套，如图5-1-2所示，该具有打磨功能的手套包括手套本体1和通过魔术贴可拆卸地粘接在手套本体1上的砂纸本体2，手套本体1包括手掌部和具有多个手指腔的手指部，手套本体1的手掌部和手指部的外表面固定设置魔术贴毛面（即带毛绒织物的尼龙粘扣片），砂纸本体2的背面设有魔术贴勾面（即带小钩子的尼龙粘扣片）。

可以发现这篇专利文献与我们待检索的技术方案非常接近，其公开了将砂纸可拆卸地粘接在手套上形成工具手套的发明构思，可解决直接用手拿砂纸或戴手套拿砂纸进行打磨存在的工作效率低、劳动强度大、操作不便等问题。两者的区别仅在于魔术贴的勾面和毛面设置位置相反。然而，魔术贴的勾面和毛面位置仅经过简单调整即可，这样的差别不足以使待检索的技术方案具备创造性。

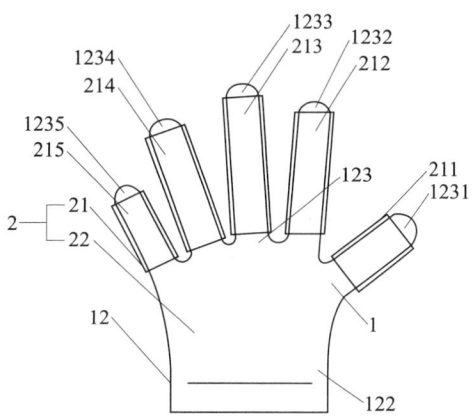

图 5-1-2  CN210353363U 具有打磨功能的手套结构示意

作为一般检索，到此，我们的工作可以终止了。但作为示例，我们接下来简单展示如何利用第 1 章第 1.3.1.2 节介绍的欧洲专利局检索平台 Espacenet 进行检索。

首先进入 Espacenet，然后按如下步骤进行检索：①打开高级检索（Advanced Search）功能；②在检索字段中选择 Classifications；③并在对应的编辑框输入 A41D19/015；④在 Title or abstract 栏输入 abrasive paper；⑤单击 Search 按钮，获得 7 条文献，检索结果显示在中间栏；⑥单击任一篇文献，在右栏展示该文献的详细信息。从这 7 条文献中同样可筛选出与待检索技术方案非常接近的专利文献，如 DE19702255A1。

### 5.1.1.2　从技术效果角度进行检索

由于产品部件名称的通用性，直接用部件名称检索机械结构有时会有非常大的噪声，很难浏览筛选；有的技术方案中部件名称采用自造词，难以进行关键词扩展，或扩展的关键词不够全面，直接采用部件名称及其扩展关键词检索存在漏检的可能。对此，可以考虑从技术问题/技术效果角度进行检索。具体见下例。

【发明名称及技术领域】

一种吊具，特别是一种发动机飞轮壳吊具。

【背景技术及存在的问题】

柴油机装配中需要装配飞轮壳，飞轮壳重量比较重，结构一般为盆形，传统的装配方法是工人用人力翻转飞轮壳，并用人力捧起飞轮壳进行装配，此种装配方法劳动强度大、效率低。

【详细解决方案】

图 5-1-3 示出根据本发明实施方案的一种发动机飞轮壳吊具的主视图，图 5-1-4 示出该发动机飞轮壳吊具的左视图。该飞轮壳吊具整体为反鼻形，其具体结构包括：骨架1、横杆2、钩鼻3、加强杆4和吊板5。骨架1呈直角钩形，包括：吊板架、钩鼻架和横杆架，吊板架与钩鼻架垂直连接，钩鼻架和横杆架垂直连接。横杆2的底面固

定于横杆架的内侧外端,横杆2的顶面为飞轮壳内侧的扣合面,该顶面的两端分别具有向下的斜面,使得横杆2的顶面的中部能够更加牢固地扣住飞轮壳边缘起吊,防止横杆2的顶面的两端与飞轮壳内侧边缘形成不稳的点接触。钩鼻3为弧形,其中部通过加强杆4分别固定在吊板架和钩鼻架上,该弧形钩鼻3的两外端为飞轮壳外缘加强筋卡头,用于卡住飞轮壳外缘加强筋。吊板5固定在吊板架的外侧,并具有起吊孔,起吊力施加在吊板5的起吊孔上,从而通过该发动机飞轮壳吊具吊起飞轮壳。优选地,起吊孔为多个,能够根据不同飞轮壳调节起吊力施加在不同的起吊孔,保证吊起后飞轮壳基本处于竖直状态。

使用时横杆2扣住飞轮壳边缘,就可以起吊,起吊的同时,完成翻转动作,有效地减少操作节拍;利用钩鼻3卡住飞轮壳外缘加强筋,利用摩擦力就可以使飞轮壳不脱钩,增强了安全性;横杆2和钩鼻3形成双点支撑,增强了吊装过程的稳定性;根据不同飞轮壳调节吊板5,保证吊起后飞轮壳基本处于竖直状态;钩鼻分两个外端,起吊平稳。该发动机飞轮壳吊具针对飞轮壳的盆形特点,通过合理的受力分布设计,实现了飞轮壳的起吊和自动翻转,具有起吊平稳、质量小、操作方便的特点,能够大幅提高发动机飞轮壳的装配效率。

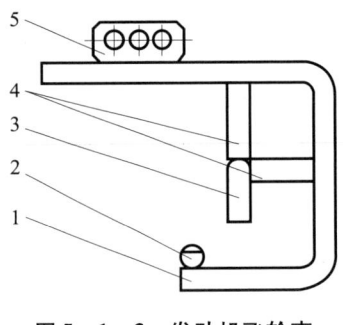

图 5-1-3　发动机飞轮壳
吊具结构主视图

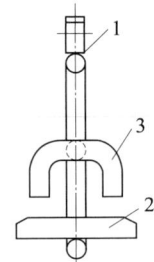

图 5-1-4　发动机飞轮壳
吊具结构左视图

**1. 提炼发明构思与确定核心技术方案**

这一技术方案要解决的问题是人力捧起飞轮壳进行装配劳动强度大、效率低,为了解决这一问题,该飞轮壳吊具在骨架上设有扣合于飞轮壳内侧的横杆和卡住飞轮壳外缘加强筋的钩鼻,从飞轮壳的内外两侧卡住飞轮壳进行起吊和翻转,达到的技术效果是实现了飞轮壳的起吊和自动翻转,起吊平稳、质量小、操作方便,能够大幅降低工人劳动强度,提高发动机飞轮壳的装配效率。

因此,我们可以提炼出以下发明构思:飞轮壳吊具在骨架上设有扣合于飞轮壳内侧的支撑结构和卡住飞轮壳外缘的卡紧结构,以解决人力捧起飞轮壳进行装配劳动强度大、效率低的问题。

在此基础上,我们可确定出待检索的核心技术方案:

一种发动机飞轮壳吊具,其特征在于,包括:

骨架,其为直角钩形,包括:吊板架、钩鼻架和横杆架,所述吊板架与所述钩鼻

架垂直连接,所述钩鼻架和所述横杆架垂直连接;

横杆,其底面固定在所述横杆架的内侧外端,所述横杆的顶面为飞轮壳内侧的扣合面;

钩鼻,其为弧形,所述钩鼻的中部固定在所述骨架上,弧形钩鼻的两外端为飞轮壳外缘加强筋的卡头,所述卡头与所述横杆的扣合面形成对发动机飞轮壳的双点支撑;

吊板,其固定在所述吊板架的外侧,并具有起吊孔。

### 2. 确定与表达检索要素

在确定了待检索的核心技术方案的基础上,进一步根据核心技术方案确定检索要素。

技术方案的主题名称"发动机飞轮壳吊具"表达了技术方案所涉及的技术领域,发动机飞轮壳吊具可作为一个检索要素(以下简称检索要素1)。采用检索后统计的方式,通过检索式"FMMC=飞轮壳吊具"获得分类号B66C1/10,该分类号的类名为"用机械装置的吊具",只能表达吊具,未涉及吊具的用途。我们进一步查阅分类表,没有发现比B66C1/10更准确的分类号。因此,检索要素1可用分类号B66C1/10表达,但需要注意的是这一分类号仅表达了吊具,检索时需要通过关键词对其用途进行适当限定。当然,用关键词限定吊具的用意是从检准的角度考虑,如果没有检索到合适的文献,也可以考虑不限定用途,或者将吊具的用途扩大到具有盆形结构特点的工件的吊装。

从该发动机飞轮壳吊具的结构分析,其具有两个关键结构:用于扣合飞轮壳内侧边缘的横杆和用于卡住飞轮壳外缘加强筋的钩鼻,这两个关键结构可分别作为一个检索要素,并进行关键词的扩展,横杆可扩展到横担,根据钩鼻的功能,可以扩展到压杆、压头。

经过前面的分析,可以得到表5-1-2所示的检索要素表。

**表5-1-2 发动机飞轮壳吊具检索要素表**

|  | 检索要素1 | 检索要素2 | 检索要素3 |
| --- | --- | --- | --- |
|  | 飞轮壳吊具 | 横杆 | 钩鼻 |
| 分类号 | B66C1/10 |  |  |
| 关键词 | 飞轮壳,吊具,起吊,吊装 | 横杆,横担 | 钩鼻,压杆,压头 |

### 3. 检索过程及分析

我们仍然选择PSS的命令行检索功能进行检索。

检索时,根据检索要素表构造检索式,就像前面所分析的,由于分类号B66C1/10涵盖范围非常宽泛,没有表达出本案例中吊具的用途或应用场合,因此,在构造检索式时通过分类号和关键词共同表达检索要素1。同时,考虑到如果有接近的专利文献,这些专利文献可能在说明书中记载吊具用于起吊飞轮壳,而不一定将其用途或应用场合记载在权利要求中,因此,构造检索式时限定说明书中出现"飞轮壳"更合适,可以避免漏检,从而得到表达检索要素1的检索式:IPC=(B66C1/10) AND SMS=飞轮壳。对于检索要素 2 和检索要素 3，分别采用横杆和钩鼻进行表达。由此，我们构造出的检索式为：IPC =（B66C1/10）AND SMS = 飞轮壳 AND QLYQ = 横杆 AND QLYQ = 钩鼻。采用这一检索式进行检索，我们并未检索到接近的专利文献。

在没有检索到接近的文献的情况下，根据先准后全的原则，我们考虑对检索要素 2 和检索要素 3 进行关键词扩展，继续构造检索式：IPC =（B66C1/10）AND SMS = 飞轮壳 AND QLYQ =（横杆 or 横担）AND QLYQ =（钩鼻 or 压杆 or 压头）。采用这一检索式仍然没有检索到接近的文献。

至此，我们是否可以终止在中文专利库的检索呢？实际上，我们未检索到接近的文献，并不意味着必然没有这样的文献，很可能是我们的检索思路不对或者检索式构造不合适。因此，我们应该对检索策略进行反思和调整。

我们首先对检索要素 1 的表达进行调整。前面的检索中，用分类号和表达用途的关键词"飞轮壳"相与来表达检索要素 1，这样的表达从检准这一角度考虑没有问题，但其将目标文献限定在仅仅用于飞轮壳的吊具，范围非常狭窄。我们设想，已有的专利文献中，可能存在与本案例结构非常接近的吊具，但其用于起吊其他非飞轮壳的盆形工件，前面的检索式就会漏检这样的文献。因此，将检索式调整为：IPC =（B66C1/10）AND QLYQ =（横杆 or 横担）AND QLYQ =（钩鼻 or 压杆 or 压头）。经过浏览发现该检索式命中的文献与本案例的结构相差较大，仍然没有接近的文献。

我们进一步反思，本案例中，检索要素 2 和检索要素 3 的关键词表达横杆、横担、钩鼻、压杆、压头实际上有很大的局限性，一方面这些关键词不是吊具领域通用的术语，对于同样的结构，其他的专利文献完全有可能采用不同的术语，如横杆有可能表述为支撑杆甚至自造一个术语，但我们没办法穷尽这些术语；另一方面，这些关键词本身指代的结构较宽泛，如横杆在很多结构中都存在，但功能各异，由此导致检索出一些包括横杆但结构完全不相关的文献，也就是检索中常说的噪声。

检索过程中，从产品结构本身检索效果不好的时候，可以考虑从其解决的问题、达到的技术效果等角度作为突破口。

我们再回头看看技术文件的内容，其中记载，该吊具不仅起吊飞轮壳，还通过横杆扣合于飞轮壳内侧、钩鼻卡住飞轮壳外缘加强筋对飞轮壳进行翻转。可见，飞轮壳翻转也是本案例中吊具要解决的技术问题。据此，我们对检索要素进行调整，舍弃从结构方面确定检索要素的思路，从吊具解决的技术问题这一角度来确定检索要素。"飞轮壳吊具"仍然作为检索要素 1，将"翻转"作为检索要素 2，并扩展关键词"翻身"，从而得到调整后的检索要素表，见表 5-1-3。

表 5-1-3 调整后的检索要素表

|  | 检索要素 1 | 检索要素 2 |
|---|---|---|
|  | 飞轮壳吊具 | 翻转 |
| 分类号 | B66C1/10 |  |
| 关键词 | 飞轮壳，吊具，起吊，吊装 | 翻转，翻身 |

以调整后的检索要素构造检索式：IPC =（B66C1/10） AND SMS = 飞轮壳 AND ZY =（翻转 OR 翻身）。仍然没有检索到接近的文献。

至此，似乎山穷水尽了。但如果我们再对检索过程复盘，会发现之前的检索还是有调整空间的。就像前面所分析的，分类号 B66C1/10 并不是一个理想的分类号，在这种情况下，我们可以适时放弃分类号检索，改用纯关键词检索。以检索式"ZY =（飞轮壳 AND 吊具）"表达检索要素1[①]，从而构造检索式：ZY =（飞轮壳 AND 吊具） AND ZY =（翻转 OR 翻身）。

该检索式命中文献中有一篇公开号为 CN201351074Y 的专利文献，如图 5-1-5 所示，该专利文献公开了一种飞轮壳用吊具，其包括：第一横梁 21、连接板 22、第二横梁 23 构成的骨架；挡板 6，固定在第二横梁 23 端部，挡板 6 的顶面为飞轮壳内侧的扣合面；定位螺钉 4，通过横板 3 设置在连接板 22 上，定位螺钉 5 卡住飞轮壳外壁；吊环 1，固定在第一横梁 21 的外侧，具有起吊孔。

通过对比，可以发现这篇专利文献与待检索的核心技术方案非常接近，其公开了在骨架上设有扣合于飞轮壳内侧的支撑结构和卡住飞轮壳外缘的卡紧结构，从飞轮壳的内外两侧卡住飞轮壳进行起吊和翻转，可解决人力捧起飞轮壳进行装配劳动强度大、效率低的问题。两者虽然存在一些区别，但这些区别并不足以使待检索的核心技术方案具备创造性。

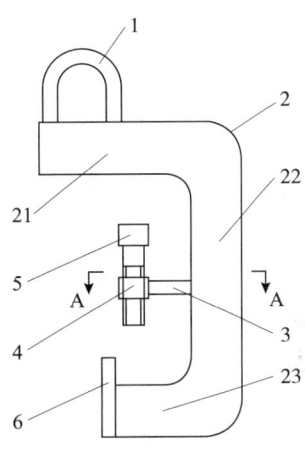

图 5-1-5　CN201351074Y 飞轮壳用吊具结构示意

通过比较本案例技术方案与 CN201351074Y，可以发现两者发明构思相同，但具体细节存在差异，使用的术语也完全不同，如用于扣合飞轮壳内侧的结构，本案例技术文件中称为横杆，CN201351074Y 称为挡板，卡住飞轮壳外缘的结构，本案例技术文件中称为钩鼻，CN201351074Y 称为定位螺钉。这也就不难解释，前文中我们采用结构要素为何无法检索出 CN201351074Y。

就本案例而言，除了针对技术方案解决的技术问题可以检索出接近的文献 CN201351074Y，我们还可以尝试针对该吊具的工作过程进行检索。为此，可以构造检索式 "ZY =（飞轮壳 AND 吊具） AND SMS =（（卡 or 夹） S（飞轮壳））"，同样可以检索出专利文献 CN201351074Y。

### 5.1.1.3　从工作过程进行检索

在检索机械结构时，除了从技术问题/技术效果角度进行检索之外，由于特定的结构会有特定的工作方式，还可以考虑从工作方法、工作原理或者工作过程角度进行检

---

[①] 当然，不一定必须使用 ZY 字段，也可以使用 QLYQ 或 SMS。此处使用 ZY 字段是考虑到摘要撰写时一般会涉及用途或应用场合，而权利要求不一定涉及用途或应用场合，说明书内容又太多，直接采用 SMS 字段则可能引入噪声。

索。具体见下例。

【发明名称及技术领域】

一种装卡工具,特别是一种制造大型轴承套圈用装卡工具。

【背景技术及存在的问题】

大型轴承套圈在生产中需要借助装卡工具进行移动,传统工装卡具来源于各类行车吊装工具,吊装时依靠工件重力及工件与装卡工具接触的摩擦力实现吊装目的,常见于吊装圆形、环形等工件;现实应用中,该装卡工具只适用于卡住轴承套圈的底端面,对于宽度较小的轴承套圈,由于其重心较低,该装卡工具能够稳定地卡紧轴承套圈移动;而对于宽度较大的轴承套圈,因其重心上移,仅靠装卡工具卡紧轴承套圈底部,在移动过程中会出现摇摆,存在坠落风险;故传统装卡工具难以实现对宽度较大的轴承套圈进行迅速而稳定的卡紧移动。

【详细解决方案】

图5-1-6为根据本发明实施方案的一种制造大型轴承套圈用装卡工具的主视图,图5-1-7为侧视图,所述的装卡工具具有立杆7,所述立杆7一侧的下部具有垂直于设置的下端面卡座1;所述的下端面卡座为板状结构,所述的下端面卡座1用以支撑轴承套圈;所述的立杆7上还套置有可沿其上下滑动的移动调节手环5;所述的移动调节手环5上固定有用以卡紧轴承套圈8上端面的上端面卡座4;所述上端面卡座4的一端固定在移动调节手环5上,另一端向下弯折形成用以夹紧轴承套圈上端面一侧壁面的夹紧板,根据所述轴承套圈的高度调整所述的移动调节手环5,使固定在移动调节手环5上的上端面卡座4卡紧轴承套圈;所述的立杆7上还固定有用以支撑套圈外径面的侧面卡座板3;所述的侧面卡座板2为对称设置的两个,两个所述的侧面卡座板2倾斜设置并固定在立杆7上;所述立杆7的上端具有吊环2;所述立杆7上还固定有手持吊环6;所述的手持吊环6固定在立杆7的另一侧,用以在吊动轴承套圈时,由操作人员扶持手持吊环,防止轴承套圈在吊动过程中晃动。

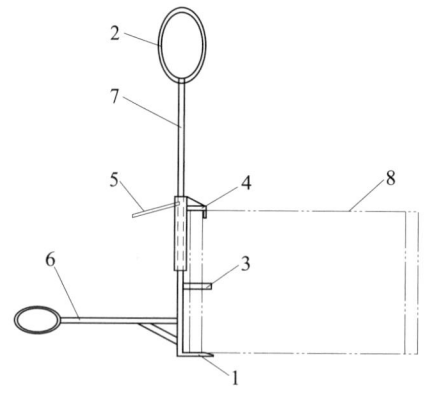

图5-1-6 制造大型轴承套圈用装卡工具的主视图

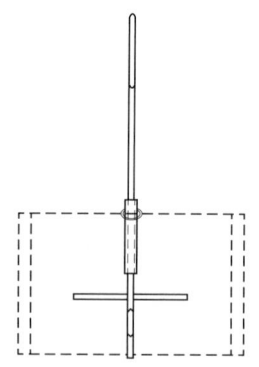

图5-1-7 制造大型轴承套圈用装卡工具的侧视图

使用过程中,先将下端面卡座 1 卡紧,再根据轴承套圈高度,调节移动调节手环 5,使上端面卡座 4 卡紧轴承套圈上端面,与此同时,侧面卡座 3 对轴承套圈侧面施加径向力,卡紧其侧面;手动天车通过起吊吊环 2 吊起轴承套圈,操作人员扶持手持吊环 6 稳定轴承套圈在移动过程中的方向,并能够准确快速地将轴承套圈放置到目的地。

**1. 提炼发明构思与确定核心技术方案**

本案例解决的问题是:传统装卡工具难以实现对宽度较大的轴承套圈进行迅速而稳定的卡紧移动。为解决这一问题,该装卡工具在立杆 7 下部设有支撑轴承套圈下端面的下端面卡座 1,在立杆 7 中部设有用于卡紧轴承套圈上端面的上端面卡座 4,上端面卡座 4 在立杆 7 上的位置可调节,使用时,下端面卡座 1、上端面卡座 4 分别从上下端面卡住轴承套圈;达到的技术效果是快速吊装轴承套圈。

因此,提炼出的发明构思就是由立杆、设于立杆下部的下端面卡座、设于立杆中部且位置可调的上端面卡座构成轴承套圈用装卡工具,以解决传统装卡工具难以实现对宽度较大的轴承套圈进行迅速而稳定的卡紧移动的问题。

在此基础上,我们确定待检索的核心技术方案是:

一种大型轴承套圈用装卡工具,装卡工具具有立杆,立杆一侧的下部设有用于支撑轴承套圈的下端面卡座,立杆上还套置有可沿其上下移动的上端面卡座,上端面卡座用于卡紧轴承套圈。

**2. 确定与表达检索要素**

在确定了待检索的核心技术方案的基础上,我们进一步根据核心技术方案确定检索要素。

技术方案的主题名称"大型轴承套圈用装卡工具"表达了技术方案所涉及的技术领域,可以将其作为一个检索要素(以下简称检索要素 1)。对于检索要素 1 的分类号表达,可以尝试检索后统计的方式,考虑到本案例中的装卡工具实际上是用于吊装轴承套圈的,是一种吊具,因此,构造检索式"FMMC =(轴承 AND 吊装)"用于获取分类号,经统计,频次最高的分类号分别为 B66C1/10、B66C1/22,进一步在导航检索中对这两个分类号进行核实,其中,B66C1/10 的类名为"用机械装置的吊具",B66C1/22 为 B66C1/10 的下位组,类名为"刚性件,如 L 形吊钩,一部分与载荷底表面贴合;起重机吊钩",可以发现 B66C1/22 是准确的分类号。进一步查询发现,B66C1/22 的下位组 B66C1/24(类名为"只从一侧挂住载荷的单个吊具")更准确,因此,将 B66C1/24 作为主分类号,B66C1/22 可以作为次分类号。

考虑到分类号 B66C1/24、B66C1/22 已经表达了用下端面卡座支撑轴承套圈下端,但未表达卡紧轴承套圈上端面的上端面卡座,因此,核心技术方案中的上端面卡座构成一个检索要素(以下简称检索要素 2)。

最终得到的待检索方案的检索要素表见表 5-1-4。

表 5-1-4　大型轴承套圈用装卡工具检索要素表

|  | 检索要素 1 | 检索要素 2 |
|---|---|---|
|  | 轴承套圈装卡工具 | 立杆上套设有上端面卡座 |
| 分类号 | B66C1/24，B66C1/22 |  |
| 关键词 | 轴承，套圈，吊装，起吊 | 卡座，卡紧，压紧，压头，压块 |

### 3. 检索过程

接着，我们进行文献检索，仍然选择 PSS，选择命令行检索功能。

检索前先构造检索式，考虑到分类号 B66C1/24、B66C1/22 没有表达出本案例中吊具的用途或应用场合，因此，在构造检索式时通过分类号和关键词共同表达检索要素1。同时，考虑到如果有接近的专利文献，这些专利文献可能在摘要中记载吊具用于起吊轴承，不一定记载到权利要求中，虽然在说明书中也很有可能记载吊具用于起吊轴承，但由于轴承属于机械领域的标准件，很多产品中都会用到轴承，限定说明书中出现轴承可能会检索出很多不相关的文献，即噪声。因此，构造检索式时限定摘要中出现"轴承"更合适，从而得到表达检索要素1的检索式：IPC =（（B66C1/24）OR（B66C1/22））AND ZY = 轴承。对于检索要素2，采用关键词卡座、卡紧、压紧、压头、压块表达。由此，我们构造出的检索式为：IPC =（（B66C1/24）OR（B66C1/22））AND ZY = 轴承 AND QLYQ =（卡座 OR 卡紧 OR 压紧 OR 压头 OR 压块）。

这一检索式命中的文献中没有接近的文献，同时发现命中文献中有很多不相关的文献，可见，即使用"ZY = 轴承"限定用途仍然有很大的噪声，采用"FMMC = 轴承"可能更合适。

由于没有检索到接近的文献，需要对检索进行调整，考虑到机械领域有很多与轴承套圈具有相似结构的工件需要吊装，如轮胎、大型齿圈、绕制成型的线圈等。因此，我们首先调整检索要素1的表达，用分类号 B66C1/24、B66C1/22 结合扩展的用途关键词表达检索要素1，检索式修改为：IPC =（（B66C1/24）OR（B66C1/22））AND FMMC =（轴承 OR 轮胎 OR 齿圈 OR 线圈 OR 线盘）AND QLYQ =（卡座 OR 卡紧 OR 压紧 OR 压头 OR 压块）。

这一检索式的命中文献中包括一篇公开号为 CN203351405U 的专利文献，如图 5-1-8 所示，其公开了一种变压器线圈套装吊具，该吊具包括吊臂1，吊臂1一侧的下部设有用于支撑线圈下端面的底脚3，吊臂1上还设有由压紧块2、上夹板6、下夹板7、上锁紧螺钉5和顶紧螺钉8构成的压紧结构，压紧结构用于压紧线圈上端面。

通过对比可以发现，待检索的核心技术方案与 CN203351405U 的主要区别在于上端面卡座可沿立杆上下移动，这一区别使得轴承套圈用装卡工具可适用于吊装不同宽度的轴承套圈。这一区别使得待检索核心技术方案相对于 CN203351405U 具备新颖性和创造性。

但我们的检索工作还不能就此结束，原因在于，不止一篇文献可以破坏技术方案的创造性,多篇具有结合启示的文献相结合也可能破坏技术方案的创造性。因此,我们还需要针对这一区别进行检索。

考虑到结构类的专利文献的权利要求主要记载结构,区别"上端面卡座可沿立杆上下移动"反映在权利要求中可能是以具体结构的方式进行限定,但能够实现卡座沿立杆上下移动的具体结构千差万别,并不是很好表达。因此,在构造检索式时考虑在说明书中针对这一区别进行检索,且不针对实现卡座沿立杆上下移动的具体结构检索,而是针对功能或工作过程进行检索,因此,构造检索式 SMS =((移动 OR 滑动 OR 调节 OR 调整)S(压 OR 卡)),结合分类号 B66C1/24、B66C1/22 表达检索领域,从而得到检索式:IPC =((B66C1/24)OR(B66C1/22))AND FMMC =(轴承 OR 轮胎 OR 齿圈 OR 线圈 OR 线盘)AND SMS =((移动 OR 滑动 OR 调节 OR 调整)S(压 OR 卡))。

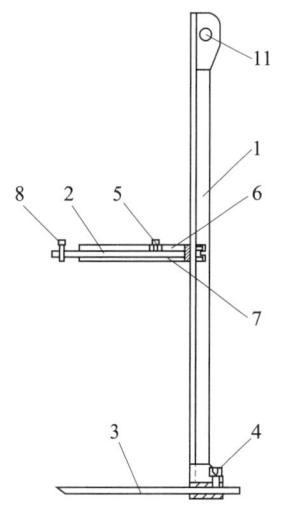

图 5 - 1 - 8　CN203351405U
变压器线圈套装
吊具结构示意

这一检索式的命中文献中包括一篇公开号为 CN205838329U 的专利文献,如图 5 - 1 - 9 所示,其公开了一种用于装配重装叉车轮胎的吊具,其包括主体框架 2 及可沿主体框架 2 上下移动的压辊机构 4。可见,上端面卡座可沿立杆上下移动以适应不同尺寸的被吊件这一区别已经被 CN205838329U 公开了。

因此,"一种大型轴承套圈用装卡工具,装卡工具具有立杆,立杆一侧的下部设有用于支撑轴承套圈的下端面卡座,立杆上还套置有可沿其上下移动的上端面卡座,上端面卡座用于卡紧轴承套圈"这一核心技术方案相对于 CN203351405U 与 CN205838329U 的结合不具备创造性。

**4. 进一步全面检索**

虽然我们前面确定的核心技术方案不具备创造性,但技术文件中还记载了一些其他结构,如立杆 7 上还固定有用以支撑套圈外径面的侧面卡座板 3,立杆 7 上还固定有手持吊环 6。我们考虑将"立杆 7 上还固定有用以支撑套圈外径面的侧面卡座板 3"加入到核心技术方案得到新的技术方案[①]:

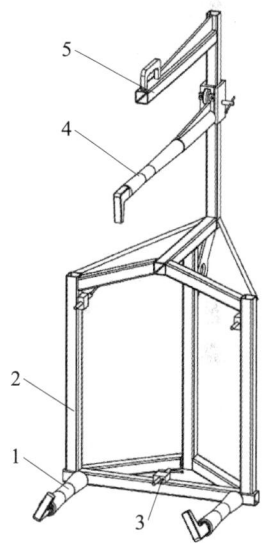

图 5 - 1 - 9　CN205838329U
用于装配重装叉车
轮胎的吊具结构示意

一种大型轴承套圈用装卡工具,装卡工具具有立杆,立杆一侧的下部设有用于支撑轴承套圈的下端面卡座,立杆上还套置有可沿其上下移动的上端面卡座,上端面卡座用于卡紧轴承套圈,立杆上还固定有用以支撑套圈外径面

---

① 这个工作是相对较高要求的工作,实际检索时,可根据本次检索的具体目的、客户的需求等来综合确定是否进行此类扩展的全面检索。

的侧面卡座板。

对于新的技术方案是否具备创造性,我们需要进一步的检索。

构造检索式时,考虑到侧面卡座板这一术语本身属于自造词,同时,侧面卡座板所指代的结构在其他文献中可能采用完全不同的术语,因此,舍弃检索结构本身,而对其使用方法(与被吊件外侧面接触形成支撑)和达到的技术效果(吊装更稳定)进行检索,因此,构造检索式:IPC = ((B66C1/24) OR (B66C1/22)) AND SMS = (外侧面 OR 稳定)。

检索到公开号为 CN204980838U 的专利文献,如图 5-1-10 所示,其公开了一种工程机械用后处理消音器吊装装置,包括竖梁 13,竖梁 13 上设有压紧板 15,吊装时压紧板 15 与被吊的后处理消音器的外侧面贴合,提高吊装的稳定性。可见,我们新增到核心技术方案中的技术特征被该文献公开了。新的技术方案相对于 CN203351405U、CN205838329U 与 CN204980838U 的结合不具备创造性。

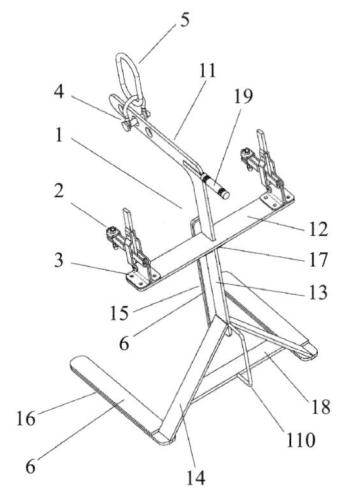

图 5-1-10 CN204980838U 工程机械用后处理消音器吊装装置结构示意

此外,专利文献 CN204980838U 还公开了该吊装装置包括下把手 110,下把手 110 方便起吊后转运,使用方便。显然,吊装过程中,操作人员扶持下把手 110 可稳定吊装过程中的方向。即使将"立杆 7 上还固定有手持吊环 6"这一技术特征增加到核心技术方案中,由此形成的技术方案仍不具备创造性。

## 5.1.2 多功能模块组合类技术方案的检索

多功能模块组合类技术方案通常能够实现多个相对独立的功能,各技术特征之间也不是完全不可拆分的整体。这时就需要仔细分析各个技术特征之间的技术逻辑,根据结构和实现的功能,对所有的特征进行组合和分组,将整体技术方案分解为由部分技术特征构成一个能实现一定功能的模块,另一部分技术特征作为实现另一功能的另一个模块,各功能模块整合在一起实现一个更大的功能。

对这类技术方案而言,如果难以检索到单篇破坏整个技术方案新颖性或创造性的文献,我们在检索过程中可以采取各个击破的策略,也就是对技术方案进行"拆分",即如上将整个技术方案划分为若干功能相对独立的模块,然后根据上一节所讲的内容,对各个模块分别进行检索。

在划分模块的过程中需要注意,不能把技术方案拆得太细,而应该根据构成技术方案的各个技术特征之间在解决技术问题、实现功能过程中的相互关系,将互相关联、共同解决一个技术问题并实现一个功能的技术特征作为一个整体,划分为一个功能模块,同一功能模块内各技术特征之间是一个有机整体。

下面我们一起来练习一个多功能模块组合类技术方案的检索。

【发明名称及技术领域】

一种起吊架，特别是一种多功能可调节机械设备起吊架。

【背景技术及存在的问题】

在当前的生产中，经常需要将机械设备如电机、泵等，由一个场所搬移到另一个场所，目前大型设备的吊装多采用起重机以及叉车等设备进行起吊和移动。但由于厂区先期的建设以及后期的空间限制等诸多原因存在起重机以及叉车等现有的吊装设备无法满足现有使用条件的情况，例如，厂房先期建设未安装梁式起重机，及厂房入口由于空间限制导致流动式起重机、叉车等吊装设备无法进入，设备的移动和吊装更为困难，不仅费时费力，而且存在极大的危险性。现有的机械设备起吊架还存在着不能旋转、没有配套照明防雨设备和不能对机械设备进行防震的问题。

【详细解决方案】

如图5-1-11、图5-1-12所示，根据本发明实施方案的一种多功能可调节机械设备起吊架包括底座1、旋转立柱2、防雨照明架装置3、伸缩吊臂4、防震吊篮装置5、移动轮6、限位插板7、控制开关8、液压千斤顶9、承重板10、扇形连接板11、控制线12、起吊电机13、钢丝绳14和防脱吊钩15，旋转立柱2螺栓连接在底座1的上表面左侧位置，防雨照明架装置3镶嵌在底座1的内部左上侧位置，伸缩吊臂4分别轴接在扇形连接板11的内表面右侧上部位置和液压千斤顶9的上端位置，防震吊篮装置5放置在底座1的上表面右侧位置，移动轮6分别螺栓连接在底座1的下表面四角位置，限位插板7纵向焊接在底座1的上表面左侧位置，限位插板7位于防雨照明架装置3的左侧位置，控制开关8纵向螺钉连接在控制线12的下端位置，液压千斤顶9上端轴接在伸缩吊臂4的下表面左侧位置，液压千斤顶9下端轴接在旋转立柱2的右侧下部位置，承重板10焊接在旋转立柱2的上端位置，扇形连接板11焊接在承重板10的内表面上部位置，控制线12螺钉连接在起吊电机13的左侧上部位置，起吊电机13螺栓连接在伸缩吊臂4的上表面左侧位置，钢丝绳14一端缠绕在起吊电机13的正表面中间位置键连接的滚筒外表面位置，另一端绕过伸缩吊臂4的右侧上部外表面位置系接在防脱吊钩15的内部上侧位置。

防震吊篮装置5包括吊箱51、吊环52、防震海绵板53、吊装带54和吊装环55，吊环52分别焊接在吊箱51的左右两侧上部位置，防震海绵板53横向胶接在吊箱51的内部下表面位置，吊装带54分别系接在左右两侧设置的吊环52的正表面上部位置，吊装环55套接在吊装带54的正表面中间位置。

1. 技术方案分析

本案例的起吊架涉及的结构较多，可能难以检索到单篇破坏整个技术方案新颖性或创造性的文献。

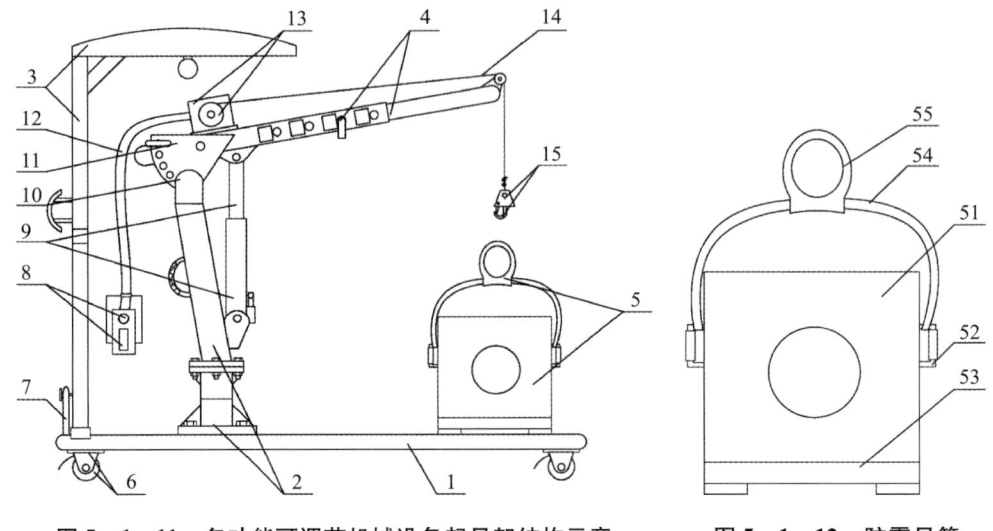

图 5-1-11　多功能可调节机械设备起吊架结构示意　　图 5-1-12　防震吊篮装置结构示意

通过分析，我们不难发现本案例的起吊架包括一个主体结构和两个配套结构，一个主体结构即主要由底座 1、移动轮 6、旋转立柱 2、伸缩吊臂 4、液压千斤顶 9、起吊电机 13、钢丝绳 14、防脱吊钩 15 构成的可移动的悬臂起吊装置，两个配套结构分别为防雨照明装置和防震吊篮。

本案例是典型的由多个相对独立的功能模块构成一个整体的技术方案。就像前面所说的，本案例中的起吊架包括一个主体结构和两个配套结构，主体结构为一种可移动的悬臂起吊装置，可实现起吊功能，防雨照明装置提供防雨照明功能，防震吊篮起到减震作用。基于各结构实现的功能，我们可以将起吊架划分为三个功能模块，即悬臂起吊装置、防雨照明装置和防震吊篮。

功能模块是一个相对的概念，对功能模块的划分也没有绝对的标准。在划分功能模块的时候可以根据需要进行适当划分，还可以根据检索情况对已经划分的功能模块进行再划分，划分出更小的功能模块。但无论怎么划分，应当遵循的原则是模块应该是一个有机整体，不能割裂技术特征。比如，本案例中，悬臂起吊装置可通过移动轮行走，即起吊装置具有行走功能；立柱可旋转，即起吊装置具有旋转功能；吊臂 4 可伸缩，还可在液压千斤顶的驱动下俯仰，伸缩功能和俯仰功能是相对独立的，因此，悬臂起吊装置这一功能模块还可划分出行走模块、旋转模块、伸缩臂模块和俯仰模块。

**2. 核心技术方案确定及检索过程**

根据前面划分的功能模块，我们尝试对三个功能模块分别进行检索。

首先检索悬臂起吊装置模块，这一模块主要包括底座 1、移动轮 6、旋转立柱 2、伸缩吊臂 4、液压千斤顶 9、起吊电机 13、钢丝绳 14、防脱吊钩 15，确定一个待检索的核心技术方案（以下简称第一技术方案）：

一种可移动的悬臂起吊装置，包括底座（1）、移动轮（6）、旋转立柱（2）、伸缩吊臂（4）、液压千斤顶（9）、起吊电机（13）、钢丝绳（14）、防脱吊钩（15），底座（1）底部设有移动轮（6），旋转立柱（2）固定于底座（1）上，伸缩吊臂（4）铰接于旋转立柱（2）顶端，液压千斤顶（9）一端铰接于旋转立柱（2），另一端铰接于伸缩吊臂（4），起吊电机（13）安装于伸缩吊架（4）上，钢丝绳（14）一端连接于起吊电机（13），另一端绕过伸缩起吊装置（14）顶端连接防脱吊钩（15）。

其中，关键技术手段包括底座1底部设有移动轮可改变起吊装置作业位置，立柱可旋转以改变作业范围，吊臂可由液压千斤顶驱动而俯仰或调整角度，吊臂可伸缩以改变长度。

"可移动的悬臂起吊装置"表达了技术方案所涉及的技术领域，考虑将其作为一个检索要素，通过检索式"FMMC = 悬臂起吊装置"进行检索，根据检索结果统计结合查阅分类表，发现类名为"悬臂支承于立柱上的，如支承在下端安装成可回转的塔架上"的分类号 B66C23/16 可准确表达悬臂起吊装置。但该分类号未表达出起吊装置可移动这一特征，也暂未发现能表达这一特征的分类号，因此，考虑将"可移动的悬臂起吊装置"分为两个检索要素，即悬臂起吊装置和起吊装置可移动。因此，检索要素1为悬臂起吊装置，对应的分类号为 B66C23/16，检索要素2为起吊装置可移动，具体的结构特征为底座的底部设有移动轮。

对于立柱可旋转这一关键技术手段，检索要素1的分类号 B66C23/16 的类名为"悬臂支承于立柱上的，如支承在下端安装成可回转的塔架上"，即分类号 B66C23/16 包括了立柱可旋转的情形。是否可以将立柱可旋转与检索要素1合并为一个整体作为一个检索要素呢？事实上，我们通过分析类名以及浏览检索式"IPC = B66C23/16"下的文献可以发现，立柱可旋转只是其中的一种情形，该分类号下还包括立柱不可旋转的情况。若将立柱可旋转与检索要素1合并为一个检索要素，用分类号 B66C23/16 表达，则会引入噪声，即检索结果中包括立柱不可旋转的文献。因此，我们将立柱可旋转作为一个独立检索要素（以下简称检索要素3）。

吊臂可俯仰是第一技术方案的第三个关键技术手段，因此，其可作为一个检索要素（以下简称检索要素4）。通过查阅 B66C23/16 临近的分类号，可以发现类名为"悬臂安装成可变幅的或俯仰运动的起重机"的分类号 B66C23/06，其准确地表达了检索要素4，因此，检索要素4除了用关键词表达，还可以用分类号 B66C23/06 表达。此外，从 B66C23/06 类名中我们发现了一个起重机领域的专业术语"变幅"，其可作为检索要素4的扩展关键词。

吊臂可伸缩是第一技术方案的另一个关键技术手段，可作为一个检索要素（以下简称检索要素5）。进一步查阅分类表，可在 B66C23/16 的临近分类号中发现类名为"在作业中悬臂的有效长度可变化的起重机，如径向位置可变的，可伸展的"的分类号 B66C23/04，以及类名为"由分段结构件组成，适于装配成长度有级变化的悬臂的"的分类号 B66C23/70，两个分类号均较准确地表达了检索要素5，可作为检索要素5的分类号表达。

由此，我们可以得到第一技术方案的检索要素表，见表 5-1-5。

表 5-1-5  悬臂起吊装置模块检索要素表

| | 检索要素1 | 检索要素2 | 检索要素3 | 检索要素4 | 检索要素5 |
|---|---|---|---|---|---|
| | 悬臂起吊装置 | 底座底部设有移动轮 | 立柱可旋转 | 吊臂铰接于旋转立柱顶端，液压千斤顶一端铰接于旋转立柱，另一端铰接于伸缩吊臂 | 吊臂可伸缩 |
| 分类号 | B66C23/16 | | | B66C23/06 | B66C23/04，B66C23/70 |
| 关键词 | | 移动轮，行走轮 | 旋转，回转，转动 | 俯仰，变幅，角度，液压缸，油缸 | 伸缩，长度 |

根据检索要素表构造检索式，考虑到三个检索要素均有分类号表达，而检索中分类号表达较关键词表达更准确，有分类号的情况下，优先使用分类号检索。因此，我们可以构造检索式：IPC=(B66C23/16) AND QLYQ=(移动轮 OR 行走轮) AND QLYQ=(柱 AND (旋转 OR 回转 OR 转动)) AND IPC=(B66C23/06) AND IPC=(B66C23/04 OR B66C23/70)。

通过浏览命中文献，可以发现公开号为CN206985561U的专利文献，如图5-1-13所示，其公开了一种简易机械助力臂装置，包括平板基座1、行走轮2、由立柱3及转动安装于立柱3顶端的旋转座5共同构成的旋转立柱、伸缩套管臂7、电动机10、钢丝绳9，平板基座1底部设有行走轮2，旋转立柱固定平板基座1上，伸缩套管臂7铰接于旋转立柱顶端，电动机10安装于伸缩套管臂7上，钢丝绳9一端连接于电动机10，另一端用于起吊物品。

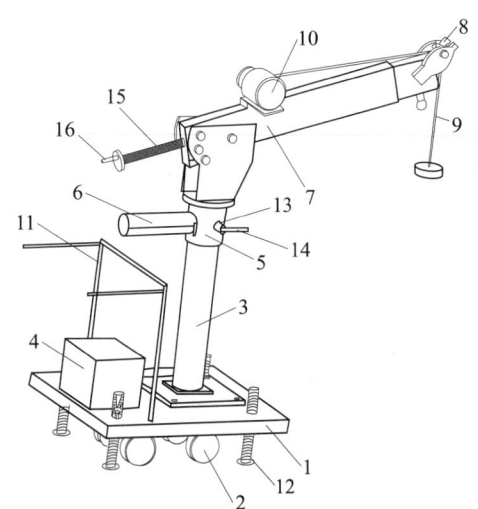

图 5-1-13  CN206985561U 简易机械助力臂装置结构示意

第一技术方案与CN206985561U相比，区别仅在于伸缩吊臂由液压千斤顶驱动，钢丝绳另一端连接防脱吊钩。然而，通过防脱吊钩进行物品起吊是吊装领域的公知常识。

我们还可以针对伸缩吊臂由液压千斤顶驱动这一区别进行检索。

根据前面对检索要素4的分析，分类号B66C23/06为其分类号表达，同时，为准确检索出由液压千斤顶驱动吊臂进行俯仰变幅的文献，我们在分类号的基础上增加关键词液压千斤顶及其扩展关键词液压缸、油缸，从而可以得到检索式：IPC=(B66C23/06) AND QLYQ=(液压千斤顶 OR 液压缸 OR 油缸)，通过这一检索式检索可得到公开号为CN204281111U的专利文献，如图5-1-14所示，其公开了一种液压旋转式装卸专用吊具，在支承柱3和吊臂6之间设置液压缸12，通过液压缸12的伸缩可实现吊臂

6俯仰变幅。

当然,我们还可以对检索式进行调整,如考虑到前面的检索式中有三个检索要素(检索要素1、4、5)都是由分类号表达的,而某些公开了第一技术方案发明构思的专利文献有可能并未准确地分到这三个检索要素所对应的每一个分类号,可能只涉及其中的一个或两个分类号。利用前面的检索式就无法检出这类文献。因此,可以考虑用关键词代替部分检索要素的分类号进行继续检索,此处不再详细列出检索过程,读者朋友可自行练习。

现在我们来检索第二个模块:防雨照明装置。检索之前,我们可以预期,如果检索出一篇文献,其公开了起吊装置上设防雨照明装置,则其可与CN206985561U相结合。为此,我们通过检索式 IPC=(B66C) AND SMS=(防雨 AND 照明) 进行检索,可检索到专利文献 CN210736050U(有载分接开关检修系统及其检修吊具),如图5-1-15所示,其公开了起吊装置上设防雨照明装置这一发明构思。

对于第三个模块防震吊篮,我们可以采用全关键词检索,为此,先扩展关键词,防震扩展到减震、减振、缓冲,根据具体实现防震的结构,我们还可以扩展关键词弹簧、海绵等,吊篮属于比较准确的术语,暂不扩展。由此,我们可以先构造检索式:FMMC=((防震 OR 减震 OR 减振 OR 缓冲) AND 吊篮)。通过浏览可以发现专利文献 CN107128793A(一种高安全性减震式吊篮)公开了吊篮中设弹簧以提供防震功能这一发明构思,如图5-1-16所示。

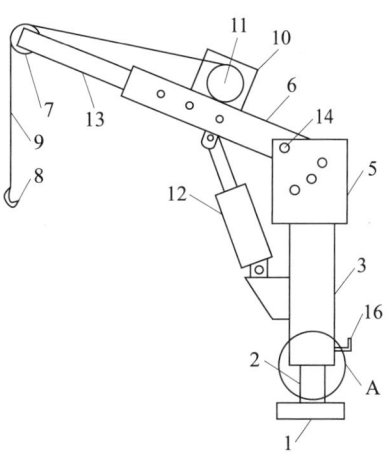

图5-1-14 CN204281111U
液压旋转式装卸专用吊具结构示意

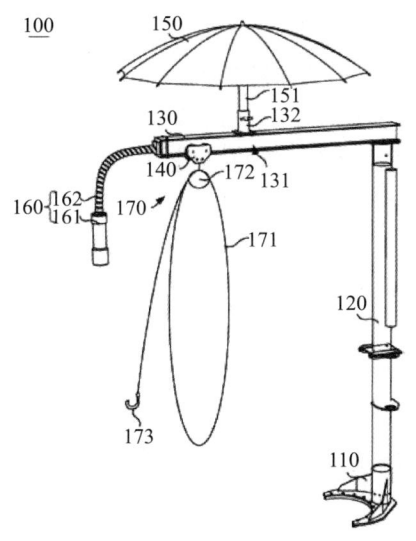

图5-1-15 CN210736050U 有载
分接开关检修系统及其检修吊具结构示意

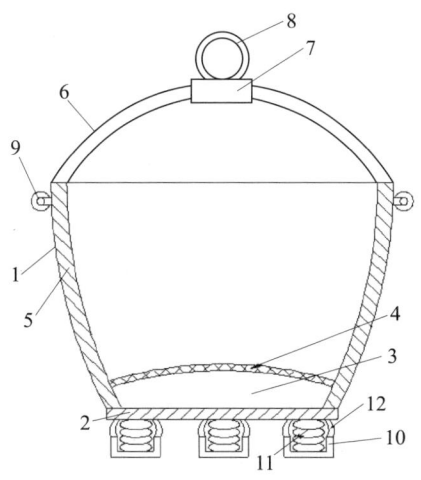

图5-1-16 CN107128793A
高安全性减震式吊篮结构示意

至此，我们检索到了分别公开三个功能模块的发明构思的专利文献，本案例相对于 CN206985561U、CN210736050U、CN107128793A 的结合不具备创造性。

## 5.2 方法类技术方案的检索

机械领域方法类技术方案大致可以分为两类：一类是与结构相关的方法，这类方法与结构存在技术上的关联，即方法多为产品的制造方法、设备的使用方法等，这些方法的实施要么是用于制造具有特定结构的产品或对特定的材料进行成型，要么依赖于特定设备的结构；另一类是一般的方法或工艺流程，这类方法相对于前者更具有普遍性或一般性，对结构没有特别的依赖，我们称其为一般工艺流程。

本节将通过几个案例来介绍一般工艺流程类技术方案的检索，下一节介绍依赖于结构的方法，即结构与方法混合技术方案的检索。

### 5.2.1 一般工艺流程类技术方案的检索

一般工艺流程类技术方案虽然通常需要以一定的设备为基础，或者用于制造一定的产品或对一定的材料进行成型，但方法本身的实施对结构没有特别的依赖，人们更关注对方法本身的改进以解决相应技术领域普遍存在的技术问题。对这类技术方案的检索一般关注方法本身的步骤、流程、工艺条件等以及方法所解决的技术问题和达到的技术效果。不过需要说明的是，由于方法步骤中，一般不可避免地要使用到一些设备——即使是通用的设备，由于名词比动词表达上相对更单一，因此一般在方法步骤的检索要素表达上，也经常会使用到设备或部件的名称。

下面通过一个案例介绍一下一般工艺流程类技术方案的检索。

【发明名称及技术领域】

一种铸造工艺，具体为一种数控龙门加工中心方滑枕的铸造工艺。

【背景技术及存在的问题】

数控龙门加工中心里的方滑枕铸件属于质量要求非常高的高强度灰铸铁铸件，HT300 或者 HT350 材质，形状是长方体，内腔结构复杂，六面加工，长度方向四角淬火，铸件所有表面不允许有任何铸造缺陷，不允许焊补，质量要求很高。此类铸件容易出现砂眼、气孔、渣孔、缩松等缺陷，只要出现任何的微小缺陷都视为废品。一般铸造厂家都是采用平做立浇或者立做立浇的造型工艺，操作很麻烦，废品率高达 20%～50%。很多铸造厂生产此类铸件，造成了巨大的损失，由于质量问题而导致客户迟迟不能装机，甚至丢掉了市场。

【详细解决方案】

一种数控龙门加工中心方滑枕的铸造工艺，包括以下步骤。

（1）采用平做平浇造型工艺，平面在下箱，所有铸型都位于上箱。与平做立浇和立做立浇相比较，这样做的优点是造型简便，易于操作，生产效率高，质量稳定。

（2）内腔泥芯按照结构分成多段，从上平面的窗口设计芯头，所有泥芯吊在上型。这样做的优点是通过上面的芯头排气顺畅；当铸型翻转后，型腔中的散砂容易清理干净；吊芯不使用芯撑，确保油箱部位不渗漏，外观好。

（3）设计开放式的无压浇注系统，在每一个内浇道上设置蜂窝状陶瓷过滤网，确保进入型腔的铁水纯净。

（4）为了保证组织致密，消除显微缩松，在上平面铺设耐火砖代替冷铁，下箱平面设置隔砂冷铁。方滑枕一般四角淬火，经过粗磨精磨两道磨削加工，表面的显微缩松和其他缺陷很容易暴露出来。设置耐火砖和隔砂冷铁的目的是既消除显微缩松，又不至于冷铁激冷过度产生过冷石墨而导致导轨淬火裂纹。

（5）采用高碳当量结合铜锡合金化，强化孕育的熔炼工艺，既能达到机械性能，又减小应力，导轨淬火平稳无裂纹，保证材质的稳定。

本发明公开的数控龙门加工中心方滑枕铸件的铸造工艺，通过平做平浇，吊芯工艺，设计合理的浇注系统，上下平面放置不同类型的冷铁，再结合高碳当量熔炼高强度灰铸铁的电炉熔炼技术，大批量生产出了质量稳定、成品率高的机床方滑枕铸件，合格率达到98%以上，这种技术操作简单，生产效率高，合格率高。

**1. 提炼发明构思与确定核心技术方案**

本案例要解决的技术问题是现有的铸造工艺操作麻烦，废品率高。为解决该技术问题，采用平做平浇，吊芯工艺，开放式的无压浇注系统，在上平面铺设耐火砖代替冷铁，下箱平面设置隔砂冷铁，高碳当量结合铜锡合金化，强化孕育的熔炼工艺。因此，我们可以提炼出发明构思：采用平做平浇，吊芯工艺，开放式的无压浇注系统，在上平面铺设耐火砖代替冷铁，下箱平面设置隔砂冷铁，解决铸造工艺操作麻烦、废品率高的问题。

在此基础上，我们确定待检索的核心技术方案为：

一种数控龙门加工中心方滑枕的铸造工艺，包括以下步骤：

（1）采用平做平浇造型工艺，平面在下箱，所有铸型都位于上箱。

（2）内腔泥芯按照结构分成几段，从上平面的窗口设计芯头，所有泥芯吊在上型。

（3）设计开放式的无压浇注系统，在每一个内浇道上设置蜂窝状陶瓷过滤网，确保进入型腔的铁水纯净。

（4）为了保证组织致密，消除显微缩松，在上平面铺设耐火砖代替冷铁，下箱平面设置隔砂冷铁。

（5）采用高碳当量结合铜锡合金化，强化孕育的熔炼工艺。

**2. 确定与表达检索要素**

待检索技术方案的主题名称"数控龙门加工中心方滑枕的铸造工艺"构成一个检索要素（以下简称检索要素1）。采用检索后统计的方式确定检索要素1的分类号，检索式为"FMMC=铸造工艺"，经统计，排在前面的分类号均为B22C9/00的下位组。进一步查阅分类表，B22C9/00的类名为"铸型或型芯；造型工艺"，其各下位组均不是明显排除本案例技术主题的分类位置,因此,采用分类号 B22C9/ + 作为检索要素 1 的分类号表达。

根据技术文件的记载和前面的分析,平做平浇,泥芯吊在上型,开放式无压浇注系统,上平面铺设耐火砖、下箱平面设置隔砂冷铁,均是待检索技术方案的关键技术手段,这些关键技术手段分别构成一个检索要素。

我们最终得到的待检索技术方案的检索要素表见表 5 – 2 – 1。

表 5 – 2 – 1　数控龙门加工中心方滑枕的铸造工艺检索要素表

|  | 检索要素 1 | 检索要素 2 | 检索要素 3 | 检索要素 4 | 检索要素 5 |
| --- | --- | --- | --- | --- | --- |
|  | 数控龙门加工中心方滑枕的铸造工艺 | 平做平浇 | 泥芯吊在上型 | 开放式无压浇注系统 | 上平面铺设耐火砖、下箱平面设置隔砂冷铁 |
| 分类号 | B22C9/ + |  |  |  |  |
| 关键词 |  | 平做平浇 | 芯,吊 | 无压浇注 | 耐火砖,激冷砖,冷铁 |

### 3. 检索过程分析

检索的理想目标文献是公开了所有检索要素的文献,即可单篇破坏待检索技术方案新颖性或创造性的文献。检索要素 1 以分类号结合表示铸造对象的关键词"滑枕"进行表达,以进一步限定细分领域。我们采用如下检索式进行检索:IPC =(B22C9/ +) AND FMMC = 滑枕 AND QLYQ =(平做平浇 AND(芯 S 吊) AND 无压浇注 AND(耐火砖 OR 激冷砖) AND 冷铁)。这一检索式的命中文献为零。

那么我们就要考虑对检索式进行调整,前面的检索式中通过"FMMC = 滑枕"将目标文献限定在滑枕的铸造工艺,目标文献的范围被限定得非常小。实际上,本案例的技术方案要解决的操作麻烦、废品率高的技术问题是铸造领域的共性问题,简化操作、提高成品率是普遍的追求。因此,我们可以考虑将目标文献的范围扩大,而不是仅限于滑枕的铸造工艺。为此,我们将检索式调整为:IPC =(B22C9/ +) AND QLYQ =(平做平浇 AND(芯 S 吊) AND 无压浇注 AND(耐火砖 OR 激冷砖) AND 冷铁)。采用这一检索式仍然没有检索到合适的文献。

前面两个检索式的构造是基于最理想的情况,即检索到公开了待检索技术方案全部检索要素的文献。这样的检索称为全要素检索。

在全要素检索没有检索到合适文献的情况下我们考虑采用部分要素进行检索,即根据创造性评判时的思维,选择部分检索要素来构造检索式,以期检索到公开这部分检索要素的文献。在此基础上,选择不同的检索要素进行组合,检索到公开不同检索要素组合的多篇文献,如果这些文献相互之间能够结合,那么待检索的技术方案相对于这些文献的结合不具备创造性。当然,我们选择部分检索要素时,需要考察检索要素之间的技术联系,不能简单地将各个检索要素看作独立的要素进行纯数学的排列组合,应该将在技术上密切相关的检索要素放在同一个检索要素组合中,即在同一检索式中包括这些技术上密切相关的检索要素。

本案例中的各个要素相互之间相对独立，我们可以选择其中的一部分要素进行组合，从而进行部分要素检索。我们可以通过检索式：IPC =（B22C9/+）AND QLYQ =（（芯 S 吊）AND 无压浇注 AND 冷铁），检索到公开号为 CN107716872A 的专利文献，其公开了大型数控机床工作台铸件的铸造方法，其中公开了采用吊芯工艺、开放式无压浇注系统、铺设冷铁等关键技术手段，以解决工作台铸件铸造废品率高等技术问题，即公开了待检索技术方案的基本发明构思。

待检索技术方案中，尚未被前述文献 CN107716872A 公开的关键技术手段包括平做平浇，上平面铺设耐火砖、下箱平面设置隔砂冷铁。我们接下来针对平做平浇这一关键技术手段进行检索，构造检索式：IPC =（B22C9/+）AND QLYQ =（（平做平浇）AND（耐火砖 OR 激冷砖）AND 冷铁）。这一检索式的命中文献中包括一篇公开号为 CN108526407A 的专利文献，其公开了一种大型数控落地镗床方滑枕铸型制备方法，采用平做平浇法，两面放置不同的激冷物，一面放激冷砖，另一面放冷铁，可提高铸件质量。

在文献 CN107716872A 的基础上结合文献 CN108526407A 可显而易见地得到待检索的技术方案，因此，待检索技术方案不具备创造性。

## 5.2.2 园艺、养殖方法类技术方案的检索

园艺、养殖方法是两种相对独立的方法，与传统意义上的机械没有必然联系，但在专利领域，一般将园艺、养殖归到大机械领域，从体系完整的角度考虑，本节以两个案例为基础分别对这两种方法涉及的技术方案的检索进行介绍。

### 5.2.2.1 园艺类方法检索

园艺类方法技术方案一般涉及对作物的栽培、管理，而大部分作物栽培、管理所用的方法、步骤已经是园艺领域成熟的技术手段。技术方案对现有技术的改进往往只是其中的个别手段，而为了形成一个完整的技术方案，技术文件中通常会记载一些属于现有技术的步骤、手段，这些步骤、手段与改进的步骤、手段共同构成技术方案。检索这类技术方案前，我们需要充分理解技术文件中记载的背景技术、存在的技术问题，以及解决该技术问题采用的技术手段，必要时，还可从其他途径补充了解相关技术，以从众多技术特征中找出关键技术手段，在此基础上确定和表达基本检索要素。

具体见下例。

【发明名称及技术领域】

一种流动沙丘迎风坡造林的方法。

【背景技术及存在的问题】

流动沙丘在风力作用下，往往沿主风向前移埋压绿洲、居民点，危害极大。因此，在以往的治沙工作中防治绿洲邻边和内部零星分布的流动沙丘，是造林固沙的重点，

所以在近年来的治沙工作中采用生物固沙为主、辅以人工沙障，化学固沙剂相结合等方法，是防治流动沙丘的主要技术措施。

人们普遍的观点认为流动沙丘的地表形态，大都由沙丘及丘间低地（沙湾）构成。沙丘极端干旱、流动性大、持水能力低，直接造林易被风蚀，难具成效。如辅以沙障等人工措施，则固沙效果较佳。流动沙丘的生物固定技术，应依据前述立地条件差异，先易后难地进行。首先应对丘间低地实施造林固沙技术，而后才对沙丘实施植物固沙技术，当然两种技术同时进行也是可行的。所以，在大多数流动沙丘区治沙工作中采取先在沙丘丘间低地进行造林的方法，而这也取得了一定的效果，但是这种方法造林成本高，且成效缓慢，现有技术中也有先布设沙障再进行种植的方法，但往往费工、费力、费钱。如何解决上述问题以在流动沙丘中植树造林是目前亟待解决的技术问题。

【详细解决方案】

本发明提供一种流动沙丘迎风坡造林的方法，该方法包括如下步骤。

S1. 选择高度为110~120cm、直径为1~2cm的灌木插条进行浸泡；

S2. 将浸泡后的所述灌木插条种植在流动沙丘迎风坡面的3/4坡高以下区域，种植所述灌木插条采用水冲种植法或螺旋钻孔法，种植后所述灌木插条的外露高度可以为10~20cm；所述水冲种植法包括：用冲击水枪向流动沙丘迎风坡面射水以形成栽植孔，将浸泡后的所述灌木插条插入所述栽植孔中，用冲击水枪将周边的沙土填充至所述栽植孔中，所述冲击水枪可以为空心钢管，所述空心钢管的长度可以为110~120cm、直径可以为2~3cm；所述螺旋钻孔法包括：用电钻在流动沙丘迎风坡面钻出栽植孔，将浸泡后的所述灌木插条插入所述栽植孔中，向所述栽植孔中依次填入湿沙和干沙。螺旋钻孔法可以用微动力带动螺旋钻打孔，插入苗条后夯实沙土，对周围土壤扰动小，土壤墒情好，并且显著提高了植树的速度，10s就可以种下一棵树。在种植灌木插条时，在地下水位较浅的区域，优先选择水冲种植法，所种植的沙柳等灌木的成活率可以达90%以上，保存率可以达80%以上；在种植灌木插条时，在地下水位较深的区域，优选选择螺旋钻孔法，减小了对土壤的扰动，所种植沙柳的成活率也可以从过去锹挖种树的10%提高到65%。地下水位较浅是指水位为3~5m，地下水位较深是指水位为5m以下。

流动沙丘所在地域往往有固有风向（主风方向）或大部分时间的常有风向，确定流动沙丘所在地的主风向，选择流动沙丘迎风坡面3/4坡高以下的区域为种植区域。本发明的流动沙丘迎风坡造林的方法中，灌木插条种植在流动沙丘迎风坡面的3/4坡高以下的区域，在风沙的冲击下，流动沙丘的坡顶逐渐被削平，即沙丘坡顶在风沙吹蚀的作用下逐渐向沙丘底部运动，同时种植的灌木可以发挥一定的前挡后拉作用，进而沙丘可以逐渐变得平缓，沙丘平缓后，在未种植灌木插条的区域可以更方便简易地种植植被。本发明的流动沙丘迎风坡造林的方法通过大自然的力量削峰填谷，通过所种植的植被前挡后拉，使得流动沙丘逐渐变得平缓，进而可以使黄色的沙漠逐渐变成绿色植被的海洋。

具体地，选择沙丘迎风坡面3/4坡高以下的区域为种植区域可以使沙丘地表沙粒的流动性减弱，使沙丘迎风坡面的下部很快得到固定，当风沙遇到新栽植的植被阻挡时，就会在沙丘上部形成风蚀区，借助风力可以把沙丘上部风蚀区的沙粒吹向沙丘背风坡的低洼处并逐渐堆积，经过2～5年，流动沙丘的高度逐渐降低，沙丘的长度逐渐被拉长，沙丘背风坡间低洼地积沙逐渐升高，整个流动沙丘逐渐变得平缓且稳定，沙丘的林草、植被覆盖度可以逐年增大。如图5-2-1所示，在种植植被的第一年，流动沙丘的坡高最高，种植后的第三年，沙丘的坡高显著降低，至种植后的第五年时，沙丘基本趋于平缓地形。

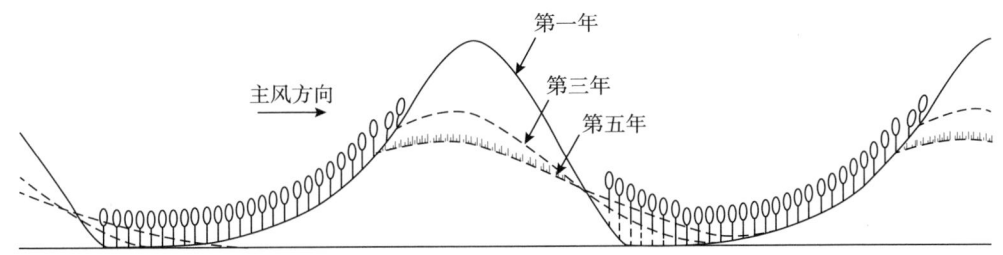

**图5-2-1 流动沙丘迎风坡造林的方法示意**

优选地，所述水冲栽植法的栽植孔直径可以为4～6cm、螺旋钻孔法的栽植孔直径可以为10～20cm，深度可以为70～100cm。所述栽植孔与坡面角度无关，需垂直于大地平面，保证树木垂直向上生长。

优选地，步骤S1中所述浸泡可以是用水浸泡，浸泡时所述灌木插条的形态学可以向上且2/3～4/5高度位于水中，浸泡的时间可以为3～7天。浸泡灌木插条的水可以为河水或清水等，浸泡灌木插条的高度可以不低于插条的2/3，但是水不能没过插条顶端，浸泡的时间过短则插条吸水不充分，插条还没生长足够的不定根就插接至沙丘中，会造成野外失水严重，若浸泡时间过长，可能会使插条滋生细菌，导致组织腐烂而阻塞插条内部疏水导管，插条插接后无法茁壮成长，因此，本发明的方法中，浸泡时间优选为3～7天。

优选地，种植后所述灌木插条的外露高度可以优选为10cm。在流动沙丘中种植灌木插条时，外露高度对成活率有重要的影响作用，外露高度过高或过低会造成成活率低，本发明的流动沙丘迎风坡造林的方法通过优选外露高度为10cm，可以使种植的灌木插条的成活率进一步提高。

优选地，所述灌木插条可以为沙柳插条。本发明的流动沙丘迎风坡造林的方法中选择沙柳插条成活率更高，能够更好地使流动沙丘变得平稳稳定。

优选地，所述水冲种植法还包括：可以通过水泵泵出流动沙丘下的地下水，可以使泵出的地下水依次经过软管和空心钢管后射向流动沙丘的迎风坡面以形成所述栽植孔。所述水冲种植法可以选择地下水井作为给水水源，可以以柴油机作为动力，通过3寸离心水泵将地下水井中的水抽出，离心水泵的出水口可以安装分流装置将水流分成3股，每股水流可以通过塑料软管输送至空心钢管，在离心水泵的压力下，经空心钢管喷出的水流的流速可以达到10m³/h。

优选地，种植所述灌木插条时的种植密度可以为 70～90 穴/亩。

优选地，种植的所述灌木插条的行距可以为 2～4m、株距可以为 1～3m。

### 1. 提炼发明构思与确定核心技术方案

这一技术方案的具体细节比较多，对各步骤的具体做法和参数做了比较详细的记载。这种情况下，我们应该从大量的细节中抓住其关键的技术手段，提炼发明构思，从而确定一个待检索的核心技术方案。技术文件记载："本发明的流动沙丘迎风坡造林的方法中，灌木插条种植在流动沙丘迎风坡面的 3/4 坡高以下的区域，在风沙的冲击下，流动沙丘的坡顶逐渐被削平，即沙丘坡顶在风沙吹蚀的作用下逐渐向沙丘底部运动，同时种植的灌木可以发挥一定的前挡后拉作用，进而沙丘可以逐渐变得平缓，沙丘平缓后，在未种植灌木插条的区域可以更方便简易地种植植被。本发明的流动沙丘迎风坡造林的方法通过大自然的力量削峰填谷，通过所种植的植被前挡后拉，使得流动沙丘逐渐变得平缓，进而可以使黄色的沙漠逐渐变成绿色植被的海洋。"可见，这一技术方案的关键技术手段是在流动沙丘迎风坡面的 3/4 坡高以下的区域进行灌木插条种植，利用大自然的力量实现削峰填谷，使沙丘平缓，种植植被的成活率显著提高，栽植速度大幅度提高，可大幅降低人工成本。

因此，确定待检索的核心技术方案是：

一种流动沙丘迎风坡造林的方法，其中，该方法包括如下步骤：S1. 选择灌木插条进行浸泡；S2. 将浸泡后的所述灌木插条种植在流动沙丘迎风坡面的 3/4 坡高以下区域，种植所述灌木插条采用水冲种植法或螺旋钻孔法；所述水冲种植法包括：用冲击水枪向流动沙丘迎风坡面射水以形成栽植孔，将浸泡后的所述灌木插条插入所述栽植孔中，用冲击水枪将周边的沙土填充至所述栽植孔中；所述螺旋钻孔法包括：用电钻在流动沙丘迎风坡面钻出栽植孔，将浸泡后的所述灌木插条插入所述栽植孔中，向所述栽植孔中依次填入湿沙和干沙。

### 2. 确定与表达检索要素

待检索的技术方案的技术领域属于流动沙丘造林，关键技术手段在于在沙丘迎风坡种植植株，水冲种植法、螺旋钻孔法是实现植株种植的具体手段。因此，流动沙丘造林构成检索要素 1，沙丘迎风坡种植植株构成检索要素 2。

采用检索后统计的方式确定检索要素 1 对应的分类号，通过检索式 "FMMC =（沙丘 AND（造林 OR 植树））"进行检索并统计分类号，排在前面的分类号为 A01G17/00 和 A01G23/02。进一步核实分类号，A01G17/00 类名为"啤酒花、葡萄、果树或类似树木的栽培"，是较准确的分类号，其下位组没有更准确的分类号；A01G23/02 的类名为"树木的移栽、挖出、采伐或打枝"，其上位组 A01G23/00 的类名为"林业"，都不能准确地表达检索要素 1。因此，初步确定采用 A01G17/00 表达检索要素 1。

最终得到的待检索方案的检索要素表见表 5-2-2。

表 5-2-2 流动沙丘迎风坡造林方法检索要素表

|  | 检索要素 1 | 检索要素 2 |
| --- | --- | --- |
|  | 流动沙丘造林 | 沙丘迎风坡种植植株 |
| 分类号 | A01G17/00 |  |
| 关键词 | 沙丘，造林，植树 | 迎风坡，迎风面 |

**3. 检索过程分析**

根据前面确定的检索要素表进行检索，先构造检索式。对于检索要素 1，通常情况下，优先采用分类号表达检索要素，但这一案例中，检索要素 1 的分类号 A01G17/00 主要指的是树木的栽培，没有表达出技术方案是针对流动沙丘进行植树造林这一技术领域，因此，考虑用分类号结合关键词的方式表达检索要素 1 来构造检索式，即 A01G17/00 + 沙丘，从而准确地表达出检索要素 1。那么，就可以构造如下检索式：IPC =（A01G17/00）AND QLYQ = 沙丘 AND QLYQ =（迎风坡 OR 迎风面）。采用这一检索式进行检索，命中文献较少，没有检索到合适的文献。

我们考虑进行检索策略的调整。前面的检索式中，关键词都限定在 QLYQ（权利要求）字段中，命中文献较少，可能存在漏检的情况。因此，我们将关键词检索的字段进行调整，将关键词限定到 SMS（说明书）字段，扩大检索的范围，得到检索式 IPC =（A01G17/00）AND SMS = 沙丘 AND SMS =（迎风坡 OR 迎风面）。这一检索式的命中文献数较前一检索式的命中文献数明显增多了，但经过浏览筛选，仍然没有合适的文献。

我们再次进行调整。前面我们分析过了，分类号 A01G17/00 没能准确地表达检索要素且采用分类号检索，没有检索到合适的文献。这种情况下，我们考虑舍弃分类号，采用纯关键表达检索要素 1，即采用沙丘 + 造林，从而我们可以构造出检索式 QLYQ =（沙丘 AND（造林 OR 植树）AND（迎风面 OR 迎风坡））。

这一检索式的命中文献中包括一篇公开号为 CN102440170A 的专利文献，其公开了一种沙漠造林方法，该沙漠造林方法公开了在沙漠的迎风坡种植沙柳插条，种植前对沙柳插条进行浸泡，种植时采用水冲造林（钢制喷水枪将水喷射在沙漠造林地中，以水流的冲击力形成栽植孔，将沙柳插条种植于栽植孔中）。这一专利文献公开了在流动沙丘迎风坡种植植株以实现流动沙丘治沙，公开了待检索技术方案的发明构思。

本案例中，技术文件记载了比较详细的步骤和参数，但这些步骤和参数是在专利文献 CN102440170A 的基础上结合流动沙丘的实际情况做出的适应性调整，不足以使技术方案具备创造性。

#### 5.2.2.2 养殖类方法检索

养殖类方法与园艺类方法有相同之处，即一个完整的技术方案既有对现有技术作出改进的技术特征，还包括大量的属于现有技术的技术特征，检索时需要找准关键技术手段。

相对于园艺类方法，养殖类方法所针对的对象多样、复杂，相互之间技术差异大，缺乏结合启示,如养猪的方法和养鱼的方法截然不同,相互之间缺乏借鉴意义。对这类技术方案的检索,我们一般将目标文献限定在处理对象相同或相近的领域,再针对技术手段进行检索,如果的确需要跨领域检索,则需要注意文献之间的结合启示。

下面通过一个例子进行练习。

【发明名称及技术领域】

一种提高泉水草鱼存活率的方法,具体涉及一种在山泉流水养鱼池中提高草鱼鱼种越冬及养殖过程中成活率的方法。

【背景技术及存在的问题】

山泉流水养草鱼是独特的高密度养殖方式,因为长期生活在水质清澈无污染的流动的山泉水体中,完全投喂新鲜饲草,养成的泉水草鱼体色乌黑,肌肉结实有弹性,富含多种有益微量元素,肉质清香鲜美,没有任何腥味和异味,价格是普通草鱼的4~10倍。近年来,由于采购来的草鱼苗种在培育过程中过量投喂配合饲料造成严重的肝胆综合征,鱼种体质和适应能力较差,投放到流水鱼池中后应激反应严重,极易暴发水霉病、闭口病,常导致大量死亡。

【详细解决方案】

一种提高泉水草鱼存活率的方法,包含以下步骤。

(1) 鱼池准备:所述的鱼池为山泉流水养鱼池,建有进水口和排水排污口,池水能快速、充分地交换,无水流死角,鱼粪、残饵等污染物能随水流即时自动排出。鱼池最大水深1.2m,水位和进排水流量能精确控制,安装微孔增氧设施。捕捞后清整鱼池,加满水后关闭进排水口。

(2) 培育藻类:每立方米水体用4kg发酵后的鱼粪+30g漂白粉+12kg清水,搅拌混合后全池均匀泼洒。施肥7天后水体pH≤8.5时,混合接种适应低温的硅藻、隐藻、裸藻、甲藻等浮游藻类,使池水中藻类密度达到300个/L。

(3) 放养鱼种:池水中藻类经过自然增殖,透明度≤50cm时,将经检疫检验规格整齐、体质健壮、无明显伤病的草鱼苗种,用2.5%食盐水溶液浸泡15min消毒后投放到鱼池中。

(4) 及早投喂:春季水温升高到5℃以上时,每天投喂一次切碎的新鲜幼嫩饲草,日投喂量为草鱼体重总量的1%~10%。

(5) 流水养殖:水温升高到15℃以上时,越冬期结束,逐渐加大进水流量,使池水溶氧量为5~5.5mg/L,使鱼粪、残饵等污染物能及时随水流自动排出,始终保持水体清澈透明;日饲草投喂量为草鱼体重总量的10%~70%。

本发明利用高密度的浮游藻类抑制水霉菌的生长,浮游藻类通过光合作用为鱼群提供充足的氧气,促进草肝胆综合征痊愈,及早投喂促使草鱼体质恢复增强免疫力,防止闭口病和其他疾病的发生,提高苗种越冬成活率和养殖效益,适用于山泉流水养殖草鱼。

**1. 提炼发明构思与确定核心技术方案**

本案例要解决的技术问题是山泉水养鱼过程中,采购来的草鱼苗种在培育过程中过量投喂配合饲料造成严重的肝胆综合征,鱼种体质和适应能力较差,投放到流水鱼池中后应激反应严重,极易暴发水霉病、闭口病,常导致大量死亡。为解决该技术问题,在鱼池中培养藻类,利用高密度的浮游藻类抑制水霉菌的生长,浮游藻类通过光合作用为鱼群提供充足的氧气。

可见,发明构思在于在山泉水养草鱼的过程中,在鱼池中培养藻类,从而解决采购来的草鱼苗种投放到流水鱼池易发病的技术问题。

根据提炼的发明构思,我们确定待检索的核心技术方案:

一种提高泉水草鱼存活率的方法,其特征在于操作步骤如下:

(1) 鱼池准备:鱼池为山泉流水养鱼池,建有进水口和排水排污口;

(2) 培育藻类:鱼池清塘施肥后,接种浮游藻类;

(3) 放养鱼种:鱼池中水体透明度减小≤50cm时,将草鱼苗种消毒后放养到鱼池中;

(4) 及早投喂:春季水温升高后,开始投喂新鲜的幼嫩饲草;

(5) 流水养殖:水温升高到15℃以上时,越冬期结束,逐渐加大进水流量和投喂量,使鱼粪、残饵等污染物能及时随水流自动排出,始终保持水体清澈透明。

**2. 确定与表达检索要素**

在确定了待检索的核心技术方案的基础上,我们进一步根据核心技术方案确定检索要素。

待检索的主题名称为提高泉水草鱼存活率的方法,根据主题名称我们可以确定检索要素为提高泉水草鱼存活率(以下简称检索要素1)。对于检索要素1的分类号表达,我们采用检索后统计的方式来确定准确的分类号。为此,采用检索式"FMMC=(草鱼 AND 养殖)"进行检索并统计分类号。经统计,频次较高的分类号分别为A23K小类和A01K61/00大组的下位组。我们查阅分类表,A23K小类的类名为"专门适用于动物的喂养饲料;其生产方法",可见,该小类下的分类号不能表达检索要素1。A01K61/00的下位组A01K61/10类名为"鱼的养殖",是准确的分类号,A01K61/10的下位组A01K61/13(类名为"鱼病的防治或处理")也可以作为检索要素1的分类号表达。

待检索技术方案的关键技术手段在于在鱼池中接种浮游藻类,因此,鱼池中接种藻类构成检索要素(以下简称检索要素2)。

其他步骤或技术特征不是关键技术手段,属于养鱼中的常规手段,不构成单独的检索要素。

最终得到的待检索方案的检索要素表见表5-2-3。

表5-2-3 提高泉水草鱼存活率的方法检索要素表

|  | 检索要素1 | 检索要素2 |
| --- | --- | --- |
|  | 提高泉水草鱼存活率 | 鱼池中接种浮游藻类 |
| 分类号 | A01K61/10,A01K61/13 |  |
| 关键词 | 泉水,草鱼 | 池,藻 |

### 3. 检索过程分析

我们接下来根据确定的检索要素构造检索式。对于检索要素1，分类号A01K61/10、A01K61/13仅表达了鱼的养殖与病防治与处理，没有表达出检索要素1中该方法适用于山泉水养草鱼这一具体的场合，因此，我们用分类号结合关键词表达检索要素1：IPC=（A01K61/10 OR A01K61/13）AND QLYQ=（泉水 AND 草鱼）。对于检索要素2，采用关键词表达：QLYQ=（池 AND 藻）。从而我们可以构造检索式：IPC=（A01K61/10 OR A01K61/13）AND QLYQ=（泉水 AND 草鱼）AND QLYQ=（池 AND 藻）。这一检索式的命中文献较少，没有合适的文献。

我们再回过头来看一下技术方案提出者做出技术方案的过程。技术文件记载，现有的山泉水养草鱼过程中，采购来的草鱼苗种投放到流水鱼池易发病，为解决该问题，提出在鱼池中接种藻类这一技术手段来解决该问题。按照技术方案提出者做出发明的这一过程，如果我们检索到一篇公开了山泉水养草鱼的文献和一篇公开了在鱼池中接种藻类以预防鱼病的文献，就可以做出待检索的技术方案不具备创造性的判断。

我们下面先检索用山泉水养草鱼的文献，为此我们构造检索式：IPC=（A01K61/10 OR A01K61/13）AND QLYQ=（泉水 AND 草鱼）。这一检索式的命中文献中包括一篇公开号为CN106614136A的专利文献，其公开了使用山泉水养草鱼。

接下来检索在鱼池中接种藻类以预防鱼病的文献。构造检索式时仍然使用分类号结合关键词限定技术领域，构造检索式：IPC=（A01K61/10 OR A01K61/13）AND FMMC=草鱼 AND SMS=（池 S 藻 S 氧）。通过这一检索式没有检索到合适的文献。对检索进行调整，由于"FMMC=草鱼"将目标文献限定到非常小的范围，我们调整检索式扩大目标文献范围：IPC=（A01K61/10 OR A01K61/13）AND QLYQ=（池 S 藻 S 氧）。

通过这一检索式进行检索，我们发现命中文献量较大，而方法类的专利文献，需要阅读权利要求、说明书、摘要等文字信息进行筛选。如果命中文献量太大，不适于筛选。我们想办法通过检索式限定命中文献数量。考虑到待检索技术方案中，在鱼池内接种藻类的目的是为鱼群提供充足的氧气，抑制水霉菌生长，实现鱼苗投放后的鱼病预防，即接种藻类主要是为预防鱼病，所以只使用表示鱼病的预防或处理的分类号A01K61/13，而不使用表示鱼的养殖的分类号A01K61/10，即将检索式调整为：IPC=（A01K61/13）AND QLYQ=（池 S 藻 S 氧）。通过这一检索式我们可以检索到一篇公开号为CN111134050A的专利文献，其公开了在鱼的养殖过程中在鱼池中接种藻类以为养殖系统提供氧气，有效稳定水质，控制病原的进入，实现鱼病预防。可见，文献CN111134050A公开了待检索技术方案的在鱼池中接种藻类以防治鱼病的发明构思。

待检索的技术方案相对于文献CN106614136A与文献CN111134050A的结合不具备创造性。

## 5.3 结构与方法混合技术方案的检索

机械领域方法类技术方案中很大一部分并非"纯粹"的方法,而是与结构存在技术关联,方法的实施依赖特定的结构,这类方法包括设备的使用方法、产品的制造方法等。检索这类技术方案,与检索一般工艺流程类技术方案时关注方法本身的步骤、流程、工艺条件等不同,需要对方法所依赖的结构加以关注并检索,如设备的使用方法是专门适用于特定设备的,通常需要先检索设备,即先检索结构类技术方案,在此基础上判断该设备的使用方法是否具备新颖性和创造性,并根据需要进一步检索设备的使用方法。

### 5.3.1 设备及其使用方法类技术方案的检索

设备的使用方法与设备的结构是密切相关的,使用方法的实施以设备为物质基础,不同的设备使用方法一般不同。对这类技术方案的检索,如果根据前一节的内容单独检索方法结果不理想,或者操作起来存在一定困难,我们可以考虑从检索设备入手。

下面以一个具体案例进行说明。

【发明名称及技术领域】

一种可拆除的膨胀螺栓及其使用方法,属于连接件领域。

【背景技术及存在的问题】

常规膨胀螺栓利用端部楔形构造,通过螺杆与套管的相对移动,端部楔形构造撑开套管底部,实现套管与结构物孔壁的有效接触,从而提供螺杆的抗拉拔能力。但由于套管受挤压端部严重变形,无法正常取出,而且螺杆端部楔形构造的最小外接圆直径均大于未变形前套管的内直径,正因为套管无法取出,直接导致螺杆也无法取出,需要拆除膨胀螺栓时,大多沿结构物表面将其割断。

【详细解决方案】

如图5-3-1所示,一种可拆除的膨胀螺栓,包括螺杆1、外螺母4、内螺母3、套管2。所述螺杆1为杆状,两端刻有方向相反的两段螺纹;内螺母3与外螺母4通过螺杆1螺纹实现位置移动,外螺母4为普通六角螺母,内螺母3呈中空圆台状,沿外边缘设有凸棱3-1,内螺母3的较小端面直径略小于套管2开口底部的内直径,套管2内直径略大于螺杆1外直

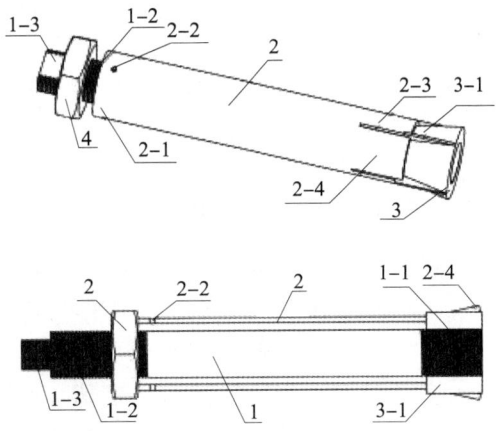

图5-3-1 可拆除的膨胀螺栓结构示意

径，所述套管2靠近外螺母4端沿周边对称设置浅豁口2-1，套管2另一端均布对称设置若干槽口2-3，便于螺杆1与内螺母3相对运动时，套管2底部张开与孔壁紧密接触，具备常规膨胀螺栓的承载力。上述螺杆1两端分别刻有两段反向螺纹，分别为膨胀螺纹段1-2和紧固螺纹段1-1，靠近膨胀螺纹段1-2一端设有夹持段1-3。

一种可拆除膨胀螺栓的安装方法，其特征在于，包括以下安装步骤：

步骤一：将套管2的槽口端向外穿入螺杆1，再将内螺母3旋进螺杆1，使内螺母3底面与螺杆1端部平齐，然后将套管2底部的槽口2-3卡在内螺母3的凸棱3-1上，并确保套管2与内螺母3不能一起转动，最后将外螺母4由膨胀螺纹段1-2一端向套管2顶部旋转至接触套筒端面，保证外螺母4、套管2、内螺母3三者形成一个不能自由活动的整体，且膨胀条2-4没有明显胀开；

步骤二：将螺杆1及外螺母4、套管2、内螺母3伸入钻孔中，夹持固定住夹持段1-3防止螺杆1转动，同时旋紧外螺母4，套管2底部被撑开，直至与孔壁之间牢固地挤压在一起，实现了膨胀螺栓的功能。

一种可拆除膨胀螺栓的拆除方法，包括以下步骤：

步骤一：旋松外螺母4至脱离螺杆1；

步骤二：通过旋转夹持段1-3，使内螺母3向背离套管2方向旋出，若此时套管2也发生旋转，就用夹具卡住套管2外端的豁口2-1，继续旋转夹持段1-3直至内螺母3彻底脱离螺杆1，并抽出螺杆1；

步骤三：用夹具夹住套管2的圆孔2-2，将套管拉出来，最后将螺杆1旋入内螺母3内，拉动螺杆1将内螺母3取出，此时膨胀螺栓实现了全部拆除。

**1. 提炼发明构思与确定核心技术方案**

本案例中的可拆除膨胀螺栓相对于传统的膨胀螺栓主要的区别在于用于迫使套管膨胀的端部楔形结构由螺纹连接于螺杆内端部的楔形内螺母构成，需要拆除时，旋转螺杆使得内螺母脱离螺杆，分别取出螺杆、套管、内螺母。

可见，本案例可拆除的膨胀螺栓及其使用方法的发明构思在于螺杆内端部螺纹连接内螺母构成迫使套管膨胀的端部楔形结构。

对于核心技术方案，由于本案例既涉及一种可拆除的膨胀螺栓又涉及这种螺栓的使用方法，我们可以确定两个核心技术方案，一个是产品类技术方案，另一个是关于使用方法的方法类技术方案，甚至可以将方法类技术方案分为安装方法和拆除方法。但考虑螺栓的使用方法是与可拆除膨胀螺栓的结构密切相关的，是根据可拆除膨胀螺栓的具体结构来确定的安装方法和拆除方法，我们这里仅确定一个方法类技术方案。进一步地，考虑到本案例中的可拆除膨胀螺栓的安装方法与传统膨胀螺栓的安装方法区别不大，发明构思在于膨胀螺栓的可拆除及其拆除方法。因此，我们根据拆除方法确定一个核心技术方案：

一种可拆除膨胀螺栓的拆除方法，可拆除的膨胀螺栓，包括螺杆、外螺母、内螺母、套管，内螺母呈中空圆台状，螺杆两端刻有方向相反的两段螺纹，内螺母与外螺母分别通过两端螺纹与螺杆连接，套管套于螺杆上并置于内螺母和外螺母之间，套管靠近内螺母的一端设置若干槽口，拆除方法包括以下步骤：

步骤一：旋松外螺母至脱离螺杆；

步骤二：通过旋转螺杆，使内螺母向背离套管方向旋出，继续旋转螺杆直至内螺母彻底脱离螺杆，并抽出螺杆；

步骤三：夹住套管，将套管拉出；将螺杆旋入内螺母内，将内螺母取出。

### 2. 确定与表达检索要素

在确定了待检索的核心技术方案的基础上，我们进一步根据核心技术方案确定检索要素。

本案例中的待检索核心技术方案为一个方法类的技术方案，但其并非普通的或通用的一般工艺或方法，实际上是一个特殊产品的使用方法，技术方案中限定了实施该方法的膨胀螺栓的结构。如果直接针对方法进行检索，效果可能并不理想。

对这类技术方案，我们在检索的时候，通常是先检索实施这一方法的设备，即先针对产品类技术方案进行检索。如果经过检索没有发现破坏产品类技术方案新颖性和创造性的文献，即基于检索结果判断产品类技术方案具备新颖性和创造性，那么一般情况下我们可以判断这一产品类技术方案的使用方法也具备新颖性和创造性。如果检索到破坏产品类技术方案新颖性或创造性的文献，我们再判断方法类的技术方案的新颖性和创造性。大部分情况下，产品类技术方案不具备新颖性或不具备创造性，那么这种设备的使用方法也不是新的，或者是显而易见的，即方法类技术方案不具备新颖性或创造性。

因此，对于本案例中的待检索技术方案，我们对可拆除膨胀螺栓的结构进行检索，当然，确定和表达检索要素也是以此为基础。

待检索核心技术方案的主题名称"可拆除的膨胀螺栓"构成一个检索要素（以下简称检索要素1），螺杆内端螺纹连接圆台状内螺母是实现可拆除的关键技术手段，因此，其构成另一个检索要素（以下简称检索要素2）。对于检索要素1，我们采用检索后统计的方式确定分类号，为此，构造检索式：FMMC=膨胀螺栓。经统计，频次最高的分类号为F16B13/06；查阅分类表核实，该分类号是表示膨胀螺栓的准确分类号。

最终得到的待检索方案的检索要素表见表5-3-1。

表5-3-1 可拆除的膨胀螺栓检索要素表

|  | 检索要素1 | 检索要素2 |
| --- | --- | --- |
|  | 可拆除的膨胀螺栓 | 螺杆内端螺纹连接圆台内螺母 |
| 分类号 | F16B13/06 |  |
| 关键词 | 拆除，拆卸 | 圆台，楔形，锥形，螺母，螺帽 |

### 3. 检索过程分析

根据确定的检索要素构造检索式，对于检索要素1，分类号A16B13/06仅表达了膨胀螺栓，未表达出可拆除这一点，因此，我们采用分类号结合关键词来表达检索要素1。对于检索要素2，用圆台、楔形、锥形等形状限定螺母。我们构造如下检索式：

IPC=（F16B13/06）AND=（拆除 OR 拆卸）AND QLYQ=（（圆台 OR 楔形 OR 锥形）S（螺母 OR 螺帽））。

通过这一检索式，我们可以检索到一篇公开号为CN207514033U（可拆卸金属膨胀螺栓）的专利文献，如图5-3-2、图5-3-3所示，其公开了待检索技术方案中的可拆除膨胀螺栓的结构，且其说明书部分还公开了待检索技术方案中的拆除步骤。待检索核心技术方案相对于文献CN207514033U不具备创造性。

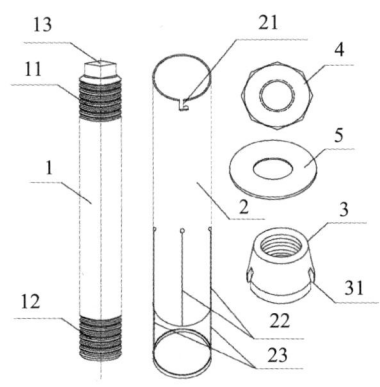

图5-3-2 CN207514033U 可拆卸金属膨胀螺栓零部件示意

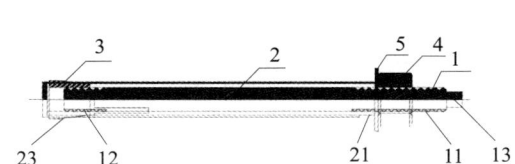

图5-3-3 CN207514033U 可拆卸金属膨胀螺栓装配示意

## 5.3.2 产品及其制作方法类技术方案的检索

产品的制作方法一般是针对产品的结构对原料、流程、工艺条件等要素做出的特殊安排，这类技术方案也会与产品的结构存在技术上的关联，但并非一一对应的关系。检索时要注意区分，方法中的哪些要素是相应技术领域通用的要素，如制作方法中的某些步骤是该技术领域解决某一技术问题通用的步骤，哪些要素又是与这个方案中特定产品密切相关的要素。检索这类技术方案时，既要关注产品或方案中的特殊性，又要关注方法中某些要素的普遍性、通用性。分析清楚这些要素间的关系，检索时就可以利用创造性评判的思维，如庖丁解牛般合理进行要素的拆分和组合。

本节基于两个案例介绍产品及其制作方法类技术方案的检索。

### 5.3.2.1 通用方法+特殊结构类案件

如标题所示出的，如果技术方案可以分解为通用的方法步骤（不受特殊结构的制约）和特殊结构两大部分，那么就应该分别对这两部分进行检索，然后组合起来进行创造性的评价。这类案件的难点，主要在于如何清楚地进行技术方案的分解。下面通过一个案例进行练习。

【发明名称及技术领域】

一种刀片及其制作工艺，特别涉及一种应用于热敏打印机的切纸刀片及其制作工艺。

【背景技术及存在的问题】

热敏打印机在终端输出时，需要切纸设备将卷纸切断。目前这种切纸设备中的切纸刀片上具有防错缺口，用夹具夹持刀片进行热处理时，热处理后的刀片易变形。同时，切纸刀片在应用长时间后，如果刀片平面度较差，就会影响切纸的可靠性；刃磨后刀锋边缘的直线度较差，影响装配紧密度和切纸可靠性。

【详细解决方案】

如图5-3-4所示，一种刀片，包括刀片本体1，刀片本体1上设有刀锋11和刀背12，刀片本体1上设有至少一个钢丝挂孔13。所述钢丝挂孔13为圆孔，圆孔的直径范围是1~8mm。所述钢丝挂孔13圆心离刀片本体1左右端面中的一个端面

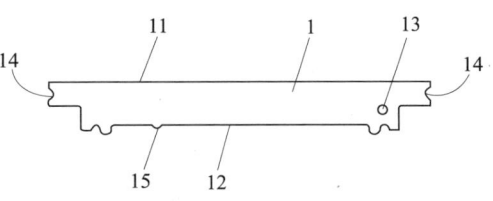

图5-3-4 刀片结构示意

的横向距离的范围为1~100mm。所述钢丝挂孔13圆心离刀锋11的纵向距离的范围为1~10mm。所述刀片本体1左右端面设有至少一个限位缺口14。所述限位缺口14为弧形缺口或梯形缺口或三角形缺口，所述限位缺口14开口宽度的范围为1~10mm。所述刀背处设有一个防错凸点15。

如图5-3-5所示，一种新型刀片的制作工艺，包括：

（1）加工出刀片本体，在刀片本体上加工出钢丝挂孔、限位缺口及防错凸点。

（2）对刀片本体进行淬火处理，淬火处理包括以下步骤：

A. 钢丝穿过刀片本体上的钢丝挂孔，将刀片本体悬挂在挂具上；

B. 将装有刀片本体的挂具放入热处理炉内，热处理炉内充有氮气；

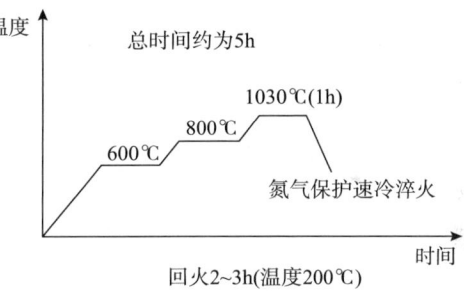

图5-3-5 刀片制作工艺

C. 热处理炉分三个温度段对刀片本体进行热处理，三个温度段依次为600℃±50℃、800℃±50℃及1030℃±50℃，热处理时间范围为4~6h，热处理炉温度从1030℃±50℃迅速降至200℃±50℃；

D. 对刀片本体用夹具压平整后连同夹具一起送入热处理炉进行回火处理，刀片本体在200℃±50℃保持2~3h。

（3）采用夹具压紧刀片本体，刀片本体压平整后磨削刀锋。

在刀片本体上设置的钢丝挂孔，将刀片本体悬挂于钢丝上并在热处理炉内使得刀片本体高温热处理时不易变形。200℃回火处理并整形可以提高刀片本体的平面度。刀片本体两端设置的限位缺口，使得通过夹具压紧刀片本体后进行刃磨，可以保证刀锋边缘的直线度。刀背处设置的防错凸点，保证刃口边处于正确的表面。通过上述方案

提高了刀片平面精度和刃磨后刀锋边缘的直线度,保证装配精度及切纸的可靠性。

### 1. 提炼发明构思与确定核心技术方案

本案例中,要解决的技术问题是现有的刀片热处理后易变形,切纸刀片在应用长时间后,刀片平面度较差,影响切纸的可靠性;刃磨后刀锋边缘的直线度较差,影响装配紧密度和切纸可靠性。为此,提供一种刀片及其制作工艺,在现有刀片本体上设置钢丝挂孔,热处理时将刀片本体悬挂于热处理炉内使得刀片本体高温热处理时不易变形,采用200℃回火处理并整形提高刀片本体的平面度。

由此可见,对于刀片结构,发明构思在刀片本体上设有钢丝挂孔从而使得热处理时可采用钢丝穿过挂孔悬挂刀片,刀片不易变形。对于刀片的制作方法,发明构思在于热处理时通过钢丝穿过挂孔悬挂刀片,分三个温度段对刀片本体进行热处理,并进行回火处理,提高刀片本体的平面度。

在此基础上,我们确定出两个待检索的核心技术方案:

产品类技术方案:一种刀片,包括刀片本体,刀片本体上设有刀锋和刀背,刀片本体上设有至少一个钢丝挂孔。

方法类技术方案:一种刀片的制作工艺,包括以下步骤:

(1) 加工出刀片本体,在刀片本体上加工出钢丝挂孔。

(2) 对刀片本体进行淬火处理,淬火处理包括以下步骤:

A. 钢丝穿过刀片本体上的钢丝挂孔,将刀片本体悬挂在挂具上;

B. 将装有刀片本体的挂具放入热处理炉内,热处理炉内充有氮气;

C. 热处理炉分三个温度段对刀片本体进行热处理,三个温度段依次为600℃±50℃、800℃±50℃及1030℃±50℃,热处理时间范围为4~6h,热处理炉温度从1030℃±50℃迅速降至200℃±50℃;

D. 对刀片本体用夹具压平整后连同夹具一起送入热处理炉进行回火处理,刀片本体在200℃±50℃保持2~3h。

(3) 采用夹具压紧刀片本体,刀片本体压平整后磨削刀锋。

### 2. 确定与表达检索要素

(1) 产品类技术方案的检索要素。

产品类技术方案比较简单,我们可以很容易确定两个检索要素,一个是根据主题名称确定检索要素:刀片(以下简称检索要素1),另一个是根据其改进的技术特征确定检索要素:刀片本体上设有至少一个钢丝挂孔(以下简称检索要素2)。

对于检索要素1,我们采用检索后统计的方式确定分类号,采用检索式"FMMC = 刀片"进行检索,命中文献17880条,单击"技术领域统计"展开统计的分类号时,系统提示"文献数量超过10000条,请您缩小范围再使用统计功能"。我们对检索式进行调整,根据技术文件的记载,本案例中的刀片是用于打印机的,那么可以在检索式中对刀片的应用领域进行限制:FMMC =(打印机 AND 刀片)。这一检索式的命中文献较少,统计的分类号频次高的均是C08G、C08J的下位组。经查询分类表,发现这些分类号均与本案例的技术方案没有联系,不能作为检索要素1的分类号表达。

这种情况怎么办呢？我们再看看技术文件的内容，该刀片是用于打印机中切纸的，我们构造检索式时用了"刀片"这个关键词，这个关键词比较口语化，而在技术文献中更多还是采用专业、书面用语。本案例中的刀片是用于切纸的，那么在技术文献中很可能是称为切纸刀或切刀。为了验证这一点，我们在搜索引擎，如百度中输入"打印机 刀"，其搜索结果中大多显示与打印机"切刀"有关，可见，"切刀"是比"刀片"更准确的用语。

我们再用检索式"FMMC=（打印机 AND 切刀）"进行检索并统计分类号，频次较高的三个分类号分别为 B41J11/70、B41J11/66、B41J11/00。查询分类表，B41J11/00 的类名为"打印机裁切装置的应用"。我们可以判断 B41J11/00 是准确的分类号，B41J11/00 的两个下位组 B41J11/66、B41J11/70 不是明显排除的分类位置。

最终得到的产品类技术方案的检索要素表见表 5-3-2。

**表 5-3-2　刀片检索要素表**

|      | 检索要素 1 | 检索要素 2 |
|------|-----------|-----------|
|      | 刀片 | 刀片本体上设有至少一个钢丝挂孔 |
| 分类号 | B41J11/00，B41J11/66，B41J11/70 |  |
| 关键词 | 切刀 | 孔，变形 |

（2）方法类技术方案的检索要素。

方法类技术方案的关键技术手段包括在刀片本体上加工出钢丝挂孔且热处理时钢丝穿过钢丝挂孔以悬挂刀片本体，三个温度段热处理，以及回火处理，以使得刀片在热处理时不易变形，提高刀片本体平面度。

因此，我们可以确定四个检索要素：刀片制作工艺（检索要素 1′），刀片本体上加工出钢丝挂孔且热处理时钢丝穿过钢丝挂孔以悬挂刀片本体（检索要素 2′），三个温度段热处理（检索要素 3′），回火（检索要素 4′）。

对于检索要素 1′，我们仍然采用检索后统计的方式确定分类号，构造检索式时，我们需要注意虽然技术文件记载刀片是用于打印机切纸的，但待检索的方法类技术方案的工艺是用于制作变形小、平面度高的刀片，与刀片本身的用途没有直接关系（事实上，产品类技术方案也没有限定刀片的用途），而且制作工艺主要与热处理有关。因此，我们在确定构造检索式时，应该将重点放在刀片的热处理上，从而构造检索式：FMMC=（刀片 AND 热处理）。

该检索式的命中文献统计结果显示，频次较高的分类号为 C21D9/22、C21D9/18。查询分类表，C21D9/22 类名为"用于钻头；铣刀；机械切削工具的热处理"，不是合适的分类号；C21D9/18 类名为"用于小刀、长柄镰刀、剪刀或类似手工切割刀具"，是准确的分类号；进一步查询可以发现一个类名为"用于锯片的热处理"的分类号 C21D9/24，锯片与刀片具有类似的外形，也可能存在热处理变形的技术问题，可以将其作为检索要素 1′的其中一个分类号。

此外，我们还可以在分类表中发现 C21D1/00 及其下位组表示热处理的一般方法或设备，其中，类名为"硬化；随后回火或不回火的淬火"的分类号 C21D1/18 可以作为检索要素 3′的分类号表达。

最终我们可以得到表 5-3-3 所示的方法类技术方案的检索要素表。

表 5-3-3　刀片制作工艺检索要素表

|  | 检索要素 1′ | 检索要素 2′ | 检索要素 3′ | 检索要素 4′ |
| --- | --- | --- | --- | --- |
|  | 刀片制作工艺 | 刀片本体上加工出钢丝挂孔且热处理时钢丝穿过钢丝挂孔以悬挂刀片本体 | 三个温度段热处理 | 回火 |
| 分类号 | C21D9/18，C21D9/24 |  | C21D1/18 |  |
| 关键词 | 刀片 | 孔，眼，挂，吊 | 三 S 段 | 回火 |

**3. 检索过程分析**

（1）产品类技术方案的检索过程分析。

根据产品类技术方案的检索要素表，我们可以构造以下检索式：IPC=（B41J11/+）AND QLYQ=（刀 AND 孔）。通过这一检索式我们可以检索到多篇公开了切刀本体上设孔的文献，如公开号为 CN208602112U 的专利文献。文献 CN208602112U 中的切刀本体上都设有孔，但这些孔多用于定位，与产品类技术方案的钢丝挂孔的作用不同。产品类技术方案相对于这类文献是否具备新颖性和创造性呢？事实上，虽然产品类技术方案中的"钢丝挂孔"对孔的用途进行了限定，即该孔用于穿设钢丝以悬挂刀片，但这一用途并未导致或隐含该孔具有特定的结构，因此，文献 CN208602112U 实际上公开了产品类技术方案的全部技术特征，产品类技术方案不具备新颖性。

（2）方法类技术方案的检索过程分析。

我们仍然根据检索要素表来构造检索式，对于检索要素 1′，先用最准确的分类号 C21D9/18；对于检索要素 3′，C21D1/18 仅表达了淬火，尚未表达出分三个温度段，因此需要用分类号结合关键词来表达该检索要素。我们构造出的检索式如下：IPC=（C21D9/18）AND QLYQ=（（孔 OR 眼）S（挂 OR 吊））AND IPC=（C21D1/18）AND QLYQ=（三 S 段）AND QLYQ=（回火）。

利用这一检索式我们可以检索到一篇公开号为 CN101285113A 的专利文献，其公开了待检索方法类技术方案的发明构思，待检索的方法类技术方案不具备创造性。

这一文献公开了在刀片本体上设用于悬挂的孔并通过该孔悬挂刀片本体置于加热炉内进行热处理，这进一步表明本案例的产品类技术方案没有新颖性/创造性。

**5.3.2.2　特殊结构导致特殊工艺类案件**

如果技术方案看上去是方法流程，但是所有的步骤都是和特定的结构相关联，或者是由于特定的结构导致的，在检索和对比文件筛选过程中就不要局限于方法或结构，而是要联合考虑，不能相互割裂。下面通过一个案例进行练习。

## 第5章　机械领域技术方案的检索

【发明名称及技术领域】

一种1600T桅杆吊将军柱下立柱筒体制作方法，涉及风电设备制造技术领域。

【背景技术及存在的问题】

1600T桅杆吊由臂架、回转底盘、上立柱和下立柱组成，各构件建造过程中存在着不少的技术难点，需通过合理科学的工艺方法予以控制和解决。

具有如下两个难点：①1600T桅杆吊将军柱锥筒结构部分外形尺寸较大，高19050mm，上口直径6825mm，下口直径16190mm，其高大的外形尺寸决定了不可将锥筒体分为环形圈后再使用卷圆设备进行整体卷圆加工；②1600T桅杆吊直筒支座结构是支撑回转底盘及臂架回转作业的关键结构，为能满足桅杆吊产品工艺性能和环境作业需要，必须确保此部分结构的制作精度，由于直筒加工制作后直径无法做到理论值，总会产生一定的圆度偏差和周长延展。

【详细解决方案】

图5-3-6所示为待制作的一种1600T桅杆吊将军柱下立柱筒体。制作工艺包括以下步骤：

（1）制作下立柱锥筒结构。

将锥筒体筒壁切分为圆弧单体，仿照炉窑砌筑方法，在其内部架设好内膜后，分片安装；其间，为控制圆弧单片的加工精度，每块圆弧单片加工后需对照地样线进行预拼检验。同时兼顾到车间作业高度限制，及尽可能地减少高空作业，又将锥圆筒体分为了上中下三节筒体制作，最后再整体拼装焊接。

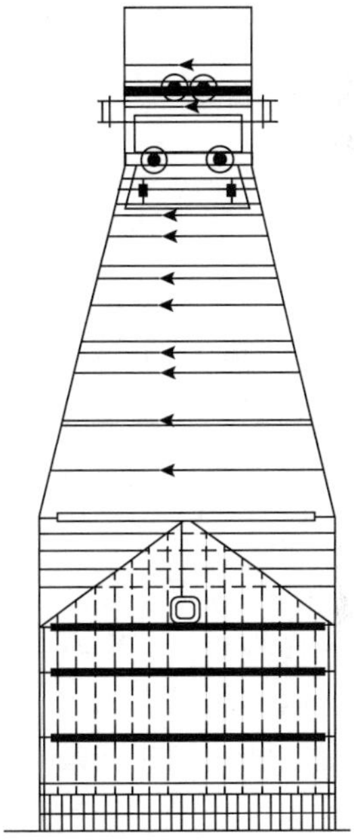

（2）制作下立柱直筒支座结构。

1）将下立柱直筒分为多个单节筒体，每个单节筒体分成多段圆弧单体，分别制作圆弧单体，通过复圆及拼接匹配手段将圆弧单体拼接为单节筒体，再将多个单节筒体拼装成下立柱直筒；控制直筒体加工后尺寸精度：根据直筒体材料材质和板厚及以往卷圆加工经验在下料时判断材料加工的延展长度，控制材料的下料尺寸；控制单节筒体圆度和拼接同心度。

2）将筒体支撑法兰组件整体制作后断分成左右两瓣卡箍于直筒体上；通过规定焊接顺序及刚性约束措施控制组件的焊接变形量；加放法兰内径余量，通过机加工控制法兰的内径尺寸。

图5-3-6　1600T桅杆吊将军柱下立柱筒体结构示意

### 1. 提炼发明构思与确定核心技术方案

技术文件记载1600T桅杆吊将军柱下立柱筒体尺寸大，制作困难，为制作该下立柱筒体，采用了分割—拼装制作法，将待制作的锥筒和直筒分别分割为多个单节筒体，各单节筒体分割为多个圆弧单体，分别制作圆弧单体，再将多个圆弧单体拼接为单节筒体，多个单节筒体拼装为锥筒或直筒；对于支撑法兰组件，先整体制作，后断分为左右两瓣卡箍于直筒体。因此，其发明构思在于以分割—拼装法制作大型筒体，以及整体制作法兰并分割后卡箍。

基于发明构思，我们可以确定核心技术方案：

一种桅杆吊将军柱下立柱筒体制作工艺，包括以下步骤：

（1）制作下立柱锥筒结构。

将锥圆筒体分为上中下三节筒体，上中下三节筒体各切分为多个圆弧单体，制作好圆弧单体后，仿照炉窑砌筑方法，在其内部架设好内膜后，分片安装。

（2）制作下立柱直筒支座结构。

1）将下立柱直筒分为多个单节筒体，每个单节筒体分成多段圆弧单体，分别制作圆弧单体，通过复圆及拼接匹配手段将圆弧单体拼接为单节筒体，再将多个单节筒体拼装成下立柱直筒。

2）将筒体支撑法兰组件整体制作后断分成左右两瓣卡箍于直筒体上。

**2. 确定与表达检索要素**

在确定了待检索的核心技术方案的基础上，我们进一步根据核心技术方案确定检索要素。

我们根据待检索技术方案的主题名称确定一个检索要素"桅杆吊将军柱下立柱筒体制作工艺"（以下简称检索要素1），锥筒和直筒的制作采用了相同的构思，均是采用分割—拼装法，由此可以确定一个检索要素（以下简称检索要素2）；支撑法兰的安装步骤构成一个检索要素（以下简称检索要素3）。

对于检索要素的表达，我们通常推荐优先采用分类号表达，尤其是检索要素1，通过分类号表达能准确地限定检索的领域。我们还是采用检索后统计的方式来确定准确的分类号，为此，构造检索式：FMMC =（将军柱 AND（制作 OR 加工 OR 制造））。这一检索式命中文献为零。考虑到该检索式将领域限定在将军柱的制作，领域范围限得太窄，我们将检索式调整为：FMMC =（筒体 AND（制作 OR 加工 OR 制造））。经统计，这一检索式的命中文献涉及的分类号较多且非常分散。分析这些命中文献，我们发现筒体的制作涉及很多细分领域，或者说很多细分领域都涉及筒体的制作。

这种情况下，我们当然可以将频次较高的分类号作为与检索要素1相关的分类号用于检索。但这种分类号并没有表达出大型筒体制作这一要素，即使用分类号表达检索要素1，还要结合关键词才能表达出特定领域的筒体制作。同时，就像我们前面说的，很多领域都涉及筒体的制作，用个别或少量细分领域的分类号表达检索要素1，反而将检索领域限定在该细分领域，而导致漏检其他领域的相关文献。

因此，本案例中，我们考虑舍弃分类号，用纯关键词表达检索要素。

最终得到的待检索方案的检索要素表见表5-3-4（表中将检索要素2简称为分割—拼装法）。

表5-3-4　桅杆吊将军柱下立柱筒体制作工艺检索要素表

| | 检索要素1 | 检索要素2 | 检索要素3 |
|---|---|---|---|
| | 桅杆吊将军柱下立柱筒体制作工艺 | 分割—拼装法 | 支撑法兰整体制作，切分后安装 |
| 关键词 | 筒，制作，制造，加工 | 分段，分片，单节，单体，单元，拼接，拼装，焊接 | 支撑法兰，切分，分割，瓣，段，片，单元 |

**3. 检索过程分析**

根据检索要素表构造检索式，其中检索要素2实际上包括了两个步骤：一是将待制作的筒体分割并分别制作；二是拼装。而拼装这个过程是因为筒体是分段这个特定的结构导致的。因此，构造检索式时将检索要素2表达为：QLYQ=((分段 OR 分片 OR 单节 OR 单元) AND (拼接 OR 拼装 OR 焊接))。从而我们构造出检索式：FMMC=(筒 AND (制作 OR 制造 OR 加工)) AND QLYQ=((分段 OR 分片 OR 单节 OR 单元) AND (拼接 OR 拼装 OR 焊接)) AND QLYQ=(支撑法兰 S (切分 OR 分割 OR 段 OR 瓣))。

该检索式的命中文献中包括一篇公开号为CN108301982A的专利文献，其公开了一种分片式风机塔筒制造方法，其构思在于将待制造塔筒沿其轴向分割为多个纵向塔身片，纵向塔身片分割为多个单片，制作好单片后，将多个单片拼接为纵向塔身片，再将纵向塔身片拼装为塔筒。虽然该文献也是对大型筒体按照分割—拼装法制作，但它与待检索技术方案的特定结构和对应的具体分割—拼装方法并不相同，不能破坏待检索技术方案的新颖性和创造性。

没有检索到合适的文献，我们需要对检索策略进行调整。考虑到待检索技术方案的检索要素2与检索要素3在技术上相对独立，我们进行部分要素检索，先检索公开了检索要素1和检索要素2的文献，即先检索公开了筒体制作构思的文献。将检索式调整为：FMMC=(筒 AND (制作 OR 制造 OR 加工)) AND QLYQ=((分段 OR 分片 OR 单节 OR 单元) AND (拼接 OR 拼装 OR 焊接))。

这一检索式的命中文献中包括一篇公开号为CN103157955A的专利文献，如图5-3-7所示，其公开了一种大直径钢筒的制造方法，公开了待检索技术方案中筒体制作的构思。

我们接下来针对检索要素3进行检索，构造检索式：SMS=(筒) AND ((支撑法兰) S (段 OR 瓣 OR 片 OR 单元))。这一检索式的命中文献中包括一篇公开号为CN210039813U的专利文献，如图5-3-8所示，其公开了一种筒体支撑法兰，该支撑法兰包括至少两个周向首尾相连的法兰单体，安装时将各法兰单体卡箍于筒体并连接。可见，该文献公开了待检索技术方案中法兰的制作和安装方式。

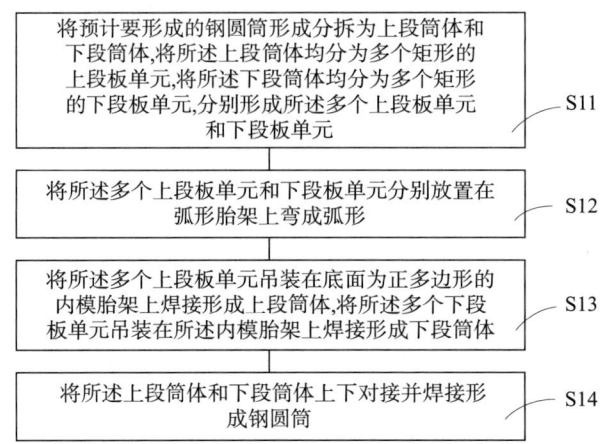

图5-3-7 CN103157955A 大直径钢筒的制造方法流程

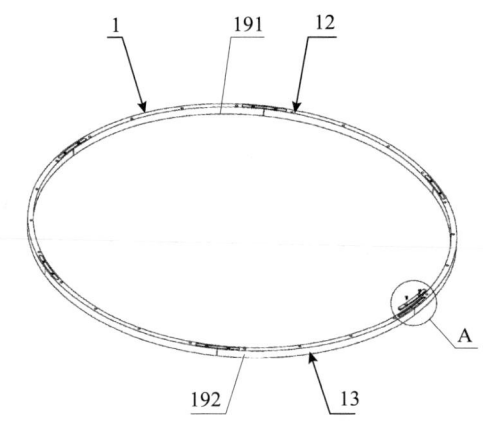

图5-3-8 CN210039813U 筒体支撑法兰结构示意

这样，待检索技术方案相对于文献 CN103157955A 与文献 CN210039813U 的结合不具备创造性。

# 第 6 章　电学领域技术方案的检索

电学领域的技术方案主要涉及"电"的形成及其应用,相应地,产品技术方案具体包括电子电力元件、器件、设备、系统等产品及其改进,方法技术方案则主要包括电子产品、电力设备的功能、控制方法及其改进。本章中,我们将从上述多个技术分支下的实际技术交底书出发,通过实际案例的检索实践,学习如何开展电学领域技术方案的检索。

## 6.1　产品技术方案的检索

电学领域的产品技术方案涉及的主题虽然众多,但具有一定的共性。技术方案的核心技术手段多为对元器件或模块的特定功能或作用的设计或利用,辅以元器件或模块的连接关系,共同构成由元器件或功能模块组成的架构较为清晰的技术方案。

对于这类技术方案,检索时应当将专利文献的检索作为重点,并根据技术方案提出主体的性质、应用领域等,将非专利文献的检索作为重要补充。

下面,我们就通过一些示例,共同来学习如何对元器件组成的产品技术方案、功能模块组成的产品技术方案两类主要类型的技术方案进行检索。

### 6.1.1　元器件组成的产品技术方案的检索

元器件组成的产品技术方案主要指由电阻、电容、电感、二极管、晶体管等基本的分立电子元器件及其连接形成的具有特定功能或作用的电路类产品技术方案,以及由处理器、传感器等具有特定功能的电子元器件及其连接形成的具有特定功能或作用的设备类或系统类产品技术方案。

本节围绕元器件组成的产品技术方案,通过以下一些示例,来展示如何入手进行一个技术方案的检索。

#### 6.1.1.1　元器件组成的简单电路类产品技术方案的检索

由于这类技术方案大多使用通用的电子元器件组成电路,直接采用元器件的名称进行检索往往噪声较大,因此检索的难点往往在于检索要素的表达及其扩展,即如何描绘期待的检索结果。

以下结合两个案例进行说明。

**【发明名称及技术领域】**

一种基于流量计量装置的节能 LCD 控制系统,涉及 LCD 控制领域。

**【背景技术及存在的问题】**

目前,市场上的流量计量装置中 LCD 模块多是持续供电,不管 LCD 有没有在使用,都处于通电显示状态,这对以电池为电源的流量计量装置来说,造成了多余的能耗。

**【详细解决方案】**

如图 6-1-1 所示,为降低 LCD 电路不必要的能耗,提供一种基于流量计量装置的节能 LCD 控制系统。包括 LCD 电源控制模块 I、LCD 接口模块 II 以及 LCD 显示模块 III,所述 LCD 电源控制模块 I 与所述 LCD 接口模块 II 连接,所述 LCD 接口模块 II 与所述 LCD 显示模块 III 连接;所述 LCD 电源控制模块 I 包括 P 沟道 MOS 管 Q1、用于给所述 LCD 显示模块供电的供电端口 VDD-L、用于控制所述 LCD 电源控制模块通断的第一信号控制端口 LCD_POWER_CON、第一电阻 R1 以及第一电容 C1,所述供电端口 VDD-L 分别通过第一电容 C1 和第一电阻 R1 与地线 GND 和所述 P 沟道 MOS 管 Q1 的栅极连接,所述供电端口 VDD-L 还与所述 P 沟道 MOS 管 Q1 的源极连接,所述 P 沟道 MOS 管 Q1 的栅极与第一信号控制端口 LCD_POWER_CON 连接,所述 P 沟道 MOS 管的漏极为所述 LCD 电源控制模块的输出端 VDD-LCD,当所述第一信号控制端口 LCD_POWER_CON 的信号为高电平时,所述 P 沟道 MOS 管 Q1 关断,此时整个 LCD 系统处于断电状态,LCD 不工作;当所述第一信号控制端口 LCD_POWER_CON 的信号为低电平时,所述 P 沟道 MOS 管 Q1 的 VGS 为开通负压,所述 P 沟道 MOS 管 Q1 的漏极输出与源极相同的供电电压,LCD 工作。

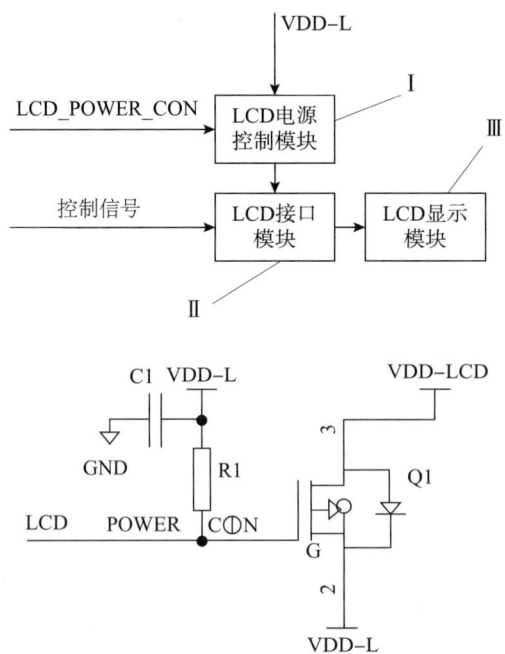

图 6-1-1 基于流量计量装置的节能 LCD 控制系统的电路框图及电路

本技术方案有以下有益效果：该基于流量计量装置的节能 LCD 控制系统，通过在传统 LCD 电路基础上增加 LCD 电路电源控制信号，实现 LCD 电源的开通关断控制，在不需要 LCD 显示的情况下，关闭其电源，使得整个 LCD 系统能耗大幅降低。

**1. 提炼发明构思与确定核心技术方案**

对于以上的详细解决方案，我们首先进行发明构思的提炼。根据方案要解决的降低以电池为电源的流量计量装置持续供电的 LCD 造成不必要的能耗的问题，我们可以提炼出其核心技术手段是在传统 LCD 电路基础上增加 LCD 电路电源控制信号，实现 LCD 电源的开通关断控制，在不需要 LCD 显示的情况下，关闭其电源，从而达到使得整个 LCD 系统能耗大幅降低的效果。在此基础上，我们确定待检索的核心技术方案是：

一种基于流量计量装置的节能 LCD 控制系统，包括 LCD 电源控制模块、LCD 接口模块以及 LCD 显示模块，所述 LCD 电源控制模块与所述 LCD 接口模块连接，所述 LCD 接口模块与所述 LCD 显示模块连接；其特征在于，所述 LCD 电源控制模块包括 P 沟道 MOS 管、用于给所述 LCD 显示模块供电的供电端口、用于控制所述 LCD 电源控制模块通断的第一信号控制端口、第一电阻以及第一电容，所述供电端口分别通过第一电容和第一电阻与地线和所述 P 沟道 MOS 管的栅极连接，所述供电端口还与所述 P 沟道 MOS 管的源极连接，所述 P 沟道 MOS 管的栅极与第一信号控制端口连接，所述 P 沟道 MOS 管的漏极为所述 LCD 电源控制模块的输出端。

**2. 确定与表达检索要素**

可以看出，该核心方案是一个典型的由电子元器件组成的具有特定控制功能的电路类产品技术方案。根据检索要素的确定规则，核心技术手段应当作为检索要素之一。对于该技术方案的核心技术手段，我们可以从两个角度进行表达：一是从实现 LCD 电源的开通关断控制功能的具体电子元器件的角度，选取 LCD、P 沟道 MOS 管等关键词进行表达；二是从电路的特定控制功能及其相关技术问题或技术效果的角度，选取 LCD、开通、关断的具体功能及导通、切断等相近关键词进行表达，以及选取耗电、耗能或省电、节能等反映技术问题或技术效果的关键词进行表达。

在确定了核心技术手段作为检索要素之一的基础上，我们还应基于技术主题确定检索要素。细心的读者不难发现，主题名称"一种基于流量计量装置的节能 LCD 控制系统"中包含的"流量计量装置""节能 LCD 控制系统"分别表达了该技术方案的应用领域和技术主题。这时，我们应该如何基于技术主题确定检索要素，才既能够完整准确地表达该技术方案的技术主题，又能够避免检索要素的重复表达造成漏检呢？对此，我们可以综合技术方案的发明构思以及已经确定的其他检索要素进行考虑。首先，从该技术方案的发明构思出发，其要解决的是降低以电池为电源的流量计量装置持续供电的 LCD 造成不必要的能耗的问题。可以看出，这是现有技术中常见的以电池为电源的流量计量装置存在的特定问题，因此，"流量计量装置"能够准确地表达该节能 LCD 控制系统的应用场景和方案要解决的技术问题，即能够准确地表达该技术方案的应用领域，应当作为检索要素。其次，核心技术手段作为检索要素之一已经能够表达"节能 LCD 控制系统"这一技术主题，因此，基于已经确定的其他检索要素，该技术方案的技术主题的表达已经完整准确，不必重复性地将该技术主题纳入检索要素，以免检索要素的重复表达造成漏检。

对于"流量计量装置"这一检索要素的分类号表达，我们可以进入如第1章第1.3.1.1小节所介绍的 PSS 平台，选择导航检索，在"中文含义"的检索框内输入"流量计量"，可以得到两个相关的分类号。经浏览，G01F7/00 这一分类号的含义与本技术方案的"流量计量装置"关系最为密切，但并不能准确表达该检索要素。因此，我们可以对 G01F7/00 附近的分类号进行查阅，寻找是否存在能够准确表达该检索要素的其他分类号。同样在导航检索功能下，选择"分类号"标签并在检索框内输入 G01F，经浏览，由于流量计量装置仅为本技术方案的应用领域，且核心技术手段在于对装置的显示屏的控制进行改进，因此，分类号 G01F15/06 及 G01F15/00 能够较为准确地表达本技术方案的应用领域与技术主题。

基于以上分析，最终得到的待检索方案的检索要素表见表 6-1-1。

**表 6-1-1 一种基于流量计量装置的节能 LCD 控制系统的检索要素表**

| | | 检索要素1 | 检索要素2 | |
|---|---|---|---|---|
| | | | LCD 电源开通关断控制电路 | |
| | | 流量计量装置 | 具体电子元器件 | 特定控制功能 |
| 分类号 | | G01F15/06<br>G01F15/00 | | |
| 关键词 | 中文 | 流量计，流量表，水表，电表，气表 | LCD，液晶，显示屏，屏幕<br>P 沟道<br>MOS 管，场效应管 | LCD，液晶，显示屏，屏幕<br>开通，导通<br>关断，切断，关闭<br>耗电，耗能，省电，节能 |
| | 英文 | flowmeter, flow meter, metering, flow measuring | LCD, liquid crystal, display, screen<br>PNP<br>MOS, MOSFET | LCD, liquid crystal, display, screen<br>turn on, turn off<br>consume power, consume energy,<br>save power, save energy |

**3. 检索过程**

首先考虑进入 PSS，选择高级检索，在 IPC 分类号检索项输入框中输入"G01F15/06"，在关键词检索项输入框中输入"LCD AND P 沟道 MOS 管"，单击生成检索式后，单击检索按钮。

可以发现，该检索式命中结果数为 0，这一定程度上说明我们的检索式中采用的检索要素的表达具有一定的局限性，因此，一方面考虑将分类号扩展到 G01F15/00，另一方面考虑将较为特定的关键词"LCD"扩展到液晶、显示屏、屏幕等，将"P 沟道 MOS 管"扩展为 MOS 管、场效应管等。

在高级检索页面的检索式编辑区对前一条检索式进行加工，得到检索式"IPC 分类号 =（G01F15/06 OR G01F15/00）AND 关键词 =（（LCD OR 液晶 OR 显示屏 OR 屏幕）

第 6 章 电学领域技术方案的检索

AND（MOS 管 OR 场效应管））"的检索结果 11 条。简要浏览后能够发现，这些结果中虽然用到了 MOS 管，但其实现的特定控制功能并非都是用于 LCD 的控制，部分专利文献仅是在装置中具有一显示部件。因此，仅仅采用具体电子元器件角度的关键词表达可能带来较多的噪声，使得大部分的检索结果偏离该技术方案的发明构思，可以预期，尤其是在检索结果条数较多的情况下，这样的噪声将会极大地影响浏览筛选检索结果的效率。

在此基础上，我们考虑从另一角度，即特定控制功能的角度开展检索要素的表达。将上一条检索式中的"（MOS 管 OR 场效应管）"替换为"（节能 OR 省电 OR 耗能 OR 耗电）"，得到 45 条结果。经过简要浏览后发现，其中公告号为 CN201440078U 的专利文献公开了一种电子水表，包括显示屏和与该显示屏相连接的控制电路，该控制电路包括一电压监测接口，当该电压监测接口的电压在高电平和低电平之间跳变时，相应产生控制信号控制该显示屏的供电或断电，且显示屏驱动电路电源的导通或关断由一 P 沟道增强型场效应管实现，从而产生节省电子水表的耗电量的技术效果。

可以看出，该篇专利文献基本上公开了我们要检索的技术方案的发明构思和核心技术手段，区别仅在于显示屏具体采用 LCD 还是 OLED、电阻和电容等外围电路元器件的设置等，而本领域技术人员知晓，这些差异显然是不足以让本方案有创造性的。

同时，经过以上检索过程得到的 CN201440078U 这篇专利文献还可以引发我们的进一步思考：这篇文献的副分类号为 G01F15/00，其中提到了显示屏以及采用 P 沟道增强型场效应管实现显示屏驱动电路电源的导通或关断，为什么在检索式"IPC 分类号 =（G01F15/06 OR G01F15/00）AND 关键词 =（（LCD OR 液晶 OR 显示屏 OR 屏幕）AND（MOS 管 OR 场效应管））"的 11 条检索结果中并未出现该篇文献？经过对比可以发现，"P 沟道增强型场效应管"的描述仅出现在该篇专利文献的说明书中，而 PSS 的"高级检索"功能下，"关键词"这一检索项解释为在发明标题、摘要和权利要求中同时检索，自然无法得到仅在说明书中出现"场效应管"这一描述的专利文献。因此，根据检索要素及其表达的实际情况，选取合适的检索项，是我们在检索元器件组成的产品技术方案，特别是技术方案的主要元器件为电阻、电容、电感、二极管、晶体管等非常常见且基本的电子元器件时，需要特别注意的——当检索要素及其关键词表达主要是较为具体或细节的电子元器件时，如果在摘要、权利要求等检索项中无法获得有效文件，我们还应调整检索策略，考虑相关的关键词表达是否有较大的可能性出现在记载和描述更为具体和细节的说明书中，并相应地调整部分检索要素及其关键词表达使用的检索项。以本技术方案为例，将检索式调整为"IPC 分类号 =（G01F15/06 OR G01F15/00）AND 说明书 =（（LCD OR 液晶 OR 显示屏 OR 屏幕）AND（MOS 管 OR 场效应管））"后，便能够在 32 条检索结果中相对快速地筛选出 CN201440078U 这篇专利文献。

如上，经过基本的两种不同角度的检索要素表达及其扩展，即实现电路功能的具体电子元器件的角度、电路的特定控制功能及其相关技术问题或技术效果的角度，和简单的两种不同思路与方向的检索策略调整，即检索式中检索要素的表达的扩展与替换、检索要素的表达所使用检索项的调整，我们都可以准确且快速地完成一个技术方案的检索。

以上示例展示了元器件组成的产品技术方案检索要素确定的基本思路，及其表达的常见角度。可以看出，检索要素的表达及其扩展是该类技术方案的一大难点所在。

那么，除了以上示例给出的角度，我们是否还能够从其他方面入手进行该类技术方案检索要素的表达及其扩展呢？下面，我们再通过一个示例来一同探索相关的途径。

【发明名称及技术领域】

一种声光报警电路，涉及电路领域。

【背景技术及存在的问题】

目前，在石油采集过程中，需要实时监测液体的液位，当液体的液位降低到一定程度时，需要及时发出报警信息。由于现有的液位监测电路结构复杂，各个单元电路之间会产生一定的电子干扰，影响了监测的准确性和稳定性，难以满足一些对监测精度要求较高的场合，因此，迫切需要一种精度高、工作稳定的液位监测报警电路。

【详细解决方案】

参见图6-1-2以及图6-1-3，本技术方案采用报警铃或报警灯的电路，包括第一电阻R1、第二电阻R2、第三电阻R3、第四电阻R4、第一三极管T1、第二三极管T2、二极管D1和继电器，以及报警铃或报警灯；第一电阻R1的一端连接控制信号端，另一端连接第一NPN型9013三极管T1的B端，第一NPN型9013三极管T1的E端接地并连接二极管D1的正极和继电器的一端，第一NPN型9013三极管T1的C端连接第二电阻R2的一端，第二电阻R2的另一端连接第二PNP型9012三极管T2的B端和第三电阻R3的一端，第三电阻R3的另一端连接5V电源和第二PNP型9012三极管T2的B端，第二PNP型9012三极管T2的E端连接二极管D1的另一端和继电器的另一端；继电器包括与二极管D1并联的磁路，以及与磁路配合的常开静簧组合和常闭静簧组合，常开静簧组合连接打开电路，常闭静簧组合连接关闭电路。在采用报警铃的声光报警电路中，二极管D1和继电器与第二PNP型9012三极管T2间连接一端接地的报警铃B1；在采用报警灯的声光报警电路中，二极管D1和继电器与第二PNP型三极管T2间连接第四电阻R4的一端，第四电阻R4的另一端连接负极接地的报警灯D2的正极。

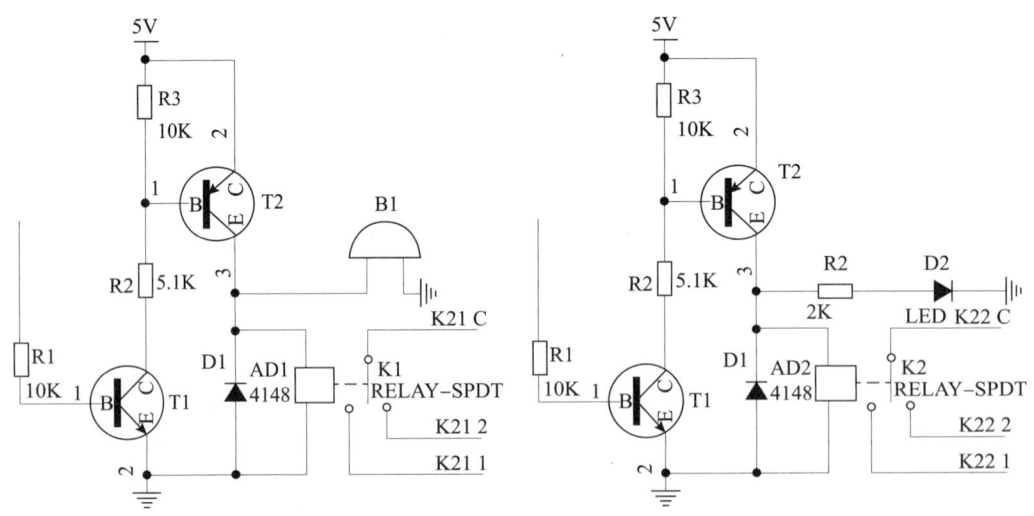

图6-1-2 采用报警铃的声光报警电路　　图6-1-3 采用报警灯的声光报警电路

也可将本技术方案采用报警铃的电路和采用报警灯的电路同时接入外部信号，这样就能够既有声音报警，又有灯光报警。

本技术方案的工作过程为：外部信号经过两个三极管，让场效应管导通，从而控制继电器的开、关状态，控制灯光或声音或灯光和声音进行报警。

### 1. 提炼发明构思与确定核心技术方案

对于以上的详细解决方案，我们首先进行发明构思的提炼。根据方案要解决的在石油采集过程中，当实时监测的液体液位降低到一定程度时，需要及时发出报警信息的问题，我们可以提炼出其核心技术手段是第一电阻（R1）、第二电阻（R2）、第三电阻（R3）、第四电阻（R4）、第一三极管（T1）、第二三极管（T2）、二极管（D1）、继电器以及报警铃或报警灯构成的特定电路结构，从而达到外部信号能够控制灯光或声音或灯光和声音进行报警的效果。在此基础上，我们确定待检索的核心方案是：

一种石油采集过程用的声光报警电路，其特征在于：包括第一电阻（R1）、第二电阻（R2）、第三电阻（R3）、第四电阻（R4）、第一三极管（T1）、第二三极管（T2）、二极管（D1）和继电器，以及报警铃或报警灯；所述第一电阻（R1）的一端连接控制信号端，另一端连接第一三极管（T1）的B端，第一三极管（T1）的E端接地并连接二极管（D1）的正极和继电器的一端，第一三极管（T1）的C端连接第二电阻（R2）的一端，第二电阻（R2）的另一端连接第二三极管（T2）的B端和第三电阻（R3）的一端，第三电阻（R3）的另一端连接电源和第二三极管（T2）的B端，第二三极管（T2）的E端连接二极管（D1）的另一端和继电器的另一端；所述二极管（D1）和继电器与第二三极管（T2）间连接一端接地的报警铃（B1）或通过第四电阻（R4）连接负极接地的报警灯（D2）。

### 2. 确定与表达检索要素

首先，根据检索要素的确定规则，考虑基于技术主题确定检索要素。与前一示例类似，主题名称"一种石油采集过程用的声光报警电路"中包含的"石油采集过程用""声光报警电路"分别表达了该技术方案的应用领域和技术主题。对于本技术方案，我们是否应该类似地将"石油采集过程用"确定为检索要素，而不选取"声光报警电路"呢？前一示例中我们已经讲到，确定检索要素的目标是既要完整、准确，又要避免造成漏检。因此，我们可以从实现这一目标的角度出发思考一下，将"石油采集过程用""声光报警电路"分别确定为检索要素，会对这一目标的实现产生怎样的影响？对于"石油采集过程用"，本技术方案的声光报警电路虽然是以石油采集过程中存在的问题为出发点设计的，但"需要及时发出报警信息"这一技术问题是否仅在或主要在石油采集过程这一应用领域中存在？是否仅在"实时监测的液体液位降低到一定程度时"这一触发条件下需要？作为本领域技术人员容易看出，本技术方案实质上是一种能够通用的声光报警电路，其应用领域和触发条件可由方案中的"外部信号"灵活决定，因此，以上问题的答案显然是否定的。在这种情况下，如果我们将"石油采集过程用"确定为检索要素，一方面其并非该技术方案不可或缺的领域限定，对检索要素的完整、准确性没有影响，另一方面该要素的纳入极大可能会漏检其他应用领域和触发条件的相关文件。因此,"石油采集过程用"不宜确定为检索要素。反之,"声光报警电路"作为该技术方案技术领域、技术问题、技术效果的总体归纳则能够达到完整准确、避免漏检的整体目标,应确定为检索要素。

对于"声光报警电路"这一检索要素的分类号表达,我们同样可以利用 PSS 的导航检索功能,通过"报警"这一中文含义,得到最为相关且较为准确的分类号 G08B,将其作为该检索要素的分类号表达。

其次,核心技术手段应当作为检索要素之一。对于该技术方案的核心技术手段即特定电路结构,基于前一示例讲到的具有特定控制功能的电路类产品技术方案的检索要素确定及表达思路,我们同样可以从两个角度进行表达:一是从实现声光报警的具体电子元器件的角度,选取电阻、三极管、二极管、继电器、报警铃或蜂鸣器、报警灯或 LED 等关键词进行表达;二是从电路的特定控制功能及其相关技术问题或技术效果的角度,选取声音报警、灯光报警、声光报警等关键词进行表达。但可以看出,第二个角度的关键词表达与另一检索要素"声光报警电路"的表达有所重叠。对此,为避免不同检索要素的关键词重复表达造成漏检,可以考虑对整体反映技术领域、技术问题、技术效果的检索要素侧重于表达"报警",对特定电路结构的特定控制功能的表达侧重于"声光"。

基于以上分析,最终得到的待检索方案的检索要素表见表 6-1-2。

表 6-1-2 一种石油采集过程用的声光报警电路的检索要素表

| | | 检索要素1 | 检索要素2 | |
|---|---|---|---|---|
| | | 声光报警电路 | 特定电路结构 | |
| | | | 具体电子元器件 | 特定控制功能 |
| 分类号 | | G08B | | |
| 关键词 | 中文 | | 电阻<br>三极管<br>二极管<br>继电器 | 声音,铃,蜂鸣<br>灯<br>声光 |

### 3. 检索过程

首先考虑进入 PSS,由于该技术方案涉及的具体电子元器件关键词较多,我们可以选择输入方式较为简便的命令行检索。在命令行检索页面的命令编辑区输入"IPC = G08B AND(ZY =(电阻 AND 三极管 AND 二极管 AND 继电器)OR QLYQ =(电阻 AND 三极管 AND 二极管 AND 继电器))",得到 1000 余条检索结果。

这样的数量级对于我们来说,显然是难以高效完成检索结果的浏览和筛选的。检索结果过多,这也是检索元器件组成的产品技术方案时经常遇到的问题。结合以上检索式可以看出,这一问题很大程度上与元器件组成的产品技术方案中采用的元器件多为非常常见的电子元器件,这些电子元器件作为电路的基本组成元素可能出现在各种各样具有类似功能的产品技术方案中这一实际情况相关。但考虑到待检索的核心技术方案的实质就在于利用这些电子元器件及其连接关系构成具有特定功能的电路结构，我们还是期望找到电路结构尽可能接近该技术方案的现有技术。因此，我们还是需要在检索式中继续对这些电子元器件进行表达。此时，应该采取何种方式调整检索策略，才能够既不造成漏检，又有效地限缩检索结果的数量呢？解铃还须系铃人，既然产生问题的关键在于电子元器件的表达，我们便可以考虑对其表达进行改进，让检索的结果更有针对性、更为精准。

一方面，简要浏览几篇前一检索式的检索结果能够发现，部分检索结果中并未提及报警的形式为声音或灯光。基于此我们考虑，如果对电路结构的特定控制功能，即声音、灯光或声光报警进行表达并纳入检索式，显然能够帮助我们更快速地定位更为接近的现有技术。但需要注意的是，具体电子元器件、特定控制功能毕竟是同一个检索要素在两个角度的表达，如果采用二者结合的方式检索得到的结果中没有相关文献时，应及时考虑该结果是否是由于检索要素的重复表达引起，是否会造成漏检。以该技术方案为例，实际上，检索到的文献如果与其电路结构十分相似，仅连接的报警器件不同，或未明确记载报警形式为声光报警，本领域技术人员依然会认为这样的文献能够让该技术方案失去创造性。因此，应基于检索结果灵活地调整对检索要素不同角度表达的利用。

基于以上思路，我们考虑将前一检索式改进为"IPC = G08B AND（ZY =（电阻 AND 三极管 AND 二极管 AND 继电器 AND（声音 OR 铃 OR 蜂鸣 OR 灯 OR 光 OR 声光））OR QLYQ =（电阻 AND 三极管 AND 二极管 AND 继电器 AND（声音 OR 铃 OR 蜂鸣 OR 灯 OR 声光）））"，检索结果为747条，能够相对减少一些浏览筛选的工作量，但效果仍然不尽如人意。

另一方面，回看技术交底书能够发现，电路图及相应的文字描述中对于两个三极管的具体类型均进行了更为详细的记载，根据该记载，该技术方案的核心部分是采用NPN、PNP两个不同类型的三极管配合两个电阻实现的。因此，一方面，我们可以考虑采用具体的三极管类型替代原先"三极管"这一上位的表达，如调整为采用NPN、PNP的关键词表达；另一方面，我们可以考虑在构造检索式时将三极管与电阻的联系表达得更为紧密，如利用命令行检索中的S、P等算符。

基于以上分析，将检索式调整为"IPC = G08B AND（ZY =（（电阻 S NPN S PNP）AND 二极管 AND 继电器）OR QLYQ =（（电阻 S NPN S PNP）AND 二极管 AND 继电器））"，得到的结果为61条。这样的检索结果数量可读性是非常强的。

经过简要浏览后发现，其中公告号为CN202093632U的专利文献公开了一种防盗报警装置，其包括由电阻R15、电阻R16、NPN型三极管Q2、PNP型三极管Q3、二极管D3和继电器Ry1等电子元器件组成的开关模块，开关模块在被测物品移动出所述防盗报警装置的检测范围时，将所述检测模块与所述电源模块连接；所述电源模块在所述开关模块将其与所述检测模块连接时为所述检测模块供电；所述检测模块在所述被测物品移动出所述防盗报警装置的检测范围时产生报警信息，从而产生及时发出报警信息的技术效果。

可以看出,该篇专利文献基本上公开了我们要检索的技术方案的发明构思和核心技术手段,其余区别显然不足以让本技术方案具有创造性。

如上,对于核心技术方案包含的元器件多为非常常见的电子元器件的产品技术方案,为解决检索结果过多的问题,我们可以通过采用具体电子元器件与特定控制功能相结合的方式表达检索要素、调整检索要素表达的具体程度、利用算符调整具体电子元器件之间的关系紧密程度等方式,在尽可能避免漏检的前提下实现检索结果的限缩。基于简单的几种不同思路与方向的检索策略调整,我们便可以准确且快速地完成一个技术方案的检索。

#### 6.1.1.2 元器件组成的复杂电路类产品技术方案的检索

以上我们展示了两个结构相对简单、功能也相对单一的元器件组成的产品技术方案的检索过程。

实际的高质量专利检索中,相对以上示例,我们还经常遇到由公知的电子元器件组成但结构相对复杂、功能也相对复杂的技术方案。其特点和难点包括:一是技术交底书中多为对电子元器件及其连接关系的描述,以及对于其组成的电路结构整体功能的统领性描述,对电路结构内部的机理和功能记载较少,导致我们较难从复杂的电路结构中提炼出解决技术问题的核心技术手段,进而确定检索要素;二是电路中使用的元器件基本是公知的元器件,为我们在检索过程中如何有效去除噪声,在合理限缩检索结果数量的基础上避免漏检带来了一定的难度;三是检索结果也多为类似性质的技术方案,导致我们在检索结果的浏览筛选过程中,不易通过摘要附图等较为快捷的途径理解相关文献及其关键内容。对于这样的技术方案,我们应该如何入手开展检索呢?下面,我们也从一个示例出发进行学习研讨。

【发明名称及技术领域】

一种低压差线性稳压器,涉及电路领域。

【背景技术及存在的问题】

低压差线性稳压器(LDO)常常作为 DC-DC 转换器的后续电路用来提供稳定的、低噪声的电源,为模拟以及射频等对电源要求高的电路供电。这就要求 LDO 在实现稳定的频率补偿的条件下,还需要具有高精度以及高电源抑制比(PSRR)。

图 6-1-4 所示是一种现有的低压差线性稳压器电路,现有的 LDO 技术一般由误差放大器(18)、电压缓冲器(2)、PMOS 调整管(3)、电阻反馈网络(4、5)以及输出电容(6)构成。出于对精度以及 PSRR 的要求,误差放大器(18)需要很大的增益。这就导致它的输出端阻抗 $r_{01}$ 很大。

对 LDO 反馈回路的稳定性的要求限制了误差放大器(18)的输出阻抗 $r_{01}$,从而限制了它的增益。而 LDO 的精度与 PSRR 是由误差放大器的增益决定的。所以传统的 LDO 结构限制了精度与 PSRR 的提高。在这种背景下,在满足稳定性要求的同时,提高 LDO 的精度与 PSRR,是具有一定的现实意义的。

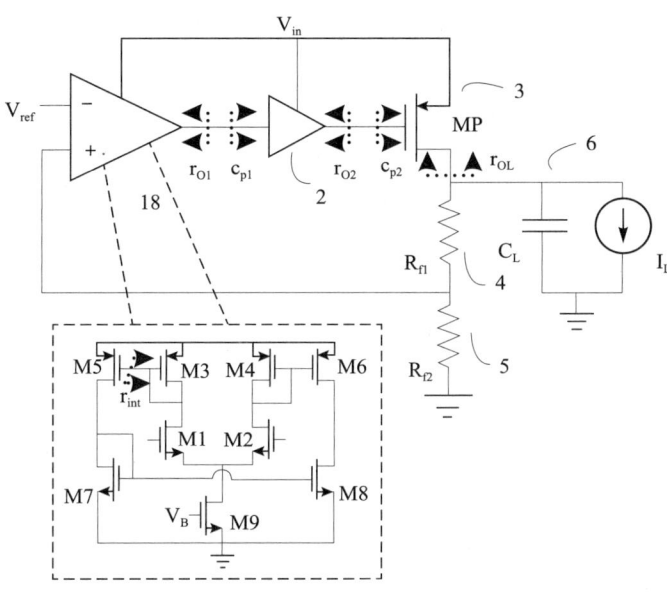

图 6-1-4　现有的低压差线性稳压器电路

【详细解决方案】

如图 6-1-5 所示，本技术方案的低压差线性稳压器由误差放大器（18）、电压缓冲器（2）、PMOS 调整管（3）、电阻反馈网络（4、5）以及输出电容（6）构成，其中误差放大器（18）的输出端接电压缓冲器（2）的输入端；电压缓冲器（2）的输出接在 PMOS 调整管（3）的栅极；PMOS 调整管（3）的源极接在输入电压上，漏极接反馈电阻 $R_{f1}$（4）的一端；反馈电阻 $R_{f1}$（4）的另一端接在反馈电阻 $R_{f2}$（5）的一端，同时连接在误差放大器的正输入端；反馈电阻 $R_{f2}$ 的另一端接地。误差放大器（18）的晶体管级实现由 MOS 管 M1～M9（7、8、9、10、11、12、13、14、15）以及电阻 R1、R2（16，17）构成，其中 M1、M2（7、8）构成输入差分对并由 M9（15）提供偏置电流，M1、M2（7、8）的漏极和 M3、M4（9，10）的漏极相连，M3、M4（9，10）的源极接高电平而栅极通过电阻 R1、R2（16，17）与漏极连接，M5、M6、M7、M8（12、13、14、15）构成误差放大器（18）的输出级。低压差线性稳压器的输入电压 $V_{in}$ 与 PMOS 调整管（3）的源极相连，同时作为误差放大器（18）和电压缓冲器（2）的供电电源；参考电压 $V_{ref}$ 与误差放大器（18）的负输入端相连。

误差放大器（18）的晶体管级实现中引入了电阻 R1 和 R2（16、17）。其中 R1 接在 M3 的漏极和栅极之间，R2 接在 M4 的漏极和栅极之间，它们具有相同的阻值。这样的连接一方面可以为后续的电路提供稳定的直流电平，这与图 6-1-4 所示的现有技术中采用二极管连接的 M3、M4 的作用是相同的。另一方面，通过选取 R1、R2 的阻值使得 $A = g_{m1} R_1 > 1$（$g_{m1}$ 表示输入差分对 M1、M2 的跨导），误差放大器（18）的直流增益比传统的误差放大器的直流增益提高了 $A$ 倍，这就会带来 LDO 的精度以及电源抑制比以同样的比例得到提高。

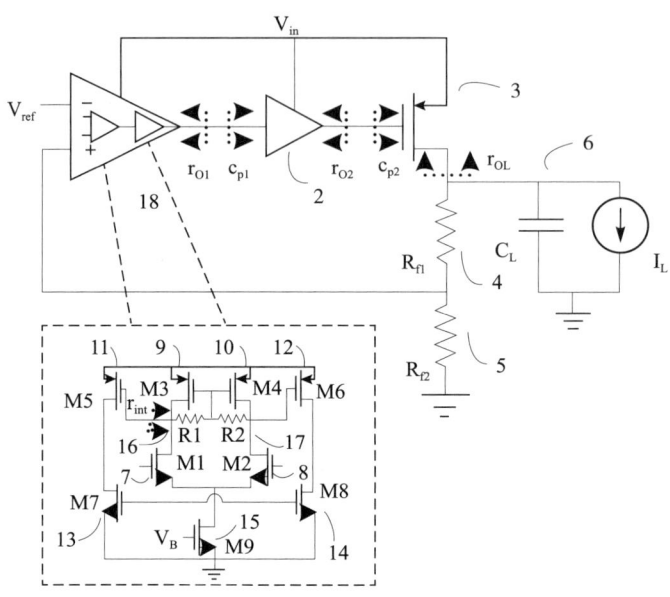

图 6-1-5 本技术方案的低压差线性稳压器电路

可以看出，本技术方案所提供的低压差线性稳压器，其中改进的误差放大器（18）在不改变输出点阻抗（即不影响 LDO 的环路稳定性）的情况下，通过内部节点阻抗的提高，增加了直流增益，因此，在实现稳定的频率补偿的同时，提高了 LDO 的精度以及电源抑制比。

**1. 提炼发明构思与确定核心技术方案**

对于以上的详细解决方案，我们首先进行发明构思的提炼。根据方案要解决的在满足稳定性要求的同时，如何提高 LDO 的精度与 PSRR 的问题，我们可以提炼出其核心技术手段是误差放大器在不改变输出点阻抗（即不影响 LDO 的环路稳定性）的情况下，通过提高内部节点阻抗增加直流增益，从而在实现稳定的频率补偿的同时，提高了 LDO 的精度以及电源抑制比。在此基础上，我们确定待检索的核心技术方案是：

一种低压差线性稳压器，由误差放大器（18）、电压缓冲器（2）、PMOS 调整管（3）、电阻反馈网络（4、5）以及输出电容（6）构成；

误差放大器（18）的输出端接电压缓冲器（2）的输入端；电压缓冲器（2）的输出接在 PMOS 调整管（3）的栅极；PMOS 调整管（3）的源极接在输入电压上，漏极接反馈电阻 $R_{f1}$（4）的一端；反馈电阻 $R_{f1}$（4）的另一端接在反馈电阻 $R_{f2}$（5）的一端，同时连接在误差放大器的正输入端；反馈电阻 $R_{f2}$ 的另一端接地；其特征在于：

在误差放大器（18）内部具有一个有增益作用的中间放大级，误差放大器（18）的晶体管级实现由 MOS 管 M1～M9（7、8、9、10、11、12、13、14、15）以及电阻 R1、R2（16，17）构成，其中 MOS 管 M1、M2（7、8）构成输入差分对并由 MOS 管 M9（15）提供偏置电流，M1、M2（7、8）的漏极和 MOS 管 M3、M4（9，10）的漏极相连，M3、M4（9，10）的源极接高电平而栅极通过电阻 R1、R2（16，17）与漏极连接，MOS 管 M5、M6、M7、M8（12、13、14、15）构成误差放大器（18）的输出级。

**2. 确定与表达检索要素**

前文中我们已经提到该类技术方案检索的特点和难点，那么对于这样一个相对复杂的技术方案，我们应当以怎样的思路理解和把握技术方案，才能够厘清核心技术方案中技术特征，特别是诸多公知的电子元器件的主次程度、逻辑关系，以确定检索要素并进行逻辑正确的检索呢？在前面的示例已经给出一定指引的基础上，我们还可以引入"功能模块级子电路"的概念和思路。

功能模块级子电路，即整体电路结构中包含的相互连接与配合以解决某一具体的技术问题或起到某一具体作用的多个电子元器件共同构成的子电路结构。基于功能模块子电路的概念和思路，我们能够将一个较为复杂的电路结构由整体到部分地划分为多个子电路，由于每个子电路相应地解决整体技术方案中一个具体的技术问题或起到某一具体的作用，因此相对于整体电路结构的可检索性更强。

检索实践中，为划分得到功能模块级子电路，我们可以利用"黑盒"的思想，在不考虑电路具体的内部结构和内部特性的情况下，依据解决的技术问题和所起到的作用，由大到小，首先将电路整体的功能划分为对应于最小或相对较小单位的技术问题或作用的功能，再根据各个功能的核心思想将电路中的具体电子元器件对应地划归到相应的小功能内，即能够解决最小或相对较小的某一问题或将起到某一作用的电子元器件划分在同一个功能模块级子电路内。对于怎样的技术问题或作用为整体电路结构中最小或相对较小单位的技术问题或作用，我们可以结合说明书的背景技术、附图中的框图、核心技术方案的概括方式、对本领域背景技术的充分了解等确定，以最终划分出的子电路大小和复杂程度适中，能够独立地解决整体技术方案中一个具体的技术问题或起到某一具体作用为准。

以该技术方案为例，基于待检索的核心方案的记载，结合技术交底书"改进的误差放大器在不改变输出点阻抗（即不影响 LDO 的环路稳定性）的情况下，通过内部节点阻抗的提高，增加了直流增益，因此，在实现稳定的频率补偿的同时，提高了 LDO 的精度以及电源抑制比"等对于技术问题、技术效果或作用的记载，我们能够将该技术方案划分为以下三个功能及其核心：

功能 1 为通过不改变输出点阻抗实现稳定的频率补偿；

功能 2 为提高误差放大器内部节点阻抗以增加直流增益，从而提高 LDO 的精度以及电源抑制比；

功能 3 为实现低压差线性稳压。

在此基础上，将能够解决最小或相对较小的某一问题或起到某一作用的电子元器件划分在同一个功能模块级子电路内：

功能模块级子电路 1：包含误差放大器的其他基本结构；

功能模块级子电路 2：误差放大器的 M3、M4 栅极连接电阻；

功能模块级子电路 3：包含低压差线性稳压器的其他电路结构。

在基于功能模块级子电路的概念和思路厘清待检索的技术方案的技术特征特别是诸多公知的电子元器件的主次程度、逻辑关系的基础上，我们便可以着手确定检索要素并对其进行表达。

首先，根据检索要素的确定规则，考虑"低压差线性稳压器"能够完整、准确地反映待检索的技术方案的技术主题，应当作为检索要素之一。对于其表达，除了采用该专业术语作为关键词表达之外，我们还可以利用 PSS 的高级检索功能，在发明名称检索项下输入"低压差线性稳压器"，单击检索得到结果后，展开页面左侧的"技术领域统计"，结合查阅分类表的分类号含义容易确定，列在第一位的"G05F1/56"便是能够准确表达该技术主题的分类号。

其次，核心技术手段应当作为检索要素之一。根据功能模块级子电路的划分情况，我们很容易想到将功能模块级子电路 1 和 2 共同构成的误差放大器作为检索要素，并将低压差线性稳压器其他的基本电路结构组成的功能模块级子电路 3 排除在检索要素外。对于误差放大器，由于其包含的功能模块级子电路 1 和 2 解决的为不同的技术问题，因此可以将二者分别确定为误差放大器这一检索要素的不同组成部分并对其进行表达，进而基于二者的逻辑关系构造检索式。对于划分后的功能模块级子电路，我们仍然可以从前面的示例中讲到的具体电子元器件、特定功能两方面进行表达。

基于以上分析，最终得到的待检索方案的检索要素表见表 6-1-3。

表 6-1-3　一种低压差线性稳压器的检索要素表

| | | 检索要素 1 | 检索要素 2 | | | |
|---|---|---|---|---|---|---|
| | | 低压差线性稳压器 | 功能模块级子电路 1 | | 功能模块级子电路 2 | |
| | | | 具体电子元器件 | 特定功能 | 具体电子元器件 | 特定功能 |
| 分类号 | | G05F1/56 | | | | |
| 关键词 | 中文 | 低压差/压降（线性）稳压器，LDO | 晶体管，MOS 管，放大，运放 | 输出点阻抗，输出阻抗，频率补偿 | 电阻 | 增益，精度，抑制比，PSRR |

### 3. 检索过程

在对划分了功能模块级子电路的技术方案进行检索时，需要确定各子电路内和子电路之间的逻辑关系，从而根据正确的逻辑关系选择各子电路的表达在检索式中的组合方式。常见的逻辑关系有并列关系、因果关系、等同关系等，结合前文的分析，该技术方案中的功能模块子电路 1 和 2 应属并列关系，两个子电路的表达之间应进行 AND 逻辑运算。

由此，进入 PSS，选择输入较为方便的命令行检索，在命令编辑区陆续输入表 6-1-4 所示的检索式。

表 6-1-4　一种低压差线性稳压器的检索过程

| 序号 | 检索式 | 命中数量/条 |
|---|---|---|
| 1 | IPC = G05F1/56 | 53349 |

续表

| 序号 | 检索式 | 命中数量/条 |
|---|---|---|
| 2 | （ZY=（晶体管 OR MOS 管 OR 放大 OR 运放）AND ZY=（输出点阻抗 OR 输出阻抗 OR 频率补偿））OR（QLYQ=（晶体管 OR MOS 管 OR 放大 OR 运放）AND QLYQ=（输出点阻抗 OR 输出阻抗 OR 频率补偿）） | 3998 |
| 3 | （ZY=（电阻 AND（增益 OR 精度 OR 抑制比 OR PSRR）））OR（QLYQ=（电阻 AND（增益 OR 精度 OR 抑制比 OR PSRR））） | 19505 |
| 4 | 1 AND 2 AND 3 | 38 |

对检索式得到的 38 条检索结果进行浏览筛选可以看出，得到的文献技术主题都与本技术方案十分相关，但未筛选出明确公开了两个子电路功能的有效文献。由于检索到的结果篇数不多，我们考虑接下来可从之前的示例中介绍的扩展与替换检索要素的表达、调整检索要素的表达所使用的检索项以及表达之间使用的算符等途径入手进行检索策略的调整。

从检索要素的表达来看，对功能模块级子电路 1 和 2 进行的关键词扩展已经比较充分，为了进一步扩展以避免漏检，我们可以选择仅将其具体电子元器件、特定功能两个角度的表达之一纳入检索式。基于该思路，将检索式 2 进一步调整为"（ZY=（输出点阻抗 OR 输出阻抗 OR 频率补偿））OR（QLYQ=（输出点阻抗 OR 输出阻抗 OR 频率补偿））"，得到 7569 条检索结果；将检索式 3 进一步调整为"（ZY=电阻）OR（QLYQ=电阻）"，得到 897480 条检索结果。再将以上两条调整后的检索式与检索式 1 进行 AND 逻辑运算。

对以上检索过程得到的 154 条检索结果进行简要浏览便能发现，其中公告号为 CN1889001A 的专利文献公开了一种带有共模负反馈的低压降稳压器电路，包括一个带有共模负反馈单元的误差放大器，共模负反馈单元 120A 包括电阻 41 和 42，电阻 41 连接在节点 A 与节点 CMFB 之间，电阻 42 连接在节点 B 与节点 CMFB 之间，与本技术方案中的电阻 R1、R2 的作用相同，该篇专利文献基本上公开了我们要检索的技术方案的发明构思和核心技术手段，本领域技术人员容易判断出其余的区别显然不足以让本技术方案具有创造性。

另一方面，从调整检索要素的表达所使用的检索项以及表达之间使用的算符来看，待检索的技术方案涉及的具体电子元器件的表达相对细节，且仅属于整体电路结构的一部分，因此，对其具体结构以及相应的功能或作用的描述出现在说明书中的可能性较大，可以考虑将其检索项调整为说明书，并适应性地对使用的算符进行调整。基于该思路，将检索式 2 进一步调整为"SMS=（（晶体管 OR MOS 管 OR 放大 OR 运放）P（输出点阻抗 OR 输出阻抗 OR 频率补偿））"，得到 21097 条检索结果；将检索式 3 进一步调整为"SMS=（电阻 AND（增益 OR 精度 OR 抑制比 OR PSRR））"，得到 114109 条检索结果。再将以上两条调整后的检索式与检索式 1 进行 AND 逻辑运算，在得到的 457 条检索结果中同样能够浏览筛选出专利文献 CN1889001A。

如上，对于由公知的电子元器件组成但结构相对复杂、功能也相对复杂的产品技术方案，基于"功能模块级子电路"的概念和思路将其电路结构由整体到部分地划分为多个子电路，能够极大地增强技术方案的可检索性，再辅以前面的示例中已经讲到的一些基本的检索策略调整思路与方向，我们便可以准确且快速地完成一个技术方案的检索。

以上从三个示例出发，结合电路类产品技术方案的一般性特点，展示了如何入手进行该类技术方案的检索。总的来说，这一类产品技术方案的检索重点在于分立电子元器件及其连接形成的特定电路结构及其特定功能或作用的检索，难点一是在于技术方案的理解与核心技术手段的确定，需要实施检索的人员能够在认识和了解每个电子元器件的基础上厘清核心技术方案中技术特征特别是多个电子元器件的主次程度、逻辑关系，能够在较为复杂的整体电路结构中划分出多个电子元器件及其连接形成的特定功能模块级子电路；二是在于检索要素的确定与表达，特别是在理解技术方案的基础上从实现电路功能的具体电子元器件、电路的特定控制功能及其相关技术问题或技术效果等多个角度表达和扩展检索要素；三是在于检索策略的调整，比如如何根据检索结果的数量适当地调整检索要素表达所使用检索项、检索要素表达的具体程度、具体电子元器件之间使用的算符等。掌握了这些符合元器件组成的电路类产品技术方案一般性特点的检索技巧，便能够帮助我们准确且快速地完成该类技术方案的检索。

### 6.1.1.3 元器件组成的设备或系统类产品技术方案的检索

除了前文示出的由电子元器件组成的电路类产品技术方案外，电子元器件组成的设备类或系统类技术方案也是电学领域的产品技术方案中的一类典型。下面，我们通过一个示例来介绍如何入手进行该类技术方案的检索。

【发明名称及技术领域】

一种四旋翼无人飞行器平台，属于智能飞行机器人控制领域。

【背景技术及存在的问题】

四旋翼无人飞行器是一种垂直起降无人驾驶飞行器，它具有四个呈十字交叉结构的旋翼，通过调节四个电机的转速实现姿态控制，从而改变飞行器在空间中的位置。本技术方案的目的在于设计一种四旋翼无人飞行器平台，可以有效实现控制四旋翼无人飞行器，增强对外界扰动的稳定性，提高系统的控制性能。

【详细解决方案】

四旋翼无人飞行器平台结构如图6-1-6所示，由五个子模块组成，其中S1为微处理器模块，S2为导航测量系统，S3为无刷电机驱动系统，S4为Wi-Fi无线通信系统，S5为人机监控系统。

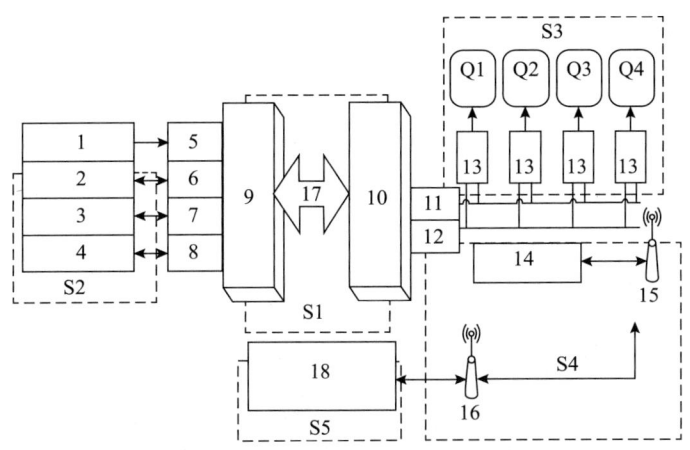

图 6-1-6 四旋翼无人飞行器平台结构示意

其中，无刷电机驱动系统包括：

1）电子调速器 ECS13，从 IIC 总线 11 中获取无刷电机 13 的期望转速，通过内部解算，用 PWM 控制 MOSFET 的导通和关断，驱动无刷电机 Q1～Q4。

2）无刷电机 Q1～Q4 为最终执行元件，由电子调速器所控制，4 个电机的转速不同能够改变四旋翼无人飞行器的姿态和位置。

气压计 1 用来测量四旋翼无人飞行器的高度信息，与 A/D 器件 5 相连。

惯性测量单元 2 用来测量四旋翼无人飞行器的姿态速率和比力等数据，与 A/D 器件 6 相连。

GPS 模块 3 用来测量四旋翼无人飞行器的平面位置信息，与 FPGA 处理器 9 的接口为 RS232 串行总线 7。

电子罗盘 4 用于测量四旋翼无人飞行器的航向信息，与 FPGA 处理器 9 的接口为 IIC 总线 8。

微处理器模块包括：

1）FPGA 处理器 9，通过 A/D 器件 5 读取气压计 1 数据，通过 A/D 器件 6 读取惯性测量单元 2 数据，通过 RS232 串行总线 7 读取 GPS 模块 3 数据，通过 IIC 总线 8 读取电子罗盘 4 数据；FPGA 处理器 9 把所有数据统一传入双口 RAM18。

2）DSP 处理器 10，从双口 RAM18 中获取导航测量系统的测量数据，从 SPI 总线 12 中获取四旋翼无人飞行器的期望指令，经过内部混合控制器计算出四旋翼无人飞行器 4 个无刷电机的期望速度，传入 IIC 总线 11 中，同时将四旋翼无人飞行器的飞行参数传入 Wi-Fi 信号处理模块 14。

3）双口 RAM18，负责 FPGA 处理器 9 和 DSP 处理器 10 之间的数据交换，通过地址总线相连接。

Wi-Fi 无线通信系统包括：

1）机载 Wi-Fi 无线通信模块 15，从无线局域网中获取 Wi-Fi 无线通信模块 16 获取四旋翼无人飞行器的期望指令，传入 Wi-Fi 信号处理模块 14，同时从 Wi-Fi 信号处理模块14中获取四旋翼无人飞行器的飞行参数发送至无线网中。

2）Wi-Fi无线通信模块16，与人机监控界面17采用互联网接口通信获取四旋翼无人飞行器的期望指令，并将以上信息发送至无线网中。

3）Wi-Fi信号处理模块14，从机载Wi-Fi无线通信模块15中获取数据传入SPI总线12，同时从SPI总线12中获取四旋翼无人飞行器的飞行参数传入机载Wi-Fi无线通信模块15。

人机监控界面17用来对四旋翼无人飞行器的飞行参数做实时记录和绘图，动态显示四旋翼无人飞行器的姿态，通过局域网发送期望指令到Wi-Fi无线通信模块16中。

**1. 提炼发明构思与确定核心技术方案**

对于以上的详细解决方案，我们首先进行发明构思的提炼。根据方案要解决的增强对外界扰动的稳定性，提高系统的控制性能的问题，我们可以提炼出其核心技术手段是采用FPGA+DSP双核处理器作为四旋翼无人飞行器平台的控制器，其中FPGA用于接收多种导航测量传感器的数据，DSP获取上述测量结果、期望指令，并通过Wi-Fi无线通信获取飞行参数，以作出控制决策驱动无刷电机，从而达到提高系统的控制性能的效果。在此基础上，我们确定待检索的核心方案是：

一种四旋翼无人飞行器平台，其特征在于飞行器平台结构包括五个子模块，分别为微处理器模块、导航测量系统、无刷电机驱动系统、Wi-Fi无线通信系统和人机监控系统，其特征在于：

导航测量系统包括气压计、惯性测量单元、GPS模块、电子罗盘；

微处理器模块包括FPGA处理器、DSP处理器；

FPGA处理器通过两个A/D器件分别读取气压计数据、惯性测量单元数据，通过RS232串行总线读取GPS模块数据，通过IIC总线读取电子罗盘数据；

双口RAM负责FPGA处理器和DSP处理器之间的数据交换；

DSP处理器10从双口RAM18中获取导航测量系统的测量数据，从SPI总线中获取四旋翼无人飞行器的期望指令，计算出四旋翼无人飞行器4个无刷电机的期望速度，传入IIC总线11中；

无刷电机驱动系统包括电子调速器，电子调速器从IIC总线中获取无刷电机的期望转速；

Wi-Fi无线通信系统包括Wi-Fi处理器、机载Wi-Fi无线通信模块、Wi-Fi无线通信模块。

**2. 确定与表达检索要素**

首先，根据检索要素的确定规则，考虑基于技术主题确定检索要素。该技术方案的主题名称"一种四旋翼无人飞行器平台"表达了技术方案所涉及的技术领域与主题，即无人飞行器平台/系统领域，可以将"无人飞行器"作为一个检索要素。

为了利用分类号表达该检索要素，我们同样首先考虑进入PSS的导航检索页面，在"中文含义"的检索框内输入"无人飞行器"，可以发现并不能查询到数据。这是否意味着IPC分类体系中没有能够表达这一技术主题的分类号呢？近年来，无人飞行器是专利申请的热点领域,也是产生专利纠纷的焦点领域之一。IPC 作为国际通用的分类体系,显然不可能完全不存在相关的分类号。由此,我们自然能够想到这样的结果是相关分类号的中文含义下并非采用"无人飞行器"一词进行描述导致的。前一节中我们讲到,在不了解 IPC 分类中对于某一专业技术术语采取何种描述的情况下,除了按部就班地查表之外,如何快速地定位相关分类号呢?是的,我们同样可以考虑采用统计分类号的方式快速接近相关分类号。以该技术方案为例,单击"高级检索"标签进入相应页面,在发明名称检索项输入框中输入"无人飞行器"进行简单检索,命中 3000 多条文献。采用页面左侧的"检索结果统计"功能,可以发现该技术主题涉及的分类号小类主要包括 G05D、B64C、B64D。

在此基础上,我们可以更有针对性地进行分类表的查阅,有效提高确定分类号的效率。通过查阅分类表,上述分类号小类的含义分别为:

G05D:非电变量的控制或调节系统;

B64C:飞机;直升飞机;

B64D:用于与飞机配合或装到飞机上的设备;飞行衣;降落伞;动力装置或推进传动装置的配置或安装。

显然,根据提炼出的核心技术手段,该技术方案的侧重点并非是对飞行器本身机械结构的设计,而是对无人飞行器平台/系统整体架构的设计。因此,确定检索要素 1 的分类号表达的小类可以为 G05D、B64D。进一步地,结合技术领域统计结果,确定 G05D1/08 姿态的控制,即摇摆、俯仰角或偏航角的控制、G05D1/10 三维的位置或航道的同时控制、B64D47/00 其他类目不包含的设备均是能够准确表达该技术方案的技术主题的分类号。

接下来,我们可以根据核心技术手段确定其他的检索要素。可以看出,该技术方案的关键点在于对该平台实施控制的核心器件采用 FPGA + DSP 双核处理器的设置,因此,可以将"FPGA + DSP 双核处理器"作为一个检索要素。这里,有读者可能提出疑问,核心方案中有诸多的技术特征,比如导航测量系统包括的多种传感器、平台中的各类总线、无刷电机驱动系统、Wi-Fi 无线通信系统及其具体组成,为什么这些技术特征不作为检索要素呢?原因在于,对于无人飞行器领域的技术人员来说,无人飞行器上搭载有各类飞行参数传感器、四旋翼无人机通过四个电机驱动、无人飞行器在飞行过程中与地面系统通过无线通信连接、平台内的各类器件需要通过总线等输入输出接口连接,这些均是该领域的常规技术手段。因此,基于本领域技术人员知晓的普通技术知识,我们自然能够厘清该技术方案的诸多技术特征中的核心技术手段。

基于以上分析,最终得到的待检索方案的检索要素表见表 6-1-5。

表 6-1-5　一种四旋翼无人飞行器平台的检索要素表

| 检索要素 1 | 检索要素 2 | |
|---|---|---|
| 无人飞行器 | FPGA、DSP 双处理器 | |
| | FPGA | DSP |

续表

| | | 检索要素1 | 检索要素2 | |
|---|---|---|---|---|
| 分类号 | | G05D1/08<br>G05D1/10<br>B64D47/00 | | |
| 关键词 | 中文 | 无人机，无人飞行器 | FPGA、现场可编程逻辑门阵列 | DSP、数字信号处理 |
| | 英文 | UAV，unmanned aerial vehicle，drone | field programmable gate array | digital signal processing |

### 3. 检索过程

首先进入PSS，考虑到该核心技术方案的核心技术手段表达比较简单，可进入高级检索界面进行检索。在IPC分类号检索项输入框中输入"G05D1/08 OR G05D1/10 OR B64D47/00"，在摘要检索项输入框中输入"FPGA AND DSP"，得到29条检索结果。经浏览，能够发现部分检索结果与该技术方案相关度较高，但并未发现能够直接使得该技术方案不具备新颖性或创造性的文件。

此时，我们一方面可以考虑从检索要素的表达、使用检索项的选取等方面调整检索策略，继续在该网站对中文专利数据库进行检索。具体的调整策略与前文的示例中介绍的电子元器件组成的电路类技术方案的思路与方向类似，在此不再赘述。

此外，由于民用无人飞行器的发展最初由学术研究占主要地位，且欧美国家在该领域的研究起步较早，因此，我们还可以考虑是否更换检索平台进行检索。

一方面，考虑在非专利文献检索平台进行检索。进入如第1章第1.3.2.1小节所介绍的中国知网（China National Knowledge Infrastructure，CNKI），单击"高级检索"，由于该核心技术方案的核心技术手段表达比较简单，直接利用高级检索的基本功能就能够方便地实现检索要素表达的输入。在高级检索页面选择"篇关摘"等相应的检索项，并在其后的文本框中输入表达检索要素的关键词，单击"检索"按钮，即可得到相应的检索结果51条。

对以上检索结果，我们可以根据实际需要选择以相关度、发表时间等维度进行排序，以按需提高浏览筛选检索结果的效率。例如，采用相关度由高到低进行排序，经过简要浏览后发现，相关度排在第5位的刊登在《中国优秀硕士学位论文全文数据库信息科技辑》上题为"基于DSP+FPGA的微小型无人机飞控计算机研究"的非专利文献公开了一种基于DSP+FPGA双处理器的飞控计算机方案，该计算机的主控板包括主控处理器DSP芯片和协处理器FPGA芯片，还包括惯性测量元件、AD采样芯片、双口RAM、SPI总线、IIC总线接口等器件，且芯片通过RS232等串口与GPS、电子罗盘、气压计等构成的导航测量系统通信，从而实现无人机的飞行控制。

可以看出，该篇非专利文献基本上公开了我们要检索的技术方案的发明构思和核心技术手段，对于其余的区别，前文中已经分析过其基本为无人飞行器领域的常规技术手段，显然不足以让本技术方案具有创造性。

另一方面，考虑在如第1章第1.3.1.2小节所介绍的欧洲专利局检索平台Espacenet的Patent Search页面进行检索。进入Espacenet，单击打开advanced search功能，在页面左侧的输入区域内选择相应的检索项，并在其后的文本框中输入表达检索要素的关键词，单击"检索"按钮，即可得到相应的检索结果72条。

对以上检索结果，我们也可以根据实际需要选择以相关度、优先权日期、公开日期等维度进行排序，以按需提高浏览筛选检索结果的效率。需要详细浏览某一篇文献时，单击该篇文献的发明名称或者公开号，即可进入详览模式。

如果对于某篇专利文献的语言阅读存在障碍，还可以单击右侧上方的"Patent Translate"选项，选择将其翻译成需要的语言。例如，在阅读"Description"即说明书时，如果想将其翻译为中文以便于阅读，可以进行相应的操作，从而浏览翻译后的中文说明书。

经过简要浏览后发现，检索结果中公开日最早的专利文献US2007093945A1便公开了一种具有照相机和常规传感器的无人飞行器，其中处理器至少部分地基于图像数据和传感器数据来导航飞行器，其中处理器包含两个不同的虚拟处理器，一个采用DSP，专用于视觉传感器的视觉处理，另一个采用FPGA，该FPGA连接到所有传感器，维护包含传感器数据的数据结构等。因此，该篇专利文献也公开了待检索的技术方案采用的FPGA+DSP双核处理器实现无人机控制的核心技术手段。

如上，除了前面章节介绍的基于元器件组成的电路类产品技术方案一般性特点的检索技巧外，类似地，基于本领域技术人员对现有技术的了解选取合适的检索平台，仅通过简单的检索策略调整，我们也可以准确且快速地完成元器件组成的设备类或系统类技术方案的检索。

## 6.1.2 功能模块组成的产品技术方案的检索

功能模块组成的产品技术方案主要指具有特定功能的多个模块通过其间的连接共同构成一个整体系统的技术方案，各功能模块及其连接能够相应地解决一个或多个技术问题。本节围绕功能模块组成的产品技术方案，通过以下一些示例，来展示如何入手进行一个技术方案的检索。

### 6.1.2.1 功能模块组成的简单产品技术方案的检索

【发明名称及技术领域】
一种用于远程监控的智能家居系统，属于智能家居领域。
【背景技术及存在的问题】
目前的智能家居物联网系统还不能对来客信息进行有效采集。

【详细解决方案】

如图6-1-7所示,本技术方案的一种用于远程监控的智能家居系统,包括:

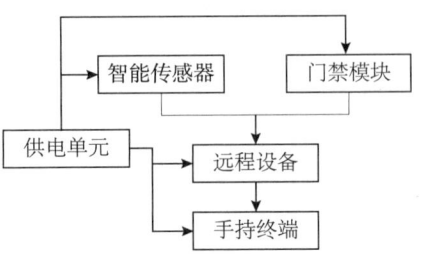

图6-1-7 用于远程监控的智能家居系统框图

智能传感器,用于检测室内的温度、湿度、一氧化碳浓度和声音信号并传输至远程设备;

门禁模块,用于对来客进行图像信息和语音信息采集,并将采集到的图像信息和语音信息传输至远程设备;

远程设备,用于通过传输网络远程发送智能传感器和门禁模块的数据至手持终端;

手持终端,用于接收智能传感器和门禁模块的检测数据;手持终端包括手机或平板电脑。

供电单元,用于为智能传感器、门禁模块和远程设备供电。供电系统包括太阳能供电单元。

本技术方案通过设置门禁模块,可将来客信息通过图片和语音形式传送至用户手持端,十分方便安全。

本技术方案的手持终端还可以包括遥控单元,用于发射遥控信号至所述远程设备;所述远程设备还包括控制单元,用于接收所述遥控信号并控制室内排风系统运行。通过设置遥控单元和控制单元,当室内一氧化碳浓度过高时,用户可通过手持终端发送遥控信号至远程设备,进而控制室内排风系统运行,排出室内的有毒气体。

本技术方案的手持终端还可以包括语音提醒单元,用于提醒用户查看检测数据。

### 1. 提炼发明构思与确定核心技术方案

对于以上的详细解决方案,我们首先进行发明构思的提炼。根据方案要解决的目前的智能家居物联网系统还不能对来客信息进行有效采集的问题,我们可以提炼出其核心技术手段是在智能家居系统中设置门禁模块,对来客进行图像信息和语音信息采集,并将采集到的图像信息和语音信息通过远程设备发送至手持终端,从而达到远程监控来客信息的效果。在此基础上,我们确定待检索的核心技术方案是:

一种用于远程监控的智能家居系统,包括:

智能传感器,用于检测室内的环境信息并传输至远程设备;

门禁模块,用于对来客进行图像信息和语音信息采集,并将采集到的图像信息和语音信息传输至远程设备;

远程设备,用于通过传输网络远程发送智能传感器和门禁模块的数据至手持终端;

手持终端,用于接收智能传感器和门禁模块的检测数据;

供电单元,用于为智能传感器、门禁模块和远程设备供电。

### 2. 确定与表达检索要素

首先,根据检索要素的确定规则,考虑基于技术主题确定检索要素。该技术方案的主题名称为"一种用于远程监控的智能家居系统",可以看出,其中的"远程监控"

表达了技术方案的用途即应用领域,"智能家居系统"表达了技术方案的技术主题。这时,我们再次面临同样的问题,是否应将"远程监控"和"智能家居系统"分别作为检索要素?

前面的示例中我们已经讲到,确定检索要素的目标是既要完整、准确,又要避免造成漏检。这里,我们同样可以从实现这一目标的角度出发进行考虑。可以看出,"智能家居系统"作为该技术方案多个模块构成的整体方案的主题的归纳,完整、准确地表达了技术方案的技术主题,因此,其应当作为检索要素之一。对于"远程监控",基于前文的分析,该技术方案的核心技术手段达到的效果为"远程监控来客信息",因此,如果将"远程监控"表达的技术方案用途作为检索要素之一,会与核心技术手段相重复,存在漏检的可能性。对此,我们可以考虑将"远程监控"作为核心技术手段从特定功能或作用及其相关技术问题或技术效果的角度出发进行的表达。

对于"智能家居系统"的分类号和关键词表达,我们可以采用前文介绍过的几种方法进行确定和扩展。以分类号为例,可以进入 PSS 的高级检索页面,在发明名称检索项输入框中输入"智能家居系统"并单击检索,得到两千余条检索结果,单击展开页面左侧的"技术领域统计",对照分类表核实列出的多个分类号的含义,最终可以确定 G05B19/418、G05B15/02、H04L12/28、H04L29/08 均是智能家居系统常见的分类号,其中 G 部的分类号侧重于系统的控制架构,H 部的分类号则侧重于系统的通信架构。由于该技术方案的核心技术手段侧重于系统整体架构和信号传输流向,因此,G 部的分类号能够相对更加准确地表达该检索要素。

接下来,我们就可以根据核心技术手段确定检索要素及其表达了。该技术方案要解决的是目前的智能家居物联网系统还不能对来客信息进行有效采集的问题,结合前文对核心技术手段的分析,"门禁模块"显然应当作为检索要素之一。

那么,对于"门禁模块"的表达,应该如何入手呢?有的读者可能考虑从该模块的名称入手进行关键词的扩展,比如门禁、身份验证、安防等。但这一方向的表达是否能够准确地反映该技术方案的门禁模块的功能呢?结合核心技术方案中对门禁模块的记载"用于对来客进行图像信息和语音信息采集",答案显然是否定的。这也是在表达功能模块组成的产品技术方案的检索要素时特别需要注意的一点,即不能仅凭模块的名称进行表达的扩展,而应关注模块的实际功能。原因在于:该类产品技术方案的模块可能基于模块的功能、作用、位置等多种属性进行命名,很多情况下,模块的命名并不能准确地反映该模块的具体情况。对于功能模块,我们可以考虑从两个角度进行表达:一是从表达模块的特定功能的角度,选取来客、图像、语音及访客、视频、留言等相近关键词进行表达;二是从明确记载的模块中的核心执行元器件,或实现模块的特定功能隐含的其必须具有的执行元器件的角度,选取摄像头、麦克风等关键词进行表达。

基于以上分析,最终得到的待检索方案的检索要素表见表 6-1-6。

表6-1-6 一种用于远程监控的智能家居系统的检索要素表

| | | 检索要素1 | 检索要素2 | |
|---|---|---|---|---|
| | | 智能家居系统 | 门禁模块 | |
| | | | 特定功能 | 执行元器件 |
| 分类号 | | G05B19/418, G05B15/02 | | |
| 关键词 | 中文 | 智能家居, 智慧家居 | 来客, 访客, 客人<br>图像, 照片, 视频<br>语音, 留言 | 摄像头, 相机<br>麦克风 |

### 3. 检索过程

首先考虑进入PSS,由于检索要素的关键词扩展较多,我们可以选择输入方式较为简便的命令行检索。在命令编辑区输入检索式"IPC=(G05B19/418 OR G05B15/02) AND (ZY=((来客 OR 访客 OR 客人) AND (图像 OR 照片 OR 视频) AND 语音) OR QLYQ=((来客 OR 访客 OR 客人) AND (图像 OR 照片 OR 视频) AND 语音))",得到35条检索结果。

经过对检索结果的简单浏览即可发现,其中公告号为CN104865837A的专利文献公开了一种基于物联网的新型智能家居监控系统,包括中央控制器和与其连接的智能传感器、门禁系统,所述智能传感器包括温度传感器等,所述门禁系统包括处理器以及与该处理器连接的来客识别装置、智能摄像头以及语音设备,所述中央控制器通过无线网络模块与远程设备连接,实现了实时远程监测与控制。

可以看出,该篇专利文献基本上公开了我们要检索的技术方案的发明构思和核心技术手段,区别仅在于供电模块的设置等,而本领域技术人员知晓,这些差异显然是不足以让本方案有创造性的。

此外,考虑采用执行元器件的表达角度对该技术方案进行检索。将前一检索式替换为"IPC=(G05B19/418 OR G05B15/02) AND (ZY=((来客 OR 访客 OR 客人) AND (摄像头 OR 相机) AND 麦克风) OR QLYQ=((来客 OR 访客 OR 客人) AND (摄像头 OR 相机) AND 麦克风))",得到7条检索结果。经简单浏览即可发现,其中公告号为CN202600443U的专利文献公开了一种智能家控终端,包括一由麦克风、摄像头、门铃等组成的视频电话模块,用于当门铃被访客按下时,声音触发到用户手机,用户远程操作手机,控制所述麦克风、摄像头开启,用户可通过摄像画面和语音通话,判断是否允许访客进入室内或进行报警处理。显然,该篇专利文献也公开了本技术方案的技术主题和"在智能家居系统中设置门禁模块,对来客进行图像信息和语音信息采集,并将采集到的图像信息和语音信息通过远程设备发送至手持终端,从而达到远程监控来客信息的效果"的发明构思,其余的区别不足以让本方案有创造性。

如上,经过基本的两种不同角度的检索要素表达扩展,即模块特定功能的角度,以及明确记载的模块中的核心执行元器件,或实现模块的特定功能隐含的其必须具有的执行元器件的角度,经过简单的检索和浏览,我们都可以准确且快速地完成一个基本的功能模块组成的产品技术方案的检索。

### 6.1.2.2 功能模块组成的复杂产品技术方案的检索

前一示例中,核心功能模块的数量相对较少,因此我们能够较为简单和清晰地从中提取出核心的功能模块。在检索中,除了以上示例,我们也经常会遇到功能模块数量更多、模块功能及模块之间的连接也相对更复杂的技术方案。

对于这样的技术方案,我们应该如何入手开展检索呢?下面,我们也从一个示例出发进行学习研讨。

【发明名称及技术领域】

一种基于物联网的智能家居监控系统,属于智能家居领域。

【背景技术及存在的问题】

在封闭小区中,物业需要对整个小区及用户家庭内部的安全性进行实时监控,以保障安全。同时,用户也需要能实时了解家庭的安全情况,并可远程控制家电的工作,提前进行空调等的设置,方便生活。因此,建立具有统一安全管理和家电远程控制的智能家居系统具有现实意义。

【详细解决方案】

如图6-1-8所示,本技术方案涉及一种基于物联网的智能家居监控系统,包括监控中心、用户远程终端、小区物业终端、数据库、室内中央控制系统、移动物体定位子系统、用于监控室内状况的网络摄像头、收费管理子系统、门禁控制子系统、无线传感器网络监测子系统以及家电控制子系统;

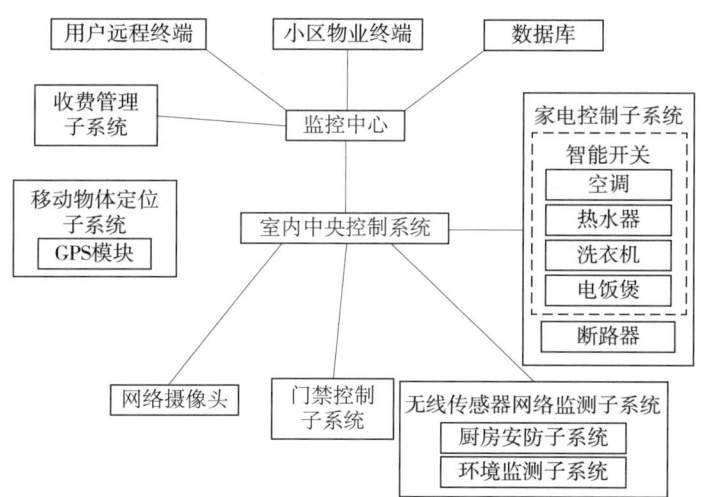

图6-1-8 基于物联网的智能家居监控系统框图

所述无线传感器网络监测子系统包括厨房安防子系统和环境监测子系统;

所述家电控制子系统包括用于控制家电设备的智能开关和与室内总供电线连接的断路器;

所述门禁控制子系统包括语音提示模块、摄像头、麦克风、指纹识别模块、报警模块以及用于控制电子门的可控旋转电机，所述语音提示模块用于提醒用户门禁使用的操作步骤；

所述收费管理子系统包括电量管理模块、水量管理模块、燃气管理模块以及物业费管理模块；

所述移动物体定位子系统包括安装在移动物体上的GPS模块和安装有移动物体监测应用程序的用户远程终端，所述移动物体包括老人、小孩以及宠物；

所述监控中心接收所述室内中央控制系统采集的数据进行显示并通过所述数据库进行存储，所述监控中心根据接收的数据向所述用户远程终端、小区物业终端以及室内中央控制系统发出相应的控制信息，同时所述监控中心接收所述用户远程终端和小区物业终端发出的控制信息；

所述监控中心分别与所述用户远程终端、小区物业终端、数据库、室内中央控制系统以及收费管理子系统通信连接；

所述室内中央控制系统分别与所述移动物体定位子系统、网络摄像头、门禁控制子系统、无线传感器网络监测子系统以及家电控制子系统通信连接。

本技术方案提供的一种基于物联网的智能家居监控系统，通过所述无线传感器网络监测子系统监测室内环境数据，当发生危险时所述监控中心发送报警指令至用户远程终端和小区物业终端以采取相应的救援措施；通过所述家电控制子系统，用户能远程实时控制室内家电的工作，让用户下班后能够及时地享受到智能家居带来的方便和舒适；所述门禁控制子系统的设置方便了合法用户进入室内同时具有一定的防盗功能；通过所述收费管理子系统及时提醒用户缴费以避免不必要的麻烦；通过所述移动物体定位子系统便于用户寻找需要看护的移动物体；通过所述网络摄像头采集数据最终被所述用户远程终端接收使得用户及时了解家中状况同时保护了用户隐私；本技术方案功能全面，使用方便，智能化可控化程度高。

**1. 提炼发明构思与确定核心技术方案**

对于以上的详细解决方案，我们首先进行发明构思的提炼。根据方案要解决的建立具有统一安全管理和家电远程控制的智能家居系统的问题，结合技术交底书中强调的有益效果，我们可以提炼出其核心技术手段：一是通过设置多个功能模块，将与安全有关的各种信息进行分类管理，从而达到统一安全管理的效果，二是通过监控中心与用户远程终端等的通信连接，以及室内中央控制系统与室内各子系统的通信连接，从而达到家电远程控制的效果。在此基础上，我们确定待检索的核心技术方案是：

一种基于物联网的智能家居监控系统，其特征在于，包括监控中心、用户远程终端、小区物业终端、数据库、室内中央控制系统、移动物体定位子系统、用于监控室内状况的网络摄像头、收费管理子系统、门禁控制子系统、无线传感器网络监测子系统以及家电控制子系统；

所述无线传感器网络监测子系统包括厨房安防子系统和环境监测子系统；

所述家电控制子系统包括用于控制家电设备的智能开关和与室内总供电线连接的

断路器；

所述门禁控制子系统包括语音提示模块、摄像头、麦克风、指纹识别模块、报警模块以及用于控制电子门的可控旋转电机；

所述收费管理子系统包括电量管理模块、水量管理模块、燃气管理模块以及物业费管理模块；

所述移动物体定位子系统包括安装在移动物体上的 GPS 模块和安装有移动物体监测应用程序的用户远程终端；

所述监控中心接收所述室内中央控制系统采集的数据进行显示并通过所述数据库进行存储，所述监控中心根据接收的数据向所述用户远程终端、小区物业终端以及室内中央控制系统发出相应的控制信息，同时所述监控中心接收所述用户远程终端和小区物业终端发出的控制信息；

所述监控中心分别与所述用户远程终端、小区物业终端、数据库、室内中央控制系统以及收费管理子系统通信连接；

所述室内中央控制系统分别与所述移动物体定位子系统、网络摄像头、门禁控制子系统、无线传感器网络监测子系统以及家电控制子系统通信连接。

### 2. 确定与表达检索要素

首先，根据检索要素的确定规则，考虑基于技术主题确定检索要素。该技术方案的主题名称为"一种基于物联网的智能家居监控系统"，与前一示例类似，我们很容易确定其应当作为检索要素之一。相应地，由于该技术方案的核心技术手段侧重于系统监控信息的多样化全面化和整体的控制架构，同样确定分类号 G05B19/418、G05B15/02 能够相对更加准确地表达该检索要素。

接下来，我们就可以根据核心技术手段确定检索要素及其表达了。该技术方案是另一类典型的功能模块类产品技术方案，其特点在于技术交底书中提及的核心技术手段较多，相应地，核心技术方案中应当确定为检索要素的功能模块也非常多。基于电学领域技术人员的普通技术知识，结合该技术方案要解决的技术问题和技术交底书中强调的有益效果，我们能够确定，移动物体定位子系统、监控中心的设置及其与用户远程终端、小区物业终端以及室内中央控制系统的通信连接均是用于解决"统一安全管理"这一问题并非电学领域常规技术手段的核心功能模块，应当将其分别确定为检索要素。而室内中央控制系统的设置及其与室内各子系统的通信连接虽然是用于解决"家电远程控制"这一问题的主要技术手段，但该技术手段是电学领域技术人员公知的实现家居"智能化"的常规技术手段，不必确定为检索要素。

对于各功能模块，与前一示例中讲到的思路相同，我们依然可以从模块的特定功能、明确记载的模块中的核心执行元器件或实现模块的特定功能隐含的其必须具有的执行元器件两个角度进行表达，在此不再赘述。

基于以上分析，最终得到的待检索方案的检索要素表见表 6-1-7。

表 6-1-7 一种基于物联网的智能家居监控系统的检索要素表

| | | 检索要素 1 | 检索要素 2 | | 检索要素 3 |
|---|---|---|---|---|---|
| | | 基于物联网的智能家居监控系统 | 移动物体定位子系统 | | 监控中心，其与用户远程终端、小区物业终端以及室内中央控制系统的通信连接 |
| | | | 特定功能 | 执行元器件 | |
| 分类号 | | G05B19/418<br>G05B15/02 | | | |
| 关键词 | 中文 | 智能家居，智慧家居 | 定位，位置<br>老人，小孩，儿童，孩子，宠物 | GPS<br>老人，小孩，儿童，孩子，宠物 | 监控中心，控制中心，总控，中控<br>用户，主人，业主<br>物业，物管<br>室内，家庭，家中 |

### 3. 检索过程

首先考虑进入 PSS 的命令行检索页面，在命令编辑区陆续输入表 6-1-8 所示的检索式。

表 6-1-8 一种基于物联网的智能家居监控系统的检索过程

| 序号 | 检索式 | 命中数量/条 |
|---|---|---|
| 1 | IPC=（G05B19/418 OR G05B15/02） | 25026 |
| 2 | ZY=（（老人 OR 小孩 OR 儿童 OR 孩子 OR 宠物）S（定位 OR 位置））OR QLYQ=（（老人 OR 小孩 OR 儿童 OR 孩子 OR 宠物）S（定位 OR 位置）） | 249162 |
| 3 | ZY=（（监控中心 OR 控制中心 OR 总控 OR 中控）S（用户 OR 主人 OR 业主）S（物业 OR 物管）S（室内 OR 家庭 OR 家中））OR QLYQ=（（监控中心 OR 控制中心 OR 总控 OR 中控）S（用户 OR 主人 OR 业主）S（物业 OR 物管）S（室内 OR 家庭 OR 家中）） | 17 |
| 4 | 1 AND 2 AND 3 | 0 |

利用检索式 4 得到 0 条检索结果，结合检索式 1、2、3 各自的命中数量，显然能够推测是检索式 3 的构造导致了一定的局限性。考虑到检索式中检索要素的表达的扩展已经比较充分，检索结果偏少的原因可能在于使用摘要、权利要求的检索项和算符"S"的选择。因此，我们可以尝试将检索要素 3 的表达的检索项替换为说明书，或将关键词之间的算符替换为 P，甚至直接对其进行 AND 的逻辑运算。基于以上思路，将检索式 3 逐步扩展为能够得到 1400 条检索结果的"SMS=（（监控中心 OR 控制中心 OR 总控 OR 中控）AND（用户 OR 主人 OR 业主）AND（物业 OR 物管）AND（室内 OR 家庭 OR 家中））"后，再次与检索式 1、2 进行 AND 逻辑运算，最终仍然仅得到 0 条检索结果。以类似的思路，考虑将检索式 2 扩展为能够得到 25 万余条检索结果的"SMS=（（老人 OR 小孩 OR 儿童 OR 孩子 OR 宠物）P（定位 OR 位置））"，再次与表达检索要素 1 和 3 的检索式进行 AND 逻辑运算，最终得到 16 条检索结果。经详细浏览，

其中仅 1 条文献提及对老人或儿童的位置进行监测，但该条文献并未明确记载监控中心的设置及其与用户远程终端、小区物业终端以及室内中央控制系统的通信连接关系。

这时，我们需要思考，以上尝试都无法检索到相关现有技术，是不是就表明中文专利数据库中并不存在潜在的相关文献呢？这也是该类检索要素相对较多的产品技术方案经常遇到的问题。对此，我们可以考虑一下几个检索要素之间的关系。前文已经分析过，移动物体定位子系统、监控中心的设置虽然均是用于解决"统一安全管理"这一问题的核心技术手段，但电学领域技术人员容易判断得出，移动物体定位与监控中心实质上是从两个不同的方面进行改进，前者主要是增加统一安全管理包含的信息的全面性，后者则是使得用户、物业等各方都能够作为统一安全管理的主体之一参与管理。因此，基于以上分析，该技术方案的检索要素 2 和 3 并非不可分割，即并非必须出现在同一篇文献中才能够评判该技术方案的创造性。反观我们之前的检索过程，都是将所有检索要素共同纳入检索式的"全要素检索"，这样的检索极大可能会遗漏分别公开了移动物体定位子系统、监控中心的设置两个不同的核心技术手段的两篇以上的相关文献。

经过分析，我们自然能够想到，对该技术方案的检索应及时地调整方向，由"全要素检索"转为"部分要素检索"。前文已经提到，在全要素检索的过程中我们已经检索到公开了"移动物体定位子系统"相似功能的专利文献。因此，部分要素检索中，我们可以先着重对监控中心的设置及其通信连接关系进行检索。在命令行检索将原检索式 1 与 3 进行 AND 逻辑运算，并经过简单的检索项、算符等的调整和扩展，便能够浏览筛选到多篇公开了在用户、物业及室内智能家居控制系统之间设置监控中心或类似技术手段的相关专利文献。

本领域技术人员可以看出，将同属于智能家居技术领域且分别公开了两个核心技术手段的专利文献进行结合，再结合电学领域的公知常识或惯用技术手段得到该待检索的技术方案是显而易见的，该技术方案不足以具备创造性。

如上，对于组成较为复杂的特别是作为核心技术手段的功能模块较多的产品技术方案，在全要素检索无法获得有效相关文献的情况下，通过分析检索要素之间的关系，进而基于分析结果及时调整检索思路开展部分要素检索，辅以适当的基本检索技巧，如检索项、算符的调整等，我们便可以准确且快速地完成一个该类技术方案的检索。

以上从两个示例出发，结合功能模块组成的产品技术方案的一般性特点，展示了如何入手进行该类技术方案的检索。总的来说，这一类产品技术方案的检索重点在于核心功能模块的检索，难点一是在于核心功能模块的确定，需要实施检索的人员能够在诸多模块及模块间连接关系中结合技术交底书中关于技术问题、技术效果的记载，明确各功能模块的主次程度、逻辑关系；二是在于检索要素的确定与表达，特别是不仅从模块特定功能的角度以及明确记载的模块中的核心执行元器件的角度进行表达，还需要在了解电学领域技术知识的基础上扩展到实现模块的特定功能隐含的其必须具有的执行元器件的角度；三是在于检索策略的调整，比如通过分析检索要素之间的关系，进而基于分析结果及时调整检索思路开展部分要素检索等。掌握了这些符合功能模块组成的产品技术方案一般性特点的检索技巧,便能够帮助我们准确且快速地完成该类技术方案的检索。

此外,功能模块组成的产品技术方案中,除以上示例展示的技术方案类型外,还有一类主要类型,即与方法技术方案一一对应的产品技术方案,其核心技术方案的特征部分一般为对应于方法各步骤的虚拟模块。此类产品技术方案的检索与一一对应的方法技术方案的检索思路和策略实质相同,具体可参考本章第 6.2 节关于电学领域的方法技术方案的检索的内容,本节不再赘述。

## 6.2 方法技术方案的检索

电学领域的方法技术方案与产品技术方案类似,涉及众多的技术主题和应用领域。从核心技术方案的流程步骤的属性和撰写方式来讲,该领域的方法技术方案可划分为程序流程组成的方法技术方案以及算法流程组成的方法技术方案。

### 6.2.1 程序流程组成的方法技术方案的检索

程序流程组成的方法技术方案主要指由具有一定功能的程序流程步骤组成的方法技术方案,该类技术方案一般由存储有计算机程序的处理器执行各程序流程步骤对应的程序代码或计算机可读指令来实现。

对于这类技术方案,检索时应当将专利文献的检索作为重点,并根据应用领域、技术方案提出主体的性质等,将非专利文献的检索作为重要补充。

本节围绕程序流程组成的方法技术方案,通过以下一些示例,来展示如何入手进行一个技术方案的检索。

#### 6.2.1.1 程序流程组成的电子产品用方法技术方案的检索

【发明名称及技术领域】

一种用于移动终端的调整输入法面板的技术,涉及输入法技术领域。

【背景技术及存在的问题】

现有输入法系统的输入法面板均是不可调的,即用户仅可按照输入法系统所提供的输入法面板来进行输入,而不能对其中的按键键值、位置、布局等进行调整。

并且,现有输入法系统的输入法面板通常以全屏形式展现于移动终端的屏幕,即输入法面板的宽度与屏幕宽度相同。然而,随着移动终端的屏幕越来越大,如输入法面板的宽度仍与屏幕宽度相同,则用户需要双手才能完成输入,这在很大情况下是极为不方便的。

【详细解决方案】

本技术方案提供了一种用于移动终端的调整输入法面板的方法,该方法包括:

步骤S1，当满足预定的激活条件时，输入法系统激活移动终端的输入法面板，以使得该输入法面板可被用户调整；

步骤S2，输入法系统根据用户对被激活的输入法面板的调整操作来调整该输入法面板的呈现相关信息，以获得调整后的输入法面板；其中，所述呈现相关信息包括以下至少任一项：

- 所述输入法面板的布局信息；
- 所述输入法面板的位置信息。

在步骤S1中，当所述预定的激活条件包括但不限于任何可适用于本技术方案的，用于激活输入法面板或其中的一个或多个面板区域，以使其可被用户调整的条件，包括但不限于以下至少任一项：

1）当前屏幕宽度大于输入法面板的默认宽度；
2）用户长按输入法面板；
3）用户选择特定功能键。

其中，对输入法面板的激活包括但不限于以下至少任一项：

1）输入法面板的整体；
2）输入法面板中的一个或多个区域。

据此，当满足预定的激活条件时，输入法系统可激活整个输入法面板，以使得用户可对整个输入法面板进行调整，如整体拖动、缩放等；输入法系统还可以激活输入法面板中的一个或多个区域，以对其中的部分区域进行调整，如调整其中各区域在输入法面板中的位置，以对输入法面板的布局进行调整。其中，输入法面板的所有区域可以被激活来由用户调整，或仅其中的部分区域可激活来被用户调整。

在步骤S2中，具体地，当输入法面板在步骤S1中被激活后，用户可以调整其位置信息，如将输入法面板进行整体拖动、缩放等，输入法系统记录输入法面板被拖动、缩放后在屏幕上的坐标，如输入法面板四个角的新坐标，以获得调整后的输入法面板。

在此，对输入法面板屏幕位置的调整还可包括对其呈现的调整，来使用户可以方便地实现单手输入，同时又不会牺牲太多的操作便利性。

或者，用户对输入法面板中的一个或多个区域进行调整，例如，当输入法面板中的各区域在步骤S1中被激活后，用户可以调整各区域在输入法面板中的位置，以调整整个输入法面板的布局信息，输入法系统记录各区域调整后的区域位置映射表，以获得调整后的输入法面板；其中，区域位置映射表中记录输入法面板中各区域所处的位置或坐标。

与现有技术相比，本技术方案可对移动终端的输入法面板进行调整，如改变输入法面板的布局或位置，这在很多情况下对用户是有利的。根据本技术方案的方案调整输入法面板后，如对输入法面板整体缩放后，再将其移动至屏幕中靠近进行输入的手的一侧，用户可使用该调整后的输入法面板来进行单手输入。

### 1. 提炼发明构思与确定核心技术方案

对于以上的详细解决方案，我们首先进行发明构思的提炼。根据方案要解决的现有输入法系统的输入法面板不可调,以及输入法面板的宽度与越来越大的移动终端屏幕宽度相同导致用户双手完成输入带来不便的问题,我们可以提炼出其核心技术手段是激活输入法面板以接收用户对输入法面板的布局信息或位置信息的调整,从而达到用户可使用调整后的输入法面板来进行单手输入的效果。在此基础上,我们确定待检索的核心技术方案是:

一种用于移动终端的调整输入法面板的方法,其中,该方法包括:

A. 当满足预定的激活条件时,激活移动终端的输入法面板,以使得所述输入法面板可被用户调整;

B. 根据用户对所述输入法面板的调整操作来调整所述输入法面板的呈现相关信息,以获得调整后的输入法面板。

### 2. 确定与表达检索要素

首先,根据检索要素的确定规则,考虑基于技术主题确定检索要素。对于方法技术方案,确定检索要素的目标同样是既要完整、准确,又要避免造成漏检。基于对详细解决方案中核心技术方案的提炼过程,我们显然能够发现,该技术方案的主题名称"一种用于移动终端的调整输入法面板的方法"中包含的"用于移动终端的输入法面板"表达了技术方案所涉及的应用领域,应当将其作为一个检索要素,主题名称中包含的"调整方法"则主要概括了该技术方案的核心技术手段,可以考虑纳入由核心技术手段确定的其他检索要素来进行表达。

进一步地,考虑如何对检索要素"用于移动终端的输入法面板"进行表达。很多读者乍一看这个检索要素,可能会觉得其涉及移动终端、输入法、面板多个方面,不清楚是应该对以上方面进行全面的表达,还是应该有侧重点地进行表达?如果进行全面表达,是否只能通过尽可能地扩展几个方面相应的关键词再进行逻辑运算来确保表达的全面性?如果有侧重点地进行表达,以上多个方面中的哪个方面才是该技术方案中的侧重点呢?这也是我们在电学领域技术方案的检索中经常遇到的问题,即很多电学领域技术方案的领域或主题既涉及其所应用的硬件产品,又涉及该硬件产品中的软件产品,而且往往仅涉及对该软件产品的某一方面的功能改进。对此,关键词的表达实际上较难达到完整,比如"移动终端"仅考虑我们熟知的电子设备就有移动电话或手机、平板电脑或 PDA 等非常多种下位概念及其表达,还有很多其他电子设备也可以作为移动终端的下位概念,因此,想单方面从关键词入手对这样的检索要素进行完整全面的表达是比较困难的。此时,分类号便能够对解决这一问题起到至关重要的作用。以该技术方案为例,该方法的应用领域为用于移动终端的输入法的面板,电学领域专业技术人员公知的是,移动终端上运行的输入法的面板属于计算机领域人机交互界面的一种,在该领域有一特定的技术术语表述,即"图形用户界面"。基于此,我们可以进入 PSS 的导航检索页面,尝试在"中文含义"的检索框内输入"图形用户界面",结果显示"G06F3/048"的中文含义为基于图形用户界面的交互技术〔GUI〕,这一含义不仅能够表达"面板",还全面地隐含了该面板所用于的硬件、软件以及与之性质相似的硬件、软件,显然能够作为完整地表达该检索要素的分类号。在此基础上,我们还可以详细查阅其下位的细分分类号，得到"G06F3/0487···使用输入装置所提供的特定功能，例如具有双传感装置的鼠标旋转控制功能，或输入装置的特性，例如基于数字转换器检测压力的按压手势"及其下的"G06F3/0488···使用触摸屏或数字转换器，例如通过跟踪手势输入命令的"，以上两个分类号不仅隐含了硬件、软件的表达，更优的是还表达了对图形用户界面进行操作的输入方式。

其次，我们可以根据核心技术手段确定其他的检索要素。可以看出，待检索的核心方案中，对于这样一个较为简单的解决方案，记载还是比较详细的，从激活条件的判断，到激活的过程，再到调整的输入与实现均有所描述。这也是程序流程组成的方法技术方案的一大共性，即由于该类技术方案一般由存储有计算机程序的处理器执行各程序流程步骤对应的程序代码或计算机可读指令来实现，因此该类方法技术方案的步骤描述大多类似于将伪代码或程序流程图以文字形式描述，从整个程序的开始执行到结束过程中的各个判断步骤、执行步骤一般均会在待检索的核心技术方案中有详细描述。这一特点也对我们实施检索提出了更高的要求，即要求我们在检索过程中，特别是确定检索要素的过程中能够厘清哪些步骤是方案中的核心步骤，哪些步骤仅是为了配合核心步骤的实施而需要执行的、不直接用于解决技术问题的非核心步骤。

以该技术方案为例，其要解决的是现有输入法系统的输入法面板不可调，以及输入法面板的宽度与越来越大的移动终端屏幕宽度相同导致用户双手完成输入带来不便的问题，因此，本领域技术人员容易分析得到，步骤 b "根据用户对所述输入法面板的调整操作来调整所述输入法面板的呈现相关信息，以获得调整后的输入法面板"必然是解决该技术方案要解决的技术问题的核心步骤，即技术手段，而步骤 a 仅仅是限定了触发核心步骤 b 的调整功能的激活方式，其余的技术特征限定的呈现相关信息包括的内容则仅仅是核心步骤 b 的调整功能可调整的具体对象。基于以上思路，我们便能够在多个有先后顺序或关联关系的诸多方法步骤中确定其核心步骤。

对于步骤 b 的表达，可能会有不少读者认为采用关键词表达没有太多可扩展的方向。这亦是电学领域技术方案的检索中经常遇到的问题之一，在程序流程组成的方法技术方案，以及我们在 6.1 节末尾提到的与方法技术方案一一对应的功能模块组成的产品技术方案中尤为常见。前面说到，该类技术方案的步骤描述大多类似于将伪代码或程序流程图以文字形式描述，因此，其描述偏重于对代码或程序实现功能的描述，而非底层代码架构和逻辑的描述。这种功能性的描述往往比较抽象，导致我们似乎没有什么可扩展的方向。对此，一方面我们显然应当基于待检索的核心技术方案本身的文字记载进行该检索要素的表达；另一方面，我们可以尝试从技术交底书更详细、下位的相关记载中提取关键词。以该技术方案为例，一方面，我们可以直观地将该步骤 b 表达为调整/改变、面板/界面等；另一方面，从技术交底书的记载可以发现，"所述呈现相关信息包括以下至少任一项：－所述输入法面板的布局信息；－所述输入法面板的位置信息"，因此，我们还可以在进行检索要素表达时将步骤 b 具体地表达为面板的布局、位置等的调整。这里需要注意的是，基于技术交底书的记载，这两种角度的检索要素的表达实质为上、下位的关系，但是在检索的实际操作中，由于第一种角度的表达往往会因为比较抽象而带来较大的噪声，导致检索结果较多，因此我们可以考虑将以上两种角度的检索要素表达联合起来表达该类比较抽象的、偏重于对程序功能进行描述的检索要素。

基于以上分析，最终得到的待检索方案的检索要素表见表6-2-1。

表6-2-1 一种用于移动终端的调整输入法面板的方法的检索要素表

| | | 检索要素1 | 检索要素2 |
|---|---|---|---|
| | | 一种用于移动终端的调整输入法面板的方法 | 根据用户对所述输入法面板的调整操作来调整所述输入法面板的呈现相关信息，以获得调整后的输入法面板 |
| 分类号 | | G06F3/0488<br>G06F3/0487<br>G06F3/048 | |
| 关键词 | 中文 | | 调整，改变<br>面板，界面<br>布局，排布，位置 |

### 3. 检索过程

首先考虑进入PSS，进入命令行检索界面，基于先准后全的原则，采用最准确的分类号与检索要素2的关键词表达构造出检索式"IPC=（G06F3/0488） AND ZY=（（调整 OR 改变） S（面板 OR 界面））"，得到612条检索结果。经过简要浏览结果中的几条专利文献能够发现，结果中有一定比例的文献是关于界面的调整或定制的，与待检索的技术方案还是具有一定的相关度。然而，612条检索结果对于浏览筛选需要耗费较大的时间精力，结合当前的检索结果中仍然存在一定的噪声，特别是调整内容为图形用户界面的其他内容，如图标的外观等的情况，我们可以考虑如何进一步提高检索式的构造的准确性。

此时，基于前文对于检索要素如何表达的分析，我们可以将以上两种角度的检索要素表达联合起来表达检索要素2，如使用W、D、S、P等算符进行检索式的构造。相应地，构造并输入检索式"IPC=（G06F3/0488） AND ZY=（（调整 OR 改变） S（面板 OR 界面） S（布局 OR 排布 OR 位置））"，得到182条结果。

经过简要浏览后发现，公开号为CN102360249A的专利文献公开了一种针对分立式键盘布局系统进行键盘布局切换设置及动态缩放的方法、一种实现该分立式键盘布局系统的电子设备系统及一种基于该电子设备系统实现分立式键盘布局切换设置控制的方法。在该专利文献的最佳实施方式中，用户可以通过在触摸屏键盘区域的两指逆向滑动，实现主键盘区分离为左右两侧，灵活改变键盘位置布局功能。在该专利文献的另一实施例中描述了，可以根据用户触点移动距离同级实时缩小键盘布局，并移动至屏幕任意位置根据需要灵活进行输入；在缩小式键盘布局下，支持用户自定义键盘位置，操作实现方式如下：两指同时点击键盘区域，待超出响应时间，键盘进入半透明待机模式，接收器将捕捉到触点移动状态，此时可以拖动键盘至屏幕任意位置。由此可见，该篇专利文献的两个实施例分别涉及输入法面板呈现相关信息的调整、何时激活输入法面板的调整功能，还公开了技术交底书中的部分具体技术细节，如调整输入法面板的位置信息和布局信息的具体输入调整操作和操作捕捉方式，且该两个实施例显然具有结合动机。因此，仅该篇专利文献就能够使得待检索的技术方案不具备创造性。

如上，对于这样一个较为简单的程序流程组成的方法类技术方案，通过查找能够完整、准确地表达其技术领域与技术主题的分类号，以及厘清方案中的核心步骤，便能检索到多篇较为相关的专利文献。在此基础上，为了提高浏览筛选的效率，结合技术交底书记载的详细解决方案对待检索的技术方案功能性的、抽象的描述进行较为精准的限制，我们便可以准确且快速地完成一个技术方案的检索。

上一示例技术方案的检索分析中，我们已经讲到，程序流程组成的方法技术方案的步骤描述往往为功能性的、抽象的描述，导致从何入手扩展检索要素的表达以及如何避免抽象的检索要素表达导致检索结果过多存在一定的难度。下面，我们就通过一个示例，进一步说明如何对该类技术方案进行检索。

【发明名称及技术领域】

一种音频封面显示方法，涉及电子技术应用领域。

【背景技术及存在的问题】

相关技术中，在终端安装的音频播放应用的显示界面可以显示多种音频封面作为音频入口，这些音频封面可以是专辑封面、歌手封面、歌单封面等图片，在接收到用户点击音频封面产生的触发指令后，终端可以相应显示该音频封面对应的音频列表，以供用户点击播放。

【详细解决方案】

为了解决音频封面显示形式单一的问题，本技术方案提供了一种音频封面显示方法，可以用于服务器，该方法包括：

步骤1. 接收终端发送的用于请求目标封面图像的获取请求；

步骤2. 根据获取请求获取目标封面图像，目标封面图像采用辅助动态图像对目标静态图像进行处理得到；

步骤3. 将目标封面图像发送至终端，终端用于显示目标封面图像。

本技术方案提供的音频封面显示方法，由于由终端显示的目标封面图像采用辅助动态图像对目标静态图像进行处理得到，丰富了音频封面的显示形式，使音频封面的显示更为灵活。

根据目标场景信息的获取方式不同，步骤2中服务器根据获取请求确定的目标场景信息来获取目标封面图像的方式也可以有多种，以以下一种为例：

步骤a. 服务器根据获取请求确定目标音频数据。

步骤b. 服务器根据目标音频数据确定目标场景信息和目标静态图像，目标场景信息用于表征与目标音频数据关联的场景特征。

一方面，服务器可以根据目标音频数据确定目标场景信息。

本技术方案中，可以通过分析音频的描述信息来确定目标场景信息，音频的描述信息如名称、歌词和来源等，也可以通过分析音频的播放内容来确定目标场景信息，如音频的节奏等。目标场景信息可以用于表征与该目标音频数据关联的场景特征，这些场景特征能够表现目标音频数据的一些特点。例如，该目标场景信息可以包括：季节、地理位置、标志性物体、天气、心情和时间中的至少一种。

示例地，假设通过获取请求确定的音频数据为"王菲经典歌曲"，若该音频数据中包括一个音频，如"匆匆那年"，根据"匆匆那年"的描述信息，如歌词，可以确定场景信息包括："冬""冰"和"春"。

另一方面，服务器可以根据目标音频数据确定目标静态图像。

实际应用中，服务器可以建立一个静态封面数据库，用于存储音频相关信息。

步骤c. 服务器获取与目标场景信息关联的辅助动态图像。

本技术方案提供一种获取与目标场景信息关联的辅助动态图像的方法，包括：

步骤c1. 服务器查询预设的场景信息与动态图像的关系。

本技术方案中，服务器可以预先建立场景信息与动态图像的关系，其中，动态图像可以包括动态图片、视频和动态显示信息中任意一种，该动态显示信息可以包括：动态参数和静态图片，根据该动态参数调整静态图片的显示参数可以使静态图片在显示时达到动态显示的效果，在用户眼中呈现动态图像。

示例地，本技术方案提供的场景信息与动态图像的关系可以以表的形式预先建立和存储。一个动态图像可以对应一个或多个场景信息，如"绿草摆动"可以对应"春"，"雪花飞舞"可以分别对应"冬""冰"和"雪"。

步骤c2. 若预设的场景信息与动态图像的关系中存在一个与目标场景信息关联的动态图像，服务器将与目标场景信息关联的动态图像作为辅助动态图像。

步骤c3. 若预设的场景信息与动态图像的关系中存在至少两个与目标场景信息关联的动态图像，服务器按照预设规则在至少两个与目标场景信息关联的动态图像中选择动态图像作为辅助动态图像。

步骤d. 服务器采用辅助动态图像对目标静态图像进行处理得到目标封面图像，所述处理包括但不限于：叠加、替换、组合。

示例地，辅助动态图像为"雪花飞舞"的动态图像，目标静态图像为歌手头像，将辅助动态图像叠加至目标静态图像上得到的动态图片作为目标封面图像。

综上所述，本技术方案中，由于通过辅助动态图像对目标静态图像进行处理得到目标封面图像，而辅助动态图像是通过表征与目标音频数据关联的场景特征的目标场景信息确定的，因此，最终得到的目标封面图像可以反映目标音频数据关联的场景特征，丰富了音频封面的显示形式，增加了显示的趣味性，添加了音频封面对用户的提示作用。

### 1. 提炼发明构思与确定核心技术方案

对于以上的详细解决方案，我们首先进行发明构思的提炼。可以看出，技术交底书中的描述基本分为两种，一种与前面的示例类似，是比较抽象的程序流程中各步骤功能的描述，另一种则非常具体，对程序流程在实际的应用场景、作用于实际的对象时是如何执行及执行的结果进行详细的描述。虽然总体看来内容非常多，但该类详细解决方案的核心思想即发明构思往往比较明确，基于技术交底书记载的最基本的程序流程步骤描述就能提炼出来。根据方案要解决的音频封面显示形式单一的问题，我们可以提炼出其核心技术手段是通过辅助动态图像对目标静态图像进行处理得到目标封面图像用于显示，从而达到丰富音频封面的显示形式、增加显示的趣味性，添加音频封面对用户的提示作用的效果。在此基础上，我们确定待检索的核心技术方案是：

一种音频封面显示方法，其特征在于，包括：

接收终端发送的用于请求目标封面图像的获取请求；

根据所述获取请求获取所述目标封面图像，目标封面图像通过辅助动态图像对目标静态图像进行处理得到；

将所述目标封面图像发送至所述终端，所述终端用于显示所述目标封面图像。

### 2. 确定与表达检索要素

首先，根据检索要素的确定规则，考虑技术主题确定基本检索要素。该技术方案的主题名称为"一种音频封面显示方法"，应当作为检索要素之一。

对于该检索要素的分类号表达，有读者可能会认为，从技术交底书的内容来看，该方法是对用于音乐播放软件的音频封面的显示的改进，和前一示例类似，实质上是一种图形用户界面，应该可以分类到"G06F3/048 基于图形用户界面的交互技术[GUI]"。这样的分类号表达究竟是否准确呢？我们可以基于该分类号的含义进行深入分析。根据电学领域的公知常识，图形用户界面又称图形用户接口，是一种人与计算机通信的界面显示格式，允许用户使用鼠标等输入设备操纵屏幕上的图标或菜单选项，以选择命令、调用文件、启动程序或执行其他一些日常任务。再回到本技术方案，基于其技术交底书的详细记载可以看出，该方法的实际应用对象是音乐播放软件的音频封面，常见的或公知的该音频封面实际上并非"允许用户使用鼠标等输入设备操纵，以执行一些日常任务"的图形用户界面。因此，G06F3/048 并非表达该检索要素非常准确的分类号。

那么，我们应该如何找到相关分类号呢？前一章节提到过，除了按部就班地查表之外，我们可以考虑采用统计分类号的方式快速接近相关分类号。因此，单击"高级检索"标签进入相应页面，在发明名称检索项输入框中输入"音频封面"进行简单检索，命中 3 条文献。由于 3 条文献的统计意义不大，我们可以考虑进一步进行扩展，如在摘要栏输入"音频 AND 封面"，命中 55 条文献，采用页面左侧的"检索结果统计"功能，可以发现该技术主题涉及的分类号主要包括 G06F、G11B 等，但进一步查表发现，以上分类号下也没有能够非常准确表达该检索要素的细分分类号。

虽然前面我们讲到，对于该类方法技术方案的检索分类号往往比较重要，但在不存在非常准确的分类号的情况下，关键词的表达是重要的补充。以该技术方案为例，基于其技术主题，我们可以将其表达为音乐/歌曲/乐曲、封面/图像/图片等。

其次，我们可以根据核心技术手段确定其他的检索要素。前面我们已经分析过，通过辅助动态图像对目标静态图像进行处理得到目标封面图像用于显示是该技术方案的核心技术手段，则其应当作为检索要素。

那么，如何对该检索要素进行表达呢？前一示例中我们讲到，一方面可以基于待检索的核心技术方案本身的文字记载进行该检索要素的表达。因此，我们可以使用动态/运动、静态/静止、处理等关键词。

另一方面，可以从技术交底书等更详细、下位的相关记载中提取关键词。经过对技术交底书中全部涉及"动态图像"的内容进行查询，我们发现，技术交底书中提到两个方面的信息：一是辅助动态图像是与目标场景信息相关联的，例如动态图像可以为"绿草摆动""雪花飞舞"等；二是辅助动态图像可以包括动态图片、视频和动态显示信息中任意一种，该动态显示信息可以包括：动态参数和静态图片。相应地，我们可以基于技术交底书的以上内容将该检索要素涉及"辅助动态图像"的内容表达为场景/情景/情境、动态/运动/变化、图像/图片/视频/参数。类似地，"静态图像"在技术交底书中具体即为歌曲/专辑的封面或歌手的图片，相应地，可以将其表达为音乐/歌曲/乐曲/歌手/封面/图像/图片。"处理"在技术交底书中具体包括叠加/替换/组合，以上词汇均可以作为表达"处理"的关键词，并相应地扩展到合成/组成/合并/重叠/覆盖等。

基于以上分析，最终得到的待检索方案的检索要素表见表6-2-2。

**表6-2-2 一种音频封面显示方法的检索要素表**

| | | 检索要素1 | 检索要素2 |
|---|---|---|---|
| | | 一种音频封面显示方法 | 通过辅助动态图像对目标静态图像进行处理得到目标封面图像用于显示 |
| | 分类号 | G06F，G11B | |
| 关键词 | 中文 | 音乐/歌曲/乐曲<br>封面/图像/图片 | 动态/运动：场景/情景/情境<br>动态/运动/变化<br>图像/图片/视频/参数 |
| | | | 静态/静止：音乐/歌曲/乐曲/歌手<br>封面/图像/图片 |
| | | | 处理：叠加/替换/组合/合成/组成/合并/重叠/覆盖 |

**3. 检索过程**

确定好检索要素及其表达后，我们可以进入PSS进行实际检索。该技术方案涉及的关键词较多，且各关键词之间有一定的联系，因此我们可以选择输入方式较为简便、可以使用算符的命令行检索功能。

前面已经分析过，检索要素1的相关分类号都不是特别准确，因此还是考虑采用其关键词表达构造检索式。对于检索要素2，我们显然还是期望快速地找到公开其核心构思的专利文献，而过多或过于细节的关键词扩展可能带来较多的噪声或限制，因此还是首先考虑采用核心技术方案本身记载的关键词表达构造检索式。因此，在命令编辑区输入检索式"ZY=((音乐 OR 歌曲 OR 乐曲) AND (封面 OR 图像 OR 图片)) AND ZY=((动态 OR 运动) AND (静止 OR 静态) AND 处理)"，发现检索结果仅 4 条，且经过浏览，4 条文献与该待检索的技术方案相关度并不高。此时，我们首先应该找出检索结果少的原因。为此，我们可以将不同检索要素的表达分别在两个检索式中进行检索，这样，分别查看两个检索式的结果，极大可能能够找到原因。经过以下检索：

ZY=((音乐 OR 歌曲 OR 乐曲) AND (封面 OR 图像 OR 图片))，得到 1583 条检索结果；ZY=((动态 OR 运动) AND (静止 OR 静态) AND 处理)，得到 5900 条检索结果。

可以发现，检索要素 1 的检索式得到的结果条数相对较少。究其原因，一方面可能是对音频封面进行改进的技术方案的确不多；另一方面可能是潜在的相关文献中，音频封面可能仅是其应用对象的一种，该种情况下，音频封面相关的关键词表达更大可能会出现在说明书的详细记载中，而非记载在摘要、权利要求中。因此，从以上两个方面考虑，我们都可以想到应该将检索的范围扩展到专利文献的说明书中。因此，继续构造如表 6-2-3 所示的检索式。

表 6-2-3　一种音频封面显示方法的检索过程 1

| 序号 | 检索式 | 命中数量/条 |
| --- | --- | --- |
| 1 | SMS=((音乐 OR 歌曲 OR 乐曲) S (封面 OR 图像 OR 图片)) | 39904 |
| 2 | SMS=((动态 OR 运动) S (静止 OR 静态) S 处理) | 40576 |
| 3 | 1 AND 2 | 1971 |

显然，1971 条检索结果的可筛选性是非常弱的，需要通过合理的进一步限定将其缩减至可读的范围内。我们可以对以上第 3 条检索式中的 AND 逻辑运算使用 W、D、S、P 等算符进行进一步限制。通过检索"1 S 2"，得到 123 条检索结果，但经过浏览未发现相关度高的专利文献。

还有怎样的途径可以限缩检索结果呢？前一示例已经给出了一种方向，即将技术交底书记载的详细解决方案中的表达结合进来，并使用算符进行检索式的构造。于是，构造如表 6-2-4 所示的检索式。

表 6-2-4　一种音频封面显示方法的检索过程 2

| 序号 | 检索式 | 命中数量/条 |
| --- | --- | --- |
| 5 | SMS=((场景 OR 情景 OR 情境) S (动态 OR 运动 OR 变化) S (图像 OR 图片 OR 视频 OR 参数)) | 45624 |
| 6 | SMS=((音乐 OR 歌曲 OR 乐曲 OR 歌手) S (封面 OR 图像 OR 图片)) | 40052 |
| 7 | SMS=(叠加 OR 替换 OR 组合 OR 合成 OR 组成 OR 合并 OR 重叠 OR 覆盖) | 24658317 |
| 8 | 5 S 6 S 7 | 23 |
| 9 | 1 AND 8 | 23 |

经浏览，以上23条检索结果中未发现相关度高的专利文献。将"5 S 6 S 7"进一步扩展为"5 P 6 P 7"后与检索式1进行AND逻辑运算，得到896条检索结果，其可筛选性仍然不强。

至此，我们是否可以认为中文专利数据库中并不存在能够影响该技术方案的新颖性、创造性的专利文献？在下结论之前，我们再来回顾一下已经进行的检索过程及具体的检索式。在检索要素的组合方面，实质上我们一直在进行全要素的组合，并没有进行过部分要素检索，且对检索要素1进行表达的检索式1与对检索要素2进行表达的检索式2实际上是有所重复的，检索要素2本身就隐含了将现有技术中传统的静态的"音频封面"作为改进的对象。因此，还应尝试对检索要素2做部分要素检索。

在检索式中采用的检索要素表达方面，检索式5表达的含义实质上仍然十分抽象，特别是场景、情景、情境等关键词，在说明书字段下检索结果较多。回顾技术交底书的内容，其明确记载了"目标场景信息包括：季节、地理位置、标志性物体、天气、心情和时间中的至少一种"，且"目标场景信息可以用于表征与该目标音频数据关联的场景特征，这些场景特征能够表现目标音频数据的一些特点"，由目标音频数据的歌词、节奏等分析得出。因此，可以考虑进一步细化场景的表达，如采用季节、天气、心情、情绪等关键词对动态图像的内容进行限定。

在检索式的构造方面，"5 S 6 S 7"与"5 P 6 P 7"的检索结果条数相差较大，且检索式5和6内部也是用S进行运算，表明整体采用S算符显然限制过于严格，采用P算符又不能将核心技术手段相关的内容表达得较为紧密。特别是检索式7对于"处理"的扩展关键词在说明书字段下的检索结果条数非常巨大，必须将其与相关内容利用算符联合进行表达，才能够准确表达"处理"的作用对象。

综合以上分析，考虑对隐含了技术主题的检索要素2进行检索，基于技术交底书的记载将仍然抽象的表达具体化，并将联系紧密的表达采用合适的同在算符构造检索式，将可能出现在同一段落中的表达之间的算符上升为P算符甚至采用AND等逻辑运算。由此，将原检索式5中表达场景的部分提取出来后与与之关联的目标音频数据的表达之间采用S算符进行检索，将原检索式5中表达动态图像的部分内容与原检索式7表达动态图像如何被处理的部分之间采用S进行表达，考虑到这样构造出的检索式已经能够隐含其应用场景为音频数据相关图像显示，选择对原检索式6不再进行专门的引入，以避免漏检。最终得到以下检索式：

SMS=（（（季节 OR 天气 OR 心情 OR 情绪）S（音乐 OR 歌曲 OR 乐曲 OR 歌手））P（（动态 OR 运动 OR 变化）S（图像 OR 图片 OR 视频 OR 参数）S（叠加 OR 替换 OR 组成 OR 合成 OR 组成 OR 合并 OR 重叠 OR 覆盖）））。

该检索式得到168条检索结果，可筛选性较强。经过简要浏览后发现，公开号为CN101185138A的专利文献公开了一种显示装置，其包括内容信息获取部分，其获取内容信息，内容信息可包括内容自身（例如音乐、视频图像等）和附加到内容的信息；象征图像信息获取部分，其基于所获取的内容信息而获取用于象征内容的图像的多条象征图像信息，象征图像信息所象征的内容的印象包含代表根据内容而产生的人的感觉的印象，象征图像信息可采用运动画面组成的信息；以及象征图像组输出部分，其输出象征图像组，使得以幻灯片形式显示所述象征图像组，其中由所述多条象征图像信息构成的多个象征图像组合成所述象征图像组。该显示装置在显示静止的内容信息画面的基础上，在左侧同时显示运动画面组成的象征图像信息。显然，其已经公开了待检索的技术方案的发明构思，能够使得该待检索的技术方案不具备创造性。

如上，这样一个较为简单的程序流程组成的方法类技术方案，实际上我们通过较为复杂的检索策略调整，才得到最终的有效相关文献。但从我们最终得到有效相关文献的检索式可以分析得出，对于该类由功能性、抽象描述的程序流程组成的方法技术方案的检索，重点在于从多个步骤中如何厘清并提取核心步骤，以及如何利用技术交底书记载的详细解决方案对功能性的、抽象的检索要素进行准确的表达和充分的扩展。掌握了以上思路和技巧，我们仍然能够较为顺利地完成一个技术方案的检索。

### 6.2.1.2 程序流程组成的电力设备用方法技术方案的检索

以上两个示例都是应用对象为电子产品的程序流程组成的方法技术方案。下面，我们通过以下示例，来展示如何入手进行一个应用对象为电力设备的程序流程组成的方法技术方案的检索。

【发明名称及技术领域】

一种交流电网电力供应单元故障监测方法，涉及电力领域。

【背景技术及存在的问题】

现有技术中，电力供应状态监测主要包括两种方法。一种是通过监测高压输电线路的潮流，但该方法不能识别具体某一台机组的启停状态，且通信成本较高。另一种方法是通过对热成像数据的识别，但该方法的缺点在于一是热成像仪成本高，二是通信成本高，三是其仅适用于存在烟囱的火电机组。

【详细解决方案】

图6-2-1所示是本发明提出的电力供应单元故障监测系统的框图。

本实施例的电力供应单元故障监测系统包括：

若干具备网络通信接口的磁场监测仪101、102、103和104，用于测量架空输电线路潮流产生的磁场值；

具备网络通信接口的电力系统频率监测装置106，接于电压配电系统，用于测量并记录电力系统频率数据；

中央处理设备105，用于接收、存储、分析频率和磁场值，以及存储电力系统频率特性、发电厂、换流站容量及特性数据，通过程序生成显示机组、换流站运行状态的人机交互界面，通过互联网传输、展示给若干终端用户；

中央处理设备分别与磁场监测仪、电力系统频率监测装置和终端用户通过通信网络连接，通信网络指局域网、Internet或其他已知的方式。

磁场监测仪一般放置在架空输电线路两个相邻杆塔之间，垂直于该档线路且穿过弧垂最低点的二维平面内。

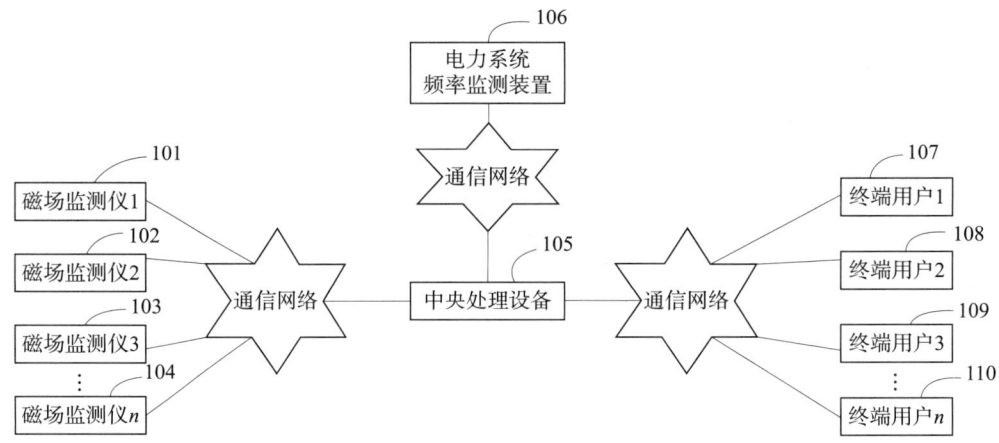

图 6-2-1 电力供应单元故障监测系统框图

将该系统配置在某一交流电网,即将磁场监测仪安装于本电力系统主要发电厂、高压直流换流站的接入系统线路下方,将至少 1 个频率监测装置接入由所属交流供电的低压配电系统。中央处理设备与各磁场监测仪、频率监测装置、各终端客户通信正常。

当上述交流电网发生发电机跳闸、直流单极或双极闭锁等发电侧故障时,电力系统频率将发生跌落。

利用上述系统辨识发电侧故障的方法具体步骤如下:

a. 将至少一个电力系统频率测量装置接于由所述交流电网供电的低压交流配电系统,持续实时地记录上述低压交流配电系统的带时间戳的频率信息;

b. 在所述交流电网中的电力供应单元接入系统线路下方安装磁场监测仪,持续实时地记录线路潮流所产生的磁场值;

c. 将上述带时间戳的频率信息传输至一个中央处理设备,在该中央处理设备上判断是否发生频率陡降;

d. 当发生频率陡降时,上述中央处理设备召测各磁场监测仪带时间戳的磁场值;

e. 根据上述带时间戳的磁场值,以磁场值陡降作为判据识别所述交流电网是否发生故障;

f. 如果发生故障,则更新发电厂、换流站运行状态数据,并将电力供应单元故障信息通知给终端客户;

g. 如果出现误报或者漏报,则进一步优化判断频率陡降的阈值。

### 1. 提炼发明构思与确定核心技术方案

对于以上的详细解决方案,我们首先进行发明构思的提炼。根据方案要解决的目前的电力供应状态监测方法不能识别具体某一台机组的启停状态、成本高、不适合大容量电源等问题,我们可以提炼出其核心技术手段是基于频率、磁场值实现交流电网电力供应单元的故障监测,其中,以频率指标作为判断所述交流电网是否发生电力供应单元故障的第一级判据,以磁场作为进一步确定哪个电力供应单元发生故障的第二级判据，从而可在满足电力市场参与方对发电单元运行状态信息需求的同时，大幅降低硬件、通信成本，降低计算量。在此基础上，我们确定待检索的核心技术方案是：

1. 一种交流电网电力供应单元故障监测方法，其特征是包括以下步骤：

S1，将至少一个电力系统频率测量装置接于由所述交流电网供电的低压交流配电系统，持续实时地记录上述低压交流配电系统的带时间戳的频率信息；

S2，在所述交流电网中的电力供应单元的接入系统线路下方安装磁场监测仪，持续实时地记录接入系统线路潮流所产生的带时间戳的磁场值；

S3，将上述带时间戳的频率信息传输至一个中央处理设备，在该中央处理设备上判断是否发生频率陡降；

S4，当发生频率陡降时，上述中央处理设备召测各磁场监测仪带时间戳的磁场值；

S5，根据上述带时间戳的磁场值，以磁场值陡降作为判据识别是否发生故障；

S6，如果发生故障，则更新发电厂、换流站运行状态数据，并将电力供应单元故障信息通知给终端客户；

S7，如果出现误报或者漏报，则进一步优化判断频率陡降的阈值。

### 2. 确定与表达检索要素

首先，根据检索要素的确定规则，考虑基于技术主题确定检索要素。该技术方案的技术主题比较明确，即"交流电网电力供应单元故障监测方法"。那么，如何对其进行表达呢？可以看出，该检索要素的技术主题是故障监测方法，应用领域是交流电网。我们可以考虑先在导航检索中进行初步查询，可以看出，涉及故障监测及其后续处理的分类号比较多，涉及多个领域。但基于 A~H 部各自的含义我们可以看出，相关分类号极大可能在 G 部或 H 部，因此，仅浏览 G、H 两个部的分类号，我们快速地确定出 G01R31/08 的含义为"探测电缆、传输线或网络中的故障"，同时能够覆盖表达待检索的技术方案的技术主题和应用领域，是能够最准确地表达该检索要素的分类号。

其次，核心技术手段应当作为检索要素之一。前文已经分析得出，该技术方案的核心技术手段是基于频率、磁场值实现交流电网电力供应单元的故障监测，故而采用频率、磁场对其进行表达。

此外，待检索的核心技术方案中记载了较多的步骤以及技术细节，比如频率测量装置和磁场监测仪的安装、监测值带时间戳、故障报警等，这些是否需要确定为检索要素或随已确定的检索要素进行表达呢？我们可以分析一下，如果通过频率、磁场检索到能够影响该技术方案新颖性或创造性的相关文献，其必然需要对相关的测量装置进行安装，由于采用频率、磁场两级判据，为了确认故障信息必然需要对同一时间的数据进行判断，而时间戳是电学领域标识时间的惯用技术手段，同时，监测到故障后及时进行报警也是该技术领域乃至生活中非常常见的技术手段。因此，上述内容实质上并不需要进行表达和检索，仅需要在筛选的过程中加以浏览和注意。

基于以上分析，最终得到的待检索方案的检索要素表见表 6-2-5。

表6-2-5 一种交流电网电力供应单元故障监测方法的检索要素表

| | | 检索要素1 | 检索要素2 |
|---|---|---|---|
| | | 交流电网电力供应单元故障监测方法 | 基于频率、磁场值实现交流电网电力供应单元的故障监测 |
| 分类号 | | G01R31/08 | |
| 关键词 | 中文 | 电网，电力 故障 | 频率 | 磁场 |

### 3. 检索过程

考虑进入 PSS，由于该技术方案各检索要素的表达较为简单，可以在高级检索页面进行检索。在检索式编辑区输入以下检索式：IPC 分类号 =（G01R31/08） AND （摘要 =（频率 AND 磁场） OR 权利要求 =（频率 AND 磁场）），得到 79 条检索结果。经浏览，未发现有效的相关文件。

由于频率、磁场两个表达的可扩展和替代性不强，考虑将检索要素 1 的分类号表达替换为关键词表达进行检索，通过检索式"（摘要 =（（电网 OR 电力） AND 故障） OR 权利要求 =（（电网 OR 电力） AND 故障）） AND （摘要 =（频率 AND 磁场） OR 权利要求 =（频率 AND 磁场））"得到 195 条检索结果。经浏览，仍未发现有效的相关文件。

对此，我们考虑有可能存在潜在相关文件同样采用两个判据进行电力供应单元故障的监测，但频率、磁场仅是其某一实施例中选取的具体物理量的情形。因此，可以考虑进一步扩大检索的范围，对频率、磁场的表达在说明书中进行检索。转入命令行检索页面，输入检索式"IPC =（G01R31/08） AND SMS =（频率 S 磁场）"，得到 129 条检索结果。经简要浏览，其中公开号为 CN104285153A 的专利文献公开了采用两个判据进行电力供应单元故障的监测，且在说明书中具体公开了选择频率、磁场作为判据。显然，该专利文件能够使得待检索的技术方案不具备创造性。

如上，对于这样一个应用对象为电力设备的程序流程组成的方法技术方案，通过查找能够完整、准确地表达其技术主题的分类号，以及基于核心技术手段的细节程度圈定合适的检索范围，我们便可以准确且快速地完成一个该类技术方案的检索。

以上从三个示例出发，结合程序流程组成的方法技术方案的一般性特点，展示了如何入手进行该类技术方案的检索。总的来说，这一类方法技术方案的检索难点一是在于核心功能模块的确定，需要实施检索的人员能够在诸多方法步骤中，特别是技术交底书记载的详细方法步骤中厘清各步骤的主次程度、逻辑关系；二是在于检索要素的表达，对于技术主题的表达，查找能够完整、准确地表达其技术领域与技术主题的分类号尤为重要，而对于核心技术手段的表达，可以考虑结合技术交底书记载的详细解决方案对待检索的技术方案功能性的、抽象的描述进行较为精准的限制；三是检索策略的调整，需要基于方法的细节程度等选取合适的字段，以达到检索结果精准度与全面性之间的平衡。掌握了这些符合程序流程组成的方法技术方案一般性特点的检索技巧，便能够帮助我们准确且快速地完成该类技术方案的检索。

## 6.2.2 算法流程组成的方法技术方案的检索

算法流程组成的方法技术方案主要指为求解给定的问题而经过充分设计的对数据对象进行运算和操作的流程步骤组成的方法技术方案，该类技术方案往往伴随一些特定的数学理论、数学公式等出现。

对于这类技术方案，检索时应当将非专利文献的检索作为重点，并根据应用领域等，将专利文献的检索作为重要补充。并且，该类技术方案中相当大一部分的提出主体为高校或科研机构，基于高校与科研机构的学术研究团队特点，对该类技术方案进行检索时，需要在数据库中，特别是中、外文非专利文献数据库中利用对作者、导师、作者单位等的检索功能，对相关主体，如发明人、发明人所在科研团队的师生、申请人、申请人管理下的其他相关科研团队、该技术领域技术领先的其他申请人进行检索。相关的追踪检索入口、操作方法及具体示例详见第 8 章第 8.1.1 节，本节不再赘述。

本节围绕算法流程组成的方法技术方案，通过以下一些示例，来展示如何入手进行一个技术方案的检索。

### 6.2.2.1 现有算法的应用类方法技术方案的检索

【发明名称及技术领域】
一种多台 AGV 组合导航的协同路径规划方法，涉及自动运输车技术领域。

【背景技术及存在的问题】
AGV 即"自动导引运输车"，是指装备有电磁或光学等自动导引装置，它能够沿规定的导引路径行驶，具有安全保护以及各种移载功能的运输车。

如何实现多 AGV 组合导航的协同工作一直是现阶段研究的热点，也是难点。基于性能指标，如运行路线最短、消耗能量最少、所用时间最少等，实时高效地规划出一条最优路径或次优路径用于车辆导航，并能处理随机性障碍、车辆之间的冲突等临时事件，造成调度系统的调节负担。因此，解决调度系统的调节负担是本领域技术人员需要首先解决的问题。

【详细解决方案】
本技术方案的一种多台 AGV 组合导航的协同路径规划方法包括：
步骤 S101：根据车间布局提取生产车间中节点坐标、节点关系以离线生成最短路径库。
步骤 S102：基于微遗传算法在线生成运行最短路径；
步骤 S103：基于时间窗实时进行在线路径规划。
其中，步骤 S101 根据车间布局提取生产车间中节点坐标，节点关系以离线生成最短路径库步骤中，生成包含车间路径信息的邻接矩阵，在此基础上调用 Dijkstra 算法生成任意两个节点间的最短路径，然后依次去掉最短路径中一条边再反复调用 Dijkstra 算

法生成 $m$ 条最短路径，最终生成最短路径库，其中：

当 $m \leq k$ 时，路径第一条为最短路径，其余按搜索先后顺序进行排列；

当 $m > k$ 时，路径第一条仍为最短路径，保存最先搜索到的前 $k$ 条路径，然后将新搜到的路径与已保存的路径长度作对比，剔除路径长度最长的路径。

步骤 S101 中生成最短路径库的具体步骤包括：

步骤 S201：根据车间地图中的节点坐标信息、节点关系信息，先生成包含车间路段实际信息邻接矩阵；

步骤 S202：采用经典的 Dijkstra 算法求出起始站点 $i$ 到目标站点 $j$ 的最短路径，并将相应节点信息储存在包含路径库的信息矩阵中，记录的信息包括路段中节点数目、路段数目、路段长度，其中存储形式为 path$(i, j, 1)$，表示为起始站点 $i$ 到目标站点 $j$ 搜索到第一条路径；

步骤 S203：统计当前备选路径数目，判断当前备选路径数目是否大于设定的备选路径数目最大值，是则转向步骤 S204，否则转向步骤 S205；

步骤 S204：对当前路径集 $L$ 按长度进行排序，剔除路径长度最长的路径，保证备选路径数为预先设定的数目，提高在线调度时的搜索效率；

步骤 S205：根据最短路径上的路段信息，判断是否可继续生成新的路段，是转向步骤 S206，否则转步骤 S207；

步骤 S206：依次删除站点 $i$ 到站点 $j$ 当中最短路径的一条边，即依次最短路径中的一条边长度为 $\infty$，在新的邻接矩阵下调用 Dijkstra 算法求出当前最短路径 $L$，转向步骤 S203；

步骤 S207：判断起始站点 $i$ 和目标站点 $j$ 的值，$i \leq N$ 时，$j < N$，$i$ 不变，$j = j + 1$；$i < N$，$j = N$ 时，$i = i + 1$，$j = 1$，转向步骤 S202；

步骤 S208：离线路径库生成成功，并且生成的路径中第一条均为最短路径，其余路径中包含次短路径。

步骤 S102 基于微遗传算法在线生成运行最短路径步骤中，包括基因编码：采用自然数编码；种群初始化：采用定期重新初始化的策略保持种群多样性；设计适应度函数：由目标函数变换得到适应度函数；设计遗传算子。

其中，涉及遗传算子的步骤包括交叉算子：通过使配对的染色体交换部分基因形成新个体。交叉时根据调度的 AGV 车辆编号，随机选取要进行交叉的 AGV 车辆，判断同一 AGV 车辆两条路径是否有相同的节点，有则随机选取一个相同的节点（且不为首尾的两个节点）进行交叉，无则随机选取新的交叉 AGV 车辆标号再次进行。还包括变异算子：将个体中某个基因根据备选路径库中的路径进行改变，通过计算改动后个体的适应度值并与原来的适应度值进行比较，将适应度较差解替换成适应度较好的解。

步骤 103 基于时间窗实时进行在线路径规划步骤中，包括：

步骤 1031 路径运行时间：根据 AGV 车辆任务信息和调度方案生成理想情况下描述 AGV 车辆运行状态的时间窗，即无节点和路段阻碍的情况下 AGV 车辆经过调度方案中各节点、路段的时间窗，包括占用节点、路段的 AGV 车辆编号、起始时间、结束时间、时间窗长度信息；

步骤1032 转弯次数：根据表示路段间关系的邻接矩阵表和节点编号规律，在生成理想时间窗过程中标记车间路段位置是平行或是垂直，根据前后路段之间的位置查询统计调度方案中AGV车辆转弯的次数；

步骤1033 停止次数：停车等待时间的停车次数均与保证安全距离延长等待时间的停车次数相同；

步骤1034 适应度计算：其计算公式为

$$fitvalue = 250/(t_{runningtime} + \frac{3*agvlength}{agvspeed} * turningtimes + \frac{5*agvlength}{agvspeed} * stoppingtimes)$$

其中，$t_{runningtime}$ 为运行时间，$agvlength$ 为AGV车辆车长，$agvspeed$ 为AGV车辆车速，$turningtimes$ 为AGV车辆转弯次数，$stoppingtimes$ 为AGV车辆停车次数。

### 1. 提炼发明构思与确定核心技术方案

对于以上的详细解决方案，我们首先进行发明构思的提炼。根据方案要解决的多AGV组合导航的协同工作调度系统求解负担重的问题，结合技术交底书的记载，我们确定待检索的核心技术方案是：

一种多台AGV组合导航的协同路径规划方法，其特征在于，所述方法包括：

根据车间布局提取生产车间中节点坐标，节点关系以离线生成最短路径库；

基于微遗传算法在线生成运行最短路径；

基于时间窗实时进行在线路径规划。

### 2. 确定与表达检索要素

首先，根据检索要素的确定规则，考虑基于技术主题确定检索要素。该技术方案的技术主题比较明确，即"多台AGV组合导航的协同路径规划方法"。基于前面的分析，由于非专利文献的检索是该类技术方案的检索重点，因此，我们主要对其检索要素进行关键词的表达，如采用关键词多AGV、多台AGV、多机器人等。

其次，核心技术手段应当作为检索要素之一。根据技术交底书的记载，本领域技术人员能够理解，步骤"根据车间布局提取生产车间中节点坐标，节点关系以离线生成最短路径库"的作用为获得多台AGV运行空间的基本路径信息，作为后续"基于微遗传算法在线生成运行最短路径"的基础，并非直接解决多AGV组合导航的协同工作调度系统求解负担重这一技术问题的技术手段。由此，确定该方案的核心技术手段包括基于微遗传算法在线生成运行最短路径、基于时间窗实时进行在线路径规划。

那么，对于以上两个与核心技术手段相关的检索要素，我们应当如何进行关键词表达呢？这也是该类技术方案的难点之一，即技术交底书甚至待检索的技术方案中记载的多为非常详细的算法步骤，很多读者遇到该种情况往往不知如何入手开展关键词表达。以该技术方案为例，其实我们提炼出的待检索的技术方案已经给我们提供了非常实用的思路之一，即从算法的核心思想相关技术术语角度着手进行表达。如技术交底书中虽然详细记载了基因编码、种群初始化等步骤，但其对该步骤有一统领性的描述，即"微遗传算法"。而电学领域技术人员知晓，基于某一核心思想的算法及其改进或优化由于核心思想相同，其算法步骤在一定程度上是具有重复性或者高度相似性的。因此，如果能够通过待检索的技术方案所采用算法的核心思想检索到使用该算法的其他技术方案，其利用该算法解决具体技术问题的核心步骤与待检索的技术方案极大可能是相同或相近的，也极大可能会影响待检索的技术方案的新颖性或创造性。

因此，在算法流程组成的方法技术方案的检索中，对算法步骤等检索要素进行表达时，一个重要的关键词表达及扩展角度即提炼该算法的核心思想，通过专业的技术术语特别是算法名称对该核心思想进行表达。在此基础上，对于待检索的技术方案或技术交底书中记载的详细算法步骤，则更多的是在筛选文件的过程中加以浏览和注意。

基于以上分析，最终得到的待检索方案的检索要素表见表6-2-6。

表6-2-6 一种多台AGV组合导航的协同路径规划方法的检索要素表

| 检索要素1 | 检索要素2 | 检索要素3 |
| --- | --- | --- |
| 多台AGV组合导航的协同路径规划方法 | 基于微遗传算法在线生成运行最短路径 | 基于时间窗实时进行在线路径规划 |
| 多AGV、多台AGV<br>多机器人、多台机器人 | 微遗传 | 时间窗 |

### 3. 检索过程

基于前文的总结，我们考虑先对相关主体进行追踪检索。经追踪检索和浏览，未发现相关文件。随后，考虑到该技术方案的性质及技术交底书的记载均主要为算法流程，选择直接进入CNKI进行检索。

为便于输入多个并列的关键词，考虑进行专业检索页面，在编辑区输入以下检索式：AB = '多AGV' + '多台AGV' + '多机器人' + '多台机器人' AND AB = '微遗传' AND AB = '时间窗'，得到1条结果。经浏览，该篇非专利文献公开了在多AGV系统中采用微遗传算法生成运行最短路径、基于时间窗实时进行在线路径规划，能够使得技术交底书中记载的全部内容不具备新颖性或创造性。

如上，对于技术交底书记载较为详细或复杂的算法流程组成的方法技术方案，遵循检索要素的确定原则对其进行确定，进而通过专业的技术术语特别是算法名称对算法的核心思想进行表达，并重视在非专利数据库中开展检索，经过简单的检索和浏览，我们便可以准确且快速地完成一个技术方案的检索。

#### 6.2.2.2 基于特定技术问题提出的算法类方法技术方案的检索

以上示例主要采用相对成熟的算法对某一应用领域的特定技术问题进行解决，而实际检索过程中，还有一类典型的由算法流程组成的方法技术方案，即面对某一应用领域的特定技术问题提出一种对既有数据进行运算和操作的算法。下面，我们通过一个示例对这一类技术方案如何开展检索进行研讨。

**【发明名称及技术领域】**

一种点云分类方法及装置，涉及计算机领域。

**【背景技术及存在的问题】**

激光雷达获取的反射信号通常以点云的形式呈现，点云的分类识别对于点云数据的应用具有重要意义。现有的点云分类识别方法大多数是基于目标的静态特征进行分类识别，但是当从目标获取的点云数据量较少时，该方法的准确率不高，会存在误识别的情况，尤其是当目标与激光雷达之间的距离较远时，获取的点云数据在空间分布比较稀疏，点云分类将变得更加困难。可见，现有技术中的点云分类方法准确率较低。

**【详细解决方案】**

本技术方案的点云分类方法包括：

步骤110，根据原始激光点云获取多个目标障碍物块；

步骤120，获取目标障碍物块的静态概率向量和动态概率向量；

步骤130，根据静态概率向量和动态概率向量，确定多个目标障碍物块的类别。

本技术方案公开了一种点云分类方法，在对点云进行分类的时候，采用了动态概率向量和静态概率向量相结合的方法，即考虑到了点云的动态特征和静态特征，因此在对点云分类的时候可以综合考虑，从而提高点云分类识别的准确率。

本技术方案中，步骤110中，根据原始激光点云获取多个目标障碍物块，包括：

获取原始激光点云；

去除所述原始激光点云中的孤立点和地面点，获得所述目标点云；

将所述目标点云投影至水平面，生成二维栅格地图；

对所述栅格地图进行腐蚀、膨胀后分割，获得分割点云；

对所述分割点云基于距离聚类，得到多个目标障碍物块。

本技术方案中，步骤120中，获取所述目标障碍物块的静态概率向量，包括：

对所述目标障碍物块提取静态特征向量，所述每个目标障碍物块对应一个静态特征向量；

将所述静态特征向量输入第一分类器中，获取静态概率向量，所述每个静态特征向量对应一个静态概率向量。

本技术方案中，步骤120中，获取所述目标障碍物块的动态概率向量，包括：

对所述目标障碍物块提取动态特征向量，所述每个目标障碍物块对应一个动态特征向量；

将所述动态特征向量输入第二分类器中，获取动态概率向量，所述每个动态特征向量对应一个动态概率向量。

所述每个静态概率向量、动态概率向量均包括多个维度，每个维度对应于一个类别的概率。动态概率向量 H（w）和静态概率向量 H（zt）的维度应该一致，且每个维度代表的类别是一一对应的，例如静态概率向量 H（zt）= [p1，p2，p3，p4，p5] 有五个维度，则动态概率向量 H（w）= [p1，p2，p3，p4，p5] 也为五个维度，对于静态概率向量和动态概率向量来说，p1 可以是小汽车的概率，p2 是卡车的概率，p3 是行人的概率，p4是自行车的概率，p5是未知类别的概率。

本技术方案中，对所述目标障碍物块提取动态特征向量，包括：

对所述目标障碍物块进行前后帧的目标关联，获得跟踪序列；

对所述跟踪序列提取动态特征向量。

目标关联有很多种方法，现以最近距离关联为例进行说明：

对于当前帧中的目标障碍物块A，计算其在XOY平面的重心（centerX，centerY）。在上一帧点云中，以（centerX，centerY）为中心，在一定范围内如2 m，搜索到距离（centerX，centerY）最近的目标障碍物块B，则认为关联成功，即目标障碍物A和B为同一个目标。

如果在上一帧中没有搜索到与障碍物A关联的目标，则认为A为新出现的障碍物目标；同理，上一帧中没有被当前帧关联的目标，被认为是消失的目标。

当目标消失时，在多帧中被关联的目标组成一个序列，即得到的跟踪序列。

本技术方案中，步骤130中，根据所述静态概率向量和动态概率向量，确定所述多个目标障碍物块的类别，包括：

根据所述静态概率向量和动态概率向量获取滤波输出向量；

所述滤波输出向量中最大维度对应的类别为所述目标障碍块的类别。

本技术方案中，第一分类器和第二分类器有很多种，常见的分类器模型有SVM、Adaboost等，第一分类器和第二分类器在使用前是预先使用训练样本训练的，用来训练第一分类器和第二分类器的样本即训练样本。训练样本可以是激光雷达采集到的原始点云分割后的障碍物块。

本技术方案中，滤波输出向量$H(w, z1:T)$的维度与静态特征向量、动态特征向量相同，$H(w)$为当前时刻的动态概率向量，$T$为跟踪序列的长度，$t$为采样时刻，$H(zt)$为$t$时刻的静态概率向量。

如果$H(w, z1:T) = [0, 0.1, 0.01, 0.2, 0.5]$，则最大维度为$p5 = 0.5$，该维度对应的是"未知"分类，则表明该目标障碍物块的类别是"未知"。

本技术方案另一个技术方案中，如果$H(w, z1:T) = [0, 0.1, 0.01, 0.2, 0.05]$，则最大维度为$p4 = 0.2$，该维度对应的是"自行车"，则确定该目标障碍物块的类别是"自行车"。

本技术方案的点云分类方法，综合考虑了动态特征向量和静态特征向量，可以提高点云分类的准确度。

### 1. 提炼发明构思与确定核心技术方案

对于以上非常冗长和具体的详细解决方案，在检索前提炼总结发明构思就非常有必要。

根据本书第3章的内容，我们首先进行发明构思的提炼。根据方案要解决的现有技术中的点云分类方法准确率较低的问题，我们可以提炼出其核心技术手段是采用静态概率向量和动态概率向量相结合的方法，达到提高点云分类的准确度的技术效果。在此基础上，我们确定待检索的核心技术方案是：

一种点云分类方法,其特征在于,所述方法包括:

根据原始激光点云获取多个目标障碍物块;

获取所述目标障碍物块的静态概率向量和动态概率向量;

根据所述静态概率向量和动态概率向量,确定所述多个目标障碍物块的类别。

### 2. 确定与表达检索要素

首先,根据检索要素的确定规则,考虑基于技术主题确定检索要素。该技术方案的技术主题比较明确,即"点云分类方法"。基于技术交底书中的记载,该技术方案实质上为算法流程组成的方法技术方案,因此,非专利文献将作为我们的检索重点,我们主要对其检索要素进行关键词的表达,如采用点云、分类。

其次,核心技术手段应当作为检索要素之一。根据前面的分析,我们已经能够确定"获取所述目标障碍物块的静态概率向量和动态概率向量"是该技术方案的核心技术手段。那么,我们应当如何进行关键词表达呢?前面已经提到,该技术方案与前一示例的一个重要区别在于,其并非采用成熟的算法对某一应用领域的特定技术问题进行解决,而是面对某一应用领域的特定技术问题提出一种对既有数据进行运算和操作的算法。因此,采用前一示例中给出的通过专业技术术语表达算法核心思想的关键词表达和扩展方式是行不通的。对于该类技术方案,我们可以从算法中的关键信息入手进行检索要素的表达。如核心步骤的输入输出参数及中间变量,关键步骤或公式中变量或参数的含义等。以该技术方案为例,从核心步骤的输入输出参数角度可采用静态概率、动态概率,从关键步骤或公式中变量或参数的含义角度,结合技术交底书中的记载,可采用静态特征、动态特征、跟踪序列等关键词。

基于以上分析,最终得到的待检索方案的检索要素表见表6-2-7。

表6-2-7 一种点云分类方法的检索要素表

| 检索要素1 | 检索要素2 | |
|---|---|---|
| 点云分类方法 | 获取所述目标障碍物块的静态概率向量和动态概率向量 | |
| 点云<br>分类 | 静态概率<br>静态特征 | 动态概率<br>动态特征<br>跟踪序列 |

### 3. 检索过程

考虑到该待检索的技术方案的性质及技术交底书中记载的详细算法内容,选择在追踪相关主体无有效结果后直接进入 CNKI 进行检索。直接在高级检索页面的"篇关摘"字段下检索技术主题后与"全文"字段下对检索要素2的表达进行 AND 逻辑运算,未获得有效结果。对此,我们考虑从两个方面进行调整,一是更换检索要素2的其他扩展关键词,甚至进一步扩展到静态、动态等关键词;二是对检索要素2进行部分要素的检索。

基于上述思路调整后,通过采用技术交底书中提及的"对所述目标障碍物块提取动态特征向量"这一关键步骤中的关键变量"跟踪序列"进行部分要素检索,我们能够得到一篇高度相关的文件《在城市道路场景下基于稀疏三维点云的目标识别》。该篇非专利文献公开了对于每一个类别均训练了两个 boosting 分类器：第一个分类器为分割分类器，对一个物体在一个特定帧的三维点云进行分类，其使用的特征为多维形状特征，输出结果为分割分类概率；第二个分类器为一个整体分类器，通过考虑一个物体在不同帧之间的速度、加速度和不同帧之间点云进行叠加进行分类，输出整体分类概率；最后两个分类器输出的概率通过一个增广离散贝叶斯滤波器进行结合，最终分类结果是由不同类别最终结果的最大值决定的。由此可见，该篇非专利文献已经公开了待检索的技术方案的核心构思，能够影响待检索的技术方案的新颖性或创造性。

进一步地，对该篇非专利文献公开待检索的技术方案的核心构思的部分内容所引用的参考文献进行浏览，还能够发现文献 "Towards 3D Object Recognition via Classification of Arbitrary Object Tracks. A. Teichman, J. Levinson, S. Thrun. International Conference on Robotics and Automation. 2011"。从该篇非专利文献的题目来看与待检索的技术方案具有一定的相关性。对此，我们可以考虑进入如第 1 章第 1.3.2.3 小节所介绍的 IEEE Xplore 对其进行追踪检索。在网站首页的输入栏中输入该篇文献的题目，或在 Advanced Search 中采用作者姓名进行检索等，均可以得到该篇文献的详细公开版本。经核实，该篇非专利文献同样能够影响待检索的技术方案的新颖性或创造性。

本节从两个示例出发，对于算法流程组成的两类典型的方法技术方案，分别展示了如何入手开展检索。总的来说，这一类方法技术方案的检索重点一是相关主体、引证文献等的追踪检索，二是非专利数据库的使用，难点则在于检索要素的表达，需要实施检索的人员能够在诸多算法步骤中，理解算法的核心思想，并提取与之相关的技术术语（如算法名称等）或关键信息（如核心步骤的输入输出参数及中间变量，关键步骤或公式中变量或参数的含义等）。掌握了这些符合算法流程组成的方法技术方案一般性特点的检索技巧，便能够帮助我们准确且快速地完成该类技术方案的检索。

## 6.3 3GPP 的检索

前面的章节中，我们通过多个示例，对电学领域较为普遍的类型的产品、方法技术方案的检索进行了讲解。实际上，电学领域中还涉及一些较为特殊的技术领域，比如细分的通信领域中高质量专利较多，常会涉及 3GPP 文献的检索。

3GPP 的组织结构中，技术方面的工作由技术规范组（TSG）完成，每一个 TSG 下面又分为多个工作组（WG），每个 WG 分别承担具体的任务。

3GPP 的检索常用入口主要包括互联网检索，如第 1 章第 1.3.3.2 小节所介绍的 3GPP 标准数据库下的 FTP 服务器检索、网站检索、会议追踪检索，以及对 3GPP 的 E-mail 组的文件检索等。其中：

互联网检索的常用平台包括必应、百度等，检索格式为直接使用 3GPP 文档名称（可加版本号）、作者姓名、公开日期、会议日期进行搜索，需要注意的是，互联网检索仅适用于公开程度较高的会议文档,例如被引用频次较高或被互联网平台收录的会议文档。

3GPP 标准数据库 FTP 服务器用于存储所有的 3GPP 相关文档,因此适用于查找 3GPP 规范最新版本以了解相关技术的进展情况,对本领域较为熟悉时,也可直接进入 FTP 服务器查找相关文档。

3GPP 标准数据库网站(www.3gpp.org)在其首页的右侧提供了搜索功能,其中提供了两种入口,可分别对 3GPP 标准数据库网站和存储在 FTP 服务器中的文档进行搜索。其中网页检索可通过在"3GPP Website"之后的搜索框内输入关键词,对 3GPP 标准数据库网站上的内容进行检索。需要注意的是,内容为网站本身包含的内容,通常查不到 TS、TR 或会议文档。对 FTP 服务器搜索则是通过单击"ADVANCED FTP SEARCH"到达 FTP 服务器进行检索,具体包括高级检索、菜单辅助检索、自然语言检索三类检索功能。

3GPP 标准数据库的会议追踪检索流程为先通过关键词检索到相关的标准文件,基于此在网站中找到相关工作组的会议列表,从中找到待检索的技术方案技术交底书提交时间附近的会议提案文件并下载查看,这个时间内的提案文件最有可能与该待检索的技术方案相关。

此外,在 TSG 和 WG 会议前后,与会公司常会在会前通过 E – mail 讨论,主席也可安排在会后继续通过 E – mail 讨论。因此,邮件组中可能存在比提案时间更早的有效技术方案。对于 3GPP 的 E – mail 组的文件进行检索的入口为 http://list.etsi.org,或通过 3GPP 标准数据库网站上的 Specification Groups 栏目下的 E – mail lists 链接跳转。

下面通过一个示例来展示最常用的 3GPP 标准数据库网站 FTP 服务器搜索。

【发明名称及技术领域】

一种 CSI – RS 资源的接收方法和设备,涉及通信技术领域。

【背景技术及存在的问题】

CoMP(多点协同传输)技术指地理位置上分离的多个传输点之间的协作,多个传输点是不同小区的基站,或是同一个小区基站控制的多个 RRH(射频拉远);通过多个传输点之间的协同传输,可有效地降低不同传输点之间的干扰,提高用户(特别是小区边缘用户)的吞吐量。下行 CoMP 技术包括:CS/CB(协同调度/波束赋形)和联合处理;其中,为了抑制本用户的传输对其他用户传输造成的干扰,需要在基站侧获得协作小区的下行信道信息。

在 Rel – 10 中,为了获得下行的信道状态信息,引入了 CSI – RS(信道状态信息参考信号);基站通知 UE 其 CSI – RS 的资源配置,UE 在相应资源上进行 CSI – RS 的检测,以获得下行 CSI,并将 CSI 反馈给基站;其中,CSI – RS 不会在特殊子帧内发送,也不会在和同步信号、PBCH(物理广播信道)、SIB1(系统信息块 1)信息等冲突的资源上发送。

在实现本技术方案的过程中,发现现有技术中至少存在以下问题:

在 CoMP 场景中,如果基站指示的多个对应点的 CSI – RS 来自不同小区,则相应

CSI-RS由不同小区发出，这些小区的paging信息是独立发送的，且发送paging信息的位置是独立的，使用的paging参数也是独立配置的；由于UE只能知道服务小区发送paging信息的位置，而不知道其他小区发送paging信息的位置，因此只在服务小区发送paging信息的位置上不检测CSI-RS，在其他小区发送paging信息的位置上仍会检测CSI-RS，从而得到错误的CSI；如果paging信息占用子帧较多，可能会大大降低CSI测量的准确性，影响下行CoMP的增益。

【详细解决方案】

针对上述问题，本技术方案提供一种CSI-RS资源的接收方法，UE通过获得CSI-RS资源对应小区中可能用于发送paging信息的无线帧和无线子帧，并在这些无线帧和无线子帧上均不接收CSI-RS资源，从而保证UE能够获得正确的CSI用于下行CoMP传输，且避免得到错误的CSI，保证CoMP增益，且可以降低UE的复杂度。

本技术方案提供一种CSI-RS资源的接收方法，该方法包括以下步骤：

步骤101，基站设备确定CSI-RS资源对应的paging资源信息。

本技术方案中，该paging资源信息包括但不限于如下参数之一或任意组合：非连续接收DRX周期T；paging密度指示参数nB；paging子帧指示参数Ns；paging无线帧偏移k。

本技术方案中，CSI-RS资源对应的paging资源信息包括但不限于：需要测量的CSI-RS资源（即需要测量的每个CSI-RS资源）对应的paging资源信息；或者，每个测量小区对应的paging资源信息，且不同的测量小区具体体现为不同的Cell ID（小区标识）。

步骤102，基站设备将CSI-RS资源对应的paging资源信息（即需要测量的CSI-RS资源对应的paging资源信息或者每个测量小区对应的paging资源信息）发送给UE。

步骤103，UE接收来自基站设备的CSI-RS资源对应的paging资源信息。

步骤104，UE利用CSI-RS资源对应的paging资源信息获得可能用于发送paging信息的无线帧和无线子帧。

本技术方案中，基于不同的paging资源信息，则UE根据CSI-RS资源对应的paging资源信息以及paging资源分配方式获得可能用于发送paging信息的无线帧和无线子帧的方式，包括但不限于：

方式一，当paging资源信息为子帧指示参数Ns时，paging资源分配方式为Ns值对应子帧索引表；

方式二，当paging资源信息为paging密度指示参数nB时，paging资源分配方式为如下公式：$N = \min(T, nB)$、$SFN \bmod T = (T \operatorname{div} N) * (UE\_ID \bmod N)$、$Ns = \max(1, nB/T)$、$Tp = \max(1, T/nB)$以及Ns值对应子帧索引表；

方式三，当paging资源信息为DRX周期T和paging密度指示参数nB时，paging资源分配方式为如下公式：$N = \min(T, nB)$、$SFN \bmod T = (T \operatorname{div} N) * (UE\_ID \bmod N)$、$Ns = \max(1, nB/T)$以及Ns值对应子帧索引表；

方式四，当paging资源信息为paging密度指示参数nB和paging无线帧偏移k时，

paging 资源分配方式为如下公式：N = min（T，nB）、SFN mod T =（T div N）*（UE_ID mod N）、Ns = max（1，nB/T）、Tp = max（1，T/nB）以及 Ns 值对应子帧索引表。

步骤 105，UE 在获得的无线帧和无线子帧之外的其他无线子帧上进行 CSI-RS 资源的接收，即 UE 在获得的无线帧和无线子帧上不进行 CSI-RS 资源的接收和检测，以保证 UE 能够获得正确的 CSI 用于下行 CoMP 传输。

本技术方案中，如果 UE 未接收到来自基站设备的 CSI-RS 资源对应的 paging 资源信息，则 UE 还可以利用服务小区的 paging 资源信息获得可能用于发送 paging 信息的无线帧和无线子帧，并在获得的无线帧和无线子帧之外的其他无线子帧上进行 CSI-RS 资源的接收。

**1. 提炼发明构思与确定核心技术方案**

对于以上的详细解决方案，我们首先进行发明构思的提炼。根据方案要解决的在 CoMP 场景中只在服务小区发送 paging 信息的位置上不检测 CSI-RS，在其他小区发送 paging 信息的位置上仍会检测 CSI-RS，从而得到错误的 CSI，如果 paging 信息占用子帧较多可能会大大降低 CSI 测量的准确性，影响下行 CoMP 的增益的问题，结合技术交底书中给出的详细解决方案的核心步骤，我们确定待检索的核心技术方案是：

一种信道状态信息参考信号 CSI-RS 资源的接收方法，其特征在于，该方法包括：

用户设备接收来自基站设备的 CSI-RS 资源对应的寻呼 paging 资源信息；其中，所述 paging 资源信息包括如下参数之一或任意组合：

非连续接收 DRX 周期 T；paging 密度指示参数 nB；paging 子帧指示参数 Ns；paging 无线帧偏移 k；

所述用户设备利用所述 CSI-RS 资源对应的 paging 资源信息获得可能用于发送 paging 信息的无线帧和无线子帧；所述用户设备在所述获得的无线帧和无线子帧之外的其他无线子帧上进行 CSI-RS 资源的接收。

**2. 确定与表达检索要素**

根据检索要素的确定规则，该技术方案的技术领域"信道状态信息参考信号 CSI-RS 资源的接收方法"应当被确定为检索要素之一，而基于技术交底书的记载，其核心技术手段为"UE 获得 CSI-RS 资源对应小区中可能用于发送 paging 信息的无线帧和无线子帧，并在这些无线帧和无线子帧上均不接收 CSI-RS 资源"，也应当被确定为检索要素。由于该技术方案技术性较强，对于检索要素的表达基本上可直接采用相应的技术术语进行表达，如 CSI-RS、paging/寻呼等。

**3. 检索过程**

对于该类待检索的技术方案，由于其技术门槛比较高，我们可以先尝试对同一主体提出的在先专利申请、3GPP 标准或提案、背景技术中提到的技术等进行追踪检索，以及对技术方案的技术主题和高频关键词进行简单检索，一方面可以帮助我们进一步理解技术方案，另一方面可能得到高度相关的文献。

首先，可以进入 PSS，基于前文确定的检索要素及其表达，在高级检索页面的摘要标签下输入 CSI-RS AND（paging OR 寻呼），得到 43 条检索结果。经简要浏览，发现公开号为 CN103312439A 的专利文献与待检索的技术方案高度相关，且其申请人中兴通讯股份有限公司是 3GPP 成员。

此时，基于相关申请的申请人为 3GPP 成员的情况，考虑到技术交底书记载的背景技术中明确提到了 3GPP 的 R10 版本，且技术方案中多处涉及 CSI – RS、DRX 等 3GPP 中的术语，我们尝试转至去 3GPP 标准数据库网站进行检索。通过 3GPP 标准数据库网站的页面右侧入口进入 ADVANCED FTP SEARCH，我们可以先通过菜单辅助检索进行简单的主体追踪。

如图 6 – 3 – 1 所示，在 ADVANCED FTP SEARCH 中的 Menu Assisted 输入能够表达提案人的检索式 "CSI – RS and paging and Source /10/ CATT"，由于 TSG RAN（无线接入网）工作组负责无线接入网方面的一些技术规范的制定，结合技术交底书的技术领域与应用场景，我们选择在 TSG RAN 下进行检索。

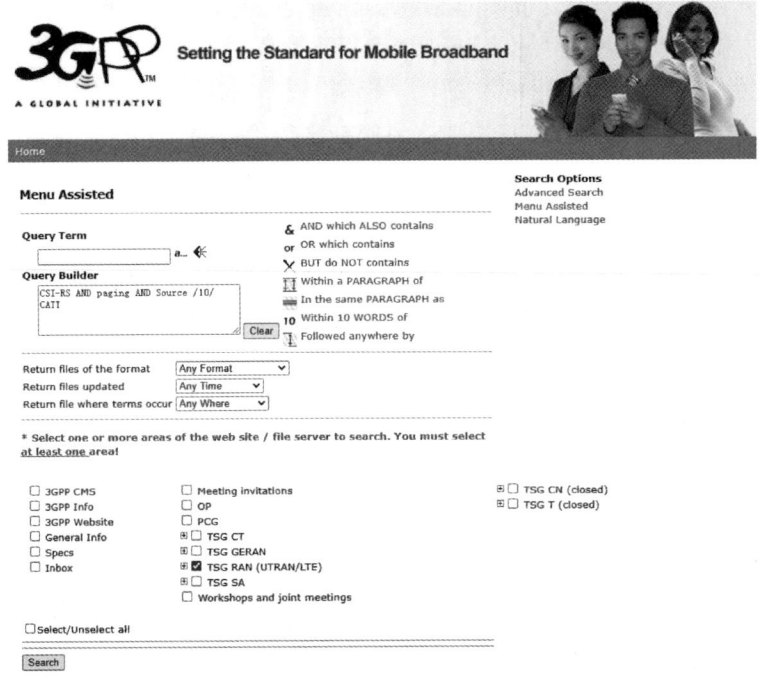

**图 6 – 3 – 1　3GPP 标准数据库网站 ADVANCED FTP SEARCH 中的 Menu Assisted 页面输入功能**

经过以上检索得到的 43 条检索结果中，包括技术交底书提出主体 CATT 的提案 R1 – 122042，《Remaining issues on CSI – RS》。将前一检索式中的 "CATT" 替换为 "ZTE"，我们能够锁定高度相关专利文献 CN103312439A 的申请人中兴通讯股份有限公司的提案 R1 – 122140，《Further study of restriction in CSI – RS configuration》。

对以上得到的两个提案进行分析和进一步的追踪能够发现，中兴的提案中给出了一个与本案比较相关的参考文献《3GPP TSG RAN WG1 #68bis，R1 – 121630》，经过阅读发现当待检索的技术方案包括的参数为 paging 无线帧偏移 k 时，该篇文献已经能够影响该技术方案的创造性。

而为了进一步明确其他参数对待检索的技术方案的影响，继续对 CATT 的提案进行分析，发现其在涉及各个参数的内容时，提到了一个参考文献，即《3GPP TS 36.304 V10.5.0（2012-03）》。为查找该参考文献，我们可以进入 3GPP 标准数据库 FTP 服务器，通过 Specs→archive→36_series 逐级找到该文献。经核实，该文献公开了待检索的技术方案的其余技术特征。

如上，经过简单的专利库检索和 3GPP 标准数据库网站 FTP 服务器检索，我们就可以准确且快速地完成这样一个技术方案的检索。并且，该技术方案的检索过程也提醒我们，基于该技术领域的特点，在进行相关主体的追踪时，除常规追踪技术方案提出主体外，还应对待检索的技术方案涉及的技术领域中技术领先的其他公司，以及涉及的标准及提案的提案人进行追踪。

总的来说，通信领域作为电学领域的一个重要分支，其技术发展日新月异，高质量专利众多，面对该领域的技术方案，我们应当将 3GPP 标准数据库作为检索的重要数据库，掌握 3GPP 标准数据库的各项基本检索功能，重视对该领域中技术领先的主体的追踪检索，以在帮助我们更好地理解技术方案的同时，准确且快速地完成通信领域技术方案的检索。

# 第 7 章　化学领域技术方案的检索

化学属于传统自然科学学科，其以宏观的可见现象为入口，在分子、原子等层面，研究物质的组成、性质、结构与变化规律，创造新物质。同时，化学是一门以实验为基础的学科，涉及化学领域的技术方案往往包括复杂的反应机理，可预期性较低，许多结论需要实验来验证。就技术方案而言，与机械、电学等领域相同，化学领域的技术方案也可以分为产品类技术方案和方法类技术方案；此外，由于化学领域研究层面更加微观，有些技术方案涉及具体的化学物质、生物序列以及相应的用途，这些化学物质和生物序列本质上属于产品类技术方案，相应的用途属于方法类技术方案，但这些技术方案的检索方法与一般的产品/方法类技术方案明显不同，我们将其归类为化学领域特殊的技术方案。本章将通过实际案例，介绍如何进行化学领域技术方案的检索。

## 7.1　产品技术方案的检索

化学领域常见的产品类技术方案包括用组成表征、用结构表征和用性能参数表征的产品。另外，一些特殊的领域还包括化合物、聚合物、生物序列等物质本身的检索，对于化合物、聚合物和生物序列的检索，将在本章第 3 节进行详细介绍。本节主要介绍用组成表征、用结构表征和用性能参数表征的产品技术方案的检索。

### 7.1.1　组成限定的产品技术方案的检索

组合物是化学领域最常见的用组成表征的产品，其是指由至少两种化学物质按一定比例组合而成的具有特定性质和用途的物质或材料。与化合物及其他化学产品相比，其以组成为特征，也即，组合物的实质性特点通常不在于物质或材料的结构或形状，而是在于所述物质或材料由何种化学物质以何种比例组合而成。由于组合物主要以其组成为特征，因此，一般情况下用组分和含量表征组合物。如果方案的实质或者改进只在于组分本身，则可只针对该组分进行检索。但如果方案的实质在于优化组分的含量，则需要针对某一/些组分的含量进行检索。

#### 7.1.1.1 组分限定的产品技术方案的检索

本小节将通过两个实际案例介绍涉及组分改进的组合物类技术方案的新颖性和创造性对比文件的检索。

【发明名称及技术领域】

一种抗菌水溶液。

【背景技术及存在的问题】

现有技术的抗菌剂主要包括苯并异噻唑啉系化合物、异噻唑啉系化合物、三嗪系化合物、吡啶硫酮系化合物等有机抗菌剂，将其用于处理天然织物、纺织物、无纺布、服装、床上用品、洗护用品、家居用品、医护用品、过滤网等基体材料容易影响处理对象的颜色，且残留的抗菌剂对人体皮肤有刺激作用。因此，现实生活中需要一种使用安全、抗菌性优越、耐变色性能优越的抗菌剂。

【详细解决方案】

本技术方案提供一种抗菌水溶液，其包括如下成分：碳酸氢钠、氯化钠和柠檬酸。该抗菌水溶液可以用于织物清洗和杀菌，也可以用于人鼻腔洗鼻剂，防治各种鼻炎等。本技术方案的抗菌水溶液与现有技术的抗菌剂相比，其组成简单，副作用小，耐受性好，效果确切稳定。

**1. 提炼发明构思与确定核心技术方案**

对于上述技术方案，我们首先进行发明构思的提炼。根据方案记载，其针对现有有机抗菌剂存在的问题，调配出了包含碳酸氢钠、氯化钠和柠檬酸的抗菌水溶液。在此基础上，我们可以确定待检索的核心技术方案是：

一种抗菌水溶液，其包括如下成分：碳酸氢钠、氯化钠和柠檬酸。

**2. 确定与表达检索要素**

检索这个方案的时候，其主题名称抗菌水溶液表达了技术方案所涉及的技术领域，可以将"抗菌水溶液"作为一个检索要素。另外，体现发明构思的技术特征是碳酸氢钠、氯化钠、柠檬酸三种组分，分别将这三种组分作为检索要素。

在确定了检索要素后，开始对检索要素进行表达，主要通过关键词和分类号对检索要素进行表达。

对于关键词的表达，抗菌可以表达为抗菌、杀菌、灭菌、anti 1W bacter+，碳酸氢钠可以表达为碳酸氢钠、sodium bicarbonate、sodium hydrogencarbonate、$NaHCO_3$，氯化钠可以表达为氯化钠、sodium chloride、NaCl，柠檬酸可以表达为柠檬酸、枸橼酸、citric acid、$C_6H_8O_7$。

对于分类号的表达，进入 PSS 的导航检索中查询 IPC 分类号（下称 IPC 查询系统），输入"抗菌剂"，可以获得 A61P31/00 和 C10N30/00 两个分类号。展开后可以发现 A61P31/04 属于医药领域抗细菌药剂，能够用于准确地表达待检索方案的抗菌剂的主题。而 C10N30/16 涉及润滑组合物中的杀菌剂，与待检索方案领域相差甚远，不适合用于表达待检索方案的抗菌剂主题。

最终，我们得到待检索方案的检索要素表，参见表7-1-1。

表7-1-1 一种抗菌水溶液的检索要素表

|  | 检索要素1 | 检索要素2 | 检索要素3 | 检索要素4 |
|---|---|---|---|---|
|  | 抗菌水溶液 | 碳酸氢钠 | 氯化钠 | 柠檬酸 |
| 分类号 | A61P31/04 |  |  |  |
| 关键词 | 抗菌、杀菌、灭菌、水、anti 1W bacter + | 碳酸氢钠、sodium bicarbonate、sodium hydrogencarbonate、$NaHCO_3$ | 氯化钠、sodium chloride、NaCl | 柠檬酸、枸橼酸、citric acid、$C_6H_8O_7$ |

### 3. 检索过程

由于各检索要素的关键词都比较明确，我们可以尝试采用中文关键词进行全要素检索，采用发明名称字段检索主题，采用权利要求字段检索抗菌剂的各组成，在PSS中执行检索式1："发明名称=（抗菌 OR 杀菌 OR 灭菌）AND 权利要求=（（氯化钠 OR NaCl）AND（碳酸氢钠 OR $NaHCO_3$）AND（柠檬酸 OR 枸橼酸 OR $C_6H_8O_7$））AND 权利要求=（水）"，命中26条文献，未获得有效的对比文件。

在关键词检索未获得对比文件的情况下，由于分类号A61P31/04非常准确地表达了抗菌剂，将检索式1中的技术主题替换成"IPC分类号=（A61P31/04）"，命中104条文献，可以发现一篇公开号为CN110025711A的专利文献，其说明书实施例1公开了一种鼻腔清洗剂，包括氯化钠、碳酸氢钠、柠檬酸、芦荟提取物和水。可见，该专利文献可以用于评述待检索方案的新颖性。

此外，在实际检索过程中，还可以根据检索结果篇幅调整要素的表达，以缩小文献量。例如，检索式1中连接各组分的"AND"替换成同在算符"S"，检索结果文献数量缩小为15条，从中可以获得一篇公开号为CN104288176A的专利文献，其公开了一种手术冲洗水溶液，待检索方案与该专利文献实施例公开的内容区别仅在于柠檬酸替代了柠檬酸钠，而柠檬酸和柠檬酸钠在该组合物中作用相同，是一种常规替换。因此，该专利文献可用于评述待检索方案的创造性。

如果中文检索未检索到有效对比文件，还应当在英文库中进行检索。就该方案而言，我们可以采用同样的检索思路，用英文关键词结合分类号进行检索，执行如下检索式："权利要求=（（sodium W（bicarbonate OR hydrogencarbonate））AND（NaCl OR（sodium W chloride））AND（citric W acid））AND IPC分类号=（A61P31/04）"，命中10条文献，其中公开号为EP1523239B1的专利文献，其实施例公开了一种抗菌药物，包括柠檬酸、氯化钠、氯化钾、碳酸氢钠、葡萄糖、蔗糖以及水。可见，这篇专利文献也可以用于评述待检索方案的新颖性。

如上，我们就完成了该方案的检索。从该示例可以看出，对于涉及组合物的组分的技术方案，在提炼发明构思和确定检索要素后，应当依据先准后全的原则，进行全要素检索。在全要素检索时，根据分类号和关键词的准确性，以及检索获得的文献篇数，适时调整检索要素的表达或组合方式以进行高效的检索。

在检索实践过程中,很多时候全要素检索并不能检索到对比文件,这种情况下我们不能轻易地中止检索,还应当对技术方案进行拆解,即采用部分要素组合进行检索,寻找Y类对比文件,看是否存在两篇以上可以结合的对比文件用于评述创造性。下面这一案例将介绍如何拆解技术方案,检索Y类对比文件,评述待检索方案的创造性。

【发明名称及技术领域】

一种海水拌和磷酸钾镁水泥基材料。

【背景技术及存在的问题】

随着海洋开发以及海洋权益争夺的进行,岛礁工程建设日益增多,水泥基材料是岛礁建设必不可少的原料,水泥的拌和需要用淡水,对于远离大陆的岛礁,如果淡水都从大陆运进,运输成本非常昂贵,且运输受到风浪等自然条件限制,工期也难以保证,而如果就地将海水淡水化处理也将导致成本上升,难以实现大规模生产。海水资源取之不尽,若能用海水代替淡水,直接配制出各种性能优越的海水拌水泥基材料,将具有重要的现实意义和极高的使用价值。但是,海水中富含$Cl^-$、$SO_4^{2-}$、$Mg^{2+}$等离子,而普通硅酸盐水泥硬化体呈多孔结构,抗氯离子扩散能力和耐海水侵蚀能力均较差,因此耐久性难以得到保证,无法满足岛礁工程建设日益多样化的需求。

【详细解决方案】

本技术方案提出一种海水拌和磷酸钾镁水泥基材料,其由磷酸钾镁水泥基粉料和海水混合得到,磷酸钾镁水泥基粉料和海水的质量比为1∶0.09~0.11,按质量百分数计,磷酸钾镁水泥基粉料包括:磷酸钾镁水泥75%~90%;石灰石5%~15%;以及粉煤灰5%~10%。其中,按质量百分数计,所述磷酸钾镁水泥包括:死烧氧化镁粉60%~68%;磷酸二氢钾22%~30%;以及复合缓凝剂9%~11%。

本技术方案的实施例以磷酸钾镁水泥作为无机胶凝材料,替代传统硅酸盐水泥系列材料。磷酸钾镁水泥是一种通过酸碱中和反应生成的以磷酸盐为黏结相的无机胶凝材料,其主要水化产物$MgKPO_4 \cdot 6H_2O$是磷酸钾镁水泥体系产生胶凝性能的根源,其在很大的pH变化范围(pH=7~11)内性能稳定。磷酸钾镁水泥硬化体由未反应的氧化镁颗粒和磷酸盐水化物组成,颗粒间通过离子键结合形成网络结构,其结构致密程度堪比陶瓷。与依赖碱性氛围、颗粒间以范德华力结合和呈多孔特质的硅酸盐水泥硬化体比较,磷酸钾镁水泥硬化体在抗氯离子扩散和盐类腐蚀方面有明显优势。此外,本技术方案一方面添加石灰石掺合料,起到填充空隙作用,在物理上提高磷酸钾镁水泥基材料的密实性,提高抗压强度;另一方面添加粉煤灰,通过粉煤灰与水泥反应形成胶凝物质,能有效改善磷酸钾镁水泥基材料硬化体的微结构,从化学上提高磷酸钾镁水泥基材料的抗压强度,降低了其收缩变形。本技术方案通过对试件进行自然养护、海水中养护,得到的海水拌和磷酸钾镁水泥基材料试件的收缩变形小,海水长期浸泡(180天)的抗压强度剩余率高。

**1. 提炼发明构思与确定核心技术方案**

根据方案记载,其针对硅酸盐系列水泥抗氯离子扩散能力和耐海水侵蚀能力差、耐久性难以保证的问题,采用磷酸钾镁水泥作为水泥基料,提高水泥基材料的抗侵蚀性能和耐久性，添加石灰石和粉煤灰作为掺合料，改善混凝土微观结构，细化孔结构提高密实度，减少收缩。因此，待检索方案的核心技术手段是磷酸钾镁水泥基材料、石灰石、粉煤灰、海水。在此基础上，我们可以确定待检索的核心技术方案是：

一种海水拌和磷酸钾镁水泥基材料，其由磷酸钾镁水泥基粉料和海水混合得到，磷酸钾镁水泥基粉料和海水的质量比为 1 : 0.09 ~ 0.11，按质量百分数计，磷酸钾镁水泥基粉料包括：磷酸钾镁水泥 75% ~ 90%；石灰石 5% ~ 15%；以及粉煤灰 5% ~ 10%；其中，按质量百分数计，所述磷酸钾镁水泥包括：死烧氧化镁粉 60% ~ 68%；磷酸二氢钾 22% ~ 30%；以及复合缓凝剂 9% ~ 11%。

2. 确定与表达检索要素

检索这个方案的时候，其主题名称磷酸钾镁水泥基材料，表达了技术方案所涉及的技术领域，也是体现发明构思的特征之一，因此，将磷酸钾镁作为一个检索要素。拌海水也是体现发明构思的特征，因此，将海水作为另一个检索要素。此外，待检索方案中还包括石灰石和粉煤灰两种掺合料，分别从物理和化学的角度改善水泥材料的微结构，提高水泥密实性，减小收缩变形，因此，石灰石和粉煤灰也应分别作为两个检索要素。

在确定了检索要素后，主要通过关键词和分类号对检索要素进行表达。对于关键词的表达，磷酸钾镁可以扩展为磷酸镁钾、氧化镁、磷酸二氢钾，石灰石可以扩展为碳酸钙，粉煤灰可以扩展为飞灰。对于分类号的表达，在 IPC 查询系统中，输入"磷酸盐水泥"，可以查询到"C04B12/02··磷酸盐水泥"，该分类号非常准确地表达了待检索方案的主题。进一步浏览分类表可以发现"C04B14/28···碳酸钙作为砂浆、混凝土或人造石中的填料"，其能够非常准确地表达水泥中添加石灰石，而 C04B18/06 - 18/10 则能较为准确地表达水泥中添加的粉煤灰。

最终得到的待检索方案的检索要素表见表 7 - 1 - 2。

表 7 - 1 - 2 一种海水拌和磷酸钾镁水泥基材料的检索要素表

|  | 检索要素 1 | 检索要素 2 | 检索要素 3 | 检索要素 4 |
| --- | --- | --- | --- | --- |
|  | 磷酸钾镁水泥 | 海水 | 石灰石 | 粉煤灰 |
| 分类号 | C04B 12/02 |  | C04B 14/28 | C04B 18/06/LOW |
| 关键词 | 磷酸镁钾、磷酸钾镁、磷酸二氢钾、氧化镁、水泥、potassium、magnesium、phosphate、$MgKPO_4$、$KH_2PO_4$、$MgO$ | 海水 | 石灰石、碳酸钙、calcium carbonate、$CaCO_3$ | 粉煤灰、飞灰、fly ash |

3. 检索过程

首先，利用关键词或者关键词与分类号的组合进行全要素检索，看是否能够检索到 X 类对比文件。首先进入 PSS，选择命令行检索，执行检索式 1："（磷酸钾镁 OR 磷酸镁钾 OR （（磷酸二氢钾 OR $KH_2PO_4$）AND（氧化镁 OR MgO））OR $MgKPO_4$）AND 海水 AND（石灰石 OR 碳酸钙 OR $CaCO_3$）AND（粉煤灰 OR 飞灰）"和检索式 2：

"IPC 分类号 =（C04B12/02 AND C04B14/28 AND C04B18/06/LOW）AND 海水"，发现采用关键词的全要素检索（检索式1）或者分类号的全要素检索（检索式2）都不能检索到有效的对比文件。此时，可以考虑部分要素检索，即将技术方案进行拆解，技术方案拆解时一定要注意技术特征之间的关联性，对相互关联的组分，不能割裂开来检索。其中，磷酸钾镁作为基料，也是体现发明构思的组分，应该作为最接近现有技术的必检要素。在此基础上，可以按如下两种情形进行拆解：

情形一：以包括检索要素1和2的方案作为最接近的现有技术（记为对比文件1），再结合涉及水泥中添加了石灰石和粉煤灰作为掺合料进行改性的方案作为对比文件2。

情形二：以包括检索要素1、3、4的方案作为最接近的现有技术（记为对比文件1′），再结合涉及磷酸钾镁水泥用海水拌和以降低成本的方案作为对比文件2′。

对于情形一，执行检索式"IPC 分类号 =（C04B12/02）AND 海水"，命中7条文献，未发现有效对比文件。对于情形二，执行检索式"（磷酸钾镁 OR 磷酸镁钾 OR （（磷酸二氢钾 OR $KH_2PO_4$）AND（氧化镁 OR MgO））OR $MgKPO_4$）AND（石灰石 OR 碳酸钙 OR $CaCO_3$）AND（粉煤灰 OR 飞灰）"，命中44条文献，其中一篇公开号为CN103570265A的专利文献公开了一种磷酸钾镁水泥基混凝土胶黏剂及其制备方法，所述混凝土包括磷酸钾镁、石灰石和粉煤灰，且所述磷酸钾镁由死烧氧化镁、磷酸二氢钾和复合缓凝剂组成。可见，该专利文献可以作为最接近的现有技术（也即对比文件1′）。待检索方案与该专利文献的主要区别在于利用海水进行拌和。

在未检索到磷酸钾镁水泥基材料用海水拌和的情况下，可以尝试将磷酸钾镁水泥上位扩展至磷酸盐水泥，查询不同磷酸盐水泥与海水的作用机理，进一步确定是否可以找到对比文件2′。由于高校或科研院所从事机理研究比较多，因此，可以尝试在CNKI等非专利数据库中进行检索。在CNKI中的专业检索界面执行如下检索："FT =（磷酸钾镁 OR 磷酸镁钾 OR $MgKPO_4$）AND FT = 海水 AND FT =（混凝土 OR 水泥）"，命中15条文献，其中一篇期刊类文献（"磷酸镁水泥研究与应用"，李十泉等，《江苏建材》第6期，第10-14页，2015年第1期）公开了磷酸镁水泥、磷酸镁钾水泥统称为MPC，MPC的抗海水侵蚀性能显示，1000d水泥强度降低不超过10%，抗海水侵蚀性良好，是普通硅酸盐水泥难以做到的，MPC在港口、跨海大桥、人工岛、作业平台等临海、近海混凝土工程可有所作为。可见，该期刊类文献公开了磷酸钾镁水泥具有良好的抗海水侵蚀的性能，据此，该期刊文献给出了可以用海水拌和磷酸钾镁水泥的技术启示。因此，在对比文件1′的基础上结合对比文件2′可以评述待检索方案的创造性。

如上，我们就完成了该待检索方案的检索。从这个案例可以看出，对于涉及组合物的组分的技术方案，当全要素检索未能检索到X类对比文件时，可以考虑将技术方案拆解，寻找Y类对比文件。在拆解技术方案时，应当分析组合物中各组分的作用，明确组合物中解决其技术问题的关键组分，思考可能存在什么样的对比文件可以作为最接近的现有技术，进一步将体现该最接近现有技术的检索要素组合，进行部分要素检索，如果能够获得相应的最接近现有技术，则进一步检索其他要素，查看是否能够获得可以与最接近现有技术相结合破坏待检索方案创造性的对比文件。

### 7.1.1.2 组分含量限定的产品技术方案的检索

有些涉及组合物的产品技术方案，其相对于现有技术的改进不仅仅在于组分的选择，还在于各组分含量的优化，对于这类技术方案，用于破坏待检索方案新颖性和创造性的对比文件不仅仅需要公开相应的组分，还需要公开具体的含量或者给出相应含量的技术启示，因此，组分的含量是检索的重点，本小节将通过以下案例，来展示如何对组合物的组分含量进行检索。

【发明名称及技术领域】

一种具有优良塑性的超高强度中锰汽车钢板及制备方法。

【背景技术及存在的问题】

汽车用钢轻量化、高强化是汽车安全、长寿、低成本和节能减排的必然趋势。中锰钢（锰含量为5%~12%）具有良好的强度和塑性（强塑积可达到30GPa·%），而且其合金含量较低，实现了轻量化、低成本、高安全的多重要求。但目前中锰钢普遍屈服强度低于700MPa，抗拉强度小于1000MPa，严重阻碍了汽车进一步轻量化的进程。

【详细解决方案】

本技术方案采用成分与组织控制相结合的设计理念，在进一步优化中锰钢碳和锰成分含量基础上，添加适量合金元素 Al 和微合金强化元素 V，并配合热-机械处理和临界退火处理获得超细晶粒、双相组织，最终获得超高强度且塑性优良的汽车钢板。最终获得屈服强度≥1000MPa，抗拉强度≥1500MPa，延伸率为15%~22%，强塑积为20~40 GPa·%的具有优良塑性的超高强度钢板。

钢板的化学成分以质量比计：0.3~0.5wt% C，8~12wt% Mn，1.8~3.5wt% Al，0.25~0.7wt% V，P≤0.008wt%，S≤0.08wt%，余量为 Fe 及不可避免的杂质。其中，C 和 Mn 的含量一方面保证钢强度，另一方面配合热处理工艺，使 C 和 Mn 元素在残留奥氏体相中富集到一定程度，导致残余奥氏体有足够的稳定性以保证钢板在变形过程中奥氏体相会发生 TRIP（相变诱导塑性）或 TWIP（孪生诱导塑性）效应，提高钢的塑性。添加 Al 元素可以促进 δ-铁素体生成，而板条状的 δ-铁素对裂纹扩展可以起到一定的钝化和阻碍作用，从而提高钢的冲击韧性。V 元素的添加一方面可以细化晶粒，另一方面通过形成纳米尺度的析出物起到沉淀强化的作用，从而使得基体的屈服强度大幅度提高。

钢板的制备工艺为：冶炼→浇铸→铸坯热轧→酸洗→温轧→罩式退火。通过轧制-热处理获得的超细晶双相组织和 V 的添加带来的沉淀强化效应，其适当的奥氏体稳定性可以在变形过程中发生 TRIP 或 TWIP 效应，同时提高汽车钢板的强度和塑性，另外，温轧时的再结晶可得到更为细小的铁素体和奥氏体晶粒，在退火后还很稳定，有助于屈服强度的进一步提高。

**1. 提炼发明构思与确定核心技术方案**

根据方案，其发明构思在于针对现有中锰钢强度偏低的问题，通过优化 C 和 Mn 的含量,添加适量 Al 和微量的 V,并配合相应的制备工艺,获得了具有优良塑性的超高强度钢。我们可以确定 C、Mn、Al、V 元素的含量是获得相应性能核心技术手段。在此基础上,我们确定待检索的核心技术方案是:

一种钢板,所述钢板的化学成分以质量比计:0.3~0.5wt% C,8~12wt% Mn,1.8~3.5wt% Al,0.25~0.7wt% V,P≤0.008wt%,S≤0.08wt%,余量为 Fe 及不可避免的杂质。

**2. 确定与表达检索要素**

检索这个方案的时候,主题名称钢板表达了技术方案所涉及的技术领域,可以将"钢"作为一个检索要素。另外,体现发明构思的特征是 C、Mn、Al、V 元素的含量,分别作为检索要素。其中元素 P、S 都是钢中常见的杂质元素,并非影响待检索方案的核心要素,因此,不作为检索要素。

在确定了检索要素后,开始对检索要素进行表达。对于关键词的表达,各元素可以用中英文关键词和元素符号等进行表达。对于分类号的表达,由于在 PSS 的导航检索中直接输入钢查询到的分类号非常多,可通过分类号统计功能来确定分类号。进入 PSS 的高级检索界面,输入如下检索式:"权利要求 = ((C OR 碳)AND (Mn OR 锰) AND (Al OR 铝) AND (V OR 钒) AND ("P" OR 磷) AND ("S" OR 硫))AND 发明名称 = (钢)",上述检索式共命中八千多条文献,单击"检索结果统计"-"技术领域统计",可以发现所有分类号均为 C22C38、C21D8 两个大组下的分类号。进入 IPC 分类号查询系统,可查阅到 C22C 38/04、C22C 38/06、C22C 38/12 分别表示钢中添加锰、铝、钒等合金元素,可分别用于表达钢中含有 Mn、Al、V 等检索要素。

最终得到的待检索方案的检索要素表见表7-1-3。

表7-1-3 一种具有优良塑性的超高强度中锰汽车钢板的检索要素表

|  | 检索要素1 | 检索要素2 | 检索要素3 | 检索要素4 | 检索要素5 |
|---|---|---|---|---|---|
|  | 钢 | C 含量 | Mn 含量 | Al 含量 | V 含量 |
| 分类号 | C22C38 |  | C22C38/04 | C22C38/06 | C22C38/12 |
| 关键词 | 钢、steel? | 碳、carbon、C | 锰、manganese、Mn | 铝、alumin?um、Al | 钒、vanadium、V |

**3. 检索过程**

检索策略1:

待检索方案是典型的优化组分含量的产品技术方案,首先,可以直接检索组分,对命中的文献进行人工筛选,查看是否存在公开合金元素含量的对比文件。在 PSS 中执行检索式1:"发明名称 = (钢 OR steel?) AND 权利要求 = ((C OR carbon OR 碳)S (Mn OR manganese OR 锰)S (Al OR alumin?um OR 铝)S (V OR vanadium OR 钒))AND IPC = (C22C38/04) AND IPC = (C22C38/06) AND (IPC = (C22C38/12)",即使各检索要素同时使用分类号和关键词进行表达,检索结果仍然多达五千多条,直接阅读检索式1筛选公开含量的对比文件不可取。

检索策略2：

在仅检索组分命中篇幅较大的情况下，可以考虑充分利用PSS的命令行检索中的邻近算符和截词符，直接对含量进行检索。对于邻近算符，"D""nD"代表两个关键词之间相差小于等于1个或小于等于n个单词，且两个关键词之间并无顺序要求；"W""nW"代表两个关键词之间相差小于等于1个或小于等于n个单词，且两个关键词之间按照检索的顺序先后出现。对于截词符，"?"代表一个单词中的任何一个或零个字符，"#"代表一个单词中的一个字符，"+"代表一个单词中的任意一个字符。因此，以C含量为例，待检索方案中C的含量为0.3~0.5wt%。如果有对比文件的C含量落入0.3~0.5wt%，或者与0.3~0.5wt%的范围交叉重叠，则必然会出现在0.3~0.5wt%之间的任何一个数值。由于待检索方案的碳含量在中碳钢范围内，通常保留两位小数，因此，与C邻近（例如，相邻小于等于3个单词，用3D连接）的数值可能包括0.3、0.30、0.31、…、0.39、0.4、0.40、0.41、…、0.49、0.5、0.50，结合截词符的表达，可以将上述数值表达为0.3+、0.4+、0.5+。此外，需要注意的是，在检索过程中，"0.3~0.5wt%"会被识别为一个单词，因此，"0.3+"可以检出"0.3~0.5wt%"，而"0.5+"则会导致"0.3~0.5wt%"漏检，为了防止漏检，"0.5"之前的字符可以用截词符"+"来表达，即表达为"+0.5+"。按照上述方法，我们可以在PSS系统的命令行检索中对待检索方案进行表7-1-4所示的含量检索。

表7-1-4 对组合物含量的检索

| 序号 | 检索式 | 命中数量/条 |
| --- | --- | --- |
| 1 | 权利要求=((C OR carbon OR 碳) 5D (+0.3+ OR +0.4+ OR +0.5+)) | 144691 |
| 2 | 权利要求=((Mn OR manganese OR 锰) 5D (+8+ OR +9+ OR +10+ OR +11+ OR +12+)) | 126489 |
| 3 | 权利要求=((Al OR alumin?um OR 铝) 5D (+1.8+ OR +1.9+ OR 2 OR +2.+ OR 3 OR +3.+)) | 44668 |
| 4 | 权利要求=((V OR vanadium OR 钒) 5D (+0.25+ OR +0.3+ OR +0.4+ OR +0.5+ OR +0.6+ OR +0.7+)) | 56754 |
| 5 | 发明名称=(钢 OR steel?) AND (IPC=(C22C38) OR CPC=(C22C38+)) | 172294 |
| 6 | 1 AND 2 AND 3 AND 4 AND 5 | 271 |

通过如上含量检索，命中271条文献，虽然阅读量仍然较大，但已在可读范围之内，展开阅读，可以发现一篇公开号为CN104328360A的专利文献，该专利文献公开的钢成分仅P含量与待检索方案存在差异，制备方法主要步骤相同，仅在操作细节和参数上存在略微差异，上述区别都是本领域技术人员根据需要可以常规调整的。因此，该专利文献可以用于评述待检索方案的创造性。

检索策略3：

通过检索策略2最终需要在两百多条文献中阅读筛选对比文件，工作量较大。此外，通过预估对比文件中的含量出现的点值来进行检索，往往要求该含量范围较小，如果有些组分的含量范围较宽，则检索的数值多，造成检索式非常复杂，检索过程中容易出错，且耗费大量的时间。因此，当在尝试检索策略 1 和 2 都未检索到对比文件，或者通过检索策略 2 需要耗费大量时间或精力的情况下，如果条件允许，可以采用具有直接检索含量功能的专业检索工具进行检索。STN（The Scientific and Technical Information Network，科学与技术信息）作为美国化学文摘社和德国能源、物理暨数学中心联合研发的在线科技信息检索平台，提供了直接检索组分含量的功能，其 Registry 数据库中收录了专利和非专利的组合物成分含量。具体到本案的合金领域，可以执行表 7 - 1 - 5 所示的检索过程。

表 7 - 1 - 5　STN 检索合金元素含量

| 数据库 | 检索式 | 序号 | 命中数量/条 | 解释 |
| --- | --- | --- | --- | --- |
| Registry | = > File Registry | | | 进入 Registry 数据库 |
| | = > S Fe major/mac | L1 | 548580 | 检索基体为铁的物质 |
| | = > S C 0.3 - 0.5/mac | L2 | 77938 | 检索 C 含量 |
| | = > S Mn 8 - 12/mac | L3 | 16988 | 检索 Mn 含量 |
| | = > S Al 1.8 - 3.5/mac | L4 | 44754 | 检索 Al 含量 |
| | = > S V 0.25 - 0.7/mac | L5 | 34145 | 检索 V 含量 |
| | = > S L1 AND L2 AND L3 AND L4 AND L5 | L6 | 123 | L1 ~ L5 相与 |
| Caplus | = > File Caplus | | | 进入 Caplus 数据库 |
| | = > S L6 | L7 | 157 | 检索包括 L6 所示物质的文献 |
| | = > S steel AND（iron OR Fe） | L8 | 293733 | 采用关键词进行限定 |
| | = > S L7 AND L8 | L9 | 97 | L7 与 L8 相与 |
| | = > Help DFIELDS | | | 获取当前数据库的显示字段 |
| | = > D L9 1 - 97 TI PA AB PN AU SO JT | | | 显示 L9 的第 1 ~ 97 条结果的标题、申请人、摘要、公开号、作者、数据库来源、期刊名称等信息 |

通过如上检索过程，命中 97 条文献，并展开检索式 9，也可以获得公开号为 CN104328360A 的专利文献。可见，通过专业的具有检索数值范围的检索工具进行检索，能够减少检索工作量，提高检索效率。

通过如上方法，我们就完成了涉及数值范围的产品技术方案的检索。对于涉及组合物的组分含量的技术方案，一般而言，可以直接检索组合物的组分，通过对检索结果进行人工筛选，寻找公开了组分含量或对相应含量给出了技术启示的对比文件。仅对组分进行检索的结果文献数量较大时，可以利用 PSS 系统中的命令行检索中的邻近算符、截词符，通过预估所检索的组分与含量相邻的位置关系，直接对数值范围进行检索，以减小噪声量，提高检索准确性。而如果采用 PSS 的邻近算符、截词符进行检索命中文献篇幅仍然很大，或者某些组分含量范围较宽，构建的检索式非常复杂时，可以考虑采用 STN 等具有直接检索含量的专业检索工具进行检索，从而提高检索效率。

## 7.1.2 结构限定的产品技术方案的检索

有些化学产品与机械产品类似，也会采用相应的形状、尺寸或各组成之间的相互位置关系等结构特征进行表征。在化学领域，采用结构限定的产品，改进点有可能在于该结构本身，这种情况往往直接针对结构特征进行检索；也有可能是原料的选择、制备方法和/或其他加工工艺使得产品具有相应的结构，这种情况下，除了直接针对产品的结构进行检索外，还应当关注影响产品结构的原料、制备方法或加工工艺。下面以一个由特殊制备方法而获得具有特定结构的产品类技术方案作为示例，来介绍化学领域结构限定的产品技术方案的检索。

【发明名称及技术领域】

一种单分散纳米环及其制备方法。

【背景技术及存在的问题】

常规的纳米环制备方法有很多，如纳米通道模板法、电子束刻蚀法、多孔模板法、纳米晶自组装法、化学改性法等。现有的方法中物理刻蚀技术制备纳米环较宽，分布均匀，尺寸容易控制，但需要较高质量的模板、大型设备、复杂工艺和较高的成本；而化学法只适用于特殊的材料和特定的纳米环结构，普适性不强。开发成本相对较低，工艺简单，易于大量生产的制备纳米环的新方法很有必要。

【详细解决方案】

一种单分散纳米环，所述纳米环的外径 $D$ 为 $20\text{nm} \sim 10\mu\text{m}$，所述纳米环的内径 $d$ 小于纳米环的外径 $D$，所述纳米环的宽度（$D/2 - d/2$）是 $5\text{nm} \sim 1\mu\text{m}$，所述纳米环的厚度是 $1 \sim 500\text{nm}$。

所述单分散纳米环的制备方法，包括如下步骤：

步骤一：选取一种基片作为薄膜样品的衬底，先用丙酮超声波清洗 $10 \sim 15\text{min}$ 后，再用去离子水超声波清洗 $10 \sim 15\text{min}$，最后用无水乙醇超声波清洗 $10 \sim 15\text{min}$，清洗干净的基片用高纯氮气吹干备用；

步骤二：选取一种聚苯乙烯微球乳液，用滴管取一定量的微球乳液，将聚苯乙烯微球乳液与去离子水按体积比 1:200 进行稀释，在超声波清洗器中超声分散 $10 \sim 15\text{min}$，使聚苯乙烯微球充分分散；将分散好的聚苯乙烯微球溶液滴在步骤一中清洗干净的基片上，放置于干燥箱中干燥；

步骤三：待基片充分干燥后，将其放入磁控溅射腔内，在基片上生长一层薄膜材料，所述薄膜厚度为 $1 \sim 500\text{nm}$，薄膜的厚度主要通过薄膜沉积速率和沉积时间来控制；薄膜生长完成后，将基片放置于离子刻蚀仪器中，对薄膜进行离子刻蚀减薄；由于聚苯乙烯微球的存在，未被聚苯乙烯微球遮挡的部分，薄膜将会被完全刻蚀掉，被聚苯乙烯微球遮挡的部分将形成单分散的纳米环结构；聚苯乙烯微球根据需要与否，用丙酮溶液将其从基片上清洗掉，得到单分散的纳米环。制备工艺示意如图 7-1-1 所示。

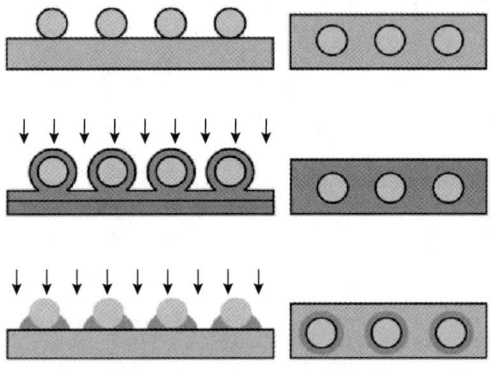

图 7-1-1 纳米环制备工艺示意

**1. 提炼发明构思与确定核心技术方案**

根据方案记载,其要解决的技术问题是现有物理刻蚀法需要较高质量的模板、大型设备、复杂工艺和较高的成本,化学刻蚀法普适性不强的问题,采用的关键技术手段是利用沉积的多方向性,使得在衬底上高度分散的聚氧乙烯微球不会对薄膜沉积造成阻挡,而离子刻蚀是单方向的,聚氧乙烯微球的存在可以使得一部分刻蚀离子被阻挡,从而得到所述尺寸的纳米环结构。对于该方案,就最终产品而言,体现该纳米环产品发明构思的技术特征在于其具体的尺寸,即纳米环的外径、内径、厚度等结构参数以及结构均一和尺寸等信息。而影响该纳米环结构的核心技术手段是"衬底上引入聚氧乙烯微球""磁控溅射沉积""离子刻蚀"。基于此,待检索的产品的核心技术方案为:

一种单分散纳米环,其特征在于,所述纳米环的外径 $D$ 为 20nm~10μm,所述纳米环的内径 $d$ 小于纳米环的外径 $D$,所述纳米环的宽度($D/2 - d/2$)是 5nm~1μm,所述纳米环的厚度是 1~500nm。

**2. 确定与表达检索要素及检索**

本案属于典型的结构限定的产品类技术方案,但该结构是由特定的方法获得的,制备方法是体现发明构思的核心技术手段。根据这个核心方案的特点,在制定检索策略时,一方面,可以直接检索该产品的结构,另一方面,可以从制备方法的角度进行检索。

检索策略 1:

直接检索产品的结构:主题名称纳米环表达了技术方案所涉及的技术领域,可以将"纳米环"作为一个检索要素。此外,纳米环的外径、内径和厚度是体现纳米环结构的参数,也是检索要素。纳米环的宽度由纳米环的外径和内径决定,如果对比文件公开了纳米环的外径和内径,则相应的纳米环宽度也能够得到,因此,纳米环的宽度可以不作为检索要素。

在确定了检索要素后,开始对检索要素进行表达。对于关键词的表达,纳米环除了直接表达为纳米环以外,还可能表达为环状纳米结构,因此,可以用"纳米 S 环"

表达纳米环。纳米环的外径除了用外径表达之外，还可以为外环直径、外环半径等，因此，可以用"外S径"表达外径。同理，内径可以用"内S径"表达。对于分类号的表达，通过IPC查询系统和分类号统计功能，都不能找到用于表达纳米环结构的分类号，因此，本案主要通过关键词进行检索。

最终得到的待检索方案的检索要素表见表7-1-6。

**表7-1-6 一种单分散纳米环的检索要素表一**

|  | 检索要素1 | 检索要素2 | 检索要素3 | 检索要素4 |
|---|---|---|---|---|
|  | 纳米环 | 外径 | 内径 | 厚度 |
| 关键词 | 纳米环、纳米S环 | 外径、外S径 | 内径、内S径 | 厚度、厚 |

检索时，首先，可以尝试在PSS命令行检索中执行如下检索式："发明名称=（纳米环）AND 权利要求=（外径）AND 权利要求=（内径）AND 权利要求=（厚度）"，命中7条文献，经查看，未发现有效对比文件。

进一步，可以对内径、外径等关键词进行扩展，执行如下检索式："发明名称=（纳米环）AND 权利要求=（外S径）AND 权利要求=（内S径）AND 权利要求=（厚）"，利用该检索式命中12条文献，展开阅读可以获得公开号为CN104860357A和CN104671292A的专利文献，都可用于评述纳米环产品的新颖性。但是，CN104860357A的制备方法为混合溶剂相沉淀法，CN104671292A的制备方法为化学液相还原法，二者与待检索方案的制备方法完全不同，也即二者没有公开制备方法的发明构思，通过简单的修改即可克服产品不具备新颖性的缺陷。

检索策略2：

为了达到全面检索的目的，还应当从待检索方案发明构思出发，即从相应的制备方法的角度进行检索。

检索主题名称仍然为纳米环。而决定纳米环的外径、内径、宽度和厚度等结构特征的核心手段则是制备方法的各个步骤，也即，衬底上高度分散的聚氧乙烯微球、沉积、离子刻蚀是体现发明构思的技术特征，将它们替代纳米环的外径、内径和厚度等结构特征，作为检索要素，并利用关键词和分类号进行表达。

对于关键词的表达，在衬底上高度分散的聚氧乙烯微球的中英文表达包括聚氧乙烯、PS、polystyene、polystyrol、temolat+、沉积的中英文表达包括沉积、溅射、deposit+，离子刻蚀的中英文表达包括刻蚀、离子刻蚀、ionetch+、ion 1W etch+。

对于分类号的表达，进一步利用IPC分类号统计的功能，在检索式区域输入"纳米环 AND 微球 AND（沉积 OR 溅射）AND 刻蚀"，从命中的文献可以发现，分类号C23C14/04较为准确地表达了利用聚氧乙烯微球作为掩蔽物进行镀覆，同时可以发现模板、掩膜板都是本领域的常见关键词表达。而分类号C23C14/58（·镀覆后处理）、C23C14/5826（··带电粒子轰击）、C23C 14/5833（···离子束轰击）则可以较准确地表达镀覆后的进一步离子刻蚀处理。由此，可以最终确定检索要素表见表7-1-7。

表 7-1-7 一种单分散纳米环的检索要素表二

| | 检索要素 1 | 检索要素 2 | 检索要素 3 | 检索要素 4 |
|---|---|---|---|---|
| | 衬底上高度分散的聚氧乙烯微球 | 沉积 | 离子刻蚀 | 纳米环 |
| 分类号 | C23C14/04 | | C23C14/58<br>C23C 14/5826<br>C23C14/5833 | |
| 关键词 | 聚氧乙烯、PS、模板、掩膜板、polystyene、polystyrol、temolat + | 沉积、溅射、deposit + | 离子刻蚀、刻蚀、etch +、ionetch + | 纳米环、nano?ring? |

在 PSS 中执行如下检索式："（纳米环 OR nano?ring? OR (nano 1W ring?)) AND IPC 分类号 =（C23C14/04） AND IPC 分类号 =（C23C14/58/LOW）"，未发现公开待检索方案发明构思的对比文件。将检索要素 1 的分类号上位扩展至 "C23C14/+"，检索要素 3 采用关键词 "etch + OR 刻蚀" 进一步进行检索，仍然未能获得有效对比文件。

由于纳米化学是高校研究的重点，因此，转入非专利数据库进行检索，在 CNKI 专业检索界面执行如下检索："SU = 纳米环 AND FT =（基片 OR 基板 OR 模板 OR 掩膜板）AND FT =（沉积 OR 溅射）AND FT = 刻蚀"，命中 40 条文献，经查未发现合适的对比文件。进一步用英文关键词表达，在谷歌学术中执行如下检索："(nanoring * OR nano - ring * OR nano ring *) AND (polystyrene OR polystyrol OR PS) AND (deposit * OR supter *) AND etching"，可以获得一篇期刊类文献（"Magnetic Bistability and Controllable Reversal of Asymmetric Ferromagnetic Nanorings"，F. Q. Zhu 等，《Physical Review Letters》，第 027205-1 至 027205-4 页，2006 年 1 月），该文献不仅公开了纳米环的结构，还公开了待检索方案的制备方法的主要步骤，仅操作细节和参数存在差异。因此，该文献不仅可以用于评述纳米环产品的新颖性，还可以用于评述制备方法的创造性。由此，我们从发明构思的角度进行检索，完成了该方案的检索。

## 7.1.3 性能参数限定的产品技术方案的检索

化学作为一门实验性学科，有些产品技术方案的创造性依赖于技术方案所取得的技术效果。因此，这些化学产品经常会采用性能等参数来表征。本节将围绕性能参数限定的化学产品技术方案，通过实际案例，介绍这类方案的检索。

【发明名称及技术领域】
一种立方氮化硼烧结体切削刀具。
【背景技术及存在的问题】
在精密的切削工具中，立方氮化硼是最为常见的材料，其具有仅次于金刚石的硬度，且有优良的导热率，在切削钢铁等材料时切削热量不易堆积，是用于切屑钢铁等金属材料的优选刀具材质。立方氮化硼刀具的制备方法通常为立方氮化硼颗粒与结合剂烧结制备得到的多晶立方氮化硼烧结体。然而，切削刀具的导热率并非越高越好，高导热率的立方氮化硼有利于避免刀具切削过程中热量堆积在刀具刃部而加快刃部磨损，但导热率过高会导致刀具整体温度上升而使得刀具产生整体性破坏。此外，将立方氮化硼刀具用于电火花切割过程中，还需要考虑电阻率的影响，立方氮化硼电阻率较高，烧结体中立方氮化硼含量过高将导致刀具电阻增大，将使得刀具放电时电负荷加重，诱发刀具破坏，影响刀具寿命。基于上述问题，现有的多晶立方氮化硼刀具往往寿命较短。

【详细解决方案】

本技术方案基于现有技术存在的问题，从调控立方氮化硼烧结体的导热率和电阻率的角度出发，向烧结体多晶立方氮化硼中引入了绝热相和导电相，通过引入绝热相，使得立方氮化硼颗粒之间的传热被阻隔，从而降低热导率；通过引入导电相，提高立方氮化硼的导电性能，最终达到提高多晶立方氮化硼烧结体刀具的寿命的效果。具体实施方式中，引入了$TiC$、$TiB_2$、$AlB_2$、$Si_3N_4$、$SiO_2$、$TiSiN$等化合物，其中$TiC$、$TiB_2$、$AlB_2$都可以作为结合相，$TiC$、$TiB_2$、$AlB_2$、$Si_3N_4$、$SiO_2$、$TiSiN$都可以作为绝热相，且$TiC$的导热率最低，是降低立方氮化硼烧结体导热系数最有效的化合物；而$TiB_2$、$AlB_2$的电导率高，是降低立方氮化硼烧结体电阻率的最有效的化合物，通过表7-1-8所示的一系列对比试验，本技术方案总结出来立方氮化硼陶瓷烧结体的热导率为40~110W/mK、表面电阻为$\leq 2.0 \times 10^{-2} \Omega/cm^2$时，刀具具有较高的寿命。

表7-1-8 实施例记载的绝热相、导电相和刀具性能

| | CNB体积（vol/%） | 绝热相 | 导电相 | 常温热导率（W/mK） | 表面电阻（$\Omega/cm^2$） | 刀具寿命（周期） |
|---|---|---|---|---|---|---|
| 实施例A1 | 60 | $TiB_2$、$AlB_2$ | $TiB_2$、$AlB_2$ | 54 | $4.3 \times 10^{-5}$ | 10 |
| 实施例A2 | 65 | $TiB_2$、$AlB_2$ | $TiB_2$、$AlB_2$ | 61 | $9.6 \times 10^{-5}$ | 12 |
| 实施例A3 | 70 | $TiB_2$、$AlB_2$ | $TiB_2$、$AlB_2$ | 76 | $2.7 \times 10^{-4}$ | 14 |
| 实施例A4 | 75 | $TiB_2$、$AlB_2$ | $TiB_2$、$AlB_2$ | 92 | $5.1 \times 10^{-4}$ | 12 |
| 实施例A5 | 80 | $TiB_2$、$AlB_2$ | $TiB_2$、$AlB_2$ | 104 | $9.4 \times 10^{-4}$ | 11 |
| 对比例A1 | 85 | $TiB_2$、$AlB_2$ | $TiB_2$、$AlB_2$ | 119 | $1.3 \times 10^{-3}$ | 5 |
| 对比例B1 | 60 | $TiC$、$TiB_2$、$AlB_2$、$Si_3N_4$、$SiO_2$、$TiSiN$ | $TiB_2$、$AlB_2$ | 27 | $2.1 \times 10^{-3}$ | 3 |
| 对比例B2 | 65 | $TiC$、$TiB_2$、$AlB_2$、$Si_3N_4$、$SiO_2$、$TiSiN$ | $TiB_2$、$AlB_2$ | 36 | $4.4 \times 10^{-3}$ | 6 |
| 实施例B1 | 70 | $TiC$、$TiB_2$、$AlB_2$、$Si_3N_4$、$SiO_2$、$TiSiN$ | $TiB_2$、$AlB_2$ | 44 | $6.7 \times 10^{-3}$ | 9 |

续表

| | CNB 体积<br>（vol/%） | 绝热相 | 导电相 | 常温热导率<br>（W/mK） | 表面电阻<br>（$\Omega/cm^2$） | 刀具寿命<br>（周期） |
|---|---|---|---|---|---|---|
| 实施例 B2 | 75 | TiC、$TiB_2$、$AlB_2$、$Si_3N_4$、$SiO_2$、TiSiN | $TiB_2$、$AlB_2$ | 50 | $9.3 \times 10^{-3}$ | 11 |
| 实施例 B3 | 80 | TiC、$TiB_2$、$AlB_2$、$Si_3N_4$、$SiO_2$、TiSiN | $TiB_2$、$AlB_2$ | 61 | $1.9 \times 10^{-2}$ | 10 |
| 对比例 B3 | 85 | TiC、$TiB_2$、$AlB_2$、$Si_3N_4$、$SiO_2$、TiSiN | $TiB_2$、$AlB_2$ | 69 | $5.0 \times 10^{-2}$ | 6 |
| 对比例 B4 | 90 | TiC、$TiB_2$、$AlB_2$、$Si_3N_4$、$SiO_2$、TiSiN | $TiB_2$、$AlB_2$ | 78 | $9.0 \times 10^{-2}$ | 4 |

**1. 提炼发明构思与确定核心技术方案**

对于这样的技术方案，我们首先进行发明构思的提炼。该方案针对立方氮化硼烧结体热导率和电阻率未在适当范围内而导致切削刀具寿命较短的技术问题，采用引入绝热相和导电相的核心技术手段，将立方氮化硼烧结体的热导率控制在 40~110W/mK，表面电阻率控制在 $\leq 2.0 \times 10^{-2}\Omega/cm^2$，从而达到提高切削刀具使用寿命的效果。在此基础上，就产品而言，我们确定待检索的核心技术方案是：

一种立方氮化硼切削工具用烧结体，基体为立方氮化硼，还包括绝热相和导电相，其中，所述烧结体的表面电阻为 $\leq 2.0 \times 10^{-2}\Omega/cm^2$，所述烧结体的导热率在 25℃下为 40~110W/mK。

**2. 确定与表达检索要素**

检索这个方案的时候，其主题名称立方氮化硼烧结体，表达了技术方案所涉及的技术领域，将"立方氮化硼"作为一个检索要素。烧结体的表面电阻和导热率是体现发明构思的性能参数特征，可以直接将表面电阻和导热率分别作为检索要素。此外，待检索方案的基本构思为调控烧结体的表面电阻和导热率，提高烧结体的使用寿命。其采用的关键技术手段是向立方氮化硼基体中引入绝热相和导电相，进而使得立方氮化硼复合烧结体的表面电阻为 $\leq 2.0 \times 10^{-2}\Omega/cm^2$、导热率在 25℃下为 60~110W/mK。也即，立方氮化硼烧结体最终的电阻率、导热率等性能是由其组分决定的，因此，也可以以绝热相和导电相分别作为两个检索要素。

在确定了检索要素后，开始对检索要素进行表达，主要通过关键词和分类号对检索要素进行表达。

对于关键词的表达，导热率可以扩展为热导率、导热系数等，电阻可以扩展为导电率、电导率、电阻率等。而绝热相可以扩展为隔热，还可以下位扩展为具体的绝热化合物，导电相也可以扩展为下位的化合物。

对于分类号的表达，进入 IPC 查询系统，输入"立方氮化硼"，可以查询到

"C04B35/5831····以立方氮化硼为基料的陶瓷材料",该分类号非常准确地表达了待检索方案的主题名称。进一步浏览,未发现关于绝热相和导电相的分类号。

最终得到的待检索方案的检索要素表见表7-1-9。

表7-1-9 一种立方氮化硼烧结体切削刀具的检索要素表

|  | 检索要素1 | 检索要素2 | 检索要素3 |
|---|---|---|---|
|  | 立方氮化硼烧结体 | 绝热相/导热率 | 导电相/电阻 |
| 分类号 | C04B 35/5831 |  |  |
| 关键词 | 立方氮化硼<br>cubic boron nitride | 绝热、隔热、碳化钛、硼化钛、硼化铝、氮化硅、二氧化硅、氮化硅钛、TiC、$TiB_2$、$AlB_2$、$Si_3N_4$、$SiO_2$、TiSiN、热导率、导热系数<br>(thermal OR heat) S insulat +、titanium carbide、titanium diboride、aluminum diboride、silicon nitride、silicon dioxide、silicon 2D titanium 2D nitride | 导电、硼化钛、硼化铝、$TiB_2$、$AlB_2$、电阻率、电导率<br>conductivity, titanium diboride, aluminum diboride |

### 3. 检索过程

检索策略1:

从性能的角度进行检索,即以导热率和表面电阻作为检索要素进行检索。在PSS的命令行检索中执行检索式1:"IPC分类号=(C04B35/5831) AND (导热率 OR 导热系数) AND (电阻 OR 导电率 OR 电导率 OR 导电系数)",仅命中1条文献,且未获得有效的对比文件。

检索策略2:

如前文分析,立方氮化硼烧结体中,导电相和导热相是影响烧结体电阻率和导热率的最主要组分,因此,可将导热相和导电相作为检索要素。具体地,绝热相包括碳化钛、硼化钛、硼化铝、氮化硅、二氧化硅、氮化硅钛,导电相包括硼化钛、硼化铝。将检索式1中的性能替换成相应的导电相组分,也即"(硼化钛 OR 硼化铝 OR $TiB_2$ OR $AlB_2$)",命中37条文献,浏览检索结果,就可以发现一篇公开号为CN103097058A的专利文献,其公开了一种由立方氮化硼烧结体制成的工具,通过在立方氮化硼烧结体中引入绝热相以降低导热率,并在说明书实施例记载了立方氮化硼烧结体中包括75vol%的立方氮化硼基体,结合相TiC、$TiB_2$、$AlB_2$,绝热相$Si_3N_4$、$SiO_2$、TiSiN,导热率为32~48W/mK。可见,该专利文献公开了导热相,且其烧结体中的化合物与待检索方案实施例中的绝热相、导电相相同。虽然其并未测定立方氮化硼烧结体的表面电阻,但是由于烧结体表面电阻主要由其导电相决定,在该文献的导电相及其含量与待检索方案相同的情况下,可以推定该专利文献也有相应的导电性能。因此,该专利文献可以用于评述待检索方案中绝热相为TiC、$TiB_2$、$AlB_2$、$Si_3N_4$、$SiO_2$、TiSiN,导电相为$TiB_2$、$AlB_2$的技术方案的新颖性。

检索策略3：

虽然检索策略2中检索到的CN103097058A能够破坏部分技术方案的新颖性，但是该专利文献仅提及通过引入绝热相来控制导热率，并未公开通过引入导电相控制立方氮化硼烧结体电阻的发明构思，这种公开属于偶然公开，通过简单修改即可规避不具备新颖性的问题。为了达到全面检索的目的，可以专利文献CN103097058A作为最接近的现有技术，从发明构思的角度进一步检索向立方氮化硼中引入导电相以调整立方氮化硼烧结体电阻的对比文件，进而影响待检索方案的创造性。因此，可以进一步执行如下检索式："IPC分类号=(C04B35/5831) AND ((导电 OR 电导率 OR 电阻) 10D (相 OR 化合物))"，未获得有效对比文件。进一步采用英文检索"IPC分类号=(C04B35/5831) AND (electric+S (conductivity OR resist+) S (phase OR compound))"，命中7条文献，浏览检索结果，就可以发现一篇公开号为WO2012033930A2的专利文献，其公开了可以向立方氮化硼烧结体中引入碳化钛、碳氮化钛、二硼化钛等导电相，可以控制立方氮化硼烧结体的表面电阻小于$0.5 \times 10^{-2} \Omega/cm^2$，使得立方氮化硼用于电火花切割时避免因烧结体电阻过大而破损。可见，该专利文献公开了向立方氮化硼烧结体中引入导电相的发明构思。将CN103097058A与WO2012033930A2结合，就能够破坏待检索方案的创造性。

如上，通过几种检索策略的使用，我们就完成了该性能限定的产品技术方案的检索。对于性能、效果等参数限定的产品技术方案，一方面，可直接以性能、效果作为检索要素进行检索，查看是否存在具有相应性能的产品。另一方面，由于产品的性能是由产品的成分、结构和/或相应的制备方法决定的，因此，也可以首先分析影响产品性能、效果的主要因素，确定与所述性能、效果相对应的产品成分、结构、制备方法等技术特征，进一步从影响产品性能、效果的因素的角度进行检索，起到全面检索的目的。

## 7.2 方法技术方案的检索

化学领域方法技术方案通常包括两种，即对原料的处理方法和目标产品的制备方法。对于涉及原料的处理方法的技术方案，这种方案往往不以获得产品为目的，其对原料进行处理的原因在于原料本身存在问题，或者原料的存在会造成其他负面影响，因此，需要对原料加以处理。对于涉及目标产品的制备方法的技术方案，这种方案往往是现有技术有获得目标产品的需求，或者目标产品具有较好性能等，需要对原材料加以处理而获得目标产品。

### 7.2.1 原料处理方法的技术方案的检索

原料处理方法的技术方案在废旧资源的处理、回收、再利用领域最为常见。下面，我们通过以下示例,来展示这一类技术方案的检索。

【发明名称及技术领域】

一种VOCs废气的处理方法。

【背景技术及存在问题】

挥发性有机物(Volatile Organic Compounds,VOCs)是一大类重要的空气污染物,其主要成分为烃类、氧烃类、含卤烃类、氮烃及硫烃类等。目前常见的VOCs脱除方法有吸附法、吸收法、冷凝法、膜分离法等方法或若干种方法的组合。吸附法工艺复杂,需要二次处理;吸附床容易产生高温热点,存在安全隐患。冷凝法工艺技术成熟,系统配套简单,安全性高,自动化水平高,但电力消耗较高、能耗高。膜分离法气态膜尚未实现完全的国产化,需进口且价格昂贵。常规吸收法一般是用柴油或者汽油吸收剂,吸收后的吸收剂没有再生装置,需要消耗大量的吸收剂,然后再将吸收剂重新运送回炼厂重新提炼,因此虽然前期投资成本比较低,但运行成本高,而且回收效率低。且经回炼厂处理后的吸收剂往往温度较高,需要额外的制冷设备将吸收剂冷却才能进一步用于吸收塔吸收处理。

【详细解决方案】

本技术方案采用吸附法脱除挥发性有机物,针对传统吸收法的吸收剂没有再生装置,需要将吸收剂重新运送回炼厂重新提炼,且重炼后的吸收剂需要降温处理的技术问题,采用油气与从吸收塔顶淋喷的吸收剂进行逆流接触,吸收剂对烃类组分进行选择性吸收,吸收后降低浓度的废气可以以低浓度排放。吸收了油气的吸收剂经预热后进入真空解吸罐解吸,解吸出来的油气可以直接进入冷凝回收。解吸干净后的吸收剂又可以重新利用进入吸收塔继续吸收油气中的烃类组分。换热器利用脱除干净后的高温吸收剂的热量,来预热即将要进入真空脱除塔内的低温吸收剂,大大节约了能耗,又避免使用额外的冷却装置,总的工艺流程示意如图7-2-1所示。其具体的方案如下:

一种VOCs废气的处理方法,依次包括以下步骤:

1)将废气从吸收塔底部通入,然后与吸收塔顶部喷洒的吸收剂接触,使得废气中的VOCs被吸收剂所吸收,然后将处理后的气体可直接排放或者进行末端处理,将其中一部分气体分流送入汽提塔内;

2)将经步骤1)处理的吸收剂通入热交换器中进行预热,接着再通入到加热器中进行加热,然后送入真空脱除塔内,使得VOCs从吸收剂内蒸发出来;

3)将经步骤2)处理的吸收剂从汽提塔的塔顶喷入,然后吸收剂与送入汽提塔内的净化气相接触,使得残留的VOCs从吸收剂中脱除出来;

4)将经步骤3)处理的吸收剂送入热交换器,与经步骤1)处理的吸收剂进行热交换,然后将吸收剂送至吸收塔中进行循环吸收。

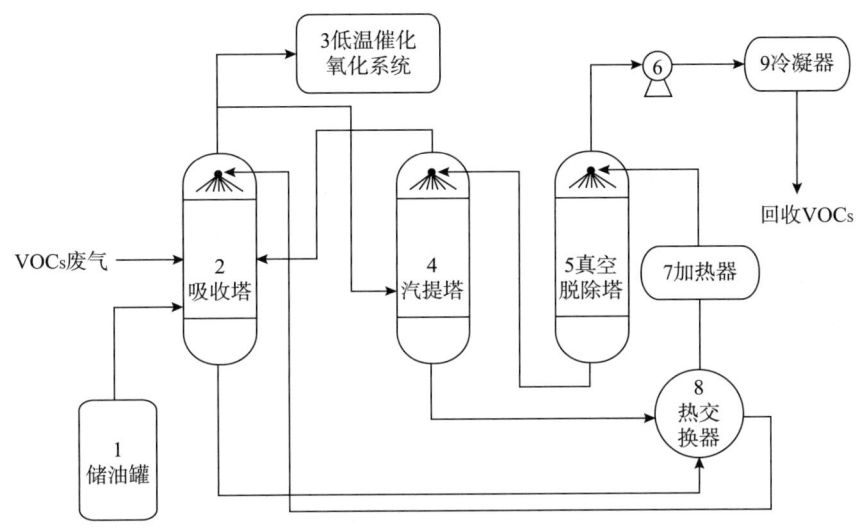

图7-2-1 本技术方案的工艺流程示意

**1. 提炼发明构思与确定核心技术方案**

根据方案记载,其要解决的技术问题为传统吸收法的吸收剂没有再生装置,需要将吸收剂重新运送回炼厂重新提炼,且重炼后的吸收剂需要降温处理。我们可以提炼出其核心技术手段是吸收塔、汽提塔、真空脱除塔、热交换器,以及它们之间的相互连接关系。在此基础上,我们确定待检索的核心技术方案是:

一种VOCs废气的处理方法,其特征在于,依次包括以下步骤:1)将废气从吸收塔底部通入,然后与吸收塔顶部喷洒的吸收剂接触,使得废气中的VOCs被吸收剂所吸收,然后将处理后的气体可直接排放或者进行末端处理,将其中一部分气体分流送入汽提塔内;2)将经步骤1)处理的吸收剂通入热交换器中进行预热,接着再通入加热器中进行加热,然后送入真空脱除塔内,使得VOCs从吸收剂内蒸发出来;3)将经步骤2)处理的吸收剂从汽提塔的塔顶喷入,然后吸收剂与送入汽提塔内的净化气相接触,使得残留的VOCs从吸收剂中脱除出来;4)将经步骤3)处理的吸收剂送入热交换器,与经步骤1)处理的吸收剂进行热交换,然后将吸收剂送至吸收塔中进行循环吸收。

**2. 确定与表达检索要素**

检索这个方案的时候,相应的关键技术手段包括了VOCs吸收塔、汽提塔、真空脱除塔、热交换器。因此,将上述要素作为检索要素。在确定了检索要素后,开始对检索要素采用关键词和分类号进行表达。

对于关键词的表达,VOCs吸收可以表达为VOC?、挥发性有机物、volatile organic compound、absorb+,也可以根据其主要成分表达为油、烃、gas、hydrocarbon、oil。真空脱除可以表达为真空、减压、负压、闪蒸、解吸、vacuum+、flash+。汽提再生可以表达为汽提、气提、吹脱、strip+。热交换可以表达为换热、热交换、heat exchang+。

对于分类号的表达,首先,进入 PSS 的命令行检索,输入"VOC? AND 吸收"进行分类号统计,可以获得如下 IPC 分类号:"B01D53/14·通过吸收作用进行气体分离",但该 IPC 分类号比较上位,并没有明确吸收气体的种类,这种情况下,在检索时可以用 IPC 分类号与相应的关键词 VOCs 组合表达"VOCs 吸收"这一检索要素,另外,也可以进入 PSS 的热门工具——CPC 查询,查看是否存在细分的 CPC 分类号。可以发现,CPC 分类号 B01D53/1425 较准确地表达了吸收剂的再生,B01D53/1487 则较准确地表达了吸收物质为有机物。

最终得到的待检索方案的检索要素表见表 7-2-1。

表 7-2-1 检索要素表

|  | 检索要素 1 | 检索要素 2 | 检索要素 3 | 检索要素 4 |
| --- | --- | --- | --- | --- |
|  | VOCs 吸收 | 真空脱除 | 汽提再生 | 热交换 |
| IPC | B01D 53/14 | | | |
| CPC | B01D 53/1487 | | B01D 53/1425 | |
| 关键词 | VOC?、挥发性有机物、烃、油、吸收、volatile organic compound、hydrocarbon、oil、absorb + | 真空、减压、负压、闪蒸、解吸、vacuum +、flash + | 汽提、气提、吹脱、strip + | 热交换、heat exchang + |

### 3. 检索过程

依据先准后全的原则,采用 CPC 分类号表达 VOCs 吸收、汽提再生,用关键词表达真空脱除、热交换。在 PSS 的命令行检索中执行如下检索式:"CPC 分类号=(B01D53/1487) AND CPC 分类号=(B01D53/1425) AND ((真空 OR 减压 OR 负压 OR 闪蒸 OR vacuum + OR flash +) S (解吸 OR 脱除 OR strip + OR remov + OR releas +)) AND (热交换 OR 换热 OR (heat exchang +))",在 19 条检索结果中,获得一篇公开号为 US2007007733A1 的专利文献,其与待检索方案的区别仅在于多设置了吸收剂再生器用于 BTEX、VOCs 等深度脱除,和热交换器设置的位置不同。而用于 BTEX、VOCs 深度脱除的吸收剂再生器的省略和热交换器的具体位置是本领域技术人员根据需要容易选择的。因此,该专利文献可以用于评述待检索方案的创造性。

对于上述方案,如果未找到更为准确的 CPC 分类号,则可以尝试采用 IPC 分类号和关键词进行检索。具体地,检索要素 1,用关键词"(VOC? OR (挥发 10D 有机 10D (气体 OR 物)) OR 烃 OR 油) OR (volatile organic compound) OR hydrocarbon OR oil"和 IPC 分类号"IPC 分类号=(B01D53/14)"进行表达,进一步与其他检索要素相与进行检索,命中 93 条文献,也能够获得公开号为 US2007007733A1 的专利文献。可见,通过 IPC 分类号与关键词的组合也能够检索到有效的对比文件。由此,我们完成了该技术方案的检索。

对于化学领域涉及原料处理方法的技术方案,由于涉及处理步骤可能较多,首先应当提炼发明构思,找出体现发明构思的关键步骤,确定检索要素。在确定好检索要素后，关注各检索要素是否有准确的分类号，尤其是 IPC 分类表中未找到非常准确的分类号时，应当进一步查询 CPC 分类表，查看是否有更准确的 CPC 分类号，以提高检索的效率。

## 7.2.2 目标产品制备方法的技术方案的检索

本节围绕目标产品制备方法的技术方案的检索，通过以下示例，来展示这一类技术方案的检索。

【发明名称及技术领域】
一种合成胺类化合物的方法。

【背景技术及存在的问题】
胺类化合物作为一类重要的有机合成中间体，目前已被广泛应用于医药、农药、染料、香料以及日用化工品等化学品的合成工艺中，在精细化工领域占有非常重要的地位。胺类化合物的生产方法主要由相应的硝基类化合物还原制得，如化学还原法、电解还原法和催化加氢还原法等。其中催化加氢还原法相对于化学还原法污染小，相对于电解还原法设备简单、成本低而被广泛应用。但为了保证还原效果，现有催化加氢还原法通常需要多种催化剂联合使用，或者在高温、高压等苛刻的条件下进行。

【详细解决方案】
本技术方案通过选择带有特定的基团的硝基类化合物和特定的金属催化剂种类，在反应过程中只使用一种金属，就能使得所述硝基类化合物在较低的反应温度下被还原。采用的技术方案为：

$$R-NO_2 \xrightarrow{\text{催化剂}} R-NH_2$$

其中 R 基团选自苯基、4-氯苯基、环戊基、环己基、环庚基和环辛基。所述由硝基类化合物催化加氢合成胺类化合物的方法，其特征在于：所述金属催化剂中仅含有一种金属元素。所述由硝基类化合物催化加氢合成胺类化合物的方法，其特征在于：所述金属催化剂为硫酸亚铁（$FeSO_4$）或其水合物、硝酸铁（$Fe(NO_3)_3$）或其水合物、三（三苯基膦）氯化钌（II）（$RuCl_2(PPH_3)_3$）、醋酸镍或纳米铂。所述由硝基类化合物催化加氢合成胺类化合物的方法，其特征在于：反应中加氢的氢源为氢气，反应的温度为 100~150℃，反应的压力为 8~13bar。所述由硝基类化合物催化加氢合成胺类化合物的方法，其特征在于：反应的溶剂为醇类、酯类、甲苯、水或其混合物，所述醇优选为甲醇、乙醇、丙醇、丁醇或其混合物，所述酯优选为乙酸甲酯、乙酸乙酯、乙酸丙酯或其混合物。

**1. 提炼发明构思与确定核心技术方案**

首先进行发明构思的提炼。根据方案记载，其要解决的技术问题为现有胺类化合物制备通常需要多种催化剂协同使用，或者较高的反应温度，反应成本高。我们可以提炼出其核心技术手段是以硝基苯、4-氯硝基苯（或者 4-硝基氯苯）、硝基环己烷、硝基环庚烷和硝基环辛烷为硝基类化合物原料，以硫酸亚铁（$FeSO_4$）或其水合物、硝酸铁（Fe（NO₃）₃）或其水合物、三（三苯基膦）氯化钌（Ⅱ）（RuCl₂（PPH₃）₃）、醋酸镍或纳米铂为催化剂，实现了只用一种催化剂，在反应温度为100~150℃下就能获得较好还原率。在此基础上，我们确定待检索的核心技术方案是：

一种由硝基类化合物在金属催化剂催化下加氢合成胺类化合物的方法，其特征在于：所述金属催化剂中仅含有一种金属元素，所述金属催化剂为硫酸亚铁或其水合物、硝酸铁或其水合物、三（三苯基膦）氯化钌（Ⅱ）、醋酸镍或纳米铂，反应式如下所示：

$$R-NO_2 \xrightarrow{催化剂} R-NH_2$$

其中R基团选自苯基、4-氯苯基、环戊基、环己基、环庚基和环辛基。

### 2. 确定与表达检索要素

检索这个方案的时候，整个方案包括了反应原料、反应条件和反应产物。其中反应原料为硝基类化合物，反应条件为催化剂和加氢还原，反应产物为胺类化合物。因此，将硝基类化合物、催化剂、加氢还原和胺类化合物作为检索要素。

在确定了检索要素后，开始对检索要素进行表达，主要通过关键词和分类号对检索要素进行表达。

对于关键词的表达，硝基类化合物中文可以表达为硝基、硝基苯、4-氯硝基苯、4-硝基氯苯、硝基环戊烷、硝基环己烷、硝基环庚烷和硝基环辛烷，英文可以表达为nitrobenzene?、4-nitrochlorobenzen?、chloronitrobenzene?、nitro-cyclopentane?、nitro-cyclohexane?、nitro-cycloheptane、nitro-heptamethylene、nitro-cyclooctane、nitro 2D aromatic?、nitro? aromatic?、nitro 2D cycloaliphatic、nitro? cycloaliphatic、nitroparaffin+。胺基类化合物中文可以表达为苯胺、氯苯胺、氨基环己烷、氨基环庚烷、氨基环辛烷，英文可以表达为+amin+、+anilin+、aniline、chloroaniline。催化剂中文可以表达为硫酸亚铁、FeSO₄、硝酸铁、Fe（NO₃）₃、三（三苯基膦）氯化钌、RuCl₂（PPH₃）₃、醋酸镍、纳米铂，英文可以表达为（Ferrous OR Fe OR iron）2W（sulfate OR sulphate）、FeSO₄、（ferric OR Fe OR iron）2W nitrate、Fe（NO₃）₃、Ru OR ruthenium、pph OR +phosphin+、Tris（triphenylphosphine）ruthenium（Ⅱ）chloride、$C_{54}H_{45}Cl_2P_3Ru$、（Ni or nickel）2W acetate。

对于分类号的表达，进入IPC查询系统，输入"氨基"，可以查询到C07C 209/36，其准确地表达了与六元芳环的碳原子连接的硝基还原成胺类化合物的制备方法。而C07C 211/43、C07C 211/45、C07C 211/46、C07C 211/52等则可以准确地表达生成的胺类化合物为氨基连接在六元芳环的碳原子上、六元芳环为苯、六元芳环被卤素原子取代等特征。

此外，在化学领域，涉及产品的制备的技术方案，往往制备方法和最终产品都有相应的分类号，因此，为了提高检索准确性，在某些特定的领域，CPC分类体系中以组合分类方式（Combination Sets，简称C-SETS）标引了部分文献。由于待检索方案属于典型的涉及制备方法和制备产品的技术方案，因此，在找到胺类化合物制备方法的CPC分类号为C07C211，胺类化合物产品的CPC分类号为C07C209后，可以进入第

1章第1.3.1.2小节所介绍的欧洲专利局检索平台(Espacenet),单击分类号检索(Classification Search),查看C07C的分类定义,可以看到,C07C小类下的所有涉及产品制备方法及相应产品方案的可以用C-SETS进行检索,如图7-2-2所示。

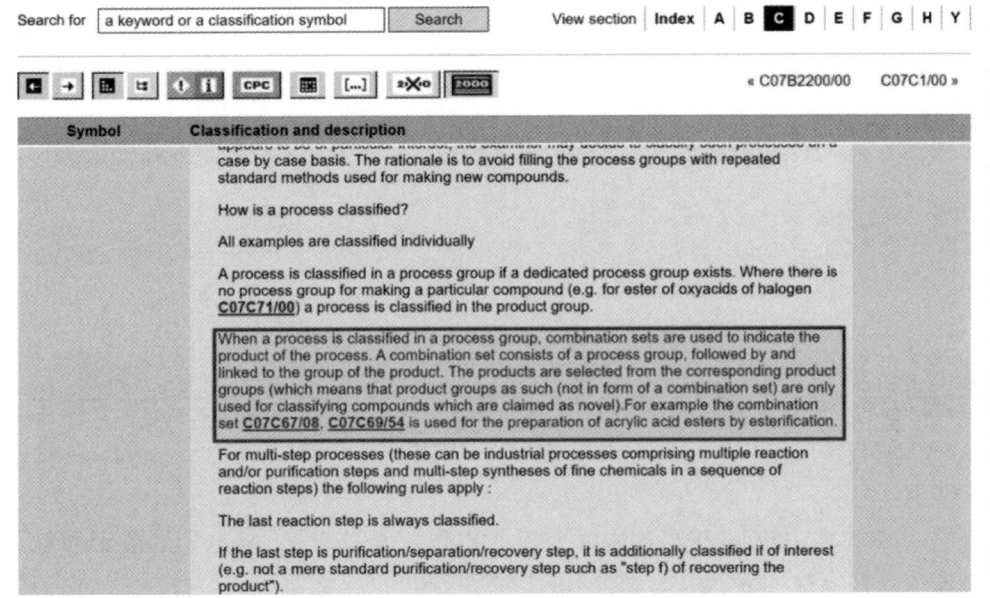

**图7-2-2　C07C分类定义下的C-SETS功能**

最终得到的待检索方案的检索要素表见表7-2-2。

**表7-2-2　一种合成胺类化合物方法的检索要素表**

| | | 检索要素1 | | 检索要素2 | 检索要素3 |
|---|---|---|---|---|---|
| | | 硝基类化合物制备胺类化合物 | | 催化剂 | 氢化 |
| 分类号 | | C07C209/32<br>C07C209/36 | C07C211/43<br>C07C211/44<br>C07C211/45<br>C07C211/46<br>C07C211/52 | B01J23/42<br>B01J23/46<br>B01J23/745<br>B01J23/755 | |
| 关键词 | 中文 | 硝基、硝基苯、4-氯硝基苯、4-硝基氯苯、硝基环戊烷、硝基环己烷、硝基环庚烷和硝基环辛烷 | 苯胺、氯苯胺、氨基己烷、氨基环庚烷、氨基环辛烷 | 硫酸亚铁、$FeSO_4$、硝酸铁、$Fe(NO_3)_3$、三(三苯基膦)氯化钌、$RuCl_2(PPH_3)_3$、醋酸镍 | 氢气、氢化、加氢 |

续表

| | | 检索要素1 | | 检索要素2 | 检索要素3 |
|---|---|---|---|---|---|
| 关键词 | 英文 | nitrobenzene?、4-nitrochlorobenzen?、chloronitrobenzene?、nitro-cyclopentane?、nitro-cyclohexane?、nitro-cycloheptane?、nitro-heptamethylene、nitro-cyclooctane、nitro 2D aromatic?、nitro? aromatic?、nitro 2D cycloaliphatic、nitro? cycloaliphatic、nitroparaffin+ | +amin+、+anilin+、aniline、chloroaniline | (ferrous or Fe or iron) 2W (sulfate or sulphate)、$FeSO_4$、(ferric or Fe or iron) 2W nitrate、$Fe(NO_3)_3$、Ru or ruthenium、pph or +phosphin+、tris (triphenylphosphine) ruthenium (II) chloride、$C_{54}H_{45}Cl_2P_3Ru$、(Ni or nickel) 2W acetate | hydrogen+、$H_2$ |

### 3. 检索过程

**检索策略1：**

首先，以中文关键词表达各检索要素，再以C07C209或C07C211限定领域。在PSS的命令行检索执行表7-2-3所示的检索过程。

**表7-2-3 检索过程**

| 序号 | 检索式 | 命中数量/条 |
|---|---|---|
| 1 | 权利要求=（硝基苯 OR 硝基氯苯 OR 硝基环戊烷 OR 硝基环己烷 OR 硝基环庚烷 OR 硝基环辛烷） | 37496 |
| 2 | 权利要求=（硫酸亚铁 OR 硝酸铁 OR "三（三苯基膦）氯化钌" OR "RuCl2（PPH3）3" OR 醋酸镍 OR 乙酸镍） | 82479 |
| 3 | 权利要求=（氢化 OR 加氢 OR 氢气） | 281879 |
| 4 | 权利要求=（苯胺 OR （氨基 S 环）） | 210839 |
| 5 | IPC 分类号=（C07C209 OR C07C211） | 153633 |
| 6 | 1 AND 2 AND 3 AND 4 AND 5 | 18 |

共命中18条文献（检索式6），展开阅读后可发现一篇中文专利文献CN103772207A，其公开了采用硝基苯为原料，采用乙酸镍为催化剂，以氢气为还原剂，在120~220℃的反应温度下，将硝基苯还原制备得到环己胺。可见，当待检索方案涉及原料为硝基苯、催化剂为醋酸镍、加氢还原制备胺类化合物时，该专利文献可以破坏待检索方案的新颖性。

**检索策略2：**

同理，可以利用英文关键词进行检索。从先准后全的角度，可以先以C-SETS分类号表达制备方法和产品，再与催化剂的关键词相与进行检索。为了体现C-SETS与单独使用体现制备方法的CPC分类号检索的差异，我们对两种方式进行比较检索，执行表7-2-4所示的检索过程。

表7-2-4 检索过程

| 序号 | 检索式 | 命中数量/条 |
|---|---|---|
| 1 | C-SETS=(C07C211/43/LOW P C07C209/32/LOW) | 3794 |
| 2 | 权利要求=((ferrous 2D (sulfate OR sulphate)) OR (ferric 2D nitrate) OR (ruthenium 2D (PPH OR + phosphin +)) OR (nickel 2D acetate) OR FeSO_4 + OR " Fe (NO_3)_3" OR $C_{54}H_{45}Cl_2P_3Ru$) | 27918 |
| 3 | 1 AND 2 | 25 |
| 4 | CPC=(C07C209/32/LOW) AND CPC=(C07C211/43/LOW) | 10810 |
| 5 | 2 AND 4 | 31 |

从检索式3和检索式5的检索结果，我们都能得到一篇公开号为WO2005070869A的专利文献，该专利文献公开了采用七水合硫酸亚铁作为催化剂，在150℃下将硝基氯苯氢化还原得到氯苯胺。可见，当待检索方案的硝基类化合物为硝基氯，催化剂为硫酸亚铁时，该专利文献可以破坏待检索方案的新颖性。同时，由检索结果可以发现，利用C-SETS检索命中篇幅较单独使用制备方法的CPC分类号进行检索命中篇幅少，因此，可以有效减少噪声，提高命中率。

检索策略3：

专利文献WO2005070869A是通过专利合作条约（PCT）途径申请的专利，一般来说，WO的专利文献在最后部分会附带国际检索报告，虽然各个国家专利审查标准存在差异，但国际检索报告中填写的文献往往都是相关度非常高的文献，甚至是可以评述新颖性和创造性的文献。因此，可以利用国际检索报告进行追踪检索。查阅WO2005070869A的国际检索报告可知，其中一篇公开号为US3832401A的专利文献公开了采用三（三苯基膦）氯化钌（$RuCl_2[P(C_6H_5)_3]_3$）为催化剂，苯乙醇为溶剂，在105~135℃下将4-硝基氯苯还原为4-氯苯胺。可见，该专利文献也可以破坏其中一个技术方案的新颖性。

检索策略4：

由于目前已经检索到了硝基苯类化合物，因此，可以尝试针对硝基环己烷、硝基环庚烷，或环己胺、环庚胺进行检索。且在确定的反应条件的情况下，有目标产品时则有相应的反应原料，或者有相应的反应原料时，必然得到相应的目标产品。因此，可仅以反应原料、反应条件进行如下检索"(nitro? cycloheptane OR (nitro 1W cycloheptane) OR nitro? cyclohexane OR (nitro 1W cyclohexane)) AND (catalyst P (ferrous OR ferric OR iron OR Fe OR Ru)) AND hydrogen +"，命中13条文献，未检索到破坏新颖性和创造性的对比文件。进一步，以目标产品、反应条件进行如下检索"(catalyst P (ferrous OR ferric OR iron OR Fe OR Ru)) AND hydrogen + AND (cycloheptylamine OR cyclohexylamine)"，命中121条文献，其中一篇公开号为GB1330274A的专利文献，其公开了使用三（三苯基膦）氯化钌（II）（$RuCl_2(PPh_3)_3$）作为催化剂，在120℃下，从硝基环己烷制备环己胺，溶剂为甲醇，氢源为氢气。可见，该篇专利文献可以破坏待检索方案的新颖性。

综上，我们可以从 C-SETS 组合分类与关键词组合、CPC 分类号与关键词组合、IPC 分类号与关键词组合、关键词、追踪检索等多个角度完成对上述技术方案的检索。

对于化学领域涉及产品制备方法的技术方案，应当注意是否有准确的 CPC 分类号，并根据 CPC 分类定义查看该领域是否有 C-SETS 组合分类，并依据先准后全的原则进行检索。此外，当待检索的方案涉及多个并列的方案时，如果一种检索策略只能检索到其中部分技术方案，则应充分利用分类号和关键词的组合，或者仅利用分类号或关键词进行全面的检索。最后，在特殊情况下，可以利用中间文件或者已检索到的文献进行追踪检索，以获得新的对比文件。

## 7.3 化学领域特殊技术方案的检索

化学领域研究结构比较微观，是从原子、分子层面对现有方案进行改造、创造新物质或发现新用途。因此，在化学领域，存在一些独特的技术方案，例如化合物、聚合物和生物序列，这些技术方案由于专业性强，在进行检索的时候，除了用常规的关键词、分类号等进行检索以外，有时需要借助专业的检索工具，利用化学领域独有的检索字段进行检索。本节将主要介绍化合物、聚合物和生物序列等特殊技术方案的检索。

### 7.3.1 化合物的检索

化合物是一种具体的物质，一般而言可以分为两类：一类是单一结构的化合物；另一类是涉及取代基可变的通式化合物。对于化合物的检索，最常见的包括直接用其名称、分子式或结构式进行检索。此外，由于有些化合物结构非常复杂，没有统一的名称，或者相同分子式的化合物结构不同，为了便于化合物的检索，许多专业的数据库都对特定的化合物按一定规则进行了特殊的标记，例如 CAS 登录号（Chemical Abstract Service Registry Number）、SMILES（Simplified molecular input line entry specification，简化分子线性输入规范）、InChI（International Chemical Identifier，国际化合物标识），且部分数据库中采用这些特殊的标记对化合物进行了标引，这为化合物的检索提供了一种比较精准的途径。

#### 7.3.1.1 单一结构化合物的检索

单一结构化合物的特点在于化合物的结构式是确定的、唯一的，其相对于通式类化合物而言，不存在结构上的变量，检索相对简单。本小节将通过以下实际案例，介绍单一结构化合物的检索。

【发明名称及技术领域】

一种烷基氧膦类化合物的应用以及从盐湖卤水中萃取锂的方法。

【背景技术及存在问题】

盐湖中,锂主要以离子形式与钠、镁、钾等碱金属和碱土金属伴生在一起,由于元素性质相近,使得分离提取锂十分困难。萃取法是最有前景的卤水提锂的方法之一,效果较好的体系是磷酸三丁酯-氯化铁-煤油体系,但磷酸三丁酯极易水解,使得萃取剂使用较短的时间就需要更换,极大地增大了使用成本。由于现有萃取剂存在的问题,找到一种新的萃取剂非常有必要。

【详细解决方案】

本技术方案涉及一种烷基氧膦类化合物在锂萃取中的应用,所述烷基氧膦类化合物为三苯基氧膦,具体结构式如下:

,式Ⅰ。

进一步地,萃取体系有机相中还可以包括稀释剂,以降低体系的黏度,增大萃取率、加快澄清时间。所述稀释剂为溶剂汽油、磺化煤油、甲苯或二甲苯。三苯基氧膦化合物具有稳定的化学结构,耐酸碱,在萃取及反萃过程中不会发生分解,延长了使用周期、降低了萃取成本,使之更易于推广应用与工业化生产。

### 1. 提炼发明构思与确定核心技术方案

根据方案记载,其针对常见的磷酸三丁酯萃取剂易水解、稳定性差的问题,采用了化学结构稳定、耐酸碱的三苯基氧膦作为锂萃取剂。我们可以提炼出其核心技术手段是采用三苯基氧膦萃取锂。因此,待检索的核心技术方案是:

一种烷基氧膦类化合物在锂萃取中的应用,所述烷基氧膦类化合物为三苯基氧膦。

### 2. 确定与表达检索要素

检索这个方案的时候,三苯基氧膦、萃取、锂作为基本检索要素。

在确定了检索要素后,首先可以通过关键词和分类号对检索要素进行表达。对于烷基氧膦类化合物,其既可以采用化学名称三苯基氧膦表达,也可以通过分子式 $C_{18}H_{15}OP$ 表达,还可以采用结构式进行表达。此外,通过在 IPC 分类号查询系统中输入"萃取",容易查阅到 IPC 分类号 C22B3/38 表示通过含磷有机化合物溶液萃取。

最终得到的待检索方案的检索要素表见表 7-3-1。

表 7-3-1 一种烷基氧膦类化合物的检索要素表

|  | 检索要素 1 | 检索要素 2 | 检索要素 3 |
|---|---|---|---|
|  | 三苯基氧膦 | 萃取 | 锂 |
| 分类号 | C22B3/38 |  |  |
| 关键词 | 三苯基氧膦、三苯基氧化膦、氧化三苯基膦、$C_{18}H_{15}OP$、triphenyphosphine oxide、 | 萃取、solvent extract + | 锂、lithium |

### 3. 检索过程

检索策略 1：

首先，该化合物比较简单，化合物的名称也比较明确，因此，可通过常规的关键词或分类号进行检索。进入 PSS 进行中文关键词检索："（三苯基氧膦 OR 三苯基氧化膦 OR 氧化三苯基膦 OR $C_{18}H_{15}OP$）AND 萃取 AND 锂"，命中 19 条文献，未发现有效对比文件。采用英文关键词和分类号组合检索："（triphenyphosphine oxide OR $C_{18}H_{15}OP$）AND extract + AND lithium AND IPC 分类号 =（C22B3/38）"，也未获得可用于评述新颖性和创造性的对比文件。

检索策略 2：

化学物质除了通过化学名称表达外，物质的结构式也是最为常见的表达方式之一。有些检索工具和数据库具有检索物质结构的功能，例如 ISI Web of Science、STN 都可以绘制结构式，并进行相应结构的检索。下面将逐一介绍采用 ISI Web of Science 和 STN 绘制结构式，直接检索目标文献。

（1）ISI Web of Science 结构式检索。

ISI Web of Science 中的"Web of Science 核心合集"和"Derwent Innovations Index"都能够检索结构式，前者主要用于检索非专利文献，后者则用于检索专利文献。

首先，进入 ISI Web of Science 主页面，如图 7-3-1 所示，在选择数据库栏选择"Web of Science 核心合集"，进一步选择"化学结构检索"，就会出现用于绘制结构式的"化学结构绘图"界面。

图 7-3-1 Web of Science 核心合集数据库的化学结构检索界面

在"化学结构绘图"中绘制三苯基氧膦的结构式,如图 7-3-2 所示。选择精确匹配,共获得 381 条文献。为了查看与萃取锂相关的文献,进一步在高级检索中输入"TS = (lithium) OR TI = (lithium) OR AB = (lithium) OR KP = (lithium)",获得 233429 条文献,在检索历史中,将结构式的检索结果与高级检索中关于锂的检索结果组配检索,获得 4 条文献。展开阅读后未发现有效的对比文件。

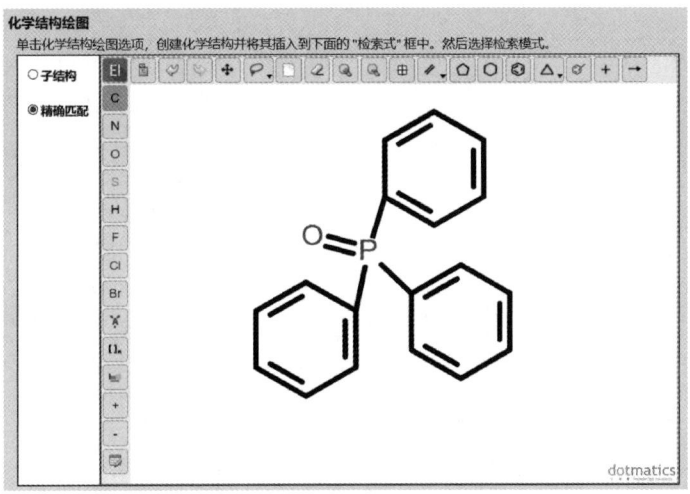

图 7-3-2 Web of Science 核心合集数据库化学结构检索化学结构绘图界面

进而转入"Derwent Innovations Index"数据库进行结构式检索。在选择数据库栏选择该数据库,选择化合物检索。与前述方法一样,绘制三苯基氧膦的结构式后单击检索,单击查找专利记录,获得 375 条文献。为了查看与萃取锂有关的文献,在精炼检索结果栏输入"lithium",如图 7-3-3 所示。命中 12 条文献,未发现能够用于评述新颖性和创造性的对比文件,因此,还需要进一步检索。

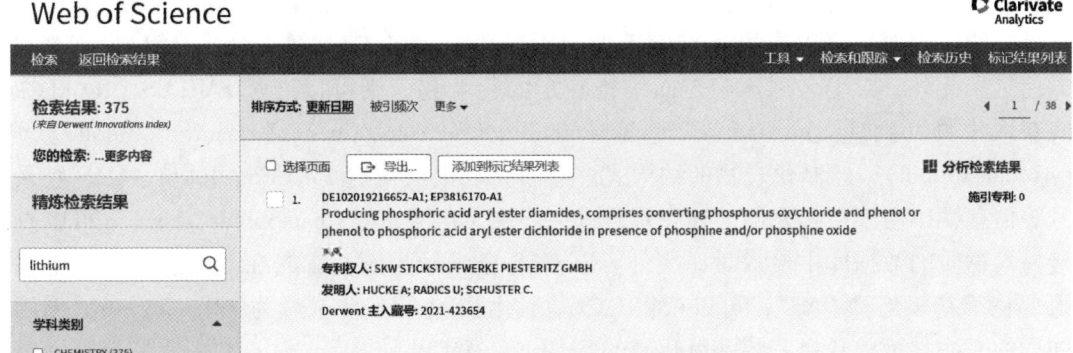

图 7-3-3 Derwent Innovations Index 数据库检索结果进一步精炼检索界面

(2) STN 结构式检索。

STN 也提供了绘制结构式,直接通过结构式检索目标文献的功能。首先,登录

STN,单击"DRAW"绘制三苯基氧膦的结构式,绘制完成后单击"UPLOAD",再进入 Registry 数据库进行检索,检索过程见表 7-3-2。

表 7-3-2　STN 绘制结构式检索化合物

| 数据库 | 检索式 | 序号 | 命中数量/条 | 解释 |
| --- | --- | --- | --- | --- |
| Registry | = > File Registry | | | 进入 Registry 数据库 |
| | Uploading structure | L1 | — | 上传结构式 I |
| | = > S L1 FUL | L2 | 24178 | 在全文中检索 L1 所述结构的物质 |
| Caplus | = > File Caplus | | | 进入 Caplus 数据库 |
| | = > S L2 | L3 | 14489 | 在 Caplus 数据库中检索包含 L2 所述物质的文献 |
| | = > S ( lithium and extract? ) | L4 | 789614 | 采用关键词进行限定 |
| | = > S L3 and L4 | L5 | 23 | 检索包含 L1 和 L2 的结果的文献 |
| | = > D L5 1-23 TI AB PN JT AU SO PY | | | 显示 L5 中第 1~23 条结果的标题、摘要、专利号、期刊名称、来源、公开年 |

共命中 23 条文献,展开检索结果,可以获得期刊文献("Synergic liquid/liquid extraction of lithium and sodium with 4-acyl-5-pyrazolones with bulky subsititbes and tri-n-octyphosphine oxide", Mukai Hiroshi 等,《Anaytica Chimica Acta》,第 220 卷第 1 期,第 111-117 页,1989 年),和公开号为 CN108085490A 的专利文献。上述期刊类文献的对比例公开了采用三苯基氧化膦作为萃取剂萃取锂,而专利文献 CN108085490A 公开了采用三苯基氧化膦作为萃取剂。因此,这两篇文献都可以用于评述待检索方案的新颖性。

检索策略 3:

待检索方案中的三苯基氧化膦是一种具体的化合物,且该化合物的名称和结构都是确定的,因此,可以直接在百度等搜索引擎中查找其 CAS 登录号、SMILES、InChI 等信息。此外,对于名称不确定而结构确定的化合物,则可以通过 SMILES、InChI 在线获取工具(网址:http://www.cheminfo.org/Chemistry/Cheminformatics/Generate_InChI/index.html),绘制化合物的结构式,进而获取化合物的 SMILES、InChI、CAS 登录号等信息,以便于后续采用上述登录号进一步在 PubChem、ChemSpider、STN 等可以直接检索物质的数据库中检索对比文件。以 CAS 登录号为例,首先在百度搜索引擎中输入"三苯基氧化膦 CAS",可以获得三苯基氧化膦的 CAS 登录号为 791-28-6。采用同样的方法,可以获得三苯基氧化膦的 SMILES、InChI。

(1)在 PubChem 中检索。

进入 PubChem 数据库(网址:https://pubchem.ncbi.nlm.nih.gov)中,输入三苯基氧膦的 CAS 登录号 791-28-6,获得 1 种物质,点开后的页面对三苯基氧膦的名称、结构、用途、生产方法、涉及的文献、专利等做了详细介绍。但可以发现涉及期刊类文献非常多,例如 Springer 数据库中就多达 1270 条,专利文献更是多达 41780 条,因此,无法逐一查看涉及该物质用于锂萃取的文献。

(2) 在 ChemSpider 中检索。

ChemSpider 数据库中除了检索物质的相关信息以外,还可以提取物质信息进行二次检索。进入 ChemSpider 数据库(网址:https://chemspider.com),输入三苯基氧膦的 CAS 登录号 791-28-6,获得 1 个物质,并对该物质的结构、分子量等有详细的介绍,如图 7-3-4 所示。单击下方的"Searches"按钮,可以看到,利用该提取的结构可以进一步在 ChemSpider 中检索,也可以在谷歌(学术)中进行关键词或结构式检索,如图 7-3-5 所示。

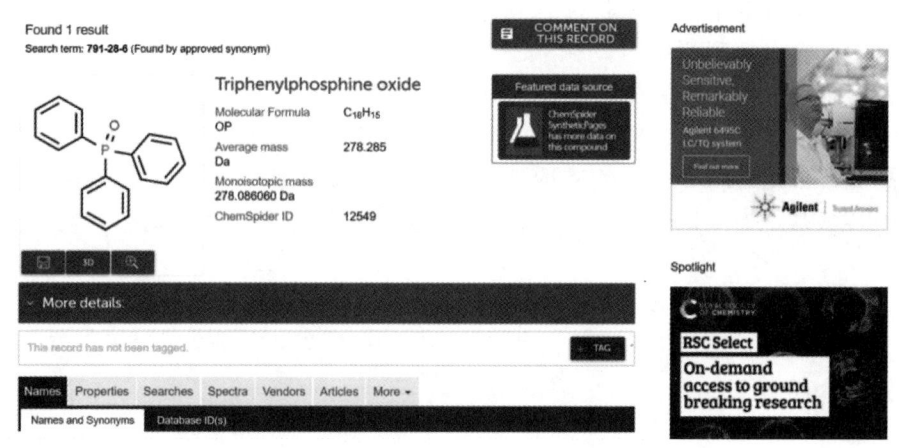

图 7-3-4 ChemSpider 检索结果界面

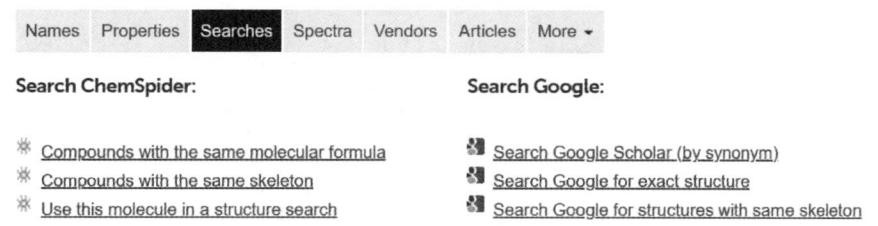

图 7-3-5 在 ChemSpider 检索结果中二次检索功能

单击谷歌学术中的名称检索(Search Google Scholar(by synonym)),跳转至谷歌学术搜索页面,其会在搜索栏中自动输入三苯基氧膦的名称、CAS 登录号、分子式、缩写符号、特殊成分标识号、MDL 号等所有可用于表征该物质的信息。为了获得与萃取锂有关的文献,在搜索框前面输入"lithium AND extract",第一条检索结果为检索策略 2 中采用 STN 结构式检索获得的期刊类文献,如图 7-3-6 所示。

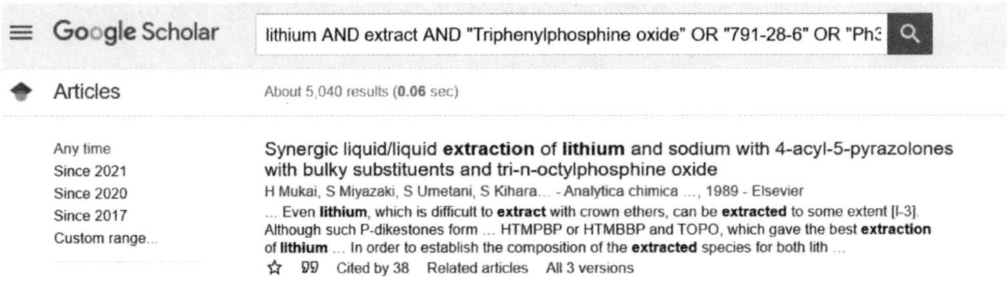

图 7-3-6 谷歌学术精炼检索结果界面

也可单击在谷歌中检索提取的结构（Search Google for exact structure），跳转至谷歌搜索页面，其会在搜索栏中自动输入三苯基氧膦的 InChIKey。同理，为了获得与萃取锂有关的文献，在搜索框的前面输入"lithium AND extract"，前两条检索结果分别为公开号为 US3479147A、WO20130650050A1 的专利文献，如图 7-3-7 所示，这两篇专利文献都公开了采用氧膦类化合物萃取锂，并记载了磷元素上有三个取代基，三个取代基可以为芳香基。而苯是最常见的芳香基，因此，可用于评述待检索方案的创造性。

图 7-3-7 谷歌精炼检索结果界面

检索策略 4：

如前文所述，化学领域为了提高物质检索的精确性，许多数据库都对化学物质采用了特殊的规则进行标记，通过这些特殊的标记可以提高检索的精确性。但是这依赖于收录的数据库采用了这些标记对所涉及的文献进行标引。从检索策略 3 中我们可以看到，在谷歌学术中搜索三苯基氧膦的名称、分子式、CAS 登录号等信息都依赖于收录文献的数据库采用了上述方式进行标引。而在谷歌中搜索三苯基氧膦的 InChIKey 出现的文献都是专利文献，这也是因为非专利文献并未采用 InChIKey 进行标引。因此，有可能因为收录文献的数据库未采用上述标记进行标引而导致漏检。STN 的 Registry 数据库对所收录的文献中的每一种物质都录入了 CAS 登录号，而其 CAplus 数据库对专利和非专利文献中的各种物质都采用的 CAS 登录号进行标引。因此，在防止漏检上具有独特的优势。下面以待检索方案为例，介绍如何在 STN 中采用 CAS 登录号进行高效和全面的检索。

首先，在百度中输入"锂 CAS"，查询到锂的 CAS 登录号为 7439-93-2。检索思路为先在 Registry 数据库中用 CAS 登录号查询三苯基氧膦和锂，再转入 Caplus 数据库中查询包含该物质的文献。具体地，执行表 7-3-3 所示的检索过程。

表 7-3-3  STN CAS 登录号检索化合物

| 数据库 | 检索式 | 序号 | 命中数量/条 | 解释 |
| --- | --- | --- | --- | --- |
| Registry | => File Registry | | | 进入 Registry 数据库 |
| | => S 7439-93-2/RN | L1 | 1 | 检索锂的 CAS 登录号 |
| | => S 791-28-6/RN | L2 | 1 | 检索三苯基氧膦的 CAS 登录号 |
| Caplus | => File Caplus | | | 进入 Caplus 数据库 |
| | => S L1 AND L2 | L3 | 45 | 检索包含锂和三苯基氧膦的文献 |

展开上述结果，我们除了获得检索策略 2 中的期刊文献和专利文献外，还获得了期刊文献（"Synergism in the solvent extraction of alkali metal ions by thenoyl trifluoracetone"，T. V. Healy，《Journal of Inorganic Nuclear Chemistry》，第 30 卷第 4 期，第 1025-1036 页，1968 年 5 月），该文献公开了可以采用三苯基氧膦作为锂的萃取剂。可见，通过 STN 中 CAS 登录号的精确检索，能够获得前面三种检索策略所获得的所有用于评述新颖性的对比文件，检索结果比较全面。

经过上述方法，我们完成了待检索方案的检索。

对于单一结构的化合物，首先可以通过化合物名称进行检索，如果未检索到对比文件，可以考虑先用化学名称在百度等搜索引擎中查询化合物的 CAS 登录号、SMILES、InChI 等信息，进一步采用 PubChem、ChemSpider 等免费软件查询涉及化合物的文献，或者结合谷歌等搜索引擎检索对比文件。如果通过上述信息也未能获得对比文件，则需要采用 Web of Science 进行结构式检索，或者进入 STN 等采用 CAS 登录号或结构式进行全面检索，以完成检索。

#### 7.3.1.2　马库什通式类化合物的检索

马库什通式类化合物由于其取代基类型、结构等不确定，往往是化学领域的检索难点之一。一般而言，可以通过比较上位的关键词或分类号进行简单的检索。如果不能检索到对比文件，则需要借助 STN 等专业检索工具采用亚结构渐进式检索，或者将分子式上位归类，进行检索。本小节通过实际案例，介绍马库什通式类化合物的常见检索方法。

【发明名称及技术领域】

一种环保型含氟清洗剂及其制备方法。

【背景技术及存在的问题】

目前，工业上使用的大多为有机溶剂清洗剂和水性清洗剂，有机溶剂清洗条件温和，清洗效率高，但是有机溶剂易挥发，容易对环境造成污染，其脂溶性也容易对人体造成毒害作用。水基型清洗剂成本低、无毒、对环境污染小，但是稳定性稍差，在一些条件下乳化渗透能力会发生变化而影响清洗效果，而且废液需做一些特殊的处理才能排放。氢氟醚由于氟的强吸电子能力，使其具有优越的热稳定性、独特的低表面自由能和较低的黏度，同时还具有良好的润湿性，优异的生物相容性，无毒无腐蚀性，是一类性能优异的表面活性剂。目前，氢氟醚推向市场的产品还不多，成本太高限制了其大范围的推广，探索低成本的合成新型的长期稳定的氢氟醚清洗剂很有必要。

【详细解决方案】

本技术方案保护一种环保型含氟清洗剂，化学结构式为：

$$\text{结构式}\ \text{I}$$

（其中上方取代基为 $CH_2OCH_2CH(OH)CF_2OR_2$，糖环上连接 $OR_1$，另有 $OH$、$OH$、$OH$ 基团）

其中 $R_1$ 为 $C_6 - C_{12}$ 的脂肪烷基链，$R_2$ 为 $C_3 - C_8$ 的氟烷基链。

具体而言，本技术方案实施例 1~5 采用烷基糖苷改性的方法，通过简单的方法分别合成了 5 种含氟清洗剂，其分子式结构分别为：$C_{18}H_{31}F_5O_8$、$C_{20}H_{32}F_8O_8$、$C_{23}H_{33}F_{13}O_8$、$C_{27}H_{41}F_{13}O_8$、$C_{29}H_{45}F_{13}O_8$。含氟清洗剂的可燃性测试显示，所述含氟清洗剂均不易燃，具有较好的阻燃性能。含氟清洗剂材料的相容性测试显示，将脱脂的橡胶、PVC 塑料、PCB 板、环氧树脂、不锈钢、不锈钢合金试片分别浸泡于盛有 3% 的实施例 1~5 所述的含氟清洗剂中 24h 后取出试片，40 倍显微镜下未观察到溶胀、气泡、收缩、开裂和腐蚀现象，所述含氟清洗剂具有良好的相容性。含氟清洗剂净洗力测试显示，将涂有润滑油、防锈油、焊锡助焊剂、天然油脂的试片分别置于盛有 3% 的实施例 1~5 所述的含氟清洗剂中，在规定温度下浸泡 3 min，摆动清洗，净洗力均在 98% 以上。

1. **提炼发明构思与确定核心技术方案**

对于这样的技术方案，我们首先进行发明构思的提炼。根据方案，其针对现有氢氟醚清洗剂制备成本高的问题，采用烷基糖苷进行改性，通过简单的方法合成了烷基糖苷氢氟醚清洗剂，获得的清洗剂安全、无毒且与橡胶、塑料、不锈钢等制品相容性好，清洗后不会导致腐蚀、溶胀和色变等现象发生。就产品而言，烷基糖苷氢氟醚的具体结构就是体现发明构思的关键特征，因此，待检索的核心技术方案是：

一种环保型含氟清洗剂，其具有化学式 I 所示的结构。

2. **确定与表达检索要素**

检索这个方案的时候，清洗剂、烷基糖苷氢氟醚作为检索要素。在确定了检索要素后，首先通过关键词和分类号对检索要素进行表达。

对于关键词的表达，清洗剂中文可以表达为清洗、洗涤，英文表达为 clean +、

wash +、detergen +、surfactant +、emulsifi +。对于所述具体的化合物，根据方案记载，其名称为烷基糖苷氢氟醚，但是，该名称显然是由两种原料反应得到的组合名称，很有可能有其他名称，因此，可以分别进行表达，即烷基糖苷、氢氟醚，英文表达为glycoside、glucoside、fluor +、aether +、+ aether。

对于分类号的表达，在 PSS 的命令行检索中输入："发明名称 =（清洗 OR 洗涤）AND 权利要求 =（氟氢醚）"，通过统计分类号，可以发现，分类号 C11D7/26（含氧的非表面活性化合物为基料的洗涤剂组合物）、C11D7/28（含卤素的非表面活性化合物为基料的洗涤剂组合物）等可用于表达所述化合物洗涤剂所含的元素。另外，也可以根据需要上位扩展为 C11D7。

最终得到的待检索方案的检索要素表见表 7 - 3 - 4。

**表 7 - 3 - 4　一种环保型含氟清洗剂及其制备方法的检索要素表**

| | | 检索要素 1 | 检索要素 2 |
|---|---|---|---|
| | | 清洗剂 | 烷基糖苷氢氟醚 |
| 分类号 | | C11D7/26、C11D7/28、C11D7 | |
| 关键词 | 中文 | 清洗、洗涤 | 烷基糖苷、糖苷、氢氟醚、醚、氟 |
| | 英文 | clean +、wash +、detergen +、surfactant +、emulsifi + | glycoside、glucoside、fluor +、aether +、+ aether |

### 3. 检索过程

检索策略 1：

首先，采用关键词与分类号组合检索，进入 PSS 中的命令行检索，执行如下检索式："发明名称 =（清洗 OR 洗涤）AND IPC 分类号 =（C11D7/26 OR C11D7/28）AND 糖苷 AND（氟 S 醚）""发明名称 =（clean + OR wash + OR detergen + OR surfactant + OR emulsifi +）AND（glycoside OR glucoside）AND（fluor + S ether +）AND IPC 分类号 =（C11D7）"，中英文检索都未能获得有效对比文件。因此，应进一步考虑其他检索策略。

检索策略 2：

本案的化合物相对于简单的化合物而言，其名称并不明确，且部分取代基可变，只能较为上位地表达为烷基糖苷对氟烷烃的改性物。另外，由于取代基体可变，也无法通过结构式检索获得准确的 CAS 登录号等信息，不能通过 CAS 登录号进行精确的检索。这种情况下，一般需要先提取化合物的亚结构（也称为母核结构、主体结构、子结构），绘制好亚结构上传，利用 Registry 数据库检索相似结构的化合物或具有该亚结构的化合物，并根据命中文献量的多少，进一步分析是否需要简化或者精细化所述亚结构，根据检索结果，渐进式调整用于检索的亚结构，并查看检索结果的文献，分析对应的文献是否可用于评述待检索方案的创造性。通过 7.3.1.1 节中介绍的 Web of Science 化学结构检索，采用子结构检索未能获取对比文件，而 PubChem、ChemSpider 等子结构检索获取的文献与清洗剂无关，因此，转入 STN 进行检索。

进入 STN 检索界面,单击图标"Draw"绘制结构式,由于 $R_1$ 和 $R_2$ 是可变基团,因此,在绘制亚结构时,将 $R_1$、$R_2$ 省略,绘制如结构式 Ⅱ 所示的亚结构:

$$\text{[结构式 Ⅱ]}$$，式Ⅱ。

并用该亚结构(SSS)在全文数据库(Full)中进行检索。因此,执行表 7-3-5 所示的检索过程。

表 7-3-5　STN 结构式检索化合物一

| 数据库 | 检索式 | 序号 | 命中数量/条 | 解释 |
| --- | --- | --- | --- | --- |
| Registry | => File Registry |  |  | 进入 Registry 数据库 |
|  | Uploading structure | L1 | — | 上传结构式 Ⅱ |
|  | => S L1 SSS FUL | L2 | 31 | 在全文中检索 L1 所述结构的物质 |
| Caplus | => File Caplus |  |  | 进入 Caplus 数据库 |
|  | => S L2 | L3 | 8 | 在 Caplus 数据库中检索包含 L2 所述物质的文献 |

发现具有该亚结构的物质总共有 31 种,而包含该亚结构的物质的文献总共只有 8 篇文献,展开浏览后发现,都不涉及将化合物用作清洗剂的成分使用,不能作为评述新颖性和创造性的有效对比文件。这种情况说明结构 Ⅰ 限定过于具体,导致文献篇幅较少,可以进一步考虑将亚结构简化,由于该化合物是由烷基糖苷与氢氟醚反应制备得到,而糖苷上的烷基也是常见的取代基,因此,可以考虑采用糖苷的主体结构作为待检索的亚结构,进一步采用氟、醚等关键词提高文献相关度,并根据检索结果的文献数量,确定是否进一步限定糖苷等其他关键词。因此,绘制结构式Ⅲ：

$$\text{[结构式 Ⅲ]}$$，式Ⅲ。

并在 STN 中执行表 7-3-6 所示的检索。

表 7-3-6　STN 结构式检索化合物二

| 数据库 | 检索式 | 序号 | 命中数量/条 | 解释 |
| --- | --- | --- | --- | --- |
| Registry | => File Registry |  |  | 进入 Registry 数据库 |
|  | Uploading structure | L1 | — | 上传结构式 Ⅲ |
|  | => S L1 SSS FUL | L2 | 443905 | 在全文中检索 L1 所述结构的物质 |
| Caplus | => File Caplus |  |  | 进入 Caplus 数据库 |
|  | => S L2 | L3 | 1326151 | 在 Caplus 数据库中检索包含 L2 所述物质的文献 |

续表

| 数据库 | 检索式 | 序号 | 命中数量/条 | 解释 |
|---|---|---|---|---|
| Caplus | => S fluori? AND (clean? OR detergen? OR surfactant # OR emulsifi?) AND (ether? OR ?ether) | L4 | 7530 | 检索包含氟、清洗剂文献 |
| | => S L3 AND L4 | L5 | 340 | 检索包含 L3 和 L4 的文献 |
| | => S glycoside? OR glucoside? | L6 | 187081 | 检索包含糖苷的文献 |
| | => S L5 AND L6 | L7 | 54 | 检索包含 L5 和 L6 的文献 |

可以看到，在 Registry 数据库中检索具有式Ⅲ的亚结构，共获得 40 多万种具有该亚结构的物质，转入 Caplus 检索，命中结果多达 130 多万条文献。进一步采用氟、醚、清洗剂的关键词等缩小阅读量，获得 340 条文献。此外，虽然用结构式表达了糖苷，但由于糖苷是该化合物的主体结构，因此，出现关键词的概率也比较大，因此，进一步采用糖苷的关键词进行限定，命中 54 条文献。展开阅读，可以发现一篇公开号为 EP255443A 的专利文献，其涉及多羟基化且高度氟化的化合物及其制备方法和作为表面活性剂的应用，并在说明书中公开了其中一种化合物的具体结构为：

其中 Z 可为 $-CH_2-O-W-R_F$，W 可选为 $-(CH_2)_jCH_2CH(OH)CH_2-$，$j$ 为 $1\sim12$，$R_F$ 为高度氟化部分，$R_F$ 与 W 基团的左端碳原子相连。可见，该化合物与待检索方案中的化合物具有高度相似的结构，区别仅在于糖苷部分，待检索方案为烷基化糖苷，而该专利文献为未烷基化的糖苷，但烷基链长度对烷基糖苷临界胶束浓度没有直接影响，本领域技术人员具备能力对糖苷进行烷基化以提高其作为表面活性剂的能力，因此，该专利文献可以用于评述待检索方案的创造性。

检索策略 3：

化合物的分子式记载了化合物元素的种类、数量，在碳氢等原子数量接近的情况下，其相应的化学键也会比较接近，因此，当不便于直接提取亚结构时，我们可以考虑采用分子式进行检索。就本案而言，实施例 $1\sim5$ 中具体化合物的分子式为 $C_{18}H_{31}F_5O_8$、$C_{20}H_{32}F_8O_8$、$C_{23}H_{33}F_{13}O_8$、$C_{27}H_{41}F_{13}O_8$、$C_{29}H_{45}F_{13}O_8$，该化合物碳原子数为 $18\sim29$，氢原子数为两位数，氟原子个数为一位数或两位数，在碳原子数量较大时为两位数，主链氧原子数为固定个数 8。

因此，考虑利用分子式检索，并结合 STN 系统中的截词符，来模糊表达碳原子、氢原子和氟原子的个数。可以将该化合物的分子式表达为如下化学式：C1! H!! F! O8、

C1！H！！F！！O8、C2！H！！F！O8、C2！H！！F！！O8（其中，截词符"！"代表1个字符）。另外，为了防止漏检氟原子为1的情况，还需要检索C1！H！！FO8、C2！H！！FO8，因此执行表7-3-7所示的检索过程。

表7-3-7 STN分子式检索化合物

| 数据库 | 检索式 | 序号 | 命中数量/条 | 解释 |
| --- | --- | --- | --- | --- |
| Registry | = > File Registry | | | 进入Registry数据库 |
| | = > S（C1！H！！F！O8 OR C1！H！！F！！O8 OR C2！H！！F！O8 OR C2！H！！F！！O8 OR C1！H！！FO8 OR C2！H！！FO8）/MF | L1 | 12167 | 在Registry数据库中检索分子式 |
| Caplus | = > File Caplus | | | 进入Caplus数据库 |
| | = > S L1 | L2 | 6540 | 在Caplus数据库中检索包含L1所述物质的文献 |
| | = > S（clean？OR detergen？OR surfactant# OR emulsifi？） | L3 | 1718428 | 检索包含清洗剂文献 |
| | = > S glycoside？OR glucoside？ | L4 | 187081 | 检索包含糖苷的文献 |
| | = > S L3 AND L4 | L5 | 5 | 检索包含L3和L4的文献 |

可见，在Registry数据库中通过分子式检索命中10000多种物质，转入Caplus后获得6000多条文献，进一步采用糖苷、清洗剂的关键词进行限定，获得5条文献，也能够获得检索策略2中获得的公开号为EP255443A的专利文献。

如上，我们通过多种方法完成了马库什通式类化合物的检索。首先，可以通过分类号、关键词进行尝试性检索，如果不能检索到对比文件或者噪声特别大，则需要对化合物的结构进行检索。对通式类化合物进行结构检索时，一方面，可以提取该化合物的亚结构，进行亚结构检索，并查看命中文献的数量，当亚结构命中文献数量较少，不能获取有效对比文件时，则进一步简化亚结构，相反，当亚结构命中文献数量较多时，则可以进一步细化该亚结构，或者通过其他基团、领域、用途等关键词来缩限文献量，通过渐进式调整，以获得目标文献；另一方面，也可根据结构式确定分子式，通过截词符对分子式进行上位表达以检索与待检索方案分子式类似的化合物，查看能否用于评述创造性。

## 7.3.2 聚合物的检索

聚合物是化学领域一类重要的物质，其是由千百个原子以共价键相互连接而成的，相对分子质量高达几万、几十万甚至几百万的化合物。由于高分子聚合物分子量大，结构复杂，且命名方式多样、不统一，是目前化学领域的检索难点之一。聚合物的检索也可以采用关键词、分类号的组合检索，除此之外，还可采用一些专业的用于检索聚合物的工具进行检索。

首先，通过一个案例，介绍采用关键词、分类号组合检索聚合物。

【发明名称及技术领域】

一种聚合物。

【背景技术及存在的问题】

在制备化妆品或药物中，存在需要功能聚合物的情况。例如，在睫毛膏或者施用于其他皮肤的化妆品或药物中，需要对不同特性的溶剂（例如，汗液、泪液和皮脂）具有耐性的聚合物。

【详细解决方案】

本技术方案的聚合物在极性溶剂和非极性溶剂中表现出低溶解度，从而对汗液和皮脂等具有耐性，因此其可用于能够保持耐久性的成膜剂、化妆品组合物或化妆品。所述聚合物包含：

第一单体单元：均聚物溶解度参数小于 10.0（cal/cm³）^(1/2) 的，由下式表示的第一单体的聚合单元

$$\begin{matrix} & Q \\ & | \\ \hline & \overset{\|}{C} - O - B, \quad 式\ I \\ & \| \\ & O \end{matrix}$$

Q 为氢或烷基，B 为具有 12 个或更多个碳原子的烷基；

第二单体单元：（甲基）丙烯酰胺；

第三单体单元：（甲基）丙烯酸的烷基酯，所述烷基包括甲基、乙基、丙基、丁基、异丙基。

**1. 提炼发明构思与确定核心技术方案**

对于这样的技术方案，我们容易理解，其发明构思在于通过使聚合物在极性和非极性溶剂中具有低的溶解度，而使得聚合物对汗液、皮脂等表现出耐久性。采用的关键手段就是如上式所限定的聚合物结构。因此，待检索的核心技术方案为：

一种聚合物，其包含第一单体单元：均聚物溶解度参数小于 10.0（cal/cm³）^(1/2) 的，由式 I 表示的第一单体的聚合单元，其中，Q 为氢或烷基，B 为具有 12 个或更多个碳原子的烷基；

第二单体单元：（甲基）丙烯酰胺；

第三单体单元：（甲基）丙烯酸的烷基酯，所述烷基包括甲基、乙基、丙基、丁基、异丙基。

**2. 确定与表达检索要素**

聚合物的本质是由同一单体或多种单体通过聚合反应得到的物质，在检索时，可以从合成聚合物的单体，或者说聚合物结构中所包含的单体结构的角度进行检索。因此，可以将三种单体作为本案的检索要素，并采用关键词和分类号进行表达。

对于关键词的表达，第一单体和第三单体都是丙烯酸的烷基酯，可以表达为丙烯酸、（十 OR 1#）、烷基酯、甲酯、乙酯、丙酯、丁酯等。第二单体为丙烯酰胺。

对于分类号的表达,在 PSS 命令行检索中输入"发明名称=(聚合物 OR 共聚物) AND(丙烯酸 S 酯)AND 丙烯酰胺",共命中 6000 多条文献。通过技术领域统计,可以发现 C08F220/18(丙烯酸酯或甲基丙烯酸酯)比较上位地表达了单体一和单体三。而 C08F220/56(丙烯酰胺;甲基丙烯酰胺)则比较准确地表达了单体二。

此外,在共聚物领域,由于涉及两种以上单体,在进行分类时往往可能采用组合码的多重分类规则,进一步可以在 Espacenet 的 CPC 分类体系中的 C08F 的分类定义中得到确认。因此,进一步查询 CPC 分类表,可以发现如下 CPC 分类号及相应含义:

```
C08F 220/18 ····与丙烯酸或甲基丙烯酸〔2〕
C08F 2220/1808 ·····乙基或未明确的短链(甲基)丙烯酸酯〔2〕
C08F 2220/1816 ·····(甲基)丙烯酸丙酯〔2〕
C08F 2220/1825 ·····(甲基)丙烯酸丁酯〔2〕
C08F 2220/1833 ·····戊基或未明确的短链(甲基)丙烯酸酯〔2〕
C08F 2220/1883 ·····(甲基)丙烯酸十二烷基酯〔2〕
C08F 2220/1891 ·····长链(甲基)丙烯酸酯〔2〕
```

可见,C08F2220/1891、C08F2220/1883 相比 IPC 分类号 C08F220/18,更准确地表达了单体为丙烯酸的长链烷基酯,而 C08F2220/1808、C08F2220/1816、C08F2220/1825 则更为准确地表达了单体为丙烯酸的短链烷基酯。

最终得到的待检索方案的检索要素表见表 7-3-8。

表 7-3-8 一种聚合物的检索要素表

|  | 检索要素 1 | 检索要素 2 | 检索要素 3 |
|---|---|---|---|
|  | 第一单体 | 第二单体 | 第三单体 |
| 分类号 | C08F 2220/1891、C08F 2220/1883 | C08F 220/56、C08F 220/58 | C08F 2220/1808、C08F 2220/1816、C08F 2220/1825 |
| 关键词 | 丙烯酸、(十 OR 1#)、烷基酯 | 丙烯酰胺 | 丙烯酸,甲酯、乙酯、丙酯、丁酯 |

### 3. 检索过程

检索策略 1:

本案包括三种单体结构,第一单体对应的 CPC 分类号为 C08F2220/1891、C08F2220/1883,第二单体对应的分类号为 C08F220/56、C08F220/58,第三单体对应的分类号为 C08F2220/1808、C08F2220/1816、C08F2220/1825。依据先准后全的原则,我们采用 C-SETS 进行检索,在 PSS 中的命令行检索入口执行如下检索:"C-SETS=((C08F2220/1891 OR C08F2220/1883)P(C08F 220/56 OR C08F 220/58)P(C08F 2220/1808 OR C08F 2220/1816 OR C08F 2220/1825))",通过检索,命中 31 条文献,逐篇阅读,可以获得公开号为 CN107056979A 的专利文献,其公开了待检索方案中具体的三种单体,虽然其未公开单体 A 均聚物的溶解度,但均聚物溶解度由其种类决定,因此,该文献可用于评述待检索方案的推定新颖性。

检索策略2：

对于聚合物，当涉及的单体分类号不存在 C-SETS 时，我们也可以采用相应的 IPC/CPC 分类号和关键词，进行组合检索，例如，本案可在 PSS 的命令行检索中执行表7-3-9 所示的检索过程。

表7-3-9 检索过程

| 序号 | 检索式 | 命中数量/篇 |
| --- | --- | --- |
| 1 | CPC=（C08F 2220/1891 OR C08F 2220/1883） | 380 |
| 2 | CPC=（C08F 2220/1808 OR C08F 2220/1816 OR C08F 2220/1825） | 2957 |
| 3 | CPC=（C08F 220/56） OR IPC=（C08F 220/56） | 39214 |
| 4 | 1 AND 2 AND 3 | 10 |
| 5 | 丙烯酸甲酯 OR 丙烯酸乙酯 OR 丙烯酸丙酯 OR 丙烯酸丁酯 OR 丙烯酸丁酯 | 128818 |
| 6 | 1 AND 3 AND 5 | 13 |
| 7 | 丙烯酸 10W（十 OR 1#） 10W 烷 10W 酯 | 4801 |
| 8 | 2 AND 3 AND 7 | 26 |

可以发现，当三个单体全部用分类号表达时，命中结果 10 条（检索式4），未发现能够用于评述新颖性和创造性的对比文件。进一步地，将第三单体用关键词进行表达，命中 13 条文献，也未获得可评述新颖性和创造性的对比文件。将第一单体用关键词进行表达，命中 26 条文献，则能获得公开号为 CN107056979A 的专利文献。从该检索结果可以看出，虽然 C-SETS 字段中三个单体都采用了相应的分类号进行标引，直接通过 C-SETS 字段可以检索到 CN107056979A，但并不意味着包含这三个单体的对比文件都采用相应的 CPC 分类号进行了标引，实际上，CN107056979A 中单体一并未采用相应的 CPC 进行标引。

在检索聚合物时，应该首先确定该聚合物是否有确定的单体结构，如果相应的单体有对应的分类号，则可以尝试用分类号进行检索。而且，当聚合物涉及共聚物时，查询不同的单体分类号时应该注意是否有组合码的分类规则，如果有相应的分类规则，可以利用该分类规则提高检索精准性。此外，即使聚合物单体的分类号并不涉及组合码分类规则，也可利用各检索要素的分类号进行组合检索，或者分类号与关键词进行组合检索。

有些聚合物的单体非常复杂，并不涉及准确的分类号，相应的名称也不唯一，在这种情况下，往往需要借助 STN 等专业检索工具，从检索单体结构的角度进行检索。以下案例将介绍如何采用 STN 检索单体结构，实现聚合物方案的检索。

【发明名称及技术领域】

一种酚酞型共聚酰亚胺及其制备方法。

【背景技术及存在的问题】

大多数聚酰亚胺树脂由于分子内和分子间的相互作用较强，一方面使得树脂颜色较深，光学性能差，透明性不好；另一方面使其很难进行熔融或溶解加工，后续的材料应用受到一定限制。酚酞是一种大规模生产的工业化产品，价格低廉。由于侧挂的芳香内酯酞结构的存在，降低了链堆叠密度，聚合物往往具有较好的溶解性。由于侧挂的芳香内酯酞结构的存在，破坏了分子链的规整性，连接主链的叔碳原子破坏了分子的共轭结构，因此相对于纯芳香或者芳醚结构的聚合物可能还具有较好的光学性能，可见光区域透明性好。

【详细解决方案】

本技术方案提供了一种新型的含酚酞结构的聚酰亚胺，该聚酰亚胺为共聚物，简称为"酚酞型共聚酰亚胺"，其结构式为：

式Ⅰ。

其中，$m$ 和 $n$ 分别是大于或等于1的整数；分子链中氧原子同时存在于苯环的3-位或4-位；$Ar_1$ 是二胺的残基；$Ar_2$ 是芳基酮类化合物或苯砜类化合物。

本技术方案在聚酰亚胺的刚性主链中引入侧挂的酚酞结构单元和醚键柔性单元，大大改善了聚酰亚胺的溶解性和透明度，是一种非常有应用价值的高分子材料，可广泛应用在高温环境工程塑料、薄膜、纤维、胶粘剂、涂料以及先进复合材料等相关技术领域。

### 1. 提炼发明构思与确定核心技术方案

对于这样的技术方案，我们容易理解，其发明构思在于向酰亚胺中引入酚酞，而使得酰亚胺聚合物溶解性和透明性好。采用的关键手段就是如上式所限定的聚合物结构。因此，待检索的核心技术方案为：

一种酚酞型共聚酰亚胺，其特征在于，结构式为式Ⅰ所示。

### 2. 确定与表达检索要素

在检索该聚合物时，从聚合物的单体的角度进行检索。可以看到该聚合物包括三种单体，其中酚酞单体的结构是确定的，聚酰亚胺的单体结构不确定，另一种单体结构也不确定，且包含多种不同的类型。因此，首先可以分别将单体类型确定但结构不确定的聚酰亚胺单体和结构确定的酚酞单体作为检索要素。对于分类号，在IPC分类号查询系统中输入"聚酰亚胺"，容易查到C08G73/10，其表示高分子缩合物中包含聚酰亚胺。酚酞在聚合物中没有对应的分类号。

最终得到的待检索方案的检索要素表见表7-3-10。

表 7-3-10　检索要素表

| | 检索要素 1 | 检索要素 2 |
|---|---|---|
| | 聚酰亚胺单体 | 酚酞单体 |
| 分类号 | C08G73/10 | |
| 关键词 | 聚酰亚胺、imide、polyimide、poly 1W imide | 酚酞、phenolphthalein |

### 3. 检索过程

**检索策略 1：**

首先，通过中文关键词表达两种单体，再结合聚酰亚胺单体的分类号 C08G73/10，在 PSS 中的命令行检索入口执行检索式"酰亚胺 AND 酚酞 AND IPC 分类号 =（C08G73/10）"，命中 19 条文献，未发现有效对比文件。进一步将分类号上位扩展为 C08G73，命中 39 条文献，仍然没有可用于评述新颖性和创造性的对比文件。再采用英文关键词表达两种单体，采用同样的分类号与关键词组合检索的思路，执行如下检索式"(imide? OR polyimide? OR (poly 1W imide?)) AND phenolphthalein? AND IPC 分类号 =（C08G73）"，命中 20 条文献，未发现有效对比文件。

**检索策略 2：**

当聚合物通过分类号和关键词进行表达，不能检索到对比文件时，我们可以考虑从该聚合物的结构入手进行检索。在高分子领域中，如单体确定，一般存在像 CAS 登录号一样标引聚合物单体的标识，即 CRN。本案中酚酞的单体是确定的，可以直接通过百度等搜索引擎查找其 CAS 登录号，另外，聚酰亚胺的具体种类和结构也已在结构式 I 中记载，通过在 STN 中绘制出结构式 II：

，式 II。

我们可以查到酚酞的 CAS 登录号为 77-09-08，因此，可以在 STN 中执行表 7-3-11 所示的检索。

表 7-3-11　STN CRN 和结构式检索聚合物

| 数据库 | 检索式 | 序号 | 命中数量/条 | 解释 |
|---|---|---|---|---|
| Registry | => File Registry | | | 进入 Registry 数据库 |
| | => S 77-09-8/CRN | L1 | 1098 | 检索具有酚酞单体的聚合物 |
| | => Uploading structure | L2 | | 上传结构式 II |
| | => S L2 SSS FUL | L3 | 526650 | 检索具有 L2 所示结构的聚酰亚胺的物质 |
| | => S L1 AND L3 AND 3/NC | L4 | 14 | 检索包含 L1 和 L3 的单体结构，且单体种类为三种的聚合物 |
| Caplus | => File Caplus | | | 进入 Caplus 数据库 |
| | => S L4 | L5 | 7 | 在 Caplus 数据库中检索包含 L4 所述物质的文献 |

命中7条文献,展开阅读,可以获得一篇公开号为JP特开平5-9289A的专利文献,其公开了如下结构:

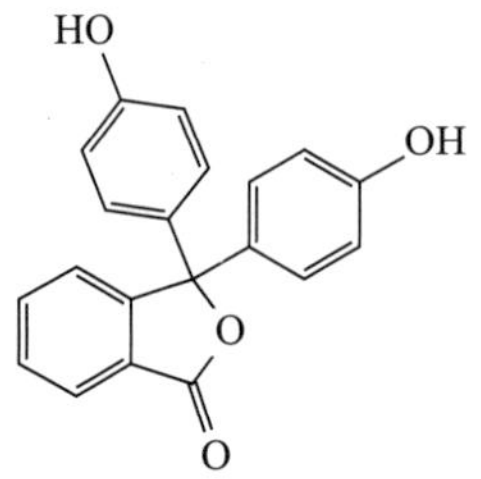

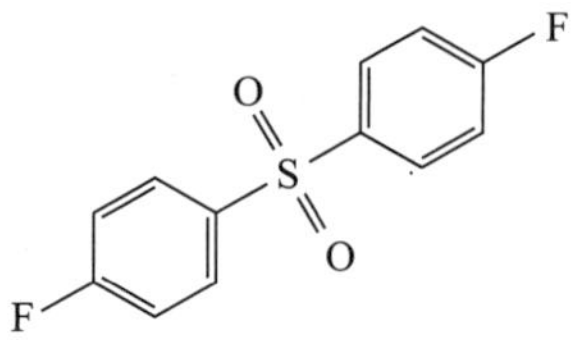

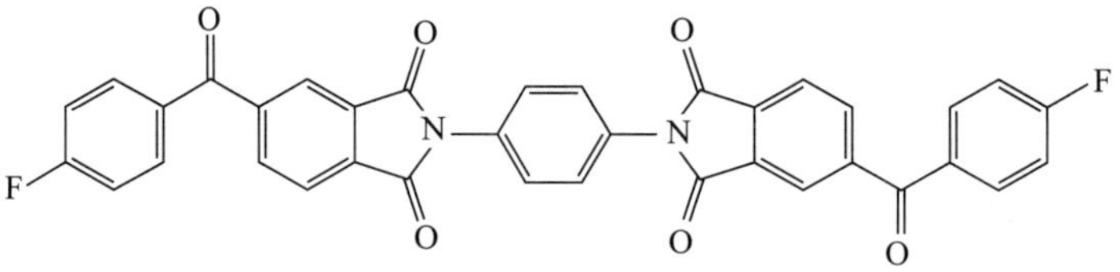

可见,该专利文献公开了由酚酞单体、聚酰亚胺单体以及苯砜类化合物单体聚合而成的聚合物,可用于评述待检索方案的创造性。

在检索聚合物时,应该首先确定该聚合物是否有确定的单体种类或结构,确定单体的名称、类别,并进一步核实该单体在聚合物中是否有相应的分类号,根据核实结果,采用分类号或关键词进行检索。但当分类号不准确,或者聚合物中存在名称、结构不确定的单体时,可以采用STN绘制相应单体结构进行结构式检索,或查询相应单体的CAS登录号,利用聚合物字段CRN进行检索。

### 7.3.3 生物序列的检索

在医药化学领域,生物遗传信息蕴藏在基因序列或者其转录和翻译合成的氨基酸组成的蛋白质序列中。根据序列的长度,可分为长序列和短序列。生物序列撰写的特殊性导致检索策略与其他领域的检索策略不同,检索过程中需要使用生物序列作为关键词,将待检索的生物序列提交至相关数据库与目标序列进行对比,并按照一定算法计算出序列相互之间的同源性或同一性,从而判断相关文件是否可以用于评述新颖性或创造性。本节通过实际案例,介绍生物长序列、短序列的检索策略。

#### 7.3.3.1 长序列的检索

对于生物长序列的检索,美国国家生物技术信息中心NCBI网站(http://www.ncbi.nlm.hih.gov)和欧洲生物信息学中心EBI网站(http://www.ebi.ac.uk)是最常见的互联网检索资源。本小节通过基因序列的案例,介绍采用NCBI进行生物长序列的检索。

【发明名称及技术领域】

一种草莓谷胱甘肽转移酶FaGST基因。

【背景技术及存在的问题】

草莓果实被证明含有花青苷，花青苷在草莓果实内的代谢和累积，将影响草莓果实抗氧化活性，草莓果实的颜色，以及草莓植物本身抵抗紫外线、低温和病虫害的能力。因此，开展花青苷在草莓果实内的代谢和累积等相关研究，具有十分重要的意义。花青苷在草莓果实内的代谢和累积情况取决于其在细胞质中的生物合成以及在液泡中的转运贮藏过程；其中，花青苷生物合成由一系列结构基因的催化以及受MYB、bHLH和WD40等转录因子的协同调控。然而，花青苷从细胞质被转运至液泡的过程仍不清楚。研究发现，花青苷转运过程与谷胱甘肽转移酶转运蛋白密切相关，花青苷转运机制由位于细胞质的谷胱甘肽转移酶（Glutathione S－Transferase，GST）和位于液泡膜上的多药耐药抗性相关蛋白（Multidrug Resistanceass Protein，MRP）共同调控。花青苷在细胞质合成后，GST催化谷胱甘肽（Glutathione，GSH）和花青苷共价结合，形成谷胱甘肽交联复合物（Glutathione S－conjugate），并被位于液泡膜上的MRP识别，MRP通过疏水基间的交互作用结合花青苷，将其跨膜转运至液泡。

【详细解决方案】

基于现有技术研究现状，本技术方案克隆出草莓谷胱甘肽转移酶FaGST基因，其碱基序列如SEQ ID NO.1所示。通过侵染草莓果实试验发现，FaGST1与草莓果实花青苷积累相关，将该基因沉默后，其表达量降低，CHS1、F3H1、ANS1、UGT1等花青苷合成主要基因表达量受到抑制。该FaGST基因在花青苷合成中将具有广泛的应用。

```
SEQ ID NO.1：
atggcagatg aggttgtctt gttggacttc tggcctagcc catttgggat gaggctgagg        60
atcgctctgg ccgagaaagg cgtcaagtac gagtacaagg acgaggacct gaggaacaag       120
agcccgctgt tgcttcagtc gaacacggtt cacaagaaga tcccggttct cattcacaac       180
ggcaaacctg tctgcgagtc tgtcattgct cttcagtaca ttgatgaggt ctggactaac       240
aagccactat tgccctccga cccttacctc agatcccagg ccaggttctg ggccgacttt       300
gtggacaaga agatatatga tatcgtgtag aagacatgga caacgaaagg agatgagcag       360
gaggcagcaa agaaggaatt catcgactgc attaagttgc tagaagtgga gcttgggac        420
aagcctttct ttggcggtga gaccctcgga tttgtggacg tgacgctcat tccttttctat      480
tcctggttct ctgtgtatga gaaatacggc aacttcagca ttgcgccaga gtgcccgaag       540
ttcatggctt gggttaagag gtgtatggaa aaggagagtg tgtcaaagtc tcttcctgac       600
caggacaagg tctgtggctt tgttgccgag atgaggaaga agcttggagt tgagtag          657
```

**1. 提炼发明构思与确定核心技术方案**

本案属于基因及其表达蛋白和应用领域，其发明构思在于克隆出了具有SEQ ID NO.1所述碱基序列的草莓谷胱甘肽转移酶基因。因此，本案的待检索的核心技术方案为：

一种草莓谷胱甘肽转移酶FaGST基因，其碱基序列如SEQ ID NO.1所示。

**2. 检索过程**

很显然，待检索方案涉及生物长序列检索，其检索要素也就是具体序列。对于这样的序列，其表达方式也比较单一，没有可以扩展的余地。下面介绍利用 NCBI 检索生物长序列。

进入 NCBI 网站（http：//www. ncbi. nlm. hih. gov）后，单击 POPULAR 下方的 BLAST 进入检索界面，选择检索类型，其中 Nucleotide BLAST 代表检索核酸序列，Protein BLAST 代表检索蛋白序的氨基酸质列。进入 Nucleotide BLAST，在序列框中粘贴如 SEQ ID NO. 1 所示的核苷酸序列，选择默认参数，单击页面最下方的 Blast，获得检索结果如图 7 – 3 – 8 所示。

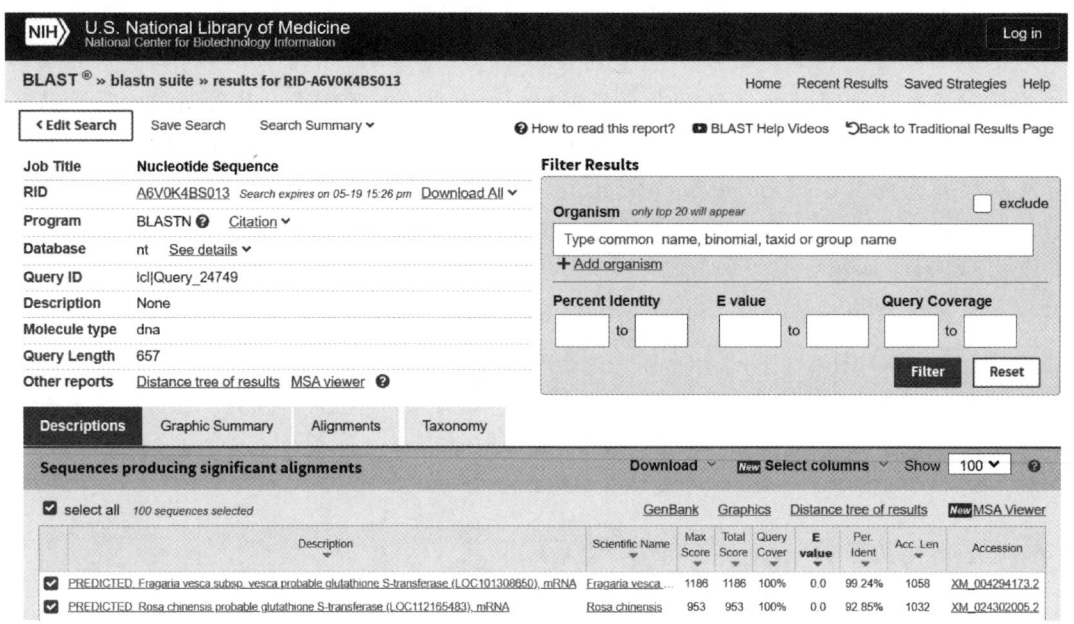

图 7 – 3 – 8  NCBI 生物长序列检索结果

对比结果显示，第一条文献（"PREDICTED：Fragaria vesca subsp. vesca probable glutathione S – transferase（LOC101308650），mRNA"，NCBI，Genbank Database，Accession No：XM_004294173.2）公开了来源于草莓的谷胱甘肽转移酶的 mRNA，经过序列比对可知，其第 141 ~ 797 位核苷酸的 CDS 序列与待检索方案 SEQ ID NO. 1 具有 99.24% 的一致性（根据 NCBI Blast，默认参数，100% 覆盖度），在 657bp 长度的基因中仅有 3 个核苷酸的差异。在分子生物学中，在获得一个蛋白编码基因的基础上，本领域技术人员容易通过编码原则和常规的基因改造技术辅以有限的试验突变其中的 3 个核苷酸获得如 SEQ ID NO. 1 所示的核苷酸序列。因此，该文献可用于评述待检索方案中核酸序列的创造性。

如上，我们完成了涉及核苷酸长序列的检索。

#### 7.3.3.2  短序列的检索

生物短序列相对于长序列而言，核苷酸或氨基酸数目较短，采用将序列提交至相关数据库中进行与目标序列进行对比,容易出现检索噪声过大、干扰序列过多的问题。一般而言,由于生物短序列的序列数目较短,可以直接在搜索引擎中进行检索,另外,生物短序列往往是基于特定目的基因或蛋白质而设计,可以采用追踪目的基因或氨基酸序列的方式进行检索。本小节将通过实际案例,介绍生物短序列的检索。

通过如下案例,介绍直接在搜索引擎中对涉及短序列的技术方案进行检索。

【发明名称及技术领域】

一种检测 RPGR 基因突变的引物组、试剂盒和方法。

【背景技术及存在的问题】

视网膜色素变性(Retinitis Pigmentosa, RP)是一类由视杆细胞首先受累为主的进行性遗传性视网膜变性疾病,其是单基因致盲性眼底病中的主要病因之一。目前已报道的 RP 致病基因有 90 个。其中,XLRP 是 RP 最严重的类型,而 RPGR(Retinitis Pigmento sa GTPase Regulator, RPGR)是 XLRP 的主要致病基因。目前高通量测序技术已经成为 RP 分子诊断的主流技术,45%~75% 的 RP 患者可以通过基因检测明确遗传病因。RPGR 基因有 15 个外显子,其中,15 号外显子含有一个开放阅读框(exon open reading frame 15, ORF15),大约 60% 的 XLRP 患者在 ORF15 存在突变。ORF15 全长 1.6kb,该区域富含 GC,具有高度重复性。高通量测序对该区域很难捕获,覆盖度低,因此易造成假阴性结果。鉴于 RPGR 基因突变高发的情况,有必要针对该基因建立 Sanger 测序的基因检测方法,以便验证高通量测序检出的 RPGR 基因变异位点以及对高通量测序未发现 RPGR 基因变异的 XLRP 患者进行 RPGR 基因的 Sanger 测序检测。

【详细解决方案】

本技术方案提供一种检测 RPGR 基因突变的引物组,其包括如下用于扩增 RPGR 基因 15 号外显子的引物对中的至少一种:SEQ ID NO. 29 - 30、SEQ ID NO. 31 - 32、SEQ ID NO. 33 - 34 和 SEQ ID NO. 35 - 36。

上述引物对名称、序列、对应扩增的外显子和片段大小见表 7 - 3 - 12。

**表 7 - 3 - 12　引物对名称、序列、对应扩增的外显子和片段大小**

| 引物对名称 | 正向引物 | 反向引物 | 扩增区域 | 片段大小 |
| --- | --- | --- | --- | --- |
| ORF15 - 1 | aggaaggagcagaggattca(SEQ ID NO. 29) | ccctcttcttccattcttcc(SEQ ID NO. 30) | Exon15 - 1 | 348 |
| ORF15 - 2 | ggggagaaagacaagggtag(SEQ ID NO. 31) | tcctttcccctcctctactt(SEQ ID NO. 32) | Exon15 - 2 | 444 |
| ORF15 - 3 | ggaagaaggagaccaaggag(SEQ ID NO. 33) | cccatttccctgtgtgttag(SEQ ID NO. 34) | Exon15 - 3 | 982 |
| ORF15 - 4 | gcaggatggagaggagtaca(SEQ ID NO. 35) | gcaggatggagaggagtaca(SEQ ID NO. 36) | Exon15 - 4 | 415 |

上述的引物组中的引物对序列经过科学合理的设计,将 15 号外显子分成四个区段进行扩增,每个区段都可以顺利实现对待测样品的 RPGR 基因的 15 个外显子的扩增,得到完整的扩增产物。得到的扩增产物可进一步测序,与正常 RPGR 基因序列比较,进而可以确定待测样品的 RPGR 基因各区段的突变位点。采用该引物组扩增和检测,有利于提高检测结果的准确性,避免现有测序技术检测导致的假阴性结果。

**1. 提炼发明构思与确定核心技术方案**

本案的发明构思在于对 RPGR 基因的 15 个外显子分区段进行扩增,从而可以用于确定 RPGR 基因各区段的突变位点。实现其发明构思的关键技术手段就在于其具体的引物对序列,因此,待检索的核心技术方案为:

一种检测 RPGR 基因突变的引物组,其包括如下用于扩增 RPGR 基因 15 号外显子的引物对中的至少一种:SEQ ID NO. 29 – 30、SEQ ID NO. 31 – 32、SEQ ID NO. 33 – 34 和 SEQ ID NO. 35 – 36。

2. 检索过程

本案属于典型的短序列案件。对于涉及生物短序列的案件,由于序列较短,在 NCBI 中进行相应检索的噪声较大。因此,在实践过程中,可以通过常规的搜索引擎进行短序列的检索。例如,检索序列 29 – 30,可以在谷歌搜索引擎中直接输入相应的序列,如图 7 – 3 – 9 所示。

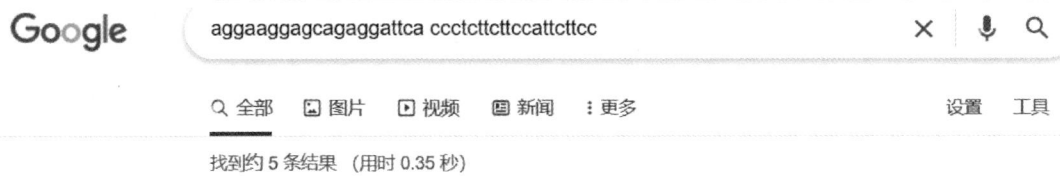

**图 7 – 3 – 9　谷歌搜索引擎检索生物短序列**

共命中 5 条结果,其中第 4 条文献("Analysis of RP2 and RPGR Mutations in Five X – Linked Chinese Families with Retinitis Pigmentosa",Jingjing Jiang 等,Scientific RepoRts,第 7 卷第 44465 期,srep44465)公开了待检索方案中所有引物对序列,可用于评述待检索方案的新颖性。由此,我们完成了涉及短序列核酸的检索。

有些情况下,直接通过搜索引擎检索短序列无法获得对比文件,但许多短序列是基于特定目的基因或蛋白质而设计的,因此,可以通过追踪目的基因或氨基酸序列进行检索。下面这一案例将介绍通过追踪短序列的目的基因来进行检索。

【发明名称及技术领域】

一种用于检测驴源性成分的试剂盒和方法。

【背景技术及存在的问题】

近年来,伴随着肉类市场的急剧扩大,肉类掺假的事件频频发生,已成为全球食品行业的一个突出问题。肉类掺假常见的检测技术有 ELISA 法、显微判定法、电子鼻法、质谱法等,但都存在灵敏度低、周期长、不能检测熟肉等缺点而未被广泛使用。PCR 是一种灵敏度高、操作简便、抗干扰能力强的肉类掺假检测技术,但现有 PCR 检测方法,样品容易出现假阴性的情况,无法保证判定结果的准确性。

【详细解决方案】

本技术方案提供 SEQ ID NO. 1、SEQ ID NO. 2 所示的引物对、SEQ ID NO. 3 所示的探针,以及所述引物对和探针在制备检测驴源性成分的试剂中的用途。

上述引物对及探针见表 7 – 3 – 13。

表7-3-13 引物对的名称、序列和序列长度

| 引物对名称 | 正向引物 | 序列长度 |
| --- | --- | --- |
| SEQ ID NO.1 | F: 5'-GCTAG CCTCA TTATC AGTAT-3' | |
| SEQ ID NO.2 | R: 5'-GTGAT GAGGA TACGT GCT-3' | 177bp |
| SEQ ID NO.3 | P: 5'-FAM-TCATA TCATC AATCC TCAAC ACCCA CA-BHQ1-3' | |

其中,F为5'端引物,R为3'端引物,P为探针。

试验结果显示,驴源性实时荧光PCR检测体系能准确检测0.01%驴肉。本技术方案试剂盒及方法可以准确检测驴源性成分,特别适用于肉及肉制品中的驴源性成分检测,检测快速、准确,成本低,特异性好,灵敏度高,有广泛的应用前景。

**1. 提炼发明构思与确定核心技术方案**

本案的发明构思在于采用所述序列的引物对和探针制备的试剂盒对待检测基因进行扩增,进而对基因扩增结果进行检测。实现其发明构思的关键技术手段就在于其具体的引物对序列,因此,待检索的核心技术方案为:

一种如SEQ ID NO.1、SEQ ID NO.2所示的引物对。

**2. 检索过程**

本案属于典型的短序列案件,首先通过常规的搜索引擎的方式直接检索序列,未能获取对比文件。然而,由于该引物对是针对来源于驴的基因设计的,因此,可以采用目的基因追踪检索。如图7-3-10所示,在NCBI的Primer-Blast中,输入引物序列进行对比,获得29个记录,经过对核酸序列信息逐条分析后发现,涉及检索主题的目标基因为KT829532.1(GenBank登录号),如图7-3-11所示。

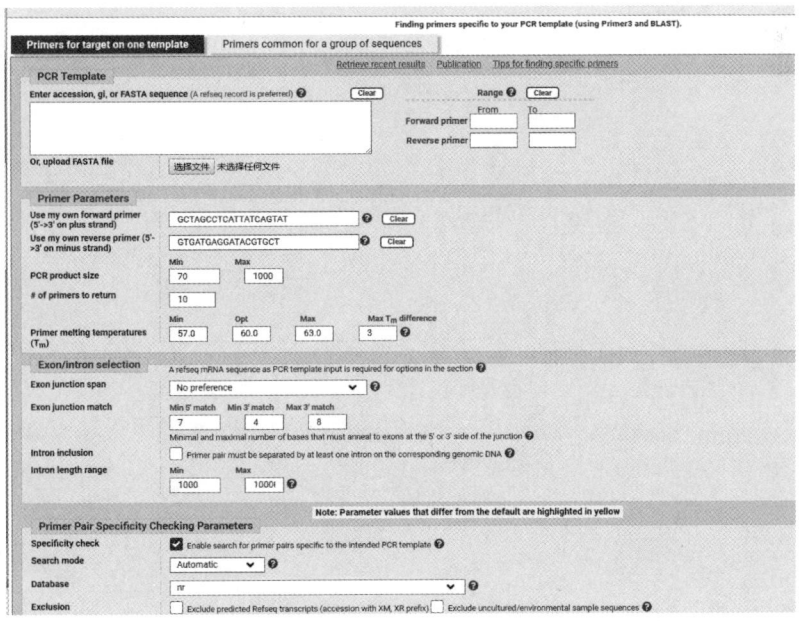

图7-3-10 NCBI目的基因检索

```
>KT829532.1 Equus asinus isolate 3 breed Yunnan donkey NADH dehydrogenase subunit 5 (nad5) gene, partial cds; mitochondrial

product length = 82
Forward primer  1    GCTAGCCTCATTATCAGTAT  20
Template        24   ..................   43

Reverse primer  1    GTGATGAGGATACGTGCT    18
Template        105  ..................   88
```

**图 7-3-11 目的基因登录号和序列对照表**

在获得目的基因后,采用该目的基因的名称作为关键词,进行进一步的检索。由于该目的基因名称 NADH5 在本领域一般可以缩写为 ND5,结合其用于驴肉测试的用途,可以在 PSS 中执行检索"说明书=(NADH5 OR (ND S "5") OR ND5) AND 驴",命中 7 篇文献,展开阅读可以获得公开号为 CN103154268A 的专利文献,其公开了一种用于检测存在于肉中的驴肉的试剂盒,其检测驴物种的引物和探针组的核苷酸序列如下:

正向引物:5'-TGCTAGCCTCATTATCAGTAT-3',

反向引物:5'-GTGATGAGGATACGTGCT-3',

Taqman 探针:5'-TCTACCAATCATATCATCAATCCTCAAC-3'。

可见,该专利文献与待检索方案区别仅在于正向引物序列的 5'端省略了 1 个碱基 T,而在正向引物或反向引物的 5'端增减一个碱基对引物的扩增效能影响很小。因此,该篇专利文献可用于评述待检索方案的创造性。

# 第 8 章　其他检索策略及技巧

本书前面的章节主要按照技术领域介绍了检索策略，本章将从不同的角度介绍几种用于特定对象或者利用不同检索线索的检索策略，主要包括追踪检索、公式检索、图形检索、数值检索、语义检索和对学术性论坛的检索。

## 8.1　追踪检索

当检索的目的是请求宣告竞争对手的某项专利无效时，我们面对的是一份授权的专利文件，其公开文本、审查过程等可以提供比较丰富的信息，此时可以尝试使用追踪检索。

追踪检索是指，从一篇比较相关的文献出发，利用技术的发展延续性，文献之间的引用或参考关系，科研人员之间的合作或竞争关系等有效线索进行追溯以获得其他相关文献的检索过程。追踪检索具有检索结果噪声较小且相关度较高的优势，但随着追踪的进行，需要查看的文献数量迅速增长，需要的阅读时间也越来越多。如果发现追踪结果的技术方案与待检索技术方案没有什么相关性时，应及时停止追踪。

根据线索的类型，追踪检索又可以分为追踪申请人或发明人相关信息，追踪文献相关信息，追踪产品相关信息。以下提到的内容并不是追踪检索的全部手段，检索人员应结合逻辑思维和发散思维，如警察破案一般抽丝剥茧，深入挖掘线索，同时，综合运用各种检索手段，降低分类号和关键词选择不当的风险。

### 8.1.1　追踪申请人或发明人相关信息

申请人为个人时，可以从申请人或者发明人的姓名，或者现在的工作单位，以前的工作单位，毕业论文和曾经就读的学校，课题组导师和同事等方面进行追踪。申请人为企业时，可以从申请人的企业名称，研发团队，企业领导，产品信息，相关技术领域的重点申请人和重点产品，母公司，子公司，控股企业以及收购情况等方面进行追踪。申请人为高校或科研机构时，可以从学校名称，课题组的老师、学生和合作课题组，合作学校，科研成果，毕业论文，学术期刊论文等方面进行追踪。

以下通过两个案例举例说明如何在检索过程中发现蛛丝马迹并进行追踪。

#### 8.1.1.1 追踪发明人的研发同行

专利权人/申请人为高校或者科研机构时,发明人往往是其学生或教职人员,除了直接针对发明人的论文进行追踪外,还可以进入高校或科研机构的官方网站,了解发明人的个人简介,导师和课题组成员信息,与国内外各研究同行的合作和交流情况,进一步通过各种学术平台追踪合作者的相关期刊论文等。

【发明名称及技术领域】

基于行为事件触发的输油管道智能视频监控方法。

【申请人与发明人】

东北大学;马大中、张化光和冯健等。

【待检索的核心方案】

一种基于行为事件触发的输油管道智能视频监控方法,首先进行视频采集,将稳定的视频数据、时钟信号及行、场同步信号传输并转化为视频流数据;FPGA 根据视频流数据,进行快速行人检测、行人跟踪、行为识别和泄漏检测,判断监控范围内的状态为:正常状态、疑似有人盗油状态或疑似泄漏状态,监控中心进一步判断疑似状态是否真实并进行相应的处理。

按照常规检索思路,从主题名称中选择"智能视频"作为一个检索要素,待检索技术方案的基本构思在于通过行人检测、行人跟踪、行为识别和泄漏检测完成监控范围内状态的判断。因此,可以将上述各步骤作为检索要素。基于研发团队属于高校,可以优先选用 CNKI 等学术平台进行检索。

进入 CNKI 的高级检索,在检索项中选择主题并输入:智能视频 * 检测 * 跟踪 * 识别,检索结果为 510 条。由于上述结果的数量太多,我们很难全部阅读后筛选出所需文献。常规的做法是,进一步加关键词做限定,然而,虽然技术方案中限定了大量的技术细节,但进一步加关键词仍然会带来噪声和漏检的双重风险。

我们可以采用追踪检索。本案的申请人是东北大学,有 6 名发明人,包括马大中、张化光和冯健等。了解申请人和发明人后可以发现,发明人张化光、冯健和马大中分别为东北大学信息科学与工程学院电气自动化研究所的教授或副教授。在东北大学官网上搜索与信息科学与工程学院相关的新闻,发现在与本技术方案申请日接近的日期,有国防科学技术大学的调研组前往东北大学信息科学与工程学院访问参观,参与座谈会的几名老师都是东北大学信息科学与工程学院的教授或者副教授,其研究方向与上述发明人的研究方向都涉及人工智能、控制工程等相关的领域,且其中一名老师与第一发明人马大中合作过多部专著、论文和专利申请。因此,我们有理由猜测国防科学技术大学也在人工智能、控制工程等相关领域进行研究,并与东北大学相同方向的教授们进行过交流或者合作。

继续将"智能视频"作为一个检索要素,进入 CNKI 的高级检索,在检索项中选择主题输入:智能视频,选择 and 另一个检索项,选择作者单位,输入"国防科学技术大学",搜索结果获得 34 条文献。浏览发现,名称为《智能视频监控中目标检测、跟踪和识别方法研究》（夏东，国防科技大学，2011年10月）的博士毕业论文公开了对智能视频监控中目标检测、追踪和识别的方式进行系统研究，其中，对于智能视频中行人监测的描述方式，与本技术方案中相关部分的描述方式具有高度雷同性，涉及的公式也均与本技术方案一致，可以用于评述该技术方案的创造性。

#### 8.1.1.2 追踪重要研发人员

在研发过程中，我们对竞争对手或者整个技术领域的研发团队和研发人员都有充分的了解；或者在请求宣告竞争对手的某项专利无效的过程中，我们可能通过检索发现更多的研发团队和研发人员。应当针对这些重点研发人员进行追踪，查看其官网或者发表的文章，了解其研发历史和研发成果。有一些研发人员，特别是国外的研发人员，往往拥有自己的个人网站，介绍自己的研发项目和成果，对这种个人网站上的内容也可以进行追踪。

【发明名称及技术领域】
用于使分散流体的羽流可见的方法。

【待检索的核心方案】
一种使由工业设备排放至邻近设备的流体释放羽流可见的方法，采用了欧拉视频放大方法，使得地下烃流体排放至临近设备的释放羽流可见。

按照常规检索思路，从主题名称中选择"羽流"作为一个检索要素，待检索技术方案的基本构思在于采用了欧拉视频放大方法进行监测，因此，将欧拉视频放大作为另一个检索要素。

然而，在专利库、CNKI、读秀等中进行检索，都不能发现任何同时涉及分散流体的羽流和欧拉视频放大方法的文献。

基于待检索技术方案的学术性和专业性比较强，我们可以继续在百度学术等学术平台中检索，增加对欧拉视频放大技术的了解，该技术是在2012年由国外学者提出的一种新的视频处理技术，且其应用领域均为家庭和医疗领域。在此基础上，我们选择外文期刊论文作为检索的重点。在Web of Science、ACM或IEEE数据库中，可以检索到多篇关于欧拉视频放大技术的期刊文献，但其均是应用于医疗领域。浏览了这些外文期刊文献后，会发现其中几位作者出现的频率较高，因此，重点对这几位作者进行了追踪。在对其中一位作者Pedro Chambino进行追踪时，百度可以发现其个人网站http：//p.chambino.com/。

该个人网站上上传了作者自己的硕士论文，论文公开了基于欧拉视频放大技术的视频图像处理方法，不但可以实现颜色放大，还能揭示人类很难或者不可能看到的低振幅运动以揭示时间的变化（例如流体运动学中粒子轨迹的跟踪），并公开了基于欧拉视频放大技术的图像处理步骤，与本技术方案中的发明构思一致。

### 8.1.2 追踪文献相关信息

常见的与文献本身相关的信息，包括同族专利申请，系列申请，引证与被引证文件以及在后公开的文件等。

#### 8.1.2.1 追踪同族专利申请

追踪同族专利申请的审查过程，可以获得 PCT 申请的国际检索报告和可专利性初审报告中列出的文献，其他国家或地区专利审查机构给出的检索报告中列出的文献。核实这些文献，有可能快速获得有效的对比文件。获得同族专利申请审查过程的主要渠道包括各个国家、地区或组织的官网，全球专利案卷查询系统以及各商业平台。

全球专利案卷查询系统是中、美、欧、日、韩五局（中国国家知识产权局、欧洲专利局、美国专利商标局、日本特许厅和韩国特许厅）通过五局合作平台开展的一个合作项目，可以帮助申请人或公众以自己熟悉的语言一站式查询和下载同族专利申请的审查过程文件，包括审查意见通知书、检索报告、意见陈述、引文信息等。各局的全球专利案卷查询系统的网址如下：

中国及多国专利审查信息查询系统：http：//cpquery.cnipa.gov.cn/，登录后选择多国发明专利审查信息查询；

美国专利商标局全球档案系统：https：//globaldossier.uspto.gov/#/；

日本特许厅全球专利案卷查询系统：https：//www.j-platpat.inpit.go.jp/p0000；

欧洲专利登记簿：http：//www.epo.org/searching/free/register.html；

韩国特许厅全球专利案卷查询系统：http：//kopd.kipo.go.kr/。

常见的一些商业平台的网址如下：

Patentics：https：//www.patentics.com/；

智慧芽：https：//www.zhihuiya.com/；

incoPat：https：//www.incopat.com/；

HimmPat：https：//www.himmpat.com/。

**1. 中国及多国专利审查信息查询**

选择多国发明专利审查信息查询后，在号码类型栏可以选择待检索的申请号、公开号或优先权号，在国别栏可以选择 CN、EP、JP、KR 或 US，根据不同的选择会显示申请号栏、公开号栏或者优先权号栏，单击该栏的空白处，系统会显示号码的输入提示，如图 8-1-1 所示。

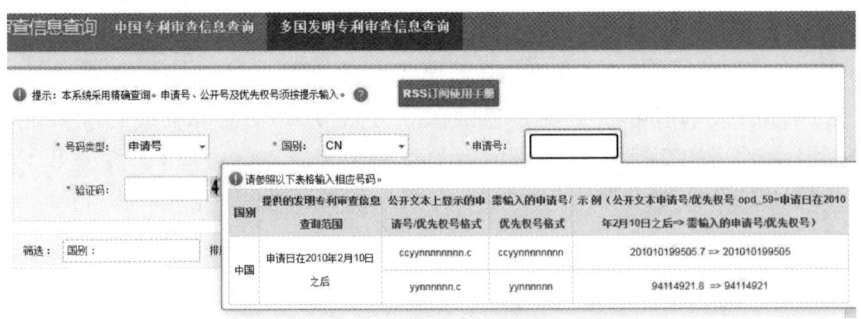

图 8-1-1 中国及多国专利审查信息查询系统

按照提示输入相应的申请号（不带校验码）或公开号，即可查询到同族专利申请。

单击想查看的同族申请号，即可查看该同族申请的申请信息和审查信息。审查信息按照文件类型做了分类，有申请文件、通知书、答复意见等，我们可以选择查看检索报告或通知书，看从中是否发现可以使用的文件。也可以选择引文一栏，单击某一时间的 List of references cited by examiner，即可获得审查过程中的引用文献号，如图 8-1-2 所示。

图 8-1-2　在中国及多国专利审查信息查询系统检索到的引用文件

**2. 美国专利商标局全球档案系统**

进入全球档案系统后，在 Office 栏可以选择国家或机构 US、CN、EP、KR、JP 或 WIPO，Type 栏根据国家或机构不同有不同的选项，但通常选择使用 Application（申请）或 Publication（公开），在 1 处根据 Type 栏的选择输入待检索的申请号（CN 不带校验码）或者公开号。搜索可以获得同族申请文件的列表，单击其中一个同族下的"View Dossier"，可以查看该同族的审查过程中的检索报告或通知书，从检索报告或者通知书中获取到引用文献，如图 8-1-3 所示。

另外，我们也可以单击上方的"Common Citation Document"，打开 IP5-CCD 的界面，在 Number 栏输入申请的公开号，再单击 Search，就直接查看到所有局在检索报告中引用的所有文件、引用段落、文件类型以及涉及的权利要求等信息，如图 8-1-4 所示。

图8-1-3 在美国专利商标局全球档案系统检索到的同族

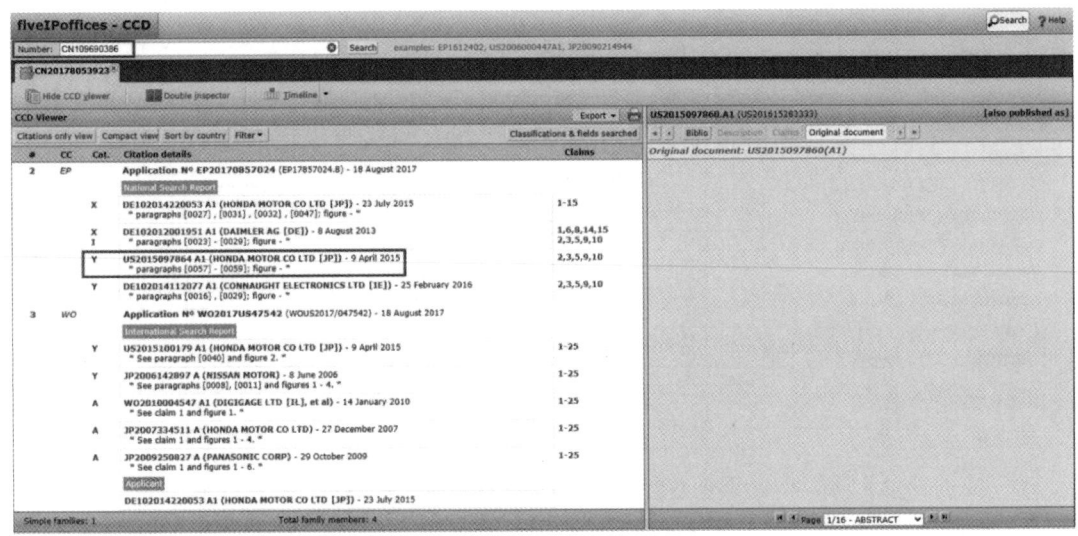

图8-1-4 在美国专利商标局全球档案系统检索到的引用文件

### 3. 日本特许厅全球专利案卷查询系统

进入日本全球专利案卷查询系统,在"発行国・地域/発行機関"栏除了选择JP、US、EP、WO、CN、KR外,还能选择如DE(德)、FR(法)等非五局和国际申请的公开文件,如图8-1-5所示。

根据国家或机构的不同,在"番号種別"栏有不同的选项,可以根据专利文献号中的文献种类标识代码进行选择,并在"番号"栏输入相应的专利文献号码。选择"中国(CN)"后,再选择"特許公開番号(A)",在"番号"栏输入相应的公开号,单击"照会",如图8-1-6所示。

第 8 章　其他检索策略及技巧

图 8 - 1 - 5　日本特许厅全球专利案卷查询系统的检索界面

图 8 - 1 - 6　日本特许厅全球专利案卷查询系统的检索界面

搜索可以获得以下界面，单击"OPD"，可以获得同族申请文件的列表，如图 8 - 1 - 7 所示。

291

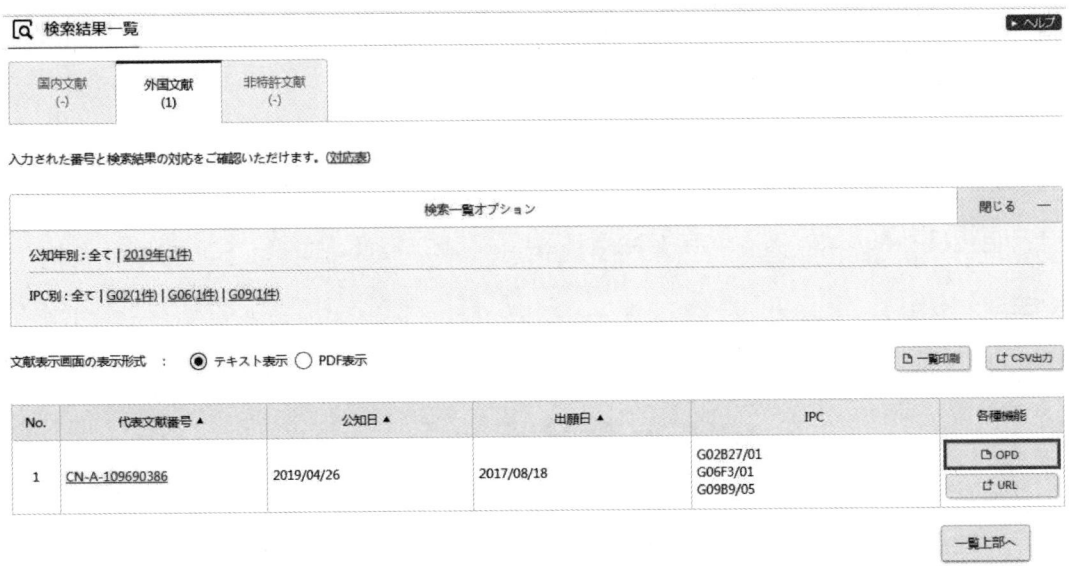

图8-1-7 在日本特许厅全球专利案卷查询系统的检索结果

单击其中一个同族下的"書類一覧 開く",可以查看该同族审查过程;或者单击上方的"書類情報を全て開く",可以同时打开所有同族的审查过程,都可以获得引用文献,如图8-1-8所示。

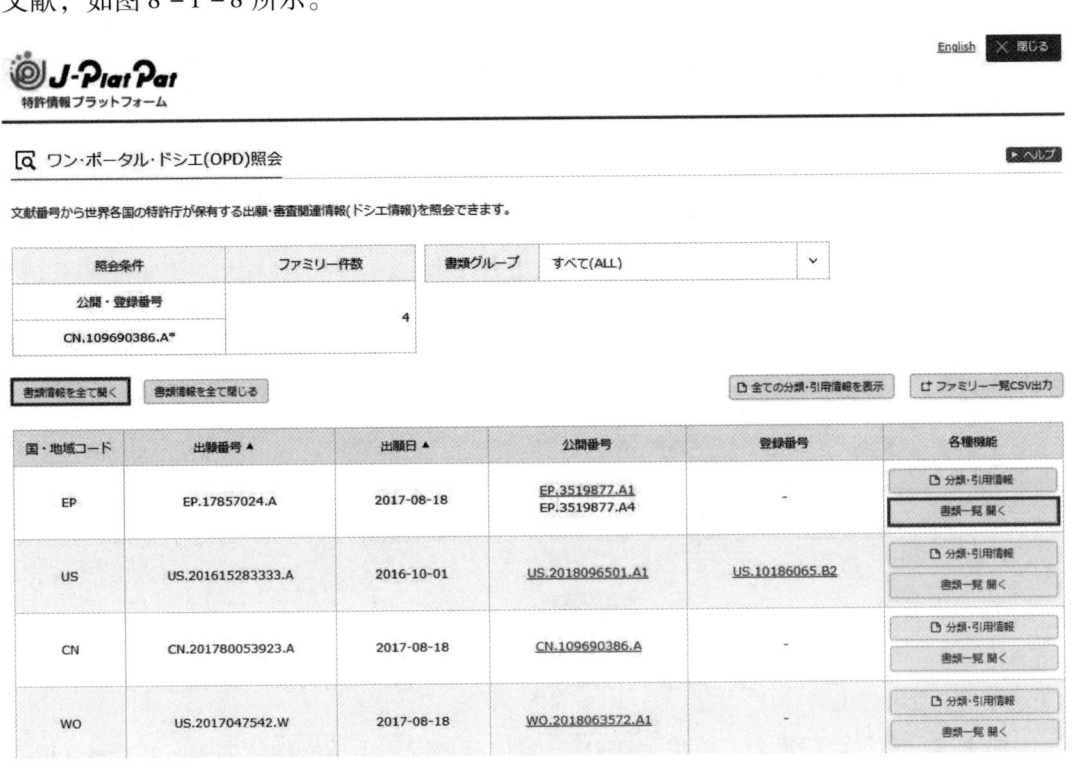

图8-1-8 在日本特许厅全球专利案卷查询系统检索到的同族

### 4. 欧洲专利登记簿

进入欧洲专利登记簿后，在网页最上端的 Search 栏输入待检索的申请号（CN 不带检验码）或者公开号，单击 Patents 进行检索，如图 8-1-9 所示。

图 8-1-9 欧洲专利登记簿的检索界面

找到待检索的申请号后，单击靠右的 Patent family，可以查看其同族申请列表，选择想查看的同族申请号，进入该同族申请的详情页。或者，单击最右侧的 CCD，可以进入在介绍美国全球案卷系统中提到的 IP5-CCD 的界面，如图 8-1-10 所示。

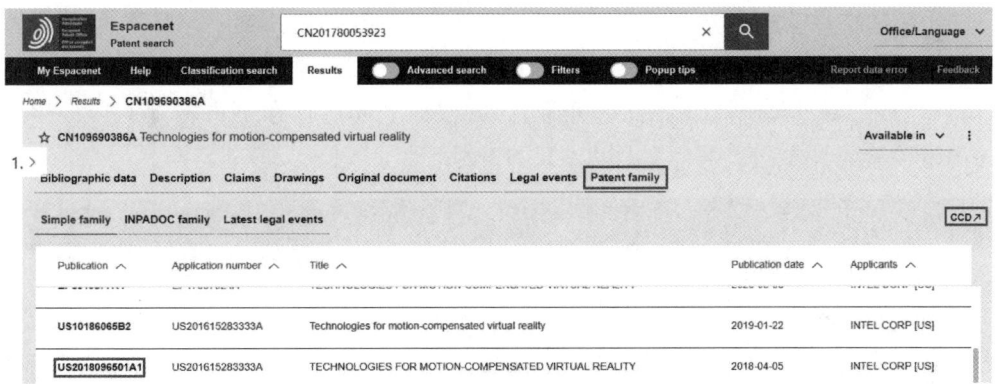

图 8-1-10 在欧洲专利登记簿的检索结果

还可以在某同族申请的详情页，单击 Bibliographic data 栏下方的 Global Dossier，即可查看该同族申请的审查过程，从中找到引用文献，如图 8-1-11 所示。

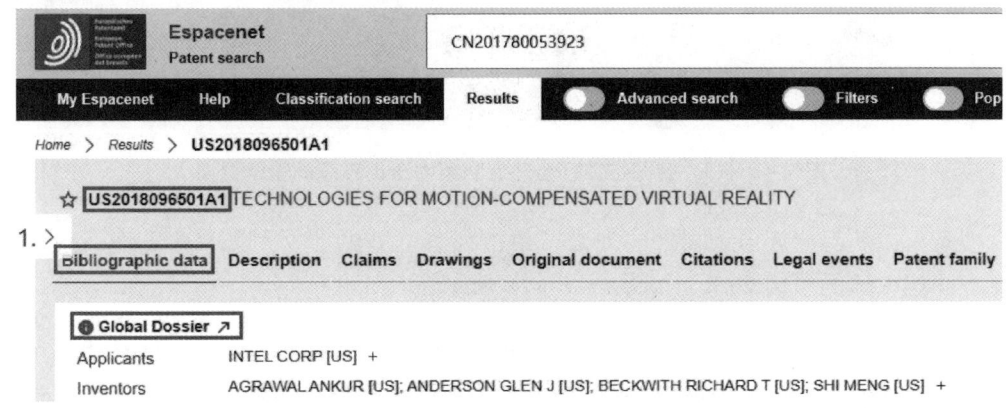

图 8-1-11 在欧洲专利登记簿检索到的同族信息

再或者，单击 Citations，直接找到引用文献，如图 8-1-12 所示。

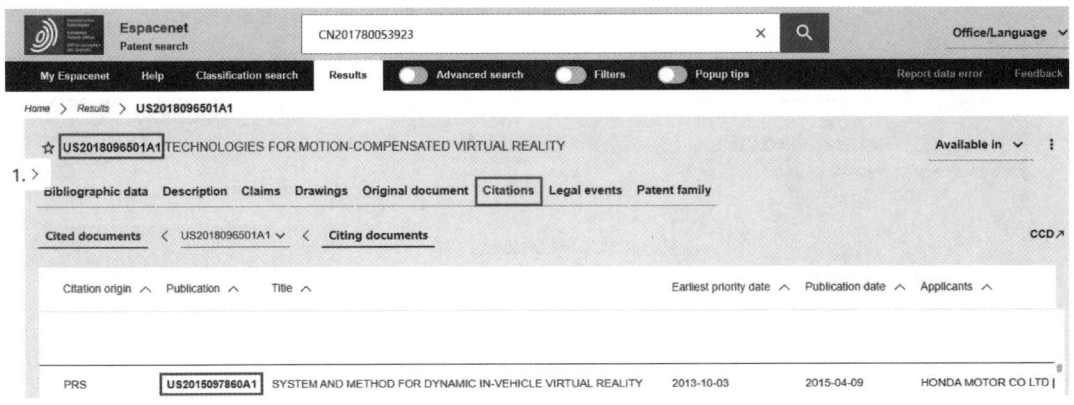

图 8-1-12　在欧洲专利登记簿检索到的引用文件

### 5. 韩国特许厅全球专利案卷查询系统

进入韩国特许厅全球专利案卷查询系统后，同样可以在"国가코드"栏选择国家或机构 US、CN、EP、KR、JP、WO 或一些其他局，"번호형식"栏选择"출원번호"（申请号）或"공개/등록번호"（公开号），并根据上述选择在下方输入对应的申请号（CN 不带校验码）或公开号，如图 8-1-13 所示。

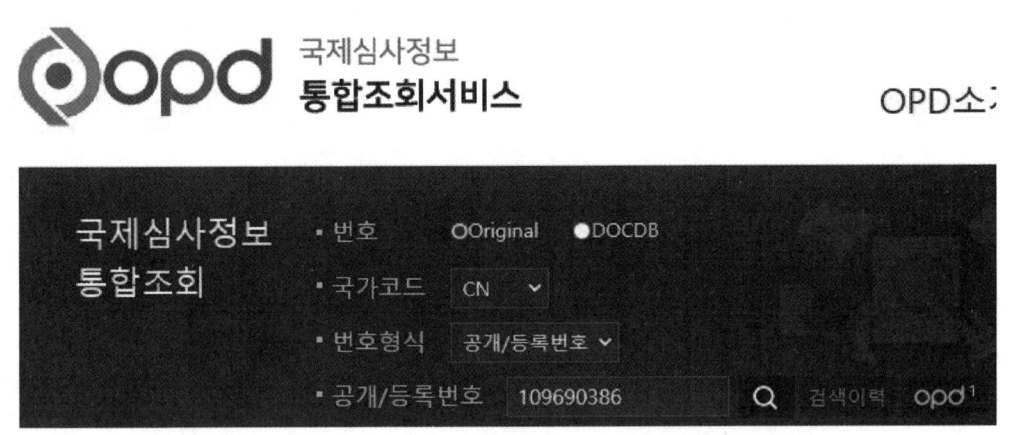

图 8-1-13　韩国特许厅全球专利案卷查询系统的检索界面

搜索可以获得同族申请文件的列表，单击列表上方的"전체인용&분류"，直接打开所有同族申请的引用文献，如图 8-1-14 所示。

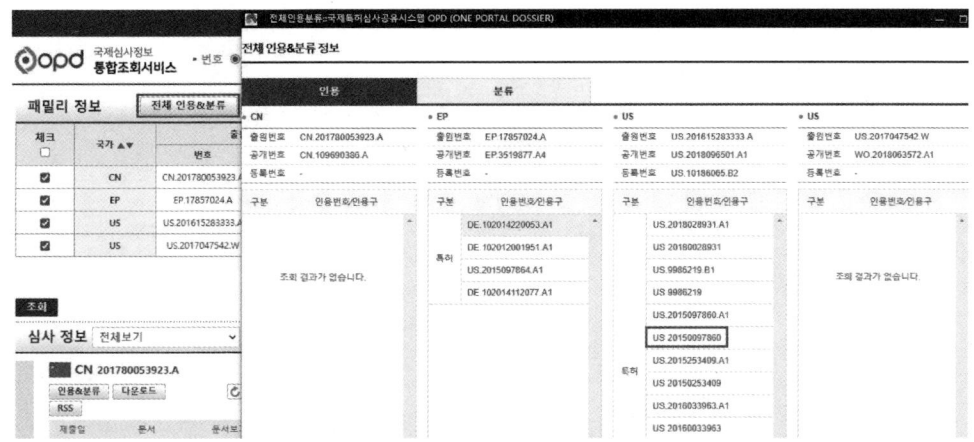

图 8-1-14　在韩国特许厅全球专利案卷查询系统检索到的同族及其引用文件

### 6. 商业平台以 Patentics 为例

进入 Patentics 数据库，在检索栏内输入待检索的申请号或公开号，选择"CNAPP"数据库后进行检索，如图 8-1-15 所示。

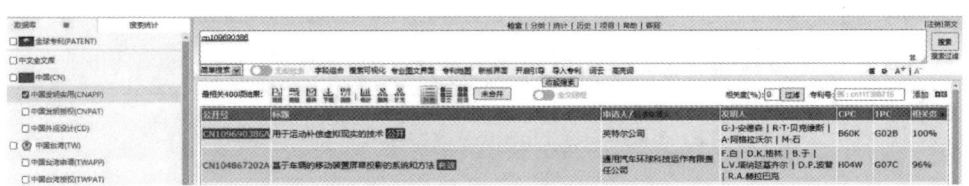

图 8-1-15　Patentics 数据库的检索界面

获得待检索的申请号后，进入其页面，打开同族项，可以获得其同族申请文件列表，如图 8-1-16 所示。

选择单击其中的一个专利号，可以进入该同族的页面，打开其参考引用项，可以查看该同族申请在审查过程中的引用文献，如图 8-1-17 所示。

### 8.1.2.2　追踪系列申请

系列申请指相同的申请人或发明人就相同或相近的技术构思所提交的多件申请，以期对其发明构成多方位的保护。基于相同或者相近的技术构思，一些系列申请彼此之间的差别不大，由于申请时间和公开时间的原因，系列申请本身有可能成为有效对比文件。或者，由于不同申请的实质审查具有时间差，追踪这些系列申请的审查过程，可以获得其审查过程中列出的文献。核实这些文献，有可能快速获得有效的对比文件。

获得系列申请的主要渠道为各个国家、地区或组织的官网和各商业平台。以申请人或发明人为入口，可以获得其名下的系列申请。如果该申请人或发明人名下的申请数量太多，可以加上技术主题进行限定，以获得准确的系列申请。

专利检索——从入门到精通

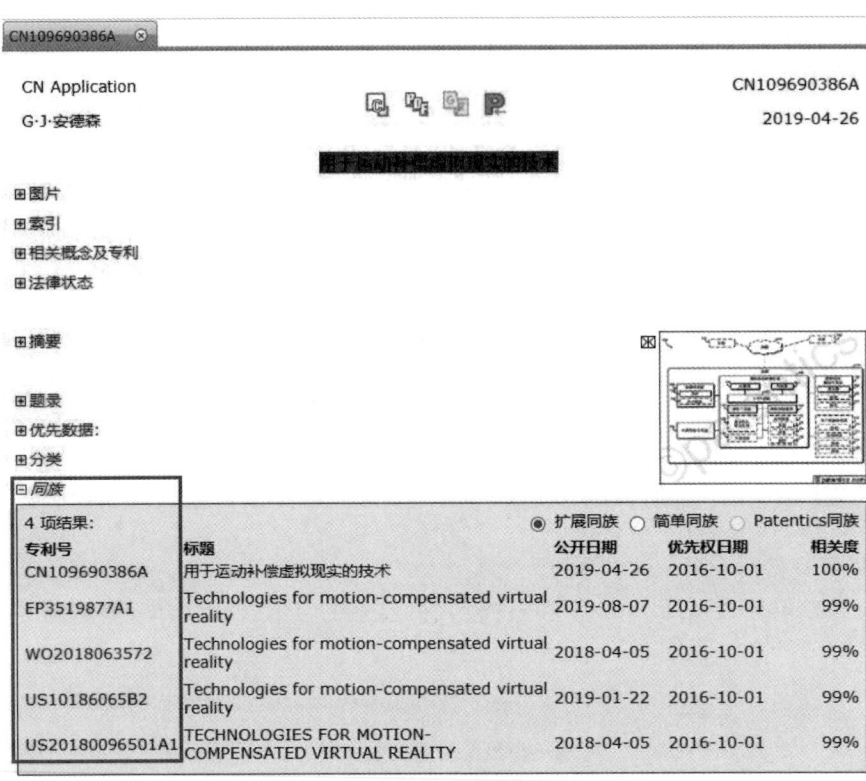

图 8-1-16 在 Patentics 数据库检索到的同族

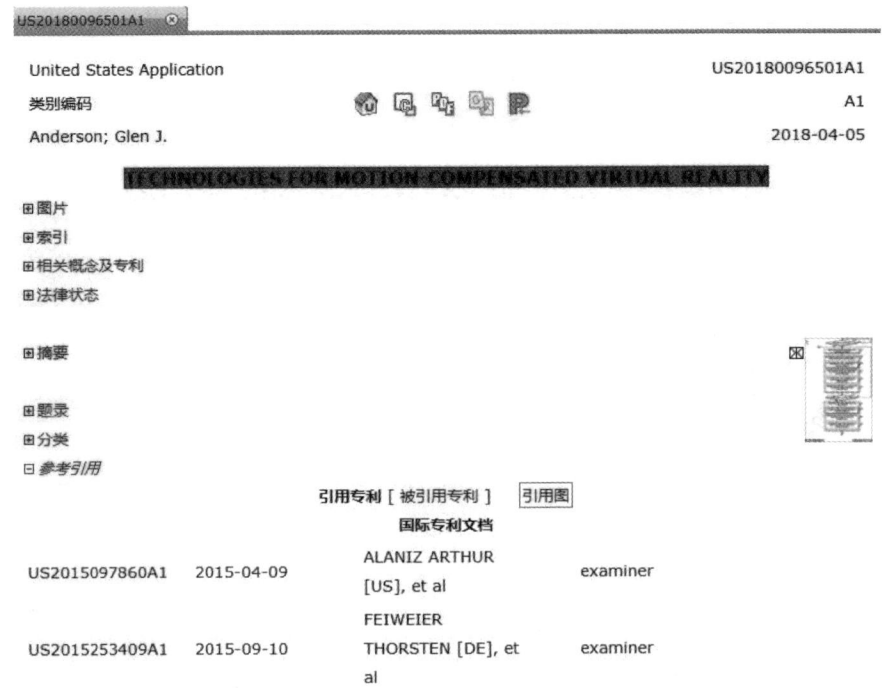

图 8-1-17 在 Patentics 数据库检索到的引用文件

**1. 以国家知识产权局为例**

进入中国及多国专利审查信息查询系统，登录后选择中国专利审查信息查询，在申请人栏输入申请人的全称，查询可获得该申请人名下的所有申请的发明名称和申请号等信息。

找到系列申请的申请号后，可以根据申请号在全球专利案卷查询系统以及各商业平台查询该系列申请的审查过程，并从中获得有效的对比文件（方法同8.1.2.1节追踪同族专利申请）。

**2. 商业平台以智慧芽为例**

进入智慧芽数据库的高级检索，在申请（专利权）人栏输入申请人名称，为避免结果过多且噪声太多，在标题/摘要/权利要求栏输入主题关键词，如图8－1－18所示。

图8－1－18　在智慧芽数据库的检索界面

检索后获得该申请人名下发明主题相关度较大的系列申请，如图8－1－19所示。

图8－1－19　在智慧芽数据库检索到的系列申请

选择其中一个公开号，进入其页面，选择左侧栏的法律状态-审查文件，如图8-1-20所示。

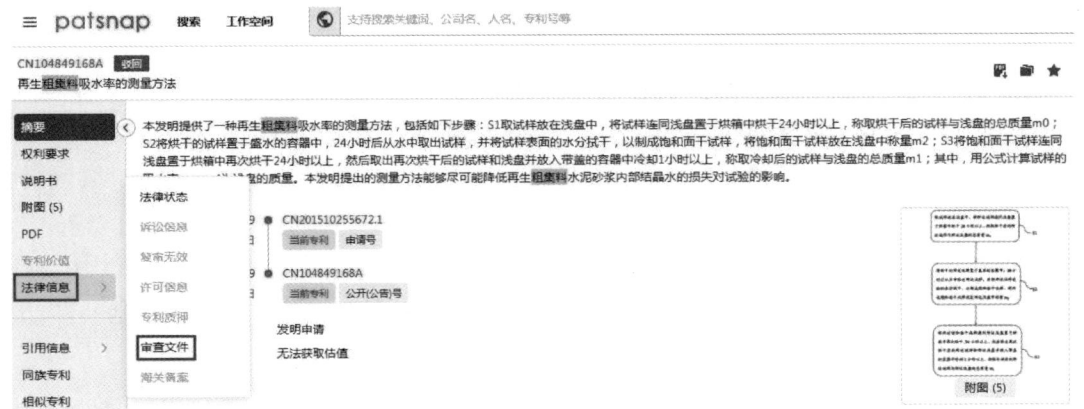

图8-1-20　在智慧芽数据库检索到的系列申请信息

再单击"审查/发文/费用详情"或者下面的链接，可以获取该系列申请的审查过程，并从中获得引用文献，如图8-1-21所示。

图8-1-21　在智慧芽数据库检索到的引用文件

或者，选择左侧栏的引用信息-专利/非专利，查看其引用文献，如图8-1-22所示。

图 8-1-22　在智慧芽数据库检索到的引用文件

#### 8.1.2.3　追踪引证/被引证文件

引证/被引证文件是指引用的在前公开的文献或者引用本技术方案的在后公开的文献。不论是专利文献还是非专利文献，也不论发明人/作者/研发人员是谁，这些引用关系，通常代表了相互引用的文献在技术上的相关性。通过追踪这些引证/被引证文件，有时候能够快速获取到有效的对比文件。以下两个案例用于说明常见的追踪方式。

**1. 追踪背景技术**

专利文献背景技术中引用的文献、背景技术的引用文献与本技术方案高度相关，由于本技术方案在背景技术上进行改进，则背景技术的引用文献很有可能成为本技术方案的有效对比文件。即使其本身不能成为有效对比文件，也可以帮助我们尽快了解现有技术，理解本技术方案所要解决的技术问题、发明原理以及采用的技术构思，提供检索关键词和分类号等。

【发明名称及技术领域】

一种防止纸币倾倒的纸币处理装置。

【背景技术及存在的问题】

近年来，对于纸币处理装置，要求设备小型化、简单化，另一方面也需要处理世界各国的多种尺寸的纸币。专利 ZL2012104538688 公开了一种纸币处理装置，但其结构过于简单，由于纸币处理装置会处理不同的币种，不同的币种之间的尺寸不同，有大有小，若币种的尺寸过小，会发生纸币倾倒的问题。

【待检索的核心方案】

一种防止纸币倾倒的纸币处理装置，具备用于重叠收纳纸币的聚集机构，所述聚集机构具有：收纳纸币的聚集空间，与纸币的一端接触并向所述聚集空间输送纸币的叶轮，使所述叶轮旋转的驱动机构，根据所述纸币的张数使所述聚集空间变大或者变小的动作板以及对所述动作板的位置进行检测的位置检测机构，所述动作板中还可拆卸地安装有红外线感应装置，所述红外线感应装置用于检测纸币的宽度数值，数值通过处理发送至控制部，最终通过控制部控制所述动作板移动至可接受所述纸币宽度的距离范围。

【达到的技术效果】

防止不同尺寸的纸币倾倒。

由于该专利授权文本背景技术中专门提到了专利号CN201210453868.8，我们在检索前应首先对其进行追踪，了解本技术方案改进时的基础。在国家知识产权局专利检索与分析网站进行简单检索，可以获得背景技术文献，阅读后发现，专利文献CN201210453868.8公开的纸币处理装置与待检索的技术方案对比可以发现，两者的区别在于待检索方案还包括了"动作板中还可拆卸地安装有红外线感应装置，所述红外线感应装置用于检测纸币的宽度数值，数值通过处理发送至控制部，最终通过控制部控制所述动作板移动至可接受所述纸币宽度的距离范围"，上述技术特征即针对技术问题"币种的尺寸过小会发生纸币倾倒"进行的改进。也就是说，我们只需要针对"在纸币处理装置中，通过红外感应纸币宽度控制动作板移动以防止纸币倾倒"进行检索即可。

进入国家知识产权局专利检索与分析网站的高级检索界面，在IPC分类号检索项输入"G07D"表达技术主题纸币处理装置。待检索的内容"通过红外感应纸币宽度控制动作板移动以防止纸币倾倒"作为另一个检索要素，从技术效果方面表达为"倾斜or倾倒"，从技术手段方面表达为"（宽度or尺寸）s（传感or感应or红外）"。检索可获得公开号为CN103049962A的专利文献，公开了在纸币处理装置中根据纸币宽度方向的最小尺寸决定动作板的可移动范围以防止纸币在聚集机构中倾倒这一技术构思。该专利文献可以与待检索方案中背景技术的引用文献结合，剩下的区别为采用了红外传感器这一常见传感手段。如此，由于追踪了背景技术的引用文献而不需要对纸币处理装置的整体结构进行检索，我们就更快地完成了以上技术方案的检索。

### 2. 追踪中间文件

检索过程中，我们有时会发现非常密切相关的文件，但是由于公开时间较晚不满足现有技术的定义，不能直接作为对比文件。或者，在已经检索到的期刊文章、学位论文等非专利文献中，一般在其开头部分都会做技术综述，对涉及的科学原理、常见技术手段及其优劣进行解释，以期让读者尽快了解该领域的技术积累、科研成果和发展脉络，这部分技术综述一般会引用较多的参考文献。这些在后公开的文件或参考文献与待检索的技术方案密切相关。因此，应当进一步追踪在后公开的文件或上述参考文献的内容。

【发明名称及技术领域】

一种高增益低噪声掺铒光纤放大器。

【申请日】

2019年8月9日。

【申请人及发明人】

电子科技大学；吴国轩，吴宇，唐杰，王美玲。

【待检索的核心方案】

一种高增益低噪声掺铒光纤放大器，包含一线形结构掺铒光纤放大器，该线形结构掺铒光纤放大器连接至光纤耦合器12；第二掺铒光纤5、高非线性光纤17、偏振控制器16依次连接后，两端分别连接于光纤耦合器12的两个端口，共同构成混合光纤环形腔。

【达到的技术效果】

在保证良好增益的同时抑制系统噪声。

按照常规检索思路，从主题名称中选择"光纤放大器"作为一个检索要素，待检索技术方案的基本构思在于在线性结构掺铒光纤放大器后增设混合光纤环形腔。因此，可以将混合光纤环形腔作为检索要素。考虑到待检索技术方案涉及激光技术领域，常常涉及一些较前沿的技术，且国外的研究在总体上处于领先位置，因此，可以选择Web of Science等学术平台进行检索。掺铒光纤放大器可以表达为（fiber* or fibre*）and amplif*，环形腔可以表达为 ring or circl* or loop，尝试检索后发现，检索结果的数量很多，不好筛选。

如果我们采用追踪检索，由于上述技术方案的申请人为高校，发明人为高校的老师和学生，可以首先在CNKI等期刊论文数据库对申请人和发明人进行追踪。在CNKI中追踪到发明人吴国轩的学位论文《低噪声EDFA和光纤液面定位传感器光源稳定驱动设计》，该学位论文的内容与本技术方案几乎相同，也公开了线性腔结构掺铒光纤放大器与混合光纤环形腔的联合使用。但在中国优秀硕士学位论文全文数据库（电子期刊）网站http://www.cmfd.cnki.net/Journal/index.aspx?dbCode=CMFD中查询可知，该学位论文发表在《中国优秀硕士学位论文全文数据库 信息科技辑》2019年第12期中，出版时间为2019年12月15日，因此，该学位论文的公开日期在待检索技术方案的申请日之后，并不能影响待检索技术方案的新颖性或者创造性。

然而，阅读上述学位论文，可以获得混合光纤环形腔的另一种表达方式：线性光纤放大环路镜（nonlinear – amplify – loop – mirror）。如图8-1-23所示，进入Web of Science学术平台检索页面，技术主题中继续选用光纤放大器作为检索要素，英文表达为"（fiber* or fibre*）and amplif*"，核心技术手段则选择线性光纤放大环路镜作为检索要素，英文表达为"（nonlinear – amplif* – loop – mirror）or NALM"，同时从技术效果方面要求线性光纤放大环路镜的作用是去噪，英文表达为"noise* or denoise*"。

图 8-1-23 Web of Science 的检索界面

上述检索式在 Web of Science 数据库中可以获得一篇技术上高度相关的文献"Nonlinear Phase Noise Reduction in a DPSK Transmission System Using Cascaded Nonlinear Amplifying Loop Mirrors"。仔细阅读后发现，虽然该文献的原理与待检索技术方案类似，但结构却并不非常相同。考虑到技术的延续性，我们可以继续追踪其参考文献。作者在该文献的 Introduction 部分，介绍了自己的研究成果即参考文献 6 "Suppression of nonlinear phase noise in a DPSK transmission using a nonlinear amplifying loop mirror"，证实了非线性放大环形镜（NALM）可以有效地抑制 DPSK 信号的幅度噪声，也就是说，该参考文献 6 也是与待检索技术方案比较相关的文献，值得我们跟进。根据文献出处，我们可以在 IEEE Xplore 中获得参考文献 6。

参考文献 6 公开的实验装置，包括依次设置的 2.5ps 激光器（输入信号光源 6），一掺铒光纤放大器 EDFA（第一掺铒光纤 9），光衰减器 VOA，一隔离器和偏振控制器 PC（相当于构成了线性结构掺铒光纤放大器）；偏振控制器 PC 连接到光纤耦合器；另外，一掺铒光纤放大器 EDFA（第二掺铒光纤 5），高非线性光纤 HNLF，一偏振控制器 PC 依次连接后，两端分别连接于光纤耦合器的两个端口，共同构成非线性放大环形镜（混合光纤环形腔）。上述结构与待检索技术方案的结构几乎一致，可以结合公知常识来评述授权技术方案的创造性。

## 8.1.3 追踪产品相关信息

如果技术方案涉及产品或者产品的操作方式、制备方法、使用方法等内容，我们还可以针对产品相关信息进行追踪。

### 8.1.3.1 追踪产品使用说明书

有些技术方案是对市场上一些产品进行的改进，我们可以在各种互联网销售网站、厂商网站、产品论坛或者技术论坛上进行检索，或者检索产品使用手册或者产品名录等。

【发明名称及技术领域】

一种土工布透水性测定仪。

【待检索的核心方案】

一种土工布透水性测定仪，由机箱、潜水泵、水箱、溢流平衡箱、水位刻度量筒、供水阀门和控制台组成，控制台设置在机箱顶部，水箱内置于机箱下部，溢流平衡箱置于机箱上方、水位刻度量筒设置在溢流平衡箱中，供水阀门安装在控制台上，供水阀门出水口正对水位刻度量筒顶部，潜水泵置于水箱内部，潜水泵出口与供水阀门相连，溢流平衡箱下部分别设置取水口和排水口，取水口设置流量计，温度传感器获取试验温度，控制台上设置电磁阀转换口、供水开关、电源开关、电源指示灯、试验开关、智能温度控制机构、时间计数器和流量检测机构。

【说明书记载的相关内容】

1. 装夹试样：取出夹持器，松开压紧螺母，将试样平整地放置在下夹持器平面上，压上上夹持器，然后拧紧压紧螺母，将夹持器安放在定位支撑销上。2. 打开电源开关，在时间计数器上设定收集时间值（本仪器时间计数器9的范围为0~99.99 s）。3. 确定放水口处于关闭状态，打开供水开关稳压水源后，直至水位超过试样平面达到内容器的高度，此时水头压差为零。4. 待水平面稳定后继续注水，水开始溢出内容器，调节流量控制开关控制水的流量已得到固定的压差，即水位量筒的水位稳定，此时溢出的水通过排水口排出。5. 待水头压差稳定30 s后，按下黑色小按钮，时间计数器开始计时，同时电磁阀转换出水口，此时溢出水流通过取水口流出。流出水量用容器收集，再用量筒测出具体数值，精确到10mL（收集的水量应>1L，如不到1L，应酌情加大时间设定值）；达到设定时间后，电磁阀动作，此时溢出水从排水口排出。6. 在进行上述步骤的同时，读取温控仪表上的温度值，水温应在10~25℃（精确到0.1℃）。7. 重复第3~6条步骤。总共得到5组读数，水流速度均匀分布在0~60mm/s之间。试验时水流速度从高做到低。8. 重复第2~7步骤，在同一水压下将余下试样测试完毕。9. 关闭电源开关，拔下电源插头。10. 打开放水口将仪器内的剩余水排空。11. 将测试数据按相关标准处理。

按照常规检索思路，在主题名称中选择"土工布"和"透水性"作为检索要素，待检索技术方案的基本构思在于透水性测定仪的具体组成部件以及各部件之间的连接关系，因此，需要将各部件作为检索要素。然而，通过分析可以发现，核心技术手段中涉及的机箱、水箱、阀门或者控制台等都是本技术领域中常见的装置，且各自都存在很多不同的名称，并没有比较专业的术语名称，比如，水箱可以被称呼为水槽、供水部件等，控制台可以被称呼为控制器、控制装置、平台等，这造成很难对关键词进行准确的表达，检索中将带入很大的噪声。

我们可以换个思路进行检索。说明书中清楚记载了每一步操作，看起来很像是土工布透水性测定仪的操作说明，其中还包含了"本仪器""黑色小按钮"这种描述。因此，我们有理由怀疑，本技术方案是现有市场上某种土工布透水性测定仪的改进，可以首先在互联网检索平台上去了解土工布透水性测定仪的相关厂家、销售卖点等情况,试图通过生产厂商或产品论坛等获取有效的对比文件。

进入互联网检索平台,如百度搜索,直接输入"土工布透水性测定仪"进行检索,可以发现,已经存在涉及土工布透水性测定方法的 GB/T 开头的国家标准和 JTG 开头的行业规范等标准,以及多家销售各种土工布透水性测定仪的生产厂商。进一步仔细浏览后发现,一些产品销售页面上还写上了使用说明或者操作规程,其内容与待检索技术方案中记载的工作原理相似。虽然这些销售页面并没有公开其土工布透水性测定仪的具体结构或者其公开的结构并不相同,但进一步验证了市场上有可能存在与待检索技术方案类似的土工布透水性测定仪。

百度文库和豆丁网都是供用户在线分享和记录文档的平台,拥有众多的实用文档、出版物以及专业资料等。当需要检索这类与期刊论文、专业书籍等出版物不同的文档资料时,我们可以采用百度文库或者豆丁网。

通过互联网检索平台进一步了解到主题名称土工布可以扩展成"土工合成材料";透水性可以扩展成渗透性能;同时采用说明书,表示将检索结果限定在产品说明书中。

进入豆丁网 https://www.docin.com/,在检索栏里输入"土工合成材料 渗透性 说明书",在检索结果的第一页即可获得一份产品说明书,如图 8-1-24 所示。

图 8-1-24 在豆丁网的检索结果

阅读可以发现,该产品说明书中公开了一种测定各种土工布透水性能的仪器,包括仪器结构的外形图以及操作步骤,公开了待检索技术方案中的大部分结构。结合之前了解现有技术时已经检索到的多个产品以及本领域技术人员的惯用手段,可以确定待检索的技术方案不具有创造性。

#### 8.1.3.2 追踪产品型号

有些技术方案使用了现有市场上特定的产品,如果其公开文本中提到了产品型号,我们可以直接从产品型号入手进行检索。

【发明名称及技术领域】

一种基于 LTC6803 的燃料电池单片电压巡检系统。

【待检索的核心方案】

一种基于 LTC6803 的燃料电池单片电压巡检系统,包括燃料电池堆、电池管理芯片组、单片机以及电源;电池管理芯片组分别与燃料电池堆和单片机连接,用于在所述单片机的控制下,对燃料电池堆中燃料电池单片进行电压检测,以得到燃料电池单片的电压数据,并向单片机发送所述电压数据。

按照常规思路,从主题名称"一种基于 LTC6803 的燃料电池单片电压巡检系统"中选择"电池 电压巡检"作为检索要素,表达了技术方案所涉及的技术领域,待检索技术方案的基本构思在于采用了电池管理芯片组。因此,可以将电池管理芯片组作为检索要素。

由于电池管理、芯片都是本技术领域中应用比较多的术语名称,如果采用这两个词进行检索,并不能有效地缩小检索结果的数量。此时怎么办呢?我们关注到,待检索技术方案中选用了 LTC6803 作为电池管理芯片组。在互联网搜索平台对 LTC6803 进行了解,可以获得,电池管理芯片组 LTC6803 是现有市场上一个成熟的产品。因此,我们可以尝试性地直接针对 LTC6803 进行检索。

进入 PSS 的高级检索,在检索式编辑区输入"摘要=(LTC6803)",检索可获得公开号为 CN103728568A 的专利文献,公开了一种基于 LTC6803 的电池锂电池单体电压检测装置,LTC6803 作为锂电池管理芯片,单片机通过 SPI 总线从锂电池管理芯片 LTC6803 读取单体电压并排序。该方案与待检索的技术方案的区别在于检测对象不同,CN103728568A 的检测对象为锂电池,本技术方案为燃料电池,然而,两种电池都是本技术领域中常见的电池,无论测量哪种电池的电池单片电压,并不会影响外部测量装置与电池的连接和数据传送。因此,这个区别都不足以使待检索的技术方案具备创造性。

## 8.2 公式检索

待检索的技术方案中有时会包含公式,特别是学术型比较强的技术方案中,这些公式可能涉及较专业的数学原理,一些案件还涉及超长且复杂的数学物理公式的推导和演算,这给检索增加了不小的难度。

## 8.2.1 利用专业的术语名称

在一些技术方案中,采用专业的术语名称能够增加专业相关度,减少数量,精确定位结果,避免噪声,这类型案件可以优选专业的术语名称进行检索,包括参数的物理定义、数学物理公式的命名等。

以下通过两个案例进行说明。

**1. 利用核心方案中的术语名称**

【发明名称及技术领域】

一种飞秒高功率激光对透明材料的损伤阈值设置方法。

【待检索的公式】

材料体内的自由电子密度变化方程用如下速率方程来表示:

$$\frac{\mathrm{d}N(t)}{\mathrm{d}t} = W_{\mathrm{AI}} + W_{\mathrm{PI}} + W_{\mathrm{R}}, t \in m\tau \tag{1}$$

其中,$W_{\mathrm{AI}}$ 代表雪崩电离速率,$W_{\mathrm{PI}}$ 代表多光子电离速率,$W_{\mathrm{R}}$ 代表电子弛豫速率,$m$ 为小于等于脉冲数的整数,$\tau$ 为脉宽。

损伤阈值的计算公式如下:

$$F_{\mathrm{th}} = \int_0^{T_{\mathrm{C}}} I(t)\mathrm{d}t \tag{2}$$

$$I(t) = I_0 \exp(-4\ln 2\, t^2/\tau^2) \tag{3}$$

其中,$T_{\mathrm{C}}$ 为材料电子密度到临界密度的时间,$I(t)$ 为高斯脉冲激光的功率密度,$I_0$ 为高斯脉冲激光的峰值功率密度。

利用前面章节提到的对申请人发明人的追踪方法,就可以发现其本人的期刊文献(Damage threshold of lithium niobate crystal under single and multiple femtosecond laser pulses: theoretical and experimental study, Qinglong Meng 等, Applied Physics A 第 122 卷,第 582-1 至 6 页,2016 年 12 月)已经公开了上述公式(2)、(3)。

在专利数据库中通过简单检索并没有发现公式(1)公开。考虑到本技术方案涉及激光技术领域,该领域常常涉及一些较前沿的技术,且国外的研究在总体上处于领先位置,因此,可以直接选择 Web of Science 等学术平台进行检索。

其主题中的飞秒和损伤阈值均有专业的英文表达方式,分别为 femtosecond 和 damage threshold,可以作为检索要素。公式(1)中涉及的雪崩也有专业的英文表达方式,为 avalanche,也可以作为检索要素。进入 Web of Science 的高级检索,构建检索式如下:

TI =(femtosecond) and TS =(damage threshold) and TS =(avalanche)。

上述检索式在 Web of Science 数据库中可以获得 56 条文献。浏览发现,名称为 Scaling laws of femtosecond laser pulse induced breakdown in oxide films(M. Mero 等,

PHYSICAL REVIEW B 第 71 卷，第 115109 – 1 至 7 页，2005 年 12 月）的文献公开了公式：

$$\frac{\mathrm{d}N(t)}{\mathrm{d}t} = \alpha N(t)\xi I(t) + \beta_m [\xi I(t)]^m + \frac{N(t)}{T}$$

其中，$\alpha$ 为雪崩系数，$\beta_m$ 为 $m$ 的多光子吸收系数，$T$ 为有效弛豫时间，与本技术方案中公式（1）的含义是一样的。

**2. 技术效果中的术语名称**

【发明名称及技术领域】

一种端泵板条激光放大器。

【待检索的公式】

板条介质的尖角角度 $\alpha$ 满足 $\arcsin(n_{SiO_2}/n_{板条}) - \beta < \alpha < 45° - \frac{\beta}{2}$，其中，所述 $n_{SiO_2}$ 为 $SiO_2$ 膜的折射率，$n_{板条}$ 为板条介质的折射率，$\beta$ 为种子光进入端面后的折射角。

【达到的技术效果】

通过设置特定的板条介质尖角角度和种子光的入射角度布儒斯特角，使得种子光在板条介质掺杂区域中单程传播时的填充因子为 1，从而提取板条介质掺杂区域中全体积内反转粒子数的能量。

由于同样涉及激光技术领域，同样选择 Web of Science 数据库。主题名称中的板条激光放大器具有专业的英文表达方式，可以表达为 slab；其次，如果仅关注公式本身，选择公式含义或公式参数等作为检索要素，如公式中的尖角角度表达为 angle，折射率表达为 index of refraction，进入 Web of Science 的高级检索，构建检索式如下：

TS =（slab and angle and index refraction）。

利用上述检索式在 Web of Science 数据库中可以获得 186 条文献。浏览发现，名称为 General analysis of slab lasers using geometrical optics（Te – yuan Chung 等，Applied Optics 第 46 卷第 4 期，第 581 – 590 页，2007 年 2 月）的文献公开了针对板条激光器的分析：

$\beta + \alpha < 90°$ 时，填充因子 = 1；

$\varphi_1 = \beta - \alpha$；

结合上述两个式子可得：$\alpha < 45° - \frac{\varphi_1}{2}$，

同时还公开了：$\beta \geq \arcsin\left(\frac{n_{coolant}}{n_{crystal}}\right)$；

结合上述式子可得：$\alpha \geq \arcsin\left(\frac{n_{coolant}}{n_{crystal}}\right) - \varphi_1$，其中，$\alpha$ 为尖角角度，$\varphi_1$ 为种子光进入端面后的折射角，$n_{coolant}$ 为冷却介质的折射率，$n_{crystal}$ 为板条介质的折射率，因此，上述内容公开了待检索技术方案的核心构思。

然而，阅读和筛选 186 条文献都需要花费更多的时间，angle 和 index of refraction 还会带来很多噪声。但仔细分析上述技术方案可以发现其技术效果涉及两个非常专业的术语，一个是尖角角度 $\alpha$ 实际上是一个布儒斯特角 brewster，另一个是技术效果中的填充因子 fill factor。

基于此，进入 Web of Science 的高级检索，构建改进后的检索式如下：

TS =（slab and brewster and fill factor）。

该检索式在 Web of Science 数据库中的检索结果仅为 4 条，且第 2 条即为所需文献。

### 8.2.2 分析公式的推导过程

在一些技术方案中，即使直接针对公式的参数进行检索，也有可能难以获得有用的对比文件。针对这样的公式，我们可以对公式的推导过程进行分析，采用多种数学物理手段追根溯源，尽量提炼出核心的关系式或者源头参数，再进行检索；或者根据技术方案中公式的含义，选用已知的基础公式，尝试性地进行推导后再进行检索。

【发明名称及技术领域】

一种控制湿度的方法。

【待检索的核心方案】

采用根据湿空气浓度启停空调的加湿器的方式，通过获取空调所在工作区域内的环境参数和预先设定的目标环境参数，并根据环境参数确定空调所在的工作区域内的湿空气浓度以及根据目标环境参数确定空调所在的工作区域内的目标湿空气浓度，最后根据湿空气浓度以及目标湿空气浓度确定空调是否开启加湿功能，环境参数至少包括：环境湿度以及环境温度，目标环境参数至少包括：目标湿度以及目标温度，达到了智能开启或关闭空调的加湿功能的目的。其中，所述空调所在工作区域内的湿空气浓度：

$$A = \frac{615000 \times 10^{\frac{7.5t}{237.3+t}} \times f}{445(t + 273.15)}$$

$A$ 为所述湿空气浓度，$t$ 为所述环境温度，$f$ 为所述环境湿度。

针对上述公式进行分析，湿空气浓度并非本技术领域中常见的技术术语，基于热力学知识可知，该湿空气浓度实际上为绝对湿度，环境湿度以及目标湿度中所涉及的湿度实际上为相对湿度，待检索的技术方案实际上基于相对湿度和温度计算获得对应的绝对湿度，再根据绝对湿度判断是否需要开启加湿功能。因此，我们应当针对绝对湿度与相对湿度以及温度的关系进行检索。但是，即使这样检索，仍然无法检索出上述计算公式。

换个思路，基于热力学基础，绝对湿度和相对湿度的关系是这样表示的：

$\varphi = \dfrac{\rho_v}{\rho_s}$，其中，$\varphi$ 为相对湿度，即本技术方案中的 $f$；$\rho_v$ 为绝对湿度，即本技术方案中的 $A$，$\rho_s$ 为饱和状态绝对湿度。

进一步，$\rho_s = \dfrac{P_s}{R_{g,v} T}$，其中，$P_s$ 为饱和蒸汽压，$R_{g,v}$ 为水蒸气的气体常数，通常取值为 461 $\dfrac{\text{J}}{\text{kg} \cdot \text{K}}$，$T = t + 273.15$，综上可得：

$$\rho_v = \varphi \rho_s = \frac{\varphi P_s}{R_{g,v}T} = \frac{P_s\varphi}{461(t+273.15)}$$

该推导出的公式与本技术方案中的关系式对比发现，推导公式中的 $P_s$ 应该对应于本技术方案中的 $615000 \times 10^{\frac{7.5t}{237.3+t}}$。我们可以根据经验判断，其有可能是饱和蒸汽压 $P_s$ 与温度之间的经验公式，因此，检索的重点转移为饱和蒸汽压 $P_s$ 与温度之间的对应关系式。

对于经验公式，一般选择读秀或百度、必应等搜索引擎进行检索。选择 https://cn.bing.com/，用"饱和蒸汽压 温度 经验公式"进行检索，可以获得多个饱和水蒸气压力的计算公式，其中包括马格努斯饱和水汽压公式。马格努斯饱和水汽压公式为：

$e = e_0 \times 10^{\frac{at}{b+t}}$，$e$ 为饱和蒸汽压，即本技术方案中的 $P_s$；$e_0 = 6.11\text{hPa}$，为 0℃ 时的饱和蒸汽压；$a = 7.5$；$b = 237.3$，代入上述推导公式可得：

$\rho_v = \varphi \rho_s = \frac{\varphi P_s}{R_{g,v}T} = \frac{P_s\varphi}{461(t+273.15)} = \frac{611000 \times 10^{\frac{7.5t}{237.3+t}} \times \varphi}{461(t+273.15)}$，与本技术方案的公式相比较，表达一致，差异仅在于 0℃ 时的饱和蒸汽压 $P_s$ 和水蒸气的气体常数 $R_{g,v}$ 的取值不同，但两个取值差异较小，属于可以允许的取值范围。

## 8.3 图形检索

大部分专利申请文件都包含有附图。有些待检索的技术方案有大量细节的描述，如果根据文字描述构建检索式，准确度不高难以命中对比文件；另外，如果通过文字对比来筛选对比文件，需要阅读大量的文献，效率也不高。我们可以从图形下手进行检索，克服了按照常规检索方式无法构建有效检索式导致命中率不高的缺陷，是对常规检索方式的重要补全；另外，从视觉上直接获得相似图形后指向相关对比文件，节省在全文中寻找图片的时间，提高检索效率。

图形检索的对象包括互联网各类平台可提供的图片以及外观设计专利。

互联网各类平台又可以分为以下四类：

（1）期刊论文中的附图可以通过 CNKI 学术平台进行检索。CNKI 有专门的图片数据库，内容包括各领域的期刊、学位论文、会议论文以及工具书中的图片，专业性强，支持相关度排序。CNKI 图片的信息包括图片标题、图片说明、图片关键词以及图片来源等，但对检索词汇扩展较少，大部分来源于原作者的描述。但一些图片名称、图片来源等信息只会从整体上说明这是个什么图，并不会描述细节，更不会描述出专利检索中所谓的发明构思或者关键词，因此相应的文献就不容易检索到。

（2）百度、搜狗、必应等搜索平台。百度、搜狗和必应都有专门的图片频道，内容为从各类网页中提取的图片，自动按照相关度排序。偏向生活领域的技术方案可以尝试用这些搜索平台进行检索，但其同时自动扩展检索词汇，因此，要求输入的检索词汇尽可能准确，不然会产生大量噪声甚至以生活图片为主。

（3）互联网上有很多提供 CAD 机械图纸或电路图或分子结构式的各类专业网站，可以通过百度等搜索平台获取网址，进入专业网站后再进行检索。

（4）出于方便销售的目的提供大量视图的购物平台如淘宝、京东等，但这类图片以外观为主。

注意，如果使用第（2）～（4）类平台检索到所需图片，还需要进一步确定其公开时间是否使图片可以被使用。

图形检索的方式主要有两种，分别为检索图形关键词和以图搜图。

## 8.3.1 检索图形关键词

图形关键词包括通过人工对图形进行的标引，如主要零件或电器元件、图名或描述等。输入图形关键词进行检索，就可以获得与待检索图形相似的其他图片。在这种检索中，要求关键词准确，优选表达主题和功能的关键词进行检索。由于受到图形关键词不准确、标引数据不完整等因素的影响，只进行一次图形关键词检索通常不能直接获取所需要的对比文件，但能够给出进一步的检索信息，指明检索方向，我们通常会结合其他检索手段如追踪检索完成整个检索过程。

### 8.3.1.1 CNKI 图片检索

打开 CNKI 首页后，有两种方式进入 CNKI 图片检索：一种是选择知识元检索，勾选图片前的小方框，即可在搜索框里输入图片的关键词进行图片检索；另一种是选择知识元检索，单击小方框后的图片，即可进入 CNKI 学术图片库。

【发明名称及技术领域】

一种用于评估加固后的钢结构安全性能的实验结构。

【待检索的核心方案】

一种评估预应力 CFRP 加固后的钢结构安全性能的实验结构，主要包括钢结构本体，钢结构本体的下表面粘接有碳纤维板，钢结构本体的上表面设置有用于施加压力的分配梁，在分配梁的两侧位于钢结构本体的端部和钢结构本体的上表面及下表面设置位移计，上粘接有光栅光纤传感器，在钢结构本体多处粘接有电阻应变片。

我们采用 CNKI 图片检索来检索这个技术方案。首先，按照待检索技术方案的主题名称，所述实验结构的检测对象是预应力 CFRP 加固后的钢结构，我们可以采用"预应力 CFRP 加固"进行检索。进入 CNKI 学术图片库，在搜索栏输入"预应力 CFRP 加固"后检索，可以获得一系列图片缩略图，涉及了预应力 CFRP 加固的各种结构示意图、曲线和装置图等。如果没有一眼看上去就很类似的图，我们可以结合追踪检索。

将鼠标放在某个图片上，出现该图片的图片标题和文献来源。第一个图片的文献来源为《长周期干湿交替下预应力 CFRP 加固 RC 梁的抗弯性能》，看文献名称适合追踪一下，如图 8-3-1 所示。

图 8-3-1 CNKI 图片检索

单击第一个图片,可以看到该图片的大图、图片上下文、图片来源、关键词等具体内容。大图中可以看出梁结构、支座、CFRP 布、应变片布置以及疑似分配梁的结构,和待检索的技术方案非常像,值得我们继续追踪。

单击下方的查看本文图片摘要,进入图片出处,如图 8-3-2 所示。

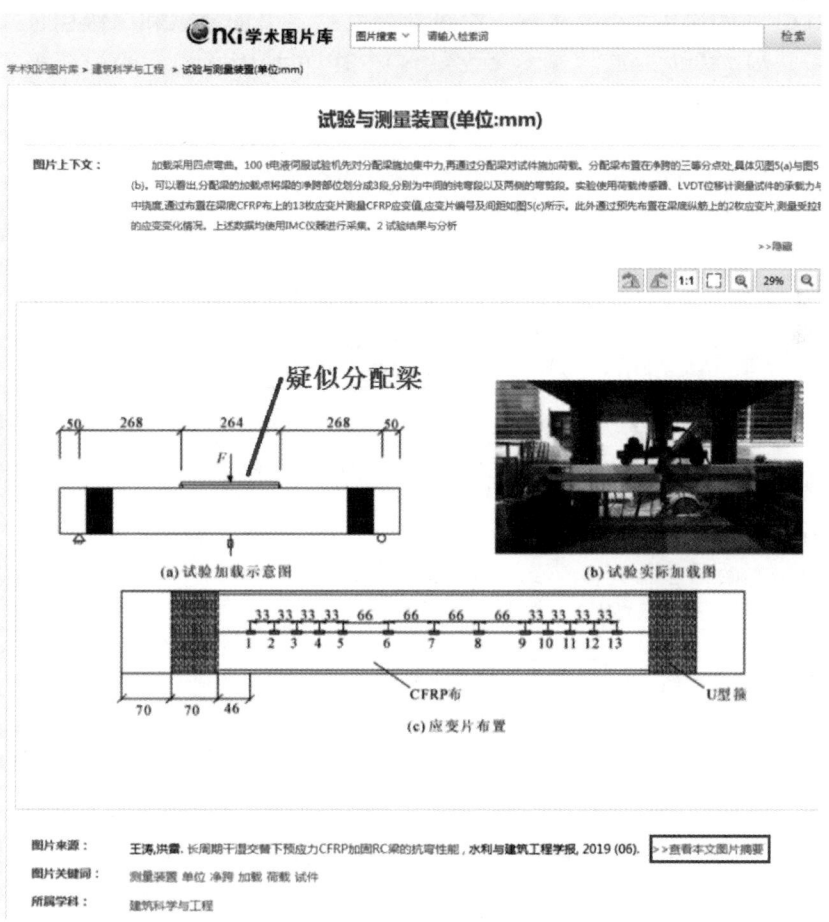

图 8-3-2 CNKI 查看图片出处

可以获得文献标题和文献来源。单击文献标题,如图8-3-3所示,进入该文献的摘要页,可以获取并下载全文。阅读全文后发现,这篇文献虽然公开了对分配梁施加集中力,再通过分配梁对试件施加荷载,CFRP布布置在梁底,但全文都没有公开结构的完整信息。

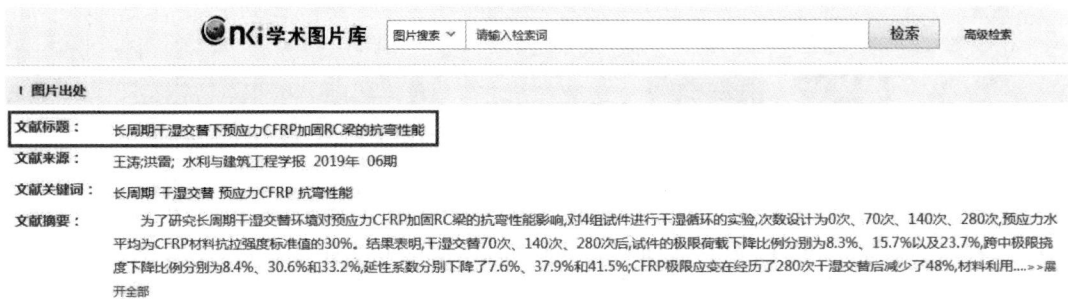

图8-3-3 根据图片检索获得文献摘要和全文

由于预应力CFRP加固结构和文献内容的相似度比较高,我们可以对该文献继续进行追踪,其引文网络中的参考文献、二级参考文献、引证文献和二级引证文献都值得我们看一看。浏览发现一篇二级参考文献《CFRP布加固预裂钢骨混凝土梁的试验研究》(哈娜等,《工程力学》,2011年第12期,第146-152页),如图8-3-4所示。

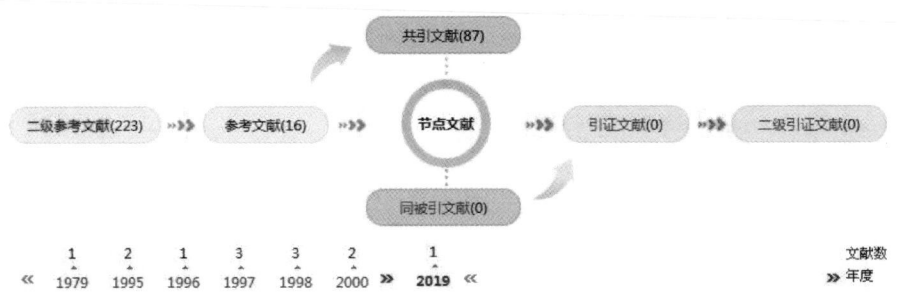

图8-3-4 结合追踪检索获得引证文件

该参考文献明确公开了一种加载装置,对多个CFRP布加固的预裂钢骨混凝土梁进行试验,研究不同预拉力、不同加固量和不同预裂程度下梁的承载力、破坏状态、变形和裂缝分布等受力性能(所述加载装置相当于评估加固后的钢结构安全性能的实验结构)。所述加载装置包括试件梁(即钢结构本体),试件梁通过支座支撑,试件梁底部设置有 CFRP 布，试件梁上表面设有用于施加压力的分配梁，分配梁通过支座与试件梁连接，在试件梁上表面分配梁的两侧设有位移计，试验过程中采用应变片测量混凝土、钢筋、钢骨和 CFRP 布的应变。

该参考文献公开的内容与待检索技术方案已经非常接近了，区别在于待检索技术方案采用 CFRP 板做加固，钢结构本体的上表面也设置有位移计。然而，无论 CFRP 布还是 CFRP 板都是利用碳纤维增强复合材料轻质高强的性质，仅仅是布和板的状态不同，属于一种常规选择；且在钢结构上表面增加一个位移计测量钢结构上表面跨中位置的应变值也属于本技术领域的惯用手段。两个区别都不足以让本技术方案具有创造性。

如此，我们使用图片检索结合追踪的方式，完成了这个案件的检索。

### 8.3.1.2　搜索平台图片检索

通过百度、搜狗、必应等搜索平台，选择产品中的图片，即可进入相应的图片频道，在搜索框里输入图片的关键词进行图形检索。

【发明名称及技术领域】

器皿提举器。

【待检索的核心方案】

一种保持锁合的器皿提举器（本例未配图），具有夹钳状的端部（12）和相对置的把手（14），夹钳状的端部（12）具有支撑凸出部（16）以及喙状部（18），把手（14）具有与支撑凸出部（16）联接的上部支腿（32）和与喙状部（18）联接的下部支腿（34）；在两个支腿（32,34）的交叉部位（40）上，一个支腿具有开口（42），另一支腿穿过该开口（42）；两个支腿（32,34）具有弹性的初始姿态，使得支撑凸出部（16）以及喙状部（18）保持夹紧的闭合状态；两个支腿（32,34）被外力压拢时，使得支撑凸出部（16）以及喙状部（18）向相反的方向运动，夹钳状的端部（12）张开。

【达到的技术效果】

节省了两个支腿间的枢轴且在不额外施力的情况下保持夹紧。

主题名称"器皿提举器"可以作为其中一个检索要素，通过阅读说明书以及追踪说明书中引用的背景技术文件，我们可以获知，待检索技术方案所述的器皿提举器实际上就是一个夹子，可以扩展成镊子、钳子、夹具等夹持工具，对应的分类号有很多，采用分类号进行检索的意义不大。待检索技术方案的基本构思在于采用弹性的支腿，一条支腿穿过另一条支腿的开口，使夹子保持初始的闭合状态。因此，从结构方面选用开口，或者从技术效果方面选用夹紧 or 预紧 or 闭合，或者从制作材料方面选用弹簧 or 弹性来表达核心技术手段。对上述检索要素，采用普通检索方式得出的检索结果较多，部分方案公开了一种基本结构，即"夹钳状的端部和相对置的把手，夹钳状的端部具有支撑凸出部以及喙状部，把手具有与支撑凸出部联接的上部支腿和与喙状部联接的下部支腿"，可以作为破坏创造性的对比文件 1。但这些方案都与背景技术的类似，即支腿之间设置有枢轴且两支腿保持常开，需要额外施加挤压力才能夹紧。因为，上述检索过程选用的关键词并不是专业的术语名称，如开口；且不能完整地表达"初始状态闭合，压紧把手后张开"这一核心构思。

待检索技术方案中描述的器皿提举器，根据生活经验，我们很容易联想到防烫夹，属于生活中的产品。我们可以考虑采用图片检索。进入百度图片，在搜索栏输入"夹紧 and（钳子 or 镊子 or 夹子）"进行搜索，如图8-3-5所示，可以在一堆各式各样的物品中获取一种结构很类似的镊子。这种镊子的两个支腿之间不使用枢轴同时保持了初始的夹紧状态，已经公开了本技术方案的发明构思，但其没有在一个支腿上设置完整的开口，而是在两个支腿上设置相互交叉的豁口，结构还不太相同。

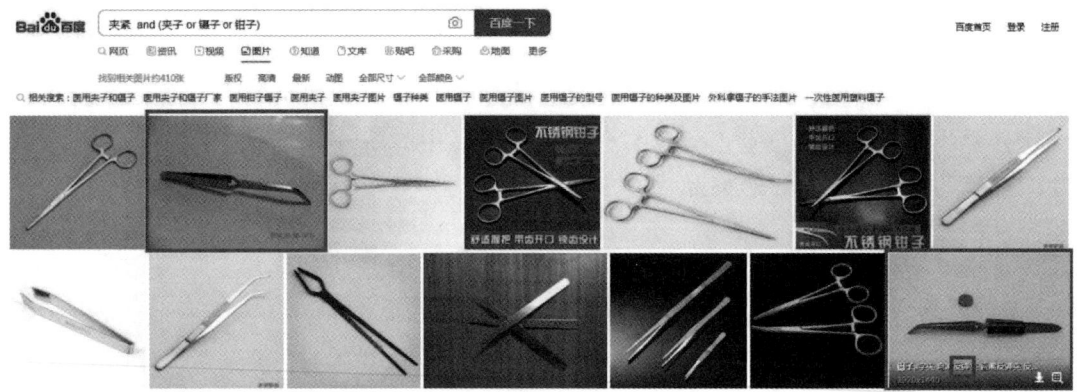

图8-3-5　百度图片检索到类似结构

同时，我们可以从不同图片上获取到这种镊子专门的名称，即核心技术手段的准确表达为反弹或者反向。如图8-3-6所示，重新在百度图片中进行搜索，在搜索栏中输入"反弹 镊子"或者"反向 镊子"，可以在一堆各式各样的反弹镊子中获得一种8字形的反弹镊子，从图中可以明显看出其一个支腿上设置有一个开口，完全公开了本技术方案的发明构思，即两个支腿具有弹性且彼此弹性连接，在两个支腿的交叉部位，一个支腿开口，另一支腿穿过该开口。

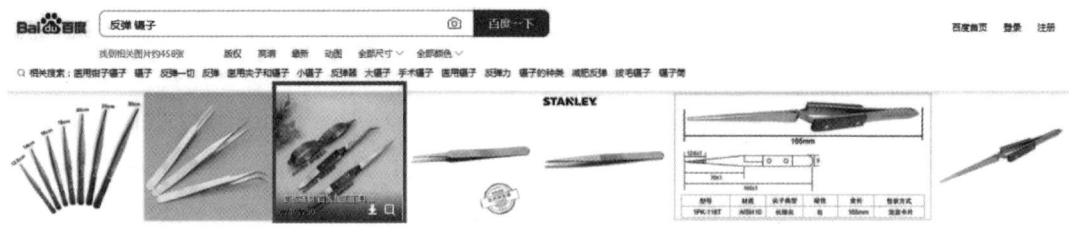

图8-3-6　百度图片检索到相同结构

这些图片大多来源于淘宝或京东等购物平台，如果能准确确定其公开时间，则可以直接使用。但是，如果不能准确确定其公开时间，通过上述在百度图片的检索中获知了"反弹"或"反向"这一专门的名称，我们可以尝试性地返回专利库进行检索。

进入 PSS 的高级检索界面，在摘要栏输入"（反弹 or 反向）2w 镊子"，可以获得公开号为 CN2812978Y 的专利文献，公开了一种反向镊子，包括两个镊柄 1（支腿），镊柄 1 的末端相合，夹持端 3 在镊柄的自然张力作用下保持相互对合状态，按压镊柄 1，夹持端 3 张开，以实现防止被夹持物滑脱的效果，同时其附图 2 公开了其中一个镊柄上有缝隙 4，另一个镊柄穿过该缝隙，可以作为对比文件 2 与前面的对比文件 1 相结合使得本技术方案不具备创造性。

### 8.3.2 以图搜图

以图搜图是指直接上传待检索的图片，数据库的软件程序对图片中图形的线条、颜色、形状等特征内容进行分析，与数据库中已有的图形进行匹配。但这种检索方式的计算量大，计算要求高，目前的匹配结果并不是特别理想。

（1）CNKI 学术知识图片库同时提供以图搜图功能，选择相似搜索，即可上传图片进行检索，如图 8-3-7 所示。

**图 8-3-7  CNKI 学术图片库可以图搜图**

（2）百度和搜狗同时提供以图搜图的功能。以百度为例，百度提供百度图片（https：//image.baidu.com/）和百度识图（https：//graph.baidu.com/pcpage/index?tpl_from＝pc）两种产品，百度图片侧重于在网络的海量图片中搜索相似图片，而百度识图在搜索相似图片的同时提供上传图片的来源。在百度首页、百度图片首页或者百度识图首页的搜索框右侧，单击相机的图标，可以选择将图片本地上传或者将图片拖至指定位置进行检索；在百度图片首页或百度识图首页的搜索框内可以直接输入或粘贴图片网址进行检索。

（3）购物平台如淘宝、京东等，也提供对图片直接进行扫描的功能。

### 8.3.3 外观设计检索系统的利用

如果待检索技术方案中包含较多对产品外观的描述，可以尝试先进行外观设计专利的检索。

外观设计专利可以通过各局官网和各商业平台进行检索。中国专利公布公告网站http：//epub.cnipa.gov.cn/index.action 可以查询外观设计专利，智慧芽的图像搜索和 incoPat 的外观图形检索包含全球多个外观数据库，同时提供图片的关键词检索、LOC 分类号检索以及以图搜图的功能。HimmPat 的图像检索包含全球多个外观数据库，支持输入图片地址进行检索以及以图搜图的功能。

下面通过案例介绍一下外观设计专利的各种检索方法。

【发明名称】

水晶玻璃烟灰缸。

【待检索的核心方案】

一种水晶玻璃烟灰缸，包括：烟灰缸本体的上部平面、下部平面和介于两个平面之间具有两个或两个以上不同方向的侧面的周边侧面，以及位于上部平面特定位置上的至少一空腔与空腔周边的至少一条凹槽；烟灰缸本体是由无色透明或有色半透明或有色不透明的水晶玻璃或光学玻璃或工艺玻璃中的至少一种色彩相异的片材通过黏合剂粘接而成，或者压铸或压制或切割而成；烟灰缸本体上下部平面与周边侧面，周边侧面的各侧面之间以及空腔与上部平面所共同确定的棱角部，设置有宽度为 0.5～12mm、角度为 15°～75°的斜面或宽度介于 0.5～12mm 的弧面；在由上部平面与两个侧面所共同确定的每个角部设置有第一凹部，且在每个第一凹部通过黏合剂粘接固定有第一构件；第一构件包括一具有至少一个不同方向的内部面所构成的内部，一具有至少三个不同方向的外部面所构成的外部，第一构件的内部通过黏合剂与第一凹部粘接固定；在外部面，设置有形状、大小、深度相同或者相异的若干个凹孔，且在每个凹孔中，固定有与凹孔相适配的宝石；以及，在棱角部的特定位置，设置有与第一构件设置相同的第二构件。

分析完发明构思后，我们可以感觉到待检索的方案大部分是在描述烟灰缸的外观和表面图案。因此，我们可以尝试性地先去检索外观设计专利。同样地，其主题名称中采用烟灰缸作为检索要素，镶嵌宝石是待检索方案中比较有辨识度的特征，可以作为另一个检索要素。

**1. 中国专利公布公告网站**

进入中国专利公布公告网站，勾选外观设计前的小方框，并在搜索框输入关键词进行检索；或者进入中国专利公布公告网站的高级检索功能，勾选外观设计前的小方框，并可以选择在分类号检索项中输入外观设计分类号，在文本－名称检索项或者摘要/简要说明检索项中输入检索要素的关键词。

针对这个案例，我们勾选外观设计前的小方框后，在名称检索项中输入烟灰缸，在摘要/简要说明中输入宝石，如图 8－3－8 所示。

虽然检索结果中没有与待检索方案一样的外观设计，但可以发现有在图形和简要说明方面都极其类似的外观设计，其设计人为王春林。因此，我们重新进行检索，勾选外观设计前的小方框，在发明（设计）人检索项输入王春林，在名称检索项输入烟灰缸，就可以查询到公告号为 CN301107328D 的外观设计专利公开了与待检索方案的外观一模一样的烟灰缸图片，查看其公告文本可以发现，简要说明里明确提到了在本外观设计产品的本体中镶嵌、粘接人造宝石。因此，该外观设计专利可以作为评述待检索方案的其中一份对比文件。

图 8-3-8 外观设计专利的检索界面

### 2. 商业平台以智慧芽为例

进入智慧芽的图像检索，在关键词检索项输入"宝石 and 烟灰缸"，如图 8-3-9 所示。

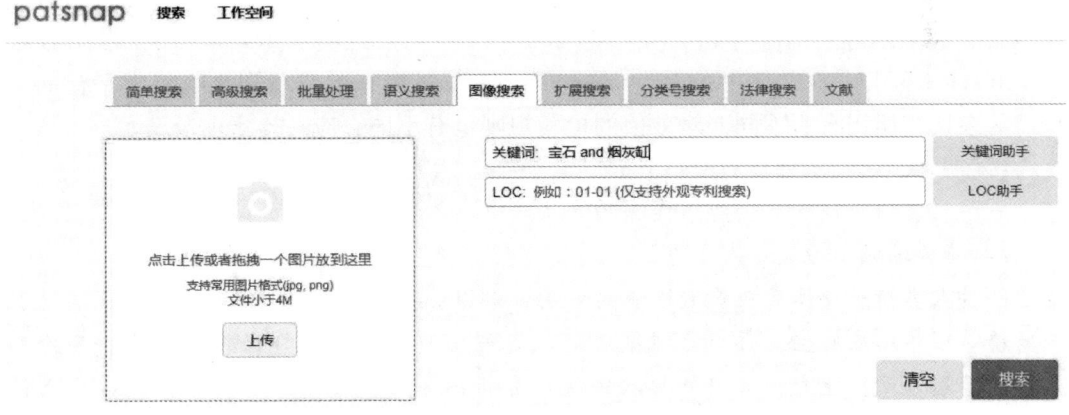

图 8-3-9 在智慧芽中检索外观设计专利

搜索也能够获得公告号为 CN301107328D 的外观设计专利，并能够下载其 PDF 格式的公告文本。

## 8.4 数值检索

在专利文献的技术方案中常常会出现数值的限定，而且这些数值的限定有时是发明构思的一部分。通过对数值的限定，待检索的技术方案声称会获得更好的技术效果。然而，在其他的技术方案中，对数值的描述有可能仅仅出现在全文中；数值也很有可能包含在数值范围中，并没有明确地写出来；数值的检索还很容易受到附图标记和图号的影响，都造成了检索和阅读的困难。

针对数值的检索一般会检索数值本身或者检索数值代表的参数本身。

### 8.4.1 检索数值本身

可以直接对数字或符号进行检索。特殊的是，如果检索带小数点的数字，可以对带有小数点的整个数字进行检索，也可以用 w 替代"."连接前后数字进行检索；百分号可以直接被输入进行检索，但要注意数据库是否区分全角和半角，当全角/半角检索不到时，可以先换成半角/全角进行尝试。

当技术方案采用数值范围进行限定时，由于只要检索到的数值范围落在待检索的数值范围内，或者两者有重叠部分甚至只有一个相同的端点，就可以认定待检索的数值范围已经被现有技术所公开。因此，我们可以优先取两端端点值或者具体实施方式中提到的单个数值进行检索，也可以采用截词符进行表达，看怎样实现待检索的数值范围的全覆盖，在国家知识产权局专利检索与分析中，? 表示 0~1 个字符，#表示 1 个字符，+表示任意一个字符，如整数 100~110 可以表达为 10# or 110，带小数点的 100~110 可以表达为 10# or 10#. + or 110。各局官网与各互联网文献检索平台的截词符的表达和使用有所不同，对数值的检索规则也有不同，应在检索前搞清楚。

【发明名称及技术领域】
一种人类精子顶体反应能力检测的方法。

【待检索的核心方案】
一种人类精子顶体反应能力检测的方法，采用 $Ca^{2+}$ 载体 A23187 和二甲基亚砜的混合物诱导顶体反应发生，再用异硫氰酸耦联的豌豆凝集素 FITC – PSA 作为染料来检测人类精子顶体反应能力，采用计算软件统计分析顶体反应发生率，获得的百分比差值大于 15% 即为正常人群数值，低于 15% 的则可能为异常人群。

在上述技术方案中，我们可以选择精子顶体反应作为根据主题名称确定的检索要素。同时，我们可以确定几个比较关键的技术手段作为检索要素，如诱导、荧光。但是，由于诱导和荧光的广泛使用，限制不强，会使得检索结果的数量比较多。

在对现有技术进行了解的过程中发现，所述 A23187 是本技术领域中公知的一种移动性离子载体，精子获能都需要用 A23187 钙离子溶液进行处理。所述 FITC – PSA 也是本技术领域中常见的荧光标记材料，市场上已经存在精子顶体形态 FITC – PSA 荧光标记染色试剂盒。这些情况说明，对精子进行诱导和荧光染色是现有技术中一般性的操作，我们可以选择 CNKI 或者读秀进行检索。同时，我们可以将诱导表达为 A23187，将荧光表达为 FITC – PSA，这样检索的针对性更强。由于待检索技术方案中要对顶体反应发生率进行计算，并限定了正常与异常人群的判断标准，因此，我们可以考虑将 15% 这一判断标准作为检索要素之一。

进入读秀，在知识频道的检索框内直接输入"顶体反应 A23187 15％"，第 1 条结果为《现代男性不育诊疗学》（杨建华，上海科学技术文献出版社，2007 年），该书籍公开了诱发顶体反应的钙离子载体法，采用 A23187 处理和凝集素荧光染色，并公开了具体的操作程序以及结果判断，正常的参考值为 15％，因此，用于破坏上述技术方案的创造性。值得注意的是，在上述检索中，% 必须采用全角形式才能检索出上述书籍，如果采用半角形式，并不能检索出上述书籍。

## 8.4.2　检索参数名称

除了直接检索数值本身外，我们还可以通过与数值相关的参数定义、参数单位或者参数表征的部件或性能名称等其他内容来进行检索。其中比较常用的是检索数值代表的参数名称，因为这是一个专业的科技术语，检索的准确性较高。采用参数单位进行检索的情况比较少，一般在单位比较特殊的情况下使用。

【发明名称及技术领域】
一种快速测试自润滑钢板冷变形加工后耐蚀性的方法。
【待检索的核心方案】
一种快速测试自润滑钢板冷变形加工后耐蚀性的方法，模拟不同冷变形加工过程中自润滑钢板与模具之间的摩擦行为，采用三电极系统，测量自润滑钢板的电化学阻抗谱，通过交流阻抗谱曲线获得不同冷变形加工过程对涂层耐蚀性能的影响。
【待检索的数值】
开路电压稳定时间为 30min。

主题名称中采用"冷变形加工后的自润滑钢板"作为表达主题名称的检索要素，可以选择冷变形、自润滑等作为关键词。待检索技术方案的核心手段是采用三电极体系进行测试，因此，可以将"三电极体系"作为表达核心技术手段的检索要素，三电极体系属于电化学测试方式，因此，可以将电化学作为关键词。由于我们要专门检索开路电压的数值，可以将数值代表的参数名称即开路电压作为第三个关键词。

进入 CNKI 的高级检索，检索项选择主题并输入"冷变形 电化学"，选择 and 另一个检索项。考虑到开路电压的具体数值一般会在全文中进行描述，因此，选择全文输入"开路电压"。为了防止间隔或词序造成的漏检，可以进一步选择模糊检索，获得一篇名称为《冷变形对高氮无镍不锈钢摩擦磨损性能的影响》（赵浩川，2017 年）的硕士学位论文，公开了金属材料发生冷变形后，其物理化学性能发生变化，从而影响材料的耐蚀性及腐蚀磨损性能,并以 3.5% NaCl 溶液为介质,研究冷变形对所述不锈钢腐蚀摩擦磨损性能的影响,分析了不同的电化学曲线,并具体公开了在开始测量之前先测量开路电位,持续时间为 30min。也就是说,该硕士学位论文公开了上述数值。

## 8.5 语义检索

在传统的布尔检索中,任何一个技术概念都有诸多的表述方式,检索时只有尽可能全面地列举这些表述方式,才能保证不漏掉重要文献;但每一种表述方式又会有多重含义,全面的表述将引入大量不准确的噪声文件。所以,检索人员总是在噪声和漏检之间徘徊。

语义检索的出现在一定程度上帮助了检索人员。相对于传统检索,语义检索除了能够检索出与用户关键词完全匹配的结果之外,语义检索还能够对关键词进行扩展,从而有可能得到更加理想的检索结果。另外,随着人工智能技术的发展,语义检索会尝试着去理解检索人员想要检索的整个构思,推理出检索人员的检索意图,从而检索得到所需要的结果。因此,语义检索技术在近几年得到了快速发展,众多商业数据库纷纷尝试构建语义检索引擎,实现数据库的语义检索,并支持对检索结果进行排序。另外,语义检索允许检索人员输入一个专利号码、几个词或者一段话(当然对待检索的技术构思的描述越详细,检索结果会越准确),不需要去记忆复杂的各种字段和算符,这对不是专业检索人员的普通公众来说也是一种福音。

然而,如果只采用语义检索,一样会面临噪声和漏检的问题。因为对关键词的大量扩展和联想,检索引擎会命中更多的专利,增加了检索人员浏览和筛选文献的工作量;同时,目前的语义检索毕竟还是不能像人类一样思考。因此,我们一般会采用对语义检索进行人工干预,将语义检索的结果朝向我们所需的方向进行调整。

以下案例以 Patentics 为例,用于说明如何在商业平台中进行语义检索以及人工干预。Patentics 常用的两个检索命令为:

R/:接专利号码或一段话,自动根据内容进行语义检索,并将检索结果按照相关程度排序,最相关的专利文件排在最前面。

B/:一般接关键词,人工干预,某个词必须出现在专利文献的全文中,以调整语义检索的方向。

### 8.5.1 检索发明构思

【发明名称及技术领域】
农机地形检测系统及运动控制方法。
【待检索的核心方案】
一种智能农机地形检测及运动控制方法,根据记忆或者输入确定智能农机行驶的初始路线，根据初始路线上的地形调整行驶速度和行驶方向，并按照调整后的行驶方向和行驶速度行驶至工作地点。

Patentics 的检索界面左侧选择默认的中国发明实用全文数据库，将上述确定好的待检索的核心方案全部输入检索框中并采用"R/"排序。

检索式为：R/"一种智能农机地形检测及运动控制方法，根据记忆或者输入确定智能农机行驶的初始路线，根据初始路线上的地形和行驶距离调整行驶速度和行驶方向，并按照调整后的行驶方向和行驶速度行驶至工作地点"。

利用上述检索式可以获得 400 条被 Patentics 判定为最相关的专利文献，并已经按照相关度高低排序，如图 8-5-1 所示。

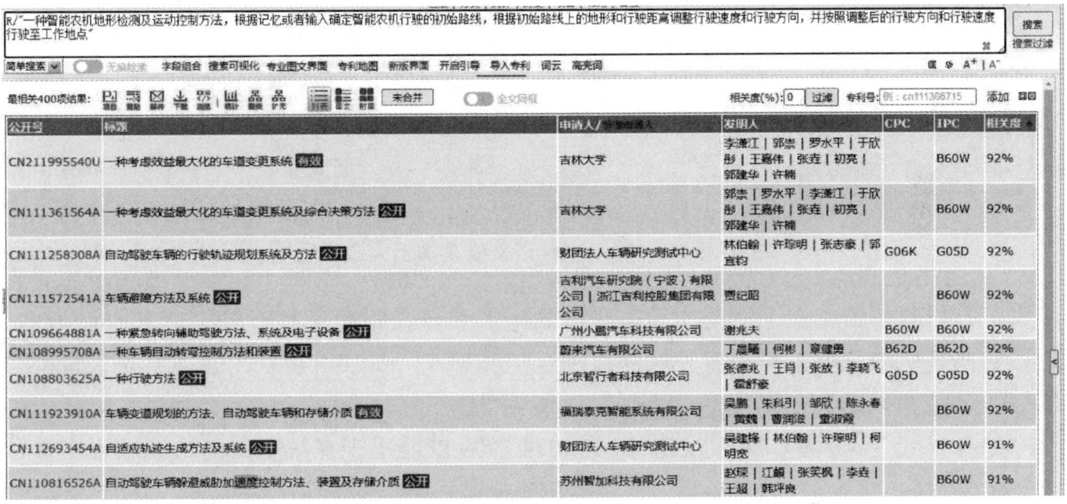

图 8-5-1　Patentics 语义检索

我们浏览后可以发现，命中的 400 条文献里，排名在前的很多是涉及自动驾驶车辆的专利申请文件，与智能农用机的技术领域存在一定的差异，因此，我们可以进行人工干预，将技术领域限定在智能农用机相关的领域中。

检索式为：R/"一种智能农机地形检测及运动控制方法，根据记忆或者输入确定智能农机行驶的初始路线，根据初始路线上的地形和行驶距离调整行驶速度和行驶方向，并按照调整后的行驶方向和行驶速度行驶至工作地点" and B/（农田 or 农*机）。

上述检索式获得的专利文献基本上都涉及了农机或者拖拉机等，如图 8-5-2 所示，位于第 3 页第 11 条的专利文献 CN109074038A 公开了"根据探测到的地形调整行驶速度和行驶方向"这一发明构思。

如果觉得上述专利文献排序太靠后，要阅读到第 3 页才能找到对比文件，我们可以继续进行人工干预。比如，待检索技术方案的核心手段是根据初始路线上的地形调整行驶速度和行驶方向，我们可以将选用地形和速度作为关键词。根据日常生活知识和说明书的记载，地形还可以扩展到地貌、坡、坑等，速度可以扩展成速率。

检索式为：R/"一种智能农机地形检测及运动控制方法，根据记忆或者输入确定智

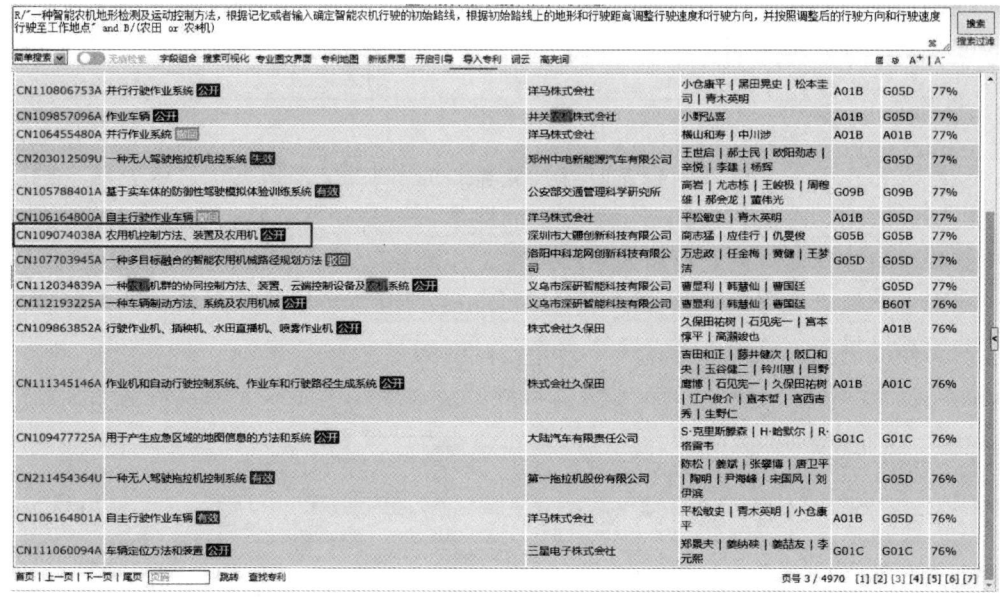

图 8-5-2　Patentics 语义检索加上人工干预

能农机行驶的初始路线，根据初始路线上的地形和行驶距离调整行驶速度和行驶方向，并按照调整后的行驶方向和行驶速度行驶至工作地点" and B/（农田 or 农*机）and B/（速度 or 速率）and B/（地形 or 地貌 or 坡 or 坑）。

如图 8-5-3 所示，专利文献 CN109074038A 就能出现在第 1 页的检索结果中。

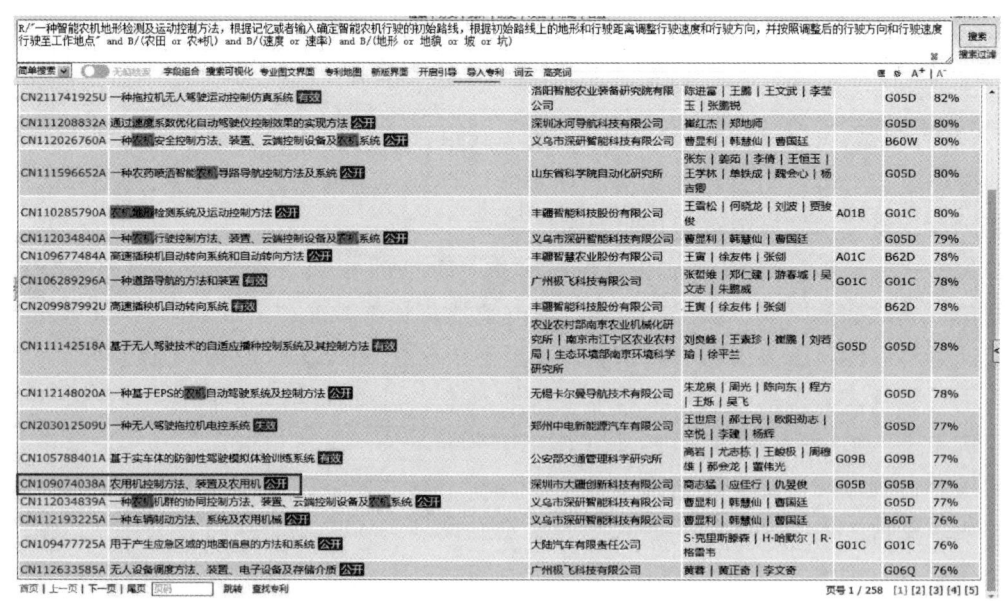

图 8-5-3　Patentics 语义检索加上进一步人工干预

## 8.5.2 检索技术细节

【发明名称及技术领域】

一种设置在擦窗机器人中的表面检测装置。

【待检索的核心方案】

一种设置在擦窗机器人中的表面检测装置，包括可上下位移的检测杆和检测单元，检测杆的顶端上设置一挡板，检测单元包括信号发射器和信号接收器，当擦窗机器人行至玻璃的边界或者玻璃表面上的缝隙时，由于没有抵靠的玻璃，检测杆会突然下降，带动顶端的挡板下降，挡住信号发射器与信号接收器之间的信号，控制单元就能够判定擦窗机器人行走到了玻璃的边界或者玻璃表面上的缝隙上。

【待检索的技术细节】

在擦窗机器人底盘上开设有通孔，检测杆穿过通孔与玻璃表面接触，将检测杆的外形设置为十字筋，通孔为相配合的十字形。

【达到的技术效果】

提高检测杆上下位移时的稳定性。

采用常规检索方式，我们已经检索到了最接近的现有技术，即通过检测杆的上下位移造成信号中断或传送来判断是否行走到玻璃的边界或者缝隙的擦窗机器人。最接近的现有技术并没有公开检测杆的外形是什么形状。我们需要专门针对检测杆的外形和作用进行检索。

考虑到十字筋是通用结构，并不会专用于擦窗机器人，所以，检索时可以不考虑技术主题的限定。在语义检索中，我们可以采用"截面为十字，提高滑动时的稳定性"进行检索。另外，提高检测杆位移时稳定性的作用是由检测杆的十字筋结构实现的，因此，检索杆的形状是重点。即使检索出作用相同的杆和通孔，如果是其他形状而不是十字筋结构，也会因为效果上的差异使得创造性评价比较费劲。我们可以在语义检索上增加人工干预，要求全文必须出现"十字"这个关键词。

在 Patentics 的检索框中输入 R/"截面为十字，提高滑动时的稳定性"and B/十字进行检索，浏览结果发现了第 5 篇专利文献，公告号为 CN103883239A。该专利文献公开了一种防盗窗栏，包括截面为十字形的竖杆以及具有十字形安装固定孔的横杆，竖杆穿过安装固定孔，安装固定孔的形状与竖杆截面相符，使竖杆与横杆的连接更加稳定，避免竖杆随意转动。也就是说，这篇专利文献公开了十字形杆与通孔的配合使用，且其作用也与在待检索技术方案中的相同，是为了使结构更加稳定。

## 8.6 学术性论坛

互联网还有其他可利用的检索资源。如学术科研互动社区小木虫论坛（http：//

muchong.com/bbs/），问答社区知乎（https：//www.zhihu.com/），各大高校的BBS论坛以及侧重于某一技术领域的论坛或者网站等，用户可以进行提问，也可以进行知识经验和见解的分享，其用户是来自国内各大院校、科研院所的博硕士研究生和企业研发人员。这些论坛已成为聚集众多科研工作者的学术资源、经验交流平台，适合检索一些在专利文献或期刊论文中一般不会具体提及的各种实验器材选择和操作、实验步骤、试验参数的选择、使用小技巧等。

【发明名称及技术领域】
一种使用Photoshop软件进行金相超长尺寸区域测量的方法。

【申请日】
2013年11月22日。

【待检索的核心方案】
一种使用Photoshop软件进行金相超长尺寸区域测量的方法，打开Photoshop软件，在文件—自动—Photomerge菜单中启动该插件，依次打开需要合并的多幅局部数码金相照片，勾选该插件的"尝试自动排列源图像选项"，单击"确定"按钮后软件便会自动进行全景照片的合成。

检索时，主题名称中"金相超长尺寸区域测量"可以作为一个检索要素，选择金相和大尺寸作为关键词，根据相关知识，金相可以扩展成显微图像、显微成像等，大尺寸可以扩展成长尺寸、全景等。待检索方案的核心手段是采用了Photoshop软件实现自动合成，因此，将Photoshop作为另一个检索要素，人们也经常使用其缩写PS。

在专利库中没有检索到对比文件，我们会进入非专利库进行检索。进入CNKI的高级检索界面，在检索项中选择主题输入：金相+显微图像+显微成像，选择and另一个检索项，选择主题，输入：大尺寸+长尺寸+全景。作为解决大尺寸拼接的其中一种软件，Photoshop更有可能出现在全文里，因此，继续and另一个检索项，选择全文，输入：Photoshop+PS，搜索只获得1篇文献《Adobe Photoshop软件在数码金相照片处理中的应用》（孙宜强，《理化检验（物理分册）》，2021年）。

该文献的公开时间晚于待检索技术方案的申请时间，但其内容公开了采用"文件—自动—Photomerge"功能进行图片合并，值得我们继续追踪。查看该文献的引用文献，可以发现采用Photoshop处理金相图片的文献。但其使用Photoshop处理金相图片的操作步骤与待检索技术方案不同，我们可以将该引用文献作为对比文件1，与待检索技术方案相比，区别就在于Photoshop处理金相图片时的具体操作不同。该操作实质上是图片处理的操作步骤，考虑到一般专利文献或者学术论文中不大可能记载用一种已知的图像处理软件如何处理图片的详细操作说明，因此，可以考虑进入互联网进行检索。比如，选择著名的学术科研互助平台之一——小木虫论坛，如图8-6-1所示，在检索框中输入"金相Photoshop拼接"，即可检索到一篇介绍用Photoshop实现金相照片的完全自动拼接的帖子。

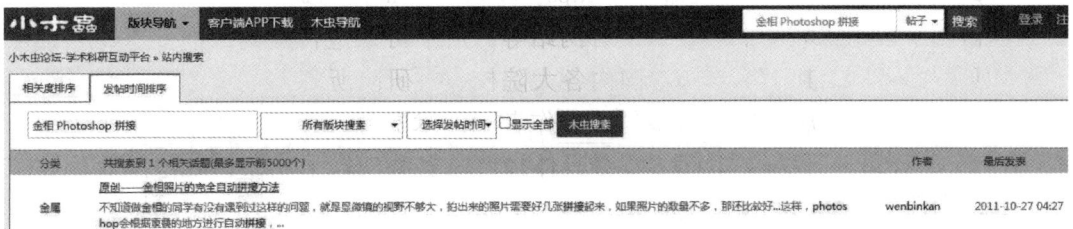

图 8-6-1　检索小木虫论坛

该帖子中完全公开了一模一样的操作步骤,"在 Photoshop CS2 里面,文件→自动→photomerge,然后打开你事先拍好的照片,然后下面有一个'尝试自动排列源图像'勾上,这样,Photoshop 会根据重叠的地方进行自动拼接,非常快"。因此,该帖子可以与前面检索到的对比文件 1 结合评述待检索技术方案的创造性。

# 附 录 常见检索平台称谓及网址

| 平台全称 | 简称 | 网　址 | 在本书中章节 |
|---|---|---|---|
| 国家知识产权局专利检索与分析平台（Patent Search and Analysis System） | PSS | http：//pss – system. cnipa. gov. cn | 1.3.1.1 |
| 欧洲专利局检索平台 Espacenet | Espacenet | https：//worldwide. espacenet. com | 1.3.1.2 |
| 世界知识产权组织检索平台 PATENT-SCOPE | PATENTSCOPE | https：//www. wipo. int/patentscope/en | 1.3.1.3 |
| 日本特许厅检索平台 J – PlatPat | J – PlatPat | https：//www. j – platpat. inpit. go. jp | 1.3.1.4 |
| 中国知网（China National Knowledge Infrastructure） | CNKI | https：//www. cnki. net | 1.3.2.1 |
| 万方数据知识服务平台 | 万方 | https：//www. wanfangdata. com. cn | 1.3.2.2 |
| IEEE Xplore | IEEE Xplore | https：//ieeexplore. ieee. org | 1.3.2.3 |
| ISI Web of Science | Web of Science | https：//isiknowledge. com | 1.3.2.4 |
| 百度搜索引擎 | 百度 | https：//www. baidu. com | 1.3.3.1 |
| 3GPP 标准数据库 | 3GPP 标准数据库 | https：//www. 3gpp. org | 1.3.3.2 |